Zur Benutzung des Führers

Empfohlener Rundgang mit Besichtigung der verschiedenen Kunstwerke

Ortung des innerhalb der Stadt interessierenden Gebiets

Werke, Orte und Gegenden, die man innerhalb der einzelnen Rundgänge unbedingt besichtigen sollte

Diese Nummer bedeutet, daß dieses Thema auf einer weiteren Seite des Führers behandelt wird

Ausführliche Behandlung der Gebräuche und Traditionen der Stadt. Diese Seiten finden sich innerhalb der einzelnen Rundgänge wieder und behandeln verschiedene Themen

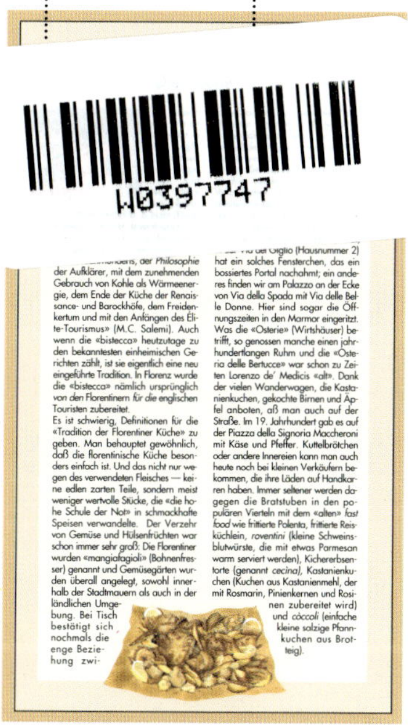

... der Philosophie der Aufklärer, mit dem zunehmenden Gebrauch von Kohle als Wärmeenergie, dem Ende der Küche der Renaissance- und Barockhöfe, dem Freidenkertum und mit den Anfängen des Élite-Tourismus» (M.C. Salemi). Auch wenn die «bistecca» heutzutage zu den bekanntesten einheimischen Gerichten zählt, ist sie eigentlich eine neu eingeführte Tradition. In Florenz wurde die «bistecca» nämlich ursprünglich von den Florentinern für die englischen Touristen zubereitet.

Es ist schwierig, Definitionen für die «Tradition der Florentiner Küche» zu geben. Man behauptet gewöhnlich, daß die florentinische Küche besonders einfach ist. Und das nicht nur wegen des verwendeten Fleisches — keine edlen zarten Teile, sondern meist weniger wertvolle Stücke, die «die hohe Schule der Not» in schmackhafte Speisen verwandelte. Der Verzehr von Gemüse und Hülsenfrüchten war schon immer sehr groß: Die Florentiner wurden «mangiafagioli» (Bohnenfresser) genannt und Gemüsegärten wurden überall angelegt, sowohl innerhalb der Stadtmauern als auch in der ländlichen Umgebung. Bei Tisch bestätigt sich nochmals die enge Beziehung zwi-

... Via del Giglio (Hausnummer 2) hat ein solches Fensterchen, das ein bossiertes Portal nachahmt; ein anderes finden wir am Palazzo an der Ecke von Via della Spada mit Via delle Belle Donne. Hier sind sogar die Öffnungszeiten in den Marmor eingeritzt. Was die «Osterie» (Wirtshäuser) betrifft, so genossen manche einen jahrhundertlangen Ruhm und die «Osteria delle Bertucce» war schon zu Zeiten Lorenzo de' Medicis «alt». Dank der vielen Wanderwagen, die Kastanienkuchen, gekochte Birnen und Äpfel anboten, aß man auch auf der Straße. Im 19. Jahrhundert gab es auf der Piazza della Signoria Maccheroni mit Käse und Pfeffer. Kuttelbrötchen oder andere Innereien kann man auch heute noch bei kleinen Verkäufern bekommen, die ihre Läden auf Handkarren haben. Immer seltener werden dagegen die Bratstuben in den populären Vierteln mit dem «alten» *fast food* wie frittierte Polenta, frittierte Reisküchlein, *roventini* (kleine Schweinsblutwürste, die mit etwas Parmesan warm serviert werden), Kichererbsentorte (genannt *cecina)*, Kastanienkuchen (Kuchen aus Kastanienmehl, der mit Rosmarin, Pinienkernen und Rosinen zubereitet wird) und *còccoli* (einfache kleine salzige Pfannkuchen aus Brotteig).

Schematischer Grundriß von Kirchen und Monumenten, die auf dem Rundgang berührt werden

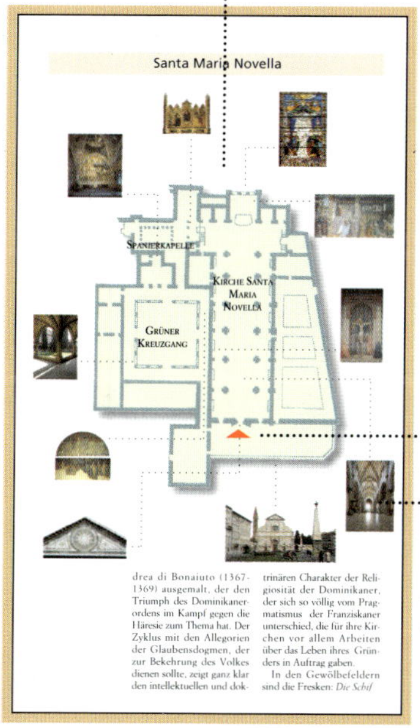

drea di Bonaiuto (1367-1369) ausgemalt, der den Triumph des Dominikanerordens im Kampf gegen die Häresie zum Thema hat. Der Zyklus mit den Allegorien der Glaubensdogmen, der zur Bekehrung des Volkes dienen sollte, zeigt ganz klar den intellektuellen und doktrinären Charakter der Religiosität der Dominikaner, der sich so völlig vom Pragmatismus der Franziskaner unterschied, die für ihre Kirchen vor allem Arbeiten über das Leben ihres Gründers in Auftrag gaben.

In den Gewölbefeldern sind die Fresken: *Die Schif*

Haupteingang

Ortsbestimmung der Kunstwerke innerhalb eines Monuments

Hinweis

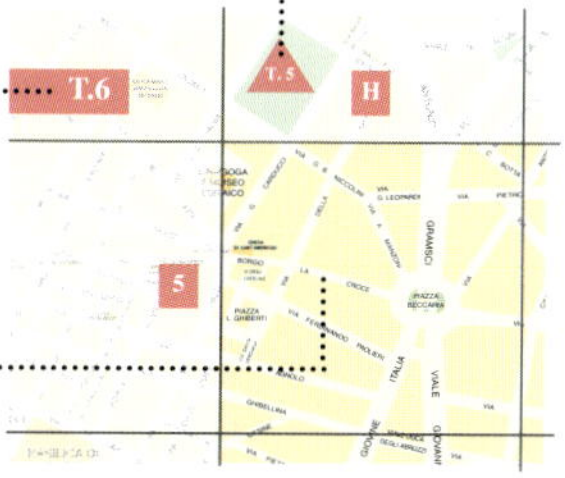

Angabe darüber, wo sich die jeweilige Tafel auf dem Stadtplan hinten im Führer befindet

Straßenname

borgo la croce; ☛ T6/H5.

Hinweis

Florenz

Mandragora

50122 Firenze, piazza Duomo 9

Von *Alberto Anichini, Sandra Rosi*
Texte *Paolo de Simonis, Gian Bruno Ravenni, Claudio Rosati*
Übersetzungen *Felicia Letsch, Uta Grabowski*
Graphik *Lorenzo Gualtieri*
DTP *Franco Casini*
Fotografie *Archivio Mandragora, Andrea Bazzechi, Stefano Cellai, Nicola Grifoni, Liberto Perugi, Press Photo, Antonio Quattrone, Archivio FMG*
Fotolitho *Studio Leonardo Firenze*
Druck *Giunti Industrie Grafiche*

ISBN 88-85957-21-8

Auf chlorfrei gebleichtem Papier gedruckt TCF
(total chlorine free)

Vorwort

Laut einer UNESCO-Statistik besitzt Italien ungefähr 60% aller bedeutenderen Kunstwerke der Welt; rund die Hälfte davon befindet sich in Florenz.
Diese knappen, doch beeindruckenden Angaben lassen uns einiges zu bedenken: Nicht nur, wieviele Möglichkeiten dem Besucher geboten werden, sondern auch, wie schwierig – besonders unter praktischen und finanziellen Gesichtspunkten – die Verwaltung und die Erhaltung eines solchen Kulturgutes sind. Darum sollten wir uns nicht wundern, wenn einige Gemälde oder Skulpturen, die in diesem Stadtführer beschrieben werden, manchmal wegen Restaurierung aus den Ausstellungssälen entfernt worden sind, oder die Fassade eines historischen Palastes oder einer berühmten Kirche hinter Gerüsten versteckt ist. Auch wegen der Öffnungszeiten vieler Museen und Kirchen sollte man nicht so empört sein, obwohl sie manchmal wirklich beschränkt sind. Man hat in den letzten Jahren schon viel getan, um die Lage zu verbessern, doch schafft der ständig anwachsende Zustrom von Besuchern (zur Zeit ungefähr sechs Millionen pro Jahr, 15Mal mehr als die Bevölkerung der Stadt) erhebliche und immer neue Probleme.
Wer die Stadt zum ersten Mal besucht, sollte darum versuchen, über die Schwierigkeiten hinaus den Geist dieser Stadt zu erfassen, die so reich an tausendjähriger Kulturwerte und trotzdem so schlicht und zurückhaltend ist. Man sollte auch neugierig auf die Bewohner der Stadt blicken, auf ihr «Florentinertum», das eine Mischung aus ruhigem Stolz und bissiger Ironie ist. Fehlt dem Besucher diese Geisteshaltung, bleibt auch sein bestes Vorhaben fruchtlos. Wozu taucht man in eine Stimmung voll von Kunst und Kultur, wenn man ihre Verknüpfungen und Kontraste zur Gegenwart nicht herauszufinden versucht, die unentbehrlich sind, um die heutige Welt besser verstehen zu können? Entgegen der Aussage des berühmten lateinischen Aphorismus' *historia magistra vitæ* hat man behauptet, die Geschichte könne uns nichts lehren. Wir sind trotzdem davon überzeugt, daß man von einem Kunstwerk wie dem *David* oder *dem Frühling* emotional berührt werden, oder einfach nur protzig «ich hab's gesehen» sagen kann — jedenfalls sollte man daran denken: Unter welchen ökonomischen, sozialen, kulturellen Bedingungen diese Meisterwerke geschaffen worden sind. Sonst bleibt man in den «Konsum»-Mechanismus verwickelt, der einen der negativsten Aspekte unserer Zeit darstellt.
Eben darum haben die Autoren dieses Stadtführers (hoffentlich mit gutem Erfolg) versucht, nebst einer ausführlichen Beschreibung der Kunstwerke noch einiges zu bieten: ReflAnregungen zum Nachdenken, nützliche und wichtige Notizen — und ein bißchen Neugierde, die immer dem besseren Verständnis dient. Das alles in der Hoffnung, daß der erste, oft zu kurze Aufenthalt in dieser Stadt so fruchtbar ist, daß er zu neuen und längeren Besuchen anregt.

Der Herausgeber

Florenz, eine Gebrauchsanweisung

Unser Stadtführer will keine der vielen Taschenenzyklopädien sein, die eine detaillierte Schilderung aller kleinsten Einzelheiten versprechen Wir haben lieber einige ganz sekundäre Hinweise weggelassen, um dem Touristen eine ausführliche und angemessene Beschreibung der wichtigsten Aspekte von Florenz zu bieten — und daher haben wir auch das Buch so gestaltet, daß es leicht zu benutzen ist und eine angenehme Begleitung darstellt.

Deshalb haben wir die Beschreibung der Altstadt in verschiedene Rundgänge unterteilt, die als bequeme Spaziergänge durch die Stadt gedacht sind. Jeder Rundgang hat einen eigenen Leitfaden und wird von einem kurzen Vorwort eingeleitet, das die Stadtviertel oder Aspekte einführt, die in dem Rundgang berührt werden. Schon aus dem Stadtplan auf dem Umschlag ist zu sehen, daß der Domplatz Ausgangs- und Endpunkt aller Rundgänge ist, die sich mehrmals kreuzen: Auf diese Weise kann der Tourist einen Rundgang ganz durchgehen oder von einem zum anderen wechseln, je nach seinen Interessen.

Die Rundgänge werden von thematischen Tafeln begleitet und ergänzt, in denen historische, kunsthistorische und volkstümliche Aspekte auf ausführlichere Weise behandelt werden. Es gibt Tafeln über Stadtteile oder Sehenswürdigkeiten, die sich außerhalb des Stadtzentrums befinden und darum von den Rundgängen nicht berührt werden; andere Tafeln beschreiben Geschichte und Bedeutung von traditionellen religiösen und weltlichen Festlichkeiten und die typischen Spezialitäten der florentinischen Küche. Dazu gibt es vier Tafeln über die Entwicklung der Stadt im Lauf der Jahrhunderte und zahlreiche Tafeln über architektonische und städtebauliche Merkmale der Stadt, wie zum Beispiel Kirchenarchitektur, Villen, herrschaftliche Häuser und die Domkuppel. Einige Tafeln sind der Renaissance gewidmet, die so eng mit Florenz verbunden ist. In den Rundgängen wird auf die verschiedenen Tafeln durch das Zeichen ☛ hingewiesen.

Der Stadtführer wird vervollständigt durch die Verzeichnisse, in denen alle behandelten Künstler und Orte eingetragen sind, durch ein kunsthistorisches Glossar, mit nützlichen Hinweisen und einer Auswahl aus den zahlreichen Gaststätten und Hotels, die in der Stadt zu finden sind. Diese Auswahl haben wir aufgrund unserer Erfahrung als Florentiner getroffen und hoffen, sie möge befriedigend und ausführlich genug sein, doch sind wir schon im voraus für Vorschläge und Berichtigungen dankbar.

Zum Schluß noch ein Wort über die fast 800 Bilder, welche die Textbeschreibungen begleiten: Sie sollen als eine Auswahl von Beispielen verstanden werden, die keinen Anspruch auf

Vollständigkeit erheben. Man soll sie einfach als Hilfe beim Erkennen von Kunstwerken und Monumenten verstehen, und keine ausführliche Beschreibung von Einzelheiten erwarten, die übrigens nach eigenem Belieben und direkt vor Ort gefunden werden können.

Uns bleibt nur, Ihnen eine angenehme Zeit in Florenz zu wünschen, und zu hoffen, daß unser Stadführer sich als hilfreiche Anregung zu vielen Entdeckungen in der Stadt erweist.

Inhaltsverzeichnis

Sakralarchitektur -1-

Die Romanik. Eine Verbreitung der romanischen Architektur ist in Europa ab dem Ende des 10. Jahrhunderts festzustellen, zu einer Zeit, in der der ganze Kontinent einen wirtschaftlichen, politischen und kulturellen Aufschwung erfährt, der sich besonders in der «Wiedergeburt» der Städte zeigt.
Die romanische Kathedrale wird zum Symbol des neuen städtischen Lebens im Abendland. Das Romanische arbeitet das Modell einer christlichen Basilika neu aus und präsentiert eine komplexe Organisation von Hellem und Dunklem sowohl in der Masse als auch im Raum. Mächtige Mauern werden von kleinen Hängebögen unterbrochen. Gegen Ende des 11. Jahrhunderts finden wir in den romanischen Kirchen (zuerst in den lombardischen und burgundischen) große Gewölbe aus Stein, die die Holzgewölbe ersetzen. Eine raffinierte Mauertechnik ist dazu nötig, die heute gänzlich verlorengegangen ist. Die florentinischen Kathedralen im romanischen Stil zeichnen sich durch ihre elegante Linie aus, weshalb man hier oft von «mittelalterlichem Klassizismus» sprach. Typisch toskanisch sind die mit weißem Marmor und grün-schwarzem Serpentinstein verkleideten Mauern.

Die Taufkapelle von San Giovanni
Das Baptisterium wird zum ersten Mal 897 offiziell in Urkunden erwähnt, bald darauf umgebaut und zu Beginn des 11. Jahrhunderts auch erhöht. Die Laterne trägt als Datum 1175. Die äußere Mauerverkleidung aus weiß-grünem Marmor mit geometrischen Motiven geht auf die Zeit zwischen dem 11. und 13. Jahrhundert zurück.

Die Basilika San Miniato al Monte
Die Kirche wurde zwischen dem 11. und 12. Jahrhundert erbaut und entstand an demselben Ort, wo schon im 8. Jahrhundert eine kleine, dem hl. Miniatus geweihte Kirche gestanden hatte. Der Innenraum hat den Grundriß einer Basilika und besteht aus drei Ebenen. Das Presbyterium liegt höher als der Kirchenfußboden, unterhalb dessen sich die Krypta befindet.

Die Badia Fiesolana
Der romanische Teil der Kirchenfassade geht auf das 12. Jahrhundert zurück und befindet sich inmitten der größeren und unvollendeten Fassade. Sie entstand bei Umbau- und Erweiterungsarbeiten der Kirche, die von Cosimo dem Älteren in der ersten Hälfte des 15. Jahrhunderts in Auftrag gegeben worden waren.

Die Kirche der Hl. Apostel
Sie geht auf das ausklingende 11. Jahrhundert zurück. Bei Restaurierungsarbeiten im Jahre 1930 wurde die ursprünglich romanische Fassade der Kirche wieder freigelegt.

Die Gotik. Es waren die Zisterziensermönche der Abtei San Galgano im senesischen Raum, die die gotische Architektur zu Beginn des 13. Jahrhunderts in Italien einführten. Der gotische Stil entsteht aus der Entwicklung einer Bautechnik, die als Ausgangspunkt das spitzbögige Gewölbe hat und die besonders den Spitzbogen verwendet. Diese Spitzbögen haben im Vergleich zum Rundbogen eine größere Tragfähigkeit und ermöglichen es somit, das Mauerwerk weniger massiv zu gestalten, indem große Fenster eingebaut werden können. Die spitzbögigen Gewölbe scheinen sich nach oben hin zu verjüngen und verleihen dem ganzen Gebäude Leichtigkeit und Schwung. Die florentinische Gotik unterscheidet sich von der französischen darin, daß sie die ihr von der neuen Technik gebotenen Möglichkeiten nur sehr sparsam anwendet und damit den Kirchen der großen Bettelorden, die damals überall am Stadtrand entstanden, das typisch «klassische» Aussehen verleiht. Und gerade diese besondere Eigenart charakterisiert die ganze Geschichte der Florentiner Kunst.

Der Dom (Santa Maria del Fiore)
Mit dem Bau der von Arnolfo di Cambio entworfenen Kirche wurde am 8. September 1296 begonnen. Die ersten drei Spannweiten wurden im Jahre 1364 fertiggestellt; 1378 folgte das Gewölbe des Hauptschiffes, und 1380 wurden schließlich die Seitenschiffe vollendet. Der Innenraum besteht aus drei Kirchenschiffen mit zusammengesetzten Säulen, die die spitzen Bögen und Gewölbe stützen.

Santa Maria Novella
Gegründet im Jahre 1278 von den Dominikanermönchen Fra' Sisto und Fra' Ristoro, wurde die Kirche im 13. Jahrhundert erbaut. Der Innenraum, in Form eines lateinischen Kreuzes, wird von zusammengesetzten Säulen – die die spitzbögigen Gewölbe tragen – in drei Schiffe eingeteilt.

Orsanmichele
Das Gebäude war als Getreidekammer vorgesehen und wurde zwischen den Jahren 1337 und 1380 erbaut und später um ein Stockwerk erhöht. Erst gegen Ende des 15. Jahrhunderts wurde es für religiöse Zwecke bestimmt und von nun an als Kirche benutzt. Die dreibögigen gotischen Fenster im Erdgeschoß sind mit durchbrochenen Motiven und kleinen Statuen an den Fensterseiten dekoriert.

Santa Croce
Im Jahre 1295 begann Arnolfo di Cambio mit dem Bau der Kirche, deren Fertigstellung jedoch auf das Jahr 1385 – lange nach dem Tod des Baumeisters – zurückgeht. Auch hier ist der Innenraum in drei Schiffe eingeteilt: das Mittelschiff hat einen Dachstuhl und ist von achteckigen Säulen unterteilt, die die großen Spitzbögen tragen.

Santa Trinita
Von den Mönchen aus Vallombrosa im 11. Jahrhundert erbaut, wurde die Kirche im Laufe des 14. Jahrhunderts nach gotischen Stilformen umgebaut.

1. Das religiöse Zentrum

Andrea Pisano, Tafel des Glockenturms von Giotto, Dommuseum.

Piazza del Duomo und Piazza San Giovanni stellen gemeinsam das religiöse Herz des alten Florenz' dar, das wiederum durch die Via dei Calzaioli mit dem bürgerlichen Zentrum der Piazza della Signoria verbunden ist.
Die Fläche, auf der im Mittelalter der Dom, das Baptisterium und der Glockenturm von Giotto erbaut wurden, entspricht der Fläche der ehemaligen römischen Stadt, deren Mauern längs der Nordseite des heutigen Platzes und hinter der Apsis des Doms verliefen. Im frühen Mittelalter wurde das Stadtgebiet nach und nach kleiner, und so befand sich dieses Gebiet außerhalb der Stadtmauern.
Aus der Zeit zwischen dem 6. und 7. Jahrhundert stammen die ersten christlichen Tempel, wie das Baptisterium und die ehemalige Kirche Santa Reparata, die im Jahre 1275 abgerissen wurde, um Platz für die neue Basilika Santa Maria del Fiore zu schaffen. Noch bestehende Gebäudeteile aus der römischen Epoche wurden einfach überbaut, und bei den jüngsten archäologischen Ausgrabungen wurden Reste dieser Bauten freigelegt. Arnolfo di Cambio begann im Jahre 1296 mit dem Bau des Doms Santa Maria del Fiore. Es war eine Epoche des wirtschaftlichen Aufschwungs, und das mittelalterliche Florenz zählte schon 90000 Einwohner. In dieser Periode nimmt der Platz seine Gestalt an: die dicht hinter der Taufkirche gedrängten Häuser werden abgerissen, die Straßen abgetragen, denn die Kirchengebäude sollen at-

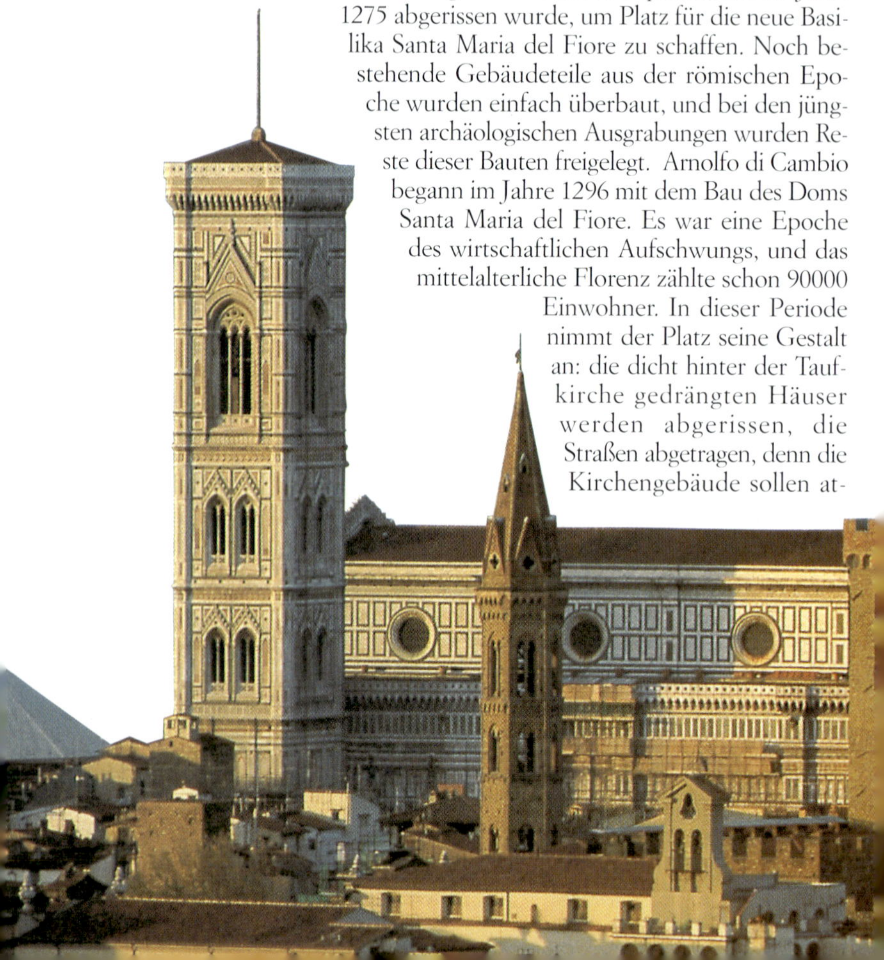

Andrea della Robbia, Agnus Dei, *Symbol der Zunft der Wollwirker.*

men können. Noch am Ende des 14. Jahrhunderts werden Türme niedergerissen, um ausreichend Raum für den Vorhof der neuen Basilika zu schaffen (1376-1381). Nach und nach nimmt der Dom den größten Teil der zur Verfügung stehenden Fläche ein, und gegen Ende des 19. Jahrhunderts erhält der Platz sein heutiges Aussehen. 1887 wird die Fassade des Doms mit Marmor verkleidet, und 1895 setzt man den erzbischöflichen Palast leicht zurück, um den Platz hinter der Apsis des Baptisteriums zu erweitern: es entsteht die Piazza San Giovanni in ihrem heutigen Ausmaß und ihrem heutigen Aussehen.

Bernardo Daddi, Madonna der Barmherzigkeit *(Ausschnitt), Bigallo-Museum.*

Die Werkstatt für Restaurierungen des Dommuseums in der Via dello Studio.

Links: Ansicht und Detail der Domfassade (19. Jahrhundert). Rechts: eine Gesamtansicht des Doms.

Die Kathedrale Santa Maria del Fiore

Der Dom von Florenz ist mit einer Länge von 153 m und einer Breite von 38 m (im Querschiff 90 m) nach der römischen Peterskirche, der Londoner Saint Paul's Cathedral und dem Mailänder Dom die viertgrößte Kirche der Christenheit. Bis hinein ins 19. Jahrhundert wurde er immer wieder Änderungen unterworfen. Die Verkleidung aus weißem, grünem und rotem Marmor verleiht der Kathedrale ein majestätisches und einheitliches Aussehen.

Die Kirche sollte 30.000 Menschen fassen — Arnolfo di Cambio hatte sie als großen überdachten Platz für die Versammlungen der Bürgerschaft konzipiert. Hier fanden unter anderem auch die gut besuchten öffentlichen Lesungen der *Göttlichen Komödie* statt.

Die Stadt Florenz hatte Arnolfo beauftragt, die Modelle und Entwürfe für den Wiederaufbau der Kirche von Santa Reparata vorzubereiten. Groß sollte sie werden — und so prächtig, daß keine menschliche Macht je etwas Schöneres und Überwältigenderes hätte bauen können. Die Arbeiten begannen im Jahre 1296, wurden aber nach dem Tod des Architekten Anfang des 14. Jahrhunderts abgebrochen. Von 1334 bis 1337 leitete Giotto das Projekt, und Andrea Pisano (1337-1348) wurde sein Nachfolger. Dieser wiederum wurde von Francesco Talenti (1349-1359) abgelöst, der den ursprünglichen Plan nochmals überarbeitete. Die Apsis wurde 1421 fertiggestellt. Der Bau der Kuppel, mit dem man Brunelleschi beauftragt hatte, wurde 1436 abgeschlossen, und im selben Jahr fand die feierliche Weihe der Kirche statt. 1468, 172 Jahre nach Beginn der Arbeiten, krönte Verrocchio diesen Prachtbau mit einer großen goldenen Kugel, die ein Bronzekreuz trägt.

Die Fassade. Die ursprüngliche Fassade von Arnolfo di Cambio blieb unvollendet und

Bernardino Poccetti, Zeichnung der Fassade Arnolfos, Dommuseum.

Eine typische Kutsche wartet vor dem Dom. Unten: Baptisterium, Dom und Glockenturm von Piazza San Giovanni aus.

wurde 1588 abgerissen. Die Skulpturen befinden sich jetzt im Dommuseum (Museo dell'Opera del Duomo). Die heutige Fassade ist ein Werk des Architekten Emilio De Fabris aus dem Jahr 1887. Aus dem 19. Jahrhundert stammen auch die Bronzetüren von Augusto Passaglia und Giuseppe Cassioli.
Die rechte Seite. Der älteste Teil des Doms befindet sich zwischen den ersten vier Pfeilern. Unter dem zweiten Joch ist das Portal «del Campanile»: in der Lünette eine *Madonna mit dem Kind* und im Tympanon ein *Segnender Christus* — beide Werke stammen aus der Schule Andrea Pisanos (1290-1349).

Am Ende der beiden Kreuzgewölbe, neben der Apsis, ist das im gotischen Stil ausgeführte Portal «dei Canonici» (Ende des 14. Jahrhunderts) mit feinen Marmorarbeiten von Giovanni d'Ambrogio und Piero di Giovanni. In der darüberliegenden Lünette wieder eine Figur der *Madonna mit dem Kinde* (1396) und *Engel* (Anfang des 15. Jahrhunderts). Beide Werke werden Niccolò di Piero Lamberti zugeschrieben.
Die Apsis. Sie besteht aus drei Chorräumen und vier halbrunden Nischen und geht in die achteckige Trommel über, die die Kuppel stützt. Von der Ecke Via dell'Oriuolo/Via del Proconsolo aus hat der Besucher ei-

Ausschnitt des Hauptportals. Die heutige Fassade (1887) ist von Emilio De Fabris.

1. Das religiöse Zentrum

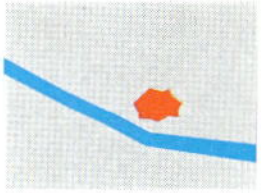

Besonders sehenswert

Dom

Baptisterium

Kuppel

Dommuseum.

Zwei Innenansichten des Doms. Der Bau dieser viertgrößten christlichen Kirche beanspruchte 172 Jahre.

nen herrlichen Blick auf die Apsis und die mächtige achteckige Kuppel «die sich gen' Himmel streckt, so groß, daß sie mit ihrem Schatten das ganze toskanische Volk bedeckt». Mit diesen Worten beschrieb der bekannte Humanist, Architekt und Mathematiker Leon Battista Alberti die Domkuppel.

Die linke Seite. Wir kommen nun zum jüngsten und wohl auch schönsten Portal: die Porta della Mandorla. Über der Tür ein Relief mit *Marias Himmelfahrt,* wahrscheinlich das bedeutendste Werk von Nanni di Banco aus den Jahren 1414-1421. In der Lünette ein Mosaik mit *Marias Verkündigung* (1491) von Domenico Ghirlandaio.

Das gegen Ende des 14. Jahrhunderts entstandene Portal di Balla erhielt seinen Namen von der nahen Via dei Servi, vormals «Borgo di Balla». Hier befanden sich die großen Hallen der Wollzunft, wo die Stoffe getrocknet wurden.

Paolo Uccello, Reiterdenkmal *für Giovanni Acuto.*

Innenraum. Der große Innenraum der Kirche wirkt überraschend nüchtern und kühl. Er hat die Form eines lateinischen Kreuzes und besteht aus drei Schiffen, die durch Spitzbögen miteinander verbunden sind und von Bündelpfeilern getragen werden. In der Höhe umläuft eine Galerie das ganze Mittelschiff.

An der hinteren Wand ist über dem Portal ein Werk von Paolo Uccello – *Uhr der kanonischen Stunden* – (1443). In der Lünette darunter das Mosaik mit der *Krönung der Jungfrau*, das Gaddo Gaddi zugeschrieben wird und in der ersten Hälfte des 16. Jahrhunderts entstand. In den kleinen Seitenbögen rechts und links der Lünette finden wir die *Musizierenden Engel* von Santi di Tito (Ende des 16. Jahrhunderts).

An derselben Wand sind drei runde Fenster von Lorenzo Ghiberti, die nach einem Gemälde des Künstlers auf Karton angefertigt wurden.

An der rechten Wandseite ist ein Werk des senesischen Bildhauers Tino di Camaino von 1321, das *Grabmal des Antonio Orso.* 1312 verteidigte Orso, damaliger Bischof von Florenz, die Stadt vor dem kaiserlichen Heer Heinrichs VII. von Luxemburg.

Das rechte Kirchenschiff. Unter dem ersten Kreuzgewölbe ist ein Medaillon mit dem Bildnis *Filippo Brunel-*

Paolo Uccello, Uhr der kanonischen Stunden.

Während des "Scoppio del carro" am Ostersonntag.

Andrea del Castagno, Reiterdenkmal *für Niccolò da Tolentino.*

leschis, das von Andrea Cavalcanti, genannt il Buggiano, stammt (1446).

Es folgt ein Holztabernakel aus dem 16. Jahrhundert, *Statue eines Propheten* (Isaias oder Daniel), vielleicht von Nanni di Banco (1380/90-1421). An derselben Wand ist ein Tondo, ein imaginäres Abbild von Giotto (1490), von Benedetto da Maiano.

Von der zweiten Arkade gelangt man zu den Überresten der Kathedrale von Santa Reparata, die 1966 bei Ausgrabungen unter dem Fußboden gefunden wurden. In den Vitrinen sind Stücke aus der Römerzeit und aus dem Mittelalter. Hier befinden sich auch Grabsteine des 13. und 14. Jahrhunderts. 1972 wurde das Grabmal Filippo Brunelleschis entdeckt; es trägt die lateinische Aufschrift: «*Corpus magni ingenii viri Philippi Brunelleschi florentini*» («der Leib des großen Mannes von Talent Filippo Brunelleschi, Florentiner»). In der dritten Arkade ist ein Glasfenster mit *Sechs Heiligen* (1394), nach dem Kartonmuster von Agnolo Gaddi; eine Statue des Propheten *Isaias* von Bernardo Ciuffagni (1427) und einige Fresken von *Grabdenkmälern* von Bicci di Lorenzo (erste Hälfte des 15. Jahrhunderts). In der vierten Arkade eine Büste des Philosophen Marsilio Ficino (1433-1499) von Andrea Ferrucci (1521).

Die Kuppel. Die Eingangstür zur Kuppel (Höhe 91 m) ist am Ende des rechten Kirchenschiffes. Der erste Teil der Treppen (insgesamt 463 Stufen) führt zur Galerie; von hier aus gelangt man zur auf der Kuppel befindlichen Laterne und hat einen herrlichen Blick über die Stadt. Im Gewölbe das *Jüngste Gericht* (1572-1579), von Giorgio Vasari und Federico Zuccari. In der Trommel befinden sich nach einem Kartonmuster ausgeführte Glasfenster des 15. Jahrhunderts (*Presentation im Tempel, Himmelfahrt, Christus im Olivenhain*), von Donatello

Blick auf die Kuppel von der Via dei Servi aus. Maler der Schule Giottos, Madonna mit Kind, *Teil eines nicht mehr erhaltenen Freskos.*

Domenico di Michelino, Die Göttliche Komödie erhellt Florenz.

Die Kuppel des Brunelleschi

Ludovico Cigoli (zweite Hälfte des 16. Jahrhunderts) Darstellung der Kuppel. Uffizien, Kabinett für Zeichnungen und Drucke.

Ende des 14. und Anfang des 15. Jahrhunderts wurde die Florentinische Republik Regionalstaat. Die neue Größe und Bedeutung der Stadt führt auch zur Ausweitung ihres größten Monuments, des Doms, dessen Bau von Arnolfo di Cambio 1296 begonnen wurde. Er war als großer Saal vorgesehen, in dem sich die ganze Stadtbevölkerung versammeln konnte. Im Jahre 1367 wird beschlossen, Arnolfos Projekt sowohl im Grundriß als auch in der Höhe zu erweitern, und Ende des Jahrhunderts ist der Bau mit der Errichtung des achteckigen Tambours zwischen den 55 m hohen Kreuzgewölben fast fertiggestellt. Zur Vollendung des Gebäudes fehlt nur noch eine Kuppel, und zu diesem Zweck wird 1418 ein Wettbewerb ausgeschrieben. Im 14. Jahrhundert wurden Kuppeln so gebaut, daß die Mauerstruktur durch ein Holzgerüst gestützt wurde, das man nach der Befestigung des Mauerwerks wieder abbaute. Für die Kuppel von Santa Maria del Fiore war diese Technik nicht anwendbar, da man zur Herstellung eines Bogengerüstes mit einem Durchmesser von 45 m (so groß ist die abzudeckende Fläche) viel zu viel Holz benötigt hätte. Und vielleicht gab es im damaligen Florenz auch keine Handwerker mehr, die fähig gewesen wären, eine solche Struktur zu bauen. Filippo Brunelleschi nimmt an diesem Wettbewerb mit einem revolutionären Projekt teil, bei dem der Rüstbogen durch eine selbsttragende Struktur in Holz und Ziegelsteinen ersetzt werden soll. Die Kuppelstruktur besteht aus einer doppelten Kugelhaube, die von acht Hauptgewölberippen – deren mit weißem Marmor bedeckte Außenseite sichtbar ist – und von 16 internen Gewölberippen gestützt wird, die miteinander verbunden sind, um den Seitendruck der Struktur abzufangen. Die Arbeiten beginnen am 7. August 1420 und enden 1436 mit der Schließung des letzten Rings in 91 m Höhe. Im selben Jahr entwirft Brunelleschi die Laterne, die die Struktur krönen und mit ihrem Gewicht der Kuppel Stabilität verleihen soll. Im Jahre 1446 wird sie, leicht verändert, endlich aufgesetzt. Die neue Technik zwang Brunelleschi dazu, die üblichen Bauweisen umzustürzen, die bis dahin auf der Erfahrung der Arbeiter auf den Baustellen basierten. Er mußte Maschinen, Werkzeuge und eine neue Arbeitsorganisation erfinden — mit anderen Worten, er wurde zum «Autor» seines Werkes im modernen Sinne des Wortes.

Giuliano da Maiano, Holzintarsien in der Sakristei der Messen.

(*Krönung der Jungfrau*), von Paolo Uccello (*Auferstehung* und *Geburt*) und von Andrea del Castagno (*Grablegung*). In den Tabernakeln stehen acht Statuen aus dem 16. Jahrhundert, *Die Apostel.* In der Mitte des Kreuzgewölbes befindet sich der achteckige marmorne Chorraum, den eine elegante Balustrade umläuft und der mit Flachreliefs von Baccio Bandinelli und seinem Schüler Giovanni Bandini (1547-1572) ausgeschmückt wurde; einige sind inzwischen im Museo dell'Opera. Im Zentrum des Chorraums steht der Hauptaltar von Bandinelli, den ein *Kruzifix* (1497) von Benedetto da Maiano krönt.

Chorraum und Sakristei. Vom Kreuzgewölbe gehen drei Räume aus, in denen jeweils fünf strahlenförmige Kapellen angelegt sind. Wunderschöne *Kirchenfenster* aus dem 15. Jahrhundert erfüllen die Kapellen mit sanftem Licht.

Die Chorräume sind durch zwei Sakristeien, die sogenannte «Canonici» (rechts vom Hauptaltar) und die Sakristei der Messen (links vom Altar) abgeteilt. Die Türen sind mit Flachreliefs geschmückt, die Bogenfelder mit *Terrecotte* von Luca della Robbia aus der zweiten Hälfte des 15. Jahrhunderts.

Schränke und Wände der «Sakristei der Messen» zeigen wunderschöne *Holzschnitzereien* von Giuliano da Maiano. Bei der Verschwörung der Familie Pazzi hatte Lorenz der Prächtige hier während der Ostermesse am 26. April des Jahres 1478 Zuflucht gefunden. Sein Bruder Giuliano fiel dagegen unter den Dolchstichen der Verschwörer.

Der mittlere Raum enthält unterhalb des Altars ein Meisterwerk Lorenzo Ghibertis, die *Bronzeurne* mit den Reliquien des heiligen Zanobius (1430-1440), des ersten Bischofs von Florenz. Im linken Chorraum ist im Fußboden eine Sonnenuhr in Bronze von Paolo dal Pozzo Toscanelli zu sehen, die um 1450 entstand. Diese zeigt mittels eines Sonnenstrahls, der durch eine in der Kuppel befindliche Öffnung fällt, die Sommersonnenwende an.

Das linke Kirchenschiff. In der vierten Arkade ist das Gemälde von Domenico di Michelino, *Die Göttliche Komödie erhellt Florenz:* es wurde 1465 anläßlich Dantes zweihundertjährigem Geburtstag in Auftrag gegeben, eine späte Huldigung der Stadt, die den Dichter verbannte. In der zweiten und dritten Arkade sind zwei große Fresken: das erste wurde 1436 von Paolo Uccello geschaffen und stellt den britischen Söldnerführer John Hawkwood dar, der von 1377 bis 1434 in Florentiner Diensten stand. Im zweiten Fresko

Luca della Robbia, Engel mit Kerzenhalter.

Der Glockenturm von Giotto und die eleganten Biforien in Großaufnahme (unten). Oben: Detail der reich verzierten Konsolen, die die Terrasse stützen.

Glasmalerei in der Trommel der Kuppel, Die Geburt Christi , *nach einer Kartonzeichnung von Paolo Uccello.*

stellt Andrea del Castagno (1456) *Niccolò da Tolentino*, den Miliz-Kommandanten der Republik bei der Schlacht von San Romano von 1432 dar. Am Anfang des Schiffes steht die Büste des Orgelbauers *Antonio Squarcialupi,* die Benedetto da Maiano 1490 schuf.

Der Glockenturm von Giotto

Der Glockenturm hat einen quadratischen Grundriß

und erreicht die stattliche Höhe von 84,70 m bei einer Breite von 14,45 m. Für die Verkleidung wurde mehrfarbiger Marmor verwendet (weißer Marmor aus Carrara, roter aus Siena und dunkelgrüner aus Prato). Giotto begann den Bau 1334 und vollendete nur den Sockel. Nach seinem Tod im Jahre 1337 setzte der Architekt Andrea Pisano den Bau fort, wobei er sich anfangs an die Entwürfe Giottos hielt, die beiden über dem Sockel liegenden Stockwerke dann jedoch nach seinen eigenen Vorstellungen ausführte und auf jeder Seite zwei Lisenen und einige Nischen für große Statuen anbringen ließ. 1348 mußte Andrea jedoch sein Amt verlassen. Der «Schwarze Tod», der inzwischen in Florenz ausgebrochen war und dem mehr als die Hälfte der Bevölkerung zum Opfer fiel, erzwang eine zweijährige Pause der Bauarbeiten. Dann wurden sie unter der Leitung Francesco Talentis wiederaufgenommen und 1359 beendet.

Die Skulpturen waren nicht rein dekorativ, sondern in die Struktur des Glockenturmes integriert. Heute befinden sich am Campanile nur noch die Kopien. Die Originale sind im «Museo dell'Opera del Duomo» aufbewahrt. Die Medaillons rund um den Sockel stellen die *Erschaffung des Menschen* und *Menschliche Tätigkeiten* dar. Auf der der Kirche zugewandten Seite befinden sich die Medaillons von Luca della Robbia (1437-1439), alle anderen werden Andrea Pisano zugeschrieben, der auch die *Rautenbilder* im oberen Stockwerk schuf. Die *Sakramente* sind wahrscheinlich

Werke des Künstlers Alberto Arnoldi. In den Nischen im obersten Stockwerk sind die Statuen von *Patriarchen, Königen, Propheten und Sybillen* (1419-1436) von Donatello, Nanni di Bartolo und anderen Künstlern.

414 Stufen führen zur Spitze des Turms, von dem man den schönsten Ausblick auf die majestätische Brunelleschi-Kuppel und die Stadt Florenz hat.

Das Baptisterium von San Giovanni

Die Taufkirche wurde auf Ruinen aus der römischen Zeit errichtet, deren Marmorsteine in den Bau eingegliedert sind. Nach mehreren baulichen Eingriffen im 11. und 13. Jahrhundert erlangte das Baptisterium sein heutiges Aussehen. Im Jahre 1059 weihte Papst Niccolò II. die Taufkirche, und im 12. Jahrhundert wurde sie mit dünnen Platten aus weißem und grünem Prato-Marmor verkleidet. Mitte des 12. Jahrhunderts entstand auch das pyramidenförmige Dach mit dem Laternenbau (1174). 1202 wird die alte halbkreisförmige Apsis durch eine rechteckige ersetzt. Unter der Schirmherrschaft der Zunft der Calimala wird der Bau durch bedeutende Kunstwerke bereichert, darunter die *Bronzetüren* mit biblischen Geschichten.

Das Südportal. Das älteste Bronzetor an der Südseite (gegenüber der Loggia del Bigallo) wurde 1330 in schönster Gotik von. Andrea Pisano geschaffen. Das Tor ist in 28 Quadrate eingeteilt, die ebensoviele gotische Tafeln einrahmen. In den unteren acht Kassetten eine Darstellung der allegorischen Figuren der *Bescheidenheit* und *Kardinal- und theologische Tugenden*, die oberen 20 Formen zeigen *Episoden aus dem Leben von Johannes dem Täufer*, Schutzpatron von Florenz. Der Bronzefries, der das Portal einrahmt, ist von Vittorio Ghiberti (1452-1462). Über dem Portal eine Bronzegruppe von Vincenzo Danti: *Johannes der Täufer, sein Henker und Salomè* aus dem Jahre 1571.

Das Nordportal. Es bildet den Eingang zum Baptisterium und wurde in den Jahren 1403-1424 von Vincenzo Ghiberti unter der Mithilfe von Masolino da Panicale, Donatello, Michelozzo und Paolo Uccello geschaffen. Auf den acht unteren quadratischen Flachreliefs sind die *Evangelisten* und die vier *Kirchenväter* dargestellt, im oberen Portalabschnitt *Szenen aus dem Neuen Testament*. Über dem Portal ist eine Bronzegruppe von Giovan Francesco Rustici: *Predigt des Täufers zwischen den Leviten und Pharisäern* (1506-1511).

Die «Paradiespforte». Ihren Namen erhielt sie von Michelangelo. Sie ist das Meisterwerk Lorenzo Ghi-

Die geschweiften Fenster mit Giebelfeldern des Baptisteriums (oben: von der Loggia del Bigallo aus).

Das Südportal von Andrea Pisano.

Das Nordportal von Lorenzo Ghiberti.

Lorenzo Ghiberti, das Ostportal, von Michelangelo «Paradiespforte» genannt.

Donatello und Michelozzo, Grabstätte des Gegenpapstes Giovanni XXIII., Ausschnitt: die göttlichen Tugenden.

bertis, der von 1425 bis 1452 daran gearbeitet hat. Das Portal ist aus vergoldeter Bronze und in zehn große Tafeln unterteilt, die Szenen aus dem Alten Testament zeigen: *Szenen aus dem Leben Adams und Evas, Kains und Abels, Noahs, Abrahams und Isaaks, Jakobs und Esaus, Josefs und Benjamins, Moses', Josuahs, Sauls und Davids, Begegnung Salomons mit der Königin von Saba* (von oben nach unten und von links nach rechts). Als abschließender Rahmen, 24 *Biblische Figuren* und *Künstlerköpfe*. Hier hat Ghiberti seine zeitgenössischen Künstlerkollegen und auch sich selbst dargestellt. (Sein Selbstbildnis ist das vierte Tondo von oben auf der rechten Seite des linken Türflügels). Über dem Portal eine Kopie der Marmorgruppe von Andrea Sansovino, *Jesus und der Täufer* aus dem Jahre 1502. Die Tafeln des Portals sind Kopien, die Originale waren bei der Hochwasserkatastrophe von 1966 stark beschädigt worden; einige wurden restauriert, aber die meisten Tafeln wurden ins Dommuseum verlagert.

Oben: die zweibogigen Fenster, die die Galerie unterteilen; unten: die Apsis und die Mosaiken der Kuppel.

Der Innenraum. Ein oktagonaler Raum mit großen monolithischen Säulen, die von alten Gebäuden aus der römischen Epoche stammen. Die große achteckige, pyramidenförmige Kuppel schmücken herrliche Mosaiken mit biblischen Szenen. Die Wände sind mit weißem und grünem Marmor in geometrischen Motiven verkleidet (11.-12. Jahrhundert). Ähnlich wie in der Kirche von San Miniato al Monte ist der Marmorfußboden mit Ornamenten im orientalischen Stil verziert. 1226 begann der Franziskanerpater Jacopo da Torrita die Mosaiken in der Apsis mit der Darstellung eines großen Rads, das von vier auf korinthischen Kapitellen knienden Telamonen gestützt wird. In der Mitte das *Agnus Dei*, umgeben von Propheten und Patriarchen, an den Seiten *Madonna mit dem segnenden Kind und Johannes dem Täufer*. Im Bogen sind Blattdekorationen und die Statuen von *Chri-*

Christus als Richter (rechts) und einige Einzelheiten der Mosaiken der Kuppel und der Apsis (links und unten).

stus, Maria, den Aposteln und den Propheten.

Die spitzbögige Kuppel mit acht Feldern ist ganz mit Mosaiken ausgelegt, die von ca. 1270 bis Anfang des 14. Jahrhunderts von Florentiner Künstlern ausgeführt wurden, u.a. Coppo di Marcovaldo, Meliore, Cimabue. Die Dekoration ist in sechs Teile aufgeteilt: im obersten sind Motive mit Weinreben, Hirschen und Pfauen; im unteren Abschnitt wird Christus mit Engelschören dargestellt. Die riesenhafte Figur des *Christus als Richter* nimmt den ganzen unteren Teil des Feldes über der Apsis ein, rechts und links Szenen vom *Jüngsten Gericht*. In den anderen fünf Feldern sind (von oben nach unten): *Geschichte der Genesis, Szenen aus dem Leben Josephs des Hebräers, Szenen aus dem Leben Mariens und Christi, Szenen aus dem Leben des Täufers.*

Rechts von der Chorkapelle ist das *Grabmal des Baldassarre Cossa*, des Gegenpapstes Johannes XXIII., der 1414 auf dem von ihm einberufenen Konzil von Konstanz abgesetzt wurde. 1419 starb er in Florenz. Künstler wie Donatello und Michelozzo arbeiteten von 1421-1427 an dem Grabmal. Links neben dem Südportal befindet sich der marmorne *Taufbrunnen* (1371); er wird der Schule Andrea Pisanos zugeschrieben.

Gegenüber dem Südportal der Taufkirche an der Ecke von der Via de' Calzaioli befindet sich die Loggia del Bigallo.

Loggia del Bigallo

Der kleine Palast wurde Mitte des 14. Jahrhunderts für die Compagnia della Misericordia errichtet, wahrscheinlich von Alberto Arnoldi, dem Baumeister des Doms. Die Loggia besteht aus zwei Rundbögen, die durch Gitter abgegrenzt sind. Im oberen Teil sind Skulpturen aus dem 14. Jahrhundert. In die Loggia wurden verirrte oder verlassene Kinder gestellt, um ihre Angehörigen zu finden.

Im nur während der Weihnachtszeit geöffneten Innenraum sind Werke der Florentiner Schule (13.-16. Jahrhundert). Besonders interessant das abgelöste Fresko der *Madonna der Barmherzigkeit* (1342) im Ratssaal. Der untere Teil des Freskos zeigt die älteste Ansicht der Stadt Florenz.

Die Loggia del Bigallo, Sitz des gleichnamigen Museums.

Bernardo Daddi, Thronende Madonna, *Bigallo-Museum.*

Maestro del Bigallo, Kruzifix.

Dom, Baptisterium und Glockenturm

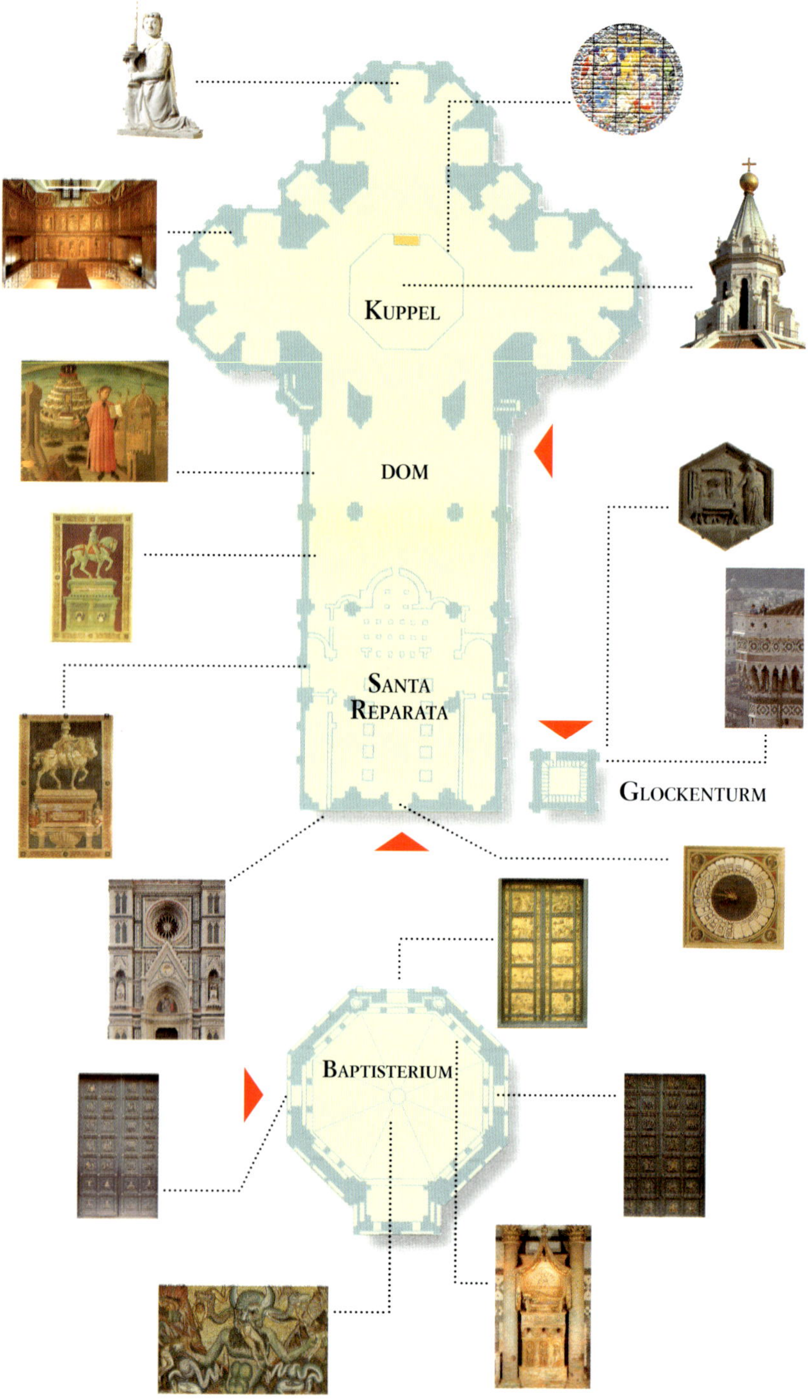

Niccolò Gerini und Ambrogio di Baldese, Die Barmherzigkeit, Fresko. Bigallo-Museum.

Von der Loggia del Bigallo wenden wir uns nach rechts. An der Ecke zur Via de' Calzaioli treffen wir auf den Palazzo dell'Arciconfraternita della Misericordia (Gesellschaft der Barmherzigen Brüder), *Sitz der gleichnamigen Kongregation, die 1244 vom hl. Petrus dem Märtyrer gegründet wurde. 1578 wurde der Palast von Alfonso Parigi restauriert. Weitere Umbauarbeiten erfolgten 1781. Hier befinden sich noch heute das bedeutende* Archiv *der Gesellschaft und ein kleines* Museum, *mit Gemälden, Statuen und liturgischen Gegenständen.*

Weiter vorn finden wir auf derselben Straßenseite den Palast der Canonici *(Ecke Via dello Studio), von Gaetano Baccani (1792-1867). Gegenüber liegt an der Ecke mit Via dell'Oriuolo, an der Hausnummer 10, der aus dem 17. Jahrhundert stammende* Palazzo Strozzi di Mantova. *Im Nachbargebäude befindet sich das Museo dell'Opera di Santa Maria del Fiore («Museum des Dombaus»).*

Museo dell'Opera di Santa Maria del Fiore

Das «Museo dell'Opera del Duomo» diente Ende des 13. Jahrhunderts zur Überwachung der Bauarbeiten an der Basilika Santa Maria del Fiore. Das Museum wurde 1891 eingerichtet und enthält Kunstwerke aus dem Dom, dem Baptisterium und dem Glockenturm. In den Räumen im Erdgeschoß und im ersten Stock hat seit dem 15. Jahrhundert die Verwaltung des Dombaus ihren Sitz. Nach der Überschwemmung von 1966 wurde das Museum renoviert und neu ausgestattet. Es zählt zu den bedeutendsten Museen Italiens und die ausgestellten Werke geben einen Überblick über die wesentlichen Etappen der Florentiner Kunst.

Andrea Cavalcanti, Brunelleschi-Büste.

Hof und Vorhalle. Links im Hof stoßen wir auf römische Sarkophage aus dem 2.-3. Jahrhundert n. Chr. Auf der rechten Seite die großen Marmorstatuen von Girolamo Ticciati (1676-1740), die den Barockaltar der Taufkirche schmückten. Im Vorhof, wo sich auch der Kartenverkauf befindet, eine Büste *Filippo Brunelleschis* von Andrea Cavalcanti (1412-1462) und marmorne *Flachreliefs* aus dem Chorraum des Doms von Baccio Bandinelli und Giovanni Bandini (16. Jahrhundert). In den Lünetten sind zwei glasierte farbige Terrakotten von Andrea della Robbia. Die erste, *Gott zwischen zwei anbeten-*

Girolamo Ticciati, Johannes der Täufer im Himmel. *Dommuseum, Hof.*

Monte di Giovanni, Adam und Eva, *mit Miniaturen ausgeschmückte Initiale eines Antiphonales. Hier oben: ein Ausschnitt des Werks.*

Teil eines römischen Sarkophags vom II.-III. Jahrhundert n.Chr.

Luca della Robbia, Prozessionskreuz.

Michelangelo, die Pietà.

Arnolfo di Cambio, Madonna mit Kind *(rechts).*

den Engeln, stammt aus der Werkstatt, die zweite, *Madonna mit dem Kind und zwei Engeln* (1489), ein Relief, vermutlich vom Künstler selbst.

Kleine Säle des Brunelleschi. Man erreicht sie vom Vorhof aus: hier befinden sich die Totenmaske des Künstlers, verschiedene Holzmodelle und Arbeitsgeräte, die das Konstruktionssystem der Kuppel illustrieren.

Saal der Domfassade. Hier befinden sich die Skulpturen der alten Domfassade, die vor deren Abriß im Jahre 1587 geborgen wurden, ebenso ein Aquarell der alten Domfassade von Bernardino Poccetti aus dem 16. Jahrhundert. An der Wand gegenüber dem Eingang die *Madonna mit dem Kind*, bekannt auch als «Madonna mit Glasaugen». Es ist ein Spätwerk von außerordentlicher Plastizität des Bildhauers und Domarchitekten Arnolfo di Cambio (ca. 1245-1302), einem der großen Meister italienischer Kunst. Diese Statue und die der *Heiligen Reparata* und des *Heiligen Zanobius* von Arnolfo di Cambio standen früher über dem Hauptportal des Doms.

Im Saal sind von Arnolfo noch: die *Madonna der Geburt Christi*, und an der linken Wand eines der schönsten Beispiele florentinischer Gotik, die Statue *Bonifatius VIII.* Es handelt sich um denselben Papst, den Dante in seiner *Göttlichen Komödie* im Inferno zur Unterstützung der Neri auftreten läßt. Weitere, sehr ausdrucksvolle Statuen der Fassade sind der *Hl. Lukas* von Nanni di Banco und der *Hl. Johannes der Evangelist* von Donatello; sie sind in der ersten Hälfte des 15. Jahrhunderts entstanden und waren in den Nischen rechts und links des Hauptportals aufgestellt.

Chorsaal. In der «Sala dei Corali» werden vier *bemalte Handschriften* aus dem 16. Jahrhundert aufbewahrt. Die Wandvitrinen enthalten sakrale Gegenstände, darunter ein goldbesticktes *Meßgewand* des Kardinals Alessandro Farnese aus dem 16. Jahrhundert, ein *Prozessionskreuz* aus vergoldetem Kupfer, hellbau glasiert, das Luca della Robbia zugeschrieben wird; der *Bischofs-*

Andrea del Verrocchio und andere, silberne Altarverkleidung mit Geschichten des Täufers.

stab Amerigo Corsinis, des ersten Erzbischofs von Florenz, einzigartiges Beispiel Florentiner Goldschmiedekunst des 15. Jahrhunderts.

Achteck der Goldschmiede. Es stellt in Vitrinen *Reliquien* aus der Zeit von 1300 bis 1800 aus.

Kleiner Saal der «Pietà». Im Treppenaufgang zum ersten Stock ist ein kleiner Saal, der eine der letzten Skulpturen Michelangelos (1550-1555) enthält: die *Pietà,* ein ergreifendes Spätwerk des Künstlers. Es entstand in Rom, viele Jahre nach der gleichnamigen Statue, die sich heute im Petersdom befindet. Die von Michelangelo für das eigene Grab geschaffene Marmorgruppe wurde im Jahre 1674 auf Wunsch des Großherzogs Cosimo III. nach Florenz gebracht. Nach Meinung von Giorgio Vasari stellte sich Michelangelo in der Figur des Nikodemus, der Christus stützt, selbst dar. Die dramatische Ausdruckskraft des Werks wird durch das gewollt Unvollendete bei Michelangelo mit den teilweise nur angedeuteten Formen noch unterstrichen. Die Skulptur der Magdalena zur Linken wurde von Michelangelos Schüler Tiberio Calcagni fertiggestellt.

Kantoriensaal. Hier befinden sich die Marmorkantorien (Sängerkanzeln), die ursprünglich über der Sakristeitür des Doms waren. 1688 wurden sie bei der Hochzeit von Ferdinand II. de' Medici entfernt. An der Wand links vom Eingang die *Kantorie* von Luca della Robbia (1431-1438): Auf der gegenüberliegenden Seite die *Kantorie* von Donatello (1433-1439): Die Formen und Motive erinnern an die Antike.

Unter der *Sängerkanzel* eine weitere Skulptur von Donatello, *Reuige Magdalena.* Diese Holzstatue stammt aus seiner letzten Schaffensperiode, beeindruckend ist ihr dramatischer Realismus.

Im selben Saal sind auch die 16 Statuen, die ursprünglich die Nischen des Glockenturms von Giotto schmückten. Von Andrea Pisano und dessen Gehilfen stammen die *Tiburtinische Sybille, David, Salomon, Die Eryträische Sybille* und vier *Propheten* (1342-1350). Von großer Bedeutung sind auch die Statuen von Donatello des Propheten *Habakuk* – im Volksmund «lo Zuccone» (der Glatzkopf) – und des Propheten *Jeremias* und von Nanni di Bartolo: *Johannes der Täufer, Abdias.*

Saal der Kassettenfelder. Er

Donatello, Johannes der Evangelist.

Luca della Robbia, Chor.

Lorenzo Ghiberti, Tafel der Paradiespforte mit der Schöpfungsgeschichte.

Donatello, Magdalena.

enthält die Kassettenfelder des Glockenturms von Giotto, die zwischen 1965 und 1967 durch Kopien ersetzt wurden. Die Kassettenfelder sind so angeordnet wie am Glockenturm: die sechseckigen Tafeln wurden teilweise von Andrea Pisano nach Zeichnungen Giottos ausgeführt (1348-1350 ca.) Die letzten fünf Tafeln sind von Luca della Robbia und stellen die Künste, die Wissenschaften und das Handwerk dar (1437-1439). Die rautenförmigen Tafeln aus der Schule Andrea Pisanos und von Alberto Arnoldi stellen die Planeten, die Tugenden, die freien Künste und die Sakramente als allegorische Figuren dar.

Altarsaal. Vom Kantoriensaal aus gelangt man in den Altarsaal, wo neben den Originalreliefs Ghibertis von der Paradiespforte auch der Altar des Baptisteriums ausgestellt ist.

In der Mitte des Saales sind in einer Vitrine die vier Kassettenfelder Ghibertis aus vergoldeter Bronze *(Geschichte aus dem Leben Josefs, Davids, Kains und Abels* und die *Schöpfungsgeschichte).* Wie kaum einem anderen gelang es Ghiberti, seinen Reliefs perspektivische Tiefe zu verleihen.

An den Wänden *Gemälde* aus toskanischer Schule des 14. und 15. Jahrhunderts und 27 Gold- und Seidenstickereien, die zum Parament des hl. Johannes gehörten und *Bilder aus dem Leben des Täufers und Jesus'* darstellen. Die Stickereien entstanden zwischen 1466 und 1480 nach einem Entwurf von Antonio del Pollaiolo und wurden von sieben florentinischen, französischen und flämischen Stickern ausgeführt.

Im Saal sind außerdem kleinere Skulpturen des senesischen Künstlers Tino di Camaino – die Marmorbüste *Dame mit Füllhorn* – und eine kleine Statue der *Santa Reparata* und ein *Segnender Christus* von Andrea Pisano.

Vor der hinteren Saalwand ist der silberne *Altar* des Baptisteriums, ein Meisterwerk gotischer Florentiner Goldschmiedekunst.

Andrea Pisano, Tafeln des Glockenturms Giottos mit der Darstellung von Weberei, Gerichtsbarkeit und Schiffahrt.

Luca della Robbia, Chor, *Ausschnitt.*

Die Zunft der Calimala hatte den Altar in Auftrag gegeben und dafür 40000 Florentiner Gulden zur Verfügung gestellt. Die Arbeiten begannen 1366 und wurden 1480 abgeschlossen. Zweimal im Jahr, und zwar anläßlich der Festtage des Täufers – in der Epiphanie-Woche und am 24. Juni – wurde der Altar im Zentrum des Baptisteriums ausgestellt. Er besteht aus zwölf Silbertafeln mit Emailverzierungen, auf denen Szenen aus dem *Leben des hl. Johannes* dargestellt sind. Die bedeutendsten Künstler jener Zeit, wie Andrea del Verrocchio, Antonio del Pollaiolo, Bernardo Cennini, arbeiteten an diesem Altar. Von Michelozzo ist die kleine Statue des hl. Johannes in der mittleren Nische. Über dem Altar steht das vergoldete und mit Email verzierte *Kreuz* von Antonio del Pollaiolo, Betto di Francesco und Bernardo Cennini (1457-1459): innen wird die Holzreliquie des Kreuzes aufbewahrt, die 1545 aus Konstantinopel in die Stadt kam.

Vom Dommuseum kommen wir am Dom entlang zur Hausnummer 28, dem Palazzo Niccolini. *Er wurde im 17. Jahrhundert errichtet, wo sich einst das Wohnhaus Donatellos befand. Rechts biegen wir in die Via dei Servi, wo im Schatten der mächtigen Basilika noch einige alte Wohnhäuser liegen. Hausnummer 5 ist ein Gebäude aus dem 15. Jahrhundert, Hausnummer 7 die* Casa dell'Opera di San Giovanni. *Die kleine Statue des Heiligen über dem Tor ist die Kopie des im Museum des Bargello ausgestellten Originals von Michelozzo.*

Entlang der Nordseite des Baptisteriums überqueren wir den Platz an der Kreuzung mit via Martelli. In der Nähe des Nordportals steht eine mit einem Kreuz versehene Säule von Sankt Zanobius, *Bischof von Florenz im 5. Jahrhundert. Sie wurde 1348 errichtet.*

Hinter der Apsis des Baptisteriums zwischen Via Cerretani und Via de' Pecori ist der große Erzbischofspalast mittelalterlichen Ursprungs, der im 16. Jahrhundert teilweise von Giovanni Antonio Dosio umgebaut wurde: im Jahre 1895 wurde die Fassade nach hinten versetzt, um die Piazza San Giovanni zu erweitern.

Die hintere Seite des Palastes blickt auf die lange und schmale Piazza dell'Olio und bezieht die kleine romanische Kirche San Salvatore al Vescovo (10. Jahrhundert) mit ein, von der die schöne Original-Fassade erhalten ist.

Byzantinische Kunst des XIV. Jahrhunderts, kleines Mosaikbild.

Mitte: Donatello, Abacuc *(«lo Zuccone», Kahlkopf, genannt); unten: die Fassade der Kirche San Salvatore al Vescovo.*

Die Anfänge der Renaissance -3-

Donatello (1386-1466)
«Die Florentiner Meister des frühen 15. Jahrhunderts begnügten sich nicht mehr damit, die alten Formeln der mittelalterlichen Künstler zu wiederholen. Wie auch die viel bewunderten Griechen und Römer begannen die Florentiner, in ihren Ateliers und Werkstätten den menschlichen Körper aufmerksam zu beobachten und baten Modelle oder Künstlerfreunde, für sie in den gewünschten Stellungen zu posieren. Diese neue Methode und dieses neue Interesse sind es, die Donatellos Werk eine so große Überzeugungskraft verleihen» (E. Gombrich).

Mit Donatello bricht in der Skulptur eine dramatische und realistische Tendenz ein, die noch deutlicher wird, wenn man sie mit der Feierlichkeit der gotischen Statuen vergleicht, die an der Außenwand der großen Kathedralen aufgereiht sind. Der Künstler, der aus einer armen Familie stammt, lernt sein Handwerk in Werkstätten des späten 14. Jahrhunderts und als Mitarbeiter von Ghiberti zu der Zeit, als dieser die Bronzereliefs für die Portale des Baptisteriums (1404-1407) anfertigt. Donatello führt in die figurative Kultur seiner Epoche die Eindrücke und die Atmosphäre der Welt des Florentiner Volkes ein, und ihm gelingt es, wirkungsvoll menschliche Gefühle und Situationen darzustellen. Donatello bleibt jedoch immer ein Mann aus dem Volk, auch als er anfängt, für Cosimo den Älteren zu arbeiten. Sein Zeitgenosse Vespasiano da Bisticci erzählt: «Da Donatello nicht die Kleider trug, die Cosimo gerne an ihm gesehen hätte, so schenkte ihm Cosimo einen zartrosa Mantel, eine Kappe und ließ ihm ganz neue Kleider schneidern. Eines Sonntagmorgens schickte er ihm diese Kleider zu, damit er sie von nun an trage. Donatello trug sie ein- oder zweimal, dann legte er sie beiseite und wollte sie nicht mehr — er sagte, er fühlte sich verspottet».

David

Heiliger Johannes, der Evangelist (1404-1414). Diese Statue befand sich neben der des Arnolfo di Cambio und der des Nanni di Banco an der alten gotischen Fassade des Doms Santa Maria del Fiore, die 1587 abgerissen wurde. Trotz der klaren gotischen Einflüsse überwiegen in Donatellos Werk die realistischen und psychologischen Aspekte.

Heiliger Georg. Dieses Werk wurde Donatello 1416 für die Kirche Orsanmichele von der Zunft der Waffenschmiede in Auftrag gegeben. «Donatellos *Heiliger Georg* hat fest die Füße auf dem Boden, sie sind fast an der Erde verankert. [...] Sein Antlitz hat nichts von der fröhlichen und unbestimmten Schönheit der mittelalterlichen Heiligen: Es ist energisch und gespannt. Es scheint den herannahenden Feind zu beobachten und dessen Größe zu schätzen zu versuchen. Die Hände sind auf den Schild gestützt und die Figur steht gespannt zur Herausforderung da» (E. Gombrich).

Der Chor (1433-1439). Die Problematik der mathematischen Perspektive löst Donatello mit Figuren im Flachrelief, wobei er der dünnen Marmorplatte Tiefe zu geben versteht. «Donatello scheint sich ein schwieriges Ziel gesetzt zu haben, er versucht seinem Tanz der Putten den Anschein einer wirklichen Bewegung zu verleihen. Diese Figuren bewegen sich nicht in eine einzige Richtung, sondern während die Figuren vorne alle von rechts nach links gehen, laufen die hinteren genau in die entgegengesetzte Richtung. Ein Wirrwarr aus dicklichen Beinen und Armen füllt den Raum aus» (C. Avery).

Magdalena (1453-1455). «Auf den ersten Blick ist das Bild furchtbar: Das runzelige Gesicht mit den ausgehöhlten Augen und den mageren Gliedern, umhüllt von einer dunklen, gegerbten Haut, erinnert an eine ägyptische Mumie. Für einen Christen jedoch ist diese Botschaft nicht negativ. Durch die Auszehrung und das Leiden, denen Maria Magdalena freiwillig ihren einst so begehrten Körper ausgesetzt hat, wird ihr Geist stärker und edler» (C. Avery).

Die Feste -1-

Lo scoppio del carro (die Explosion des Wagens)

Er findet mittags am Ostersonntag statt. «Die "colombina", ein Zünder in Taubenform, trifft auf den Wagen und schnellt zurück zum Hauptaltar des Doms. Man hört einen dumpfen Schlag, dann zwei, dann zehn. Der Wagen wird von dichtem, weißem Rauch umhüllt. Dieses Ereignis stellte damals eine starke Verbindung zwischen der Stadt und dem Land dar, da man aus dem Flug der Colombina Schlüsse auf den Ausgang der nächsten Ernte ziehen konnte. Aus diesem Grund versammelten sich die Bauern schon in den frühen Morgenstunden zusammen mit den Florentinern auf dem Domplatz.

Der Ursprung dieser Tradition wird gewöhnlich auf eine Begebenheit zurückgeführt, die zwischen Mythos und Geschichte steht. Ein Pazzino de' Pazzi, Kreuzritter im Gefolge von Goffredo di Buglione, soll der erste gewesen sein, der die Mauern Jerusalems bestieg, um das Heilige Grabmal zu befreien. Als Belohnung gab man ihm drei Bruchstücke des Grabsteins, die er nach Florenz brachte. Jeden Karsamstag schlug er damit Funken, um ein Feuer zu entzünden, das in einer feierlichen Prozession in die Kirche Santa Maria del Fiore getragen wurde. Im Laufe der Jahrhunderte wurde aus diesem «heiligen Feuer» «ein Triumphwagen, gemäß den Gebräuchen jener Zeit», erzählt uns Giuseppe Conti, «ganz vergoldet, mit Schnitzereien und meisterhaft dekorierten Figuren, die man mit großem Einfallsreichtum überall angebracht hatte. Feuerwerkskörper jeder Art bereicherten noch das Ganze». Anfang des 16. Jahrhunderts, zur Zeit Papst Leos X., begann man, den Wagen mit der Colombina anzuzünden. Inzwischen bereits arg mitgenommen, krachte der alte Wagen im Jahre 1679 zusammen, als er von zwei weißen, festlich geschmückten Ochsenpaaren in Richtung Dom gezogen wurde. Der heutige, mehrmals reparierte Wagen wurde auf Kosten der Familie Pazzi 1765 gebaut. Er ist ungefähr 8,70 m hoch, 3,40 m lang und 2,80 m breit. Er besteht aus drei, durch eine interne Strickleiter miteinander verbundenen Ebenen. Auf der ersten befinden sich die Wappen der verschiedenen Stadtviertel, auf der zweiten ist das Wappen der Familie Pazzi zu sehen und die dritte wird von vergoldeten Masken geschmückt.

Die Tradition des «fuoco nuovo» (des neuen Feuers), mit dem viele andere Lichter angezündet werden, ist in ganz Europa (und vielleicht auch anderswo) verbreitet und wird immer mit magischen Elementen in Verbindung gebracht. In Florenz wurde dies in Anlehnung an die triumphalen Feste der Renaissance weitergeführt und zu prächtigen Formen entwickelt. Man darf allerdings nicht vergessen, daß sich bis zum 17. Jahrhundert auf dem Wagen ein Kohlebecken befand, dessen Kohlen an die Bevölkerung verteilt wurden, die diese dann als Talisman gegen Blitz und Hagel verwendete.

Die Anfänge der Renaissance -1-

«Im 14. Jahrhundert glaubten die Italiener, daß die blühende Kunst, Wissenschaft und Kultur der klassischen Periode von den Barbaren des Nordens zerstört worden sei und dachten, es sei nun ihre Aufgabe, die glorreiche Vergangenheit wieder aufblühen zu lassen und eine neue Epoche zu beginnen. In Florenz, dem reichen Handelszentrum, waren diese Hoffnung und diese Überzeugung so stark zu spüren wie in keiner anderen Stadt. In den ersten Jahrzehnten des 15. Jahrhunderts schuf deshalb eine Florentiner Künstlergruppe eine neue Kunst und brach somit mit den Theorien der Vergangenheit». E. H. Gombrich

Filippo Brunelleschi (1377-1436). «Viele», so beginnt Vasari über das Leben von Filippo Brunelleschi zu erzählen, «sind von Natur aus klein und haben unauffällige Gesichtszüge, aber im Innern sind sie so groß, voller Leben und wagemutig, daß sie, wenn sie nichts Schwieriges und fast Unmögliches in Angriff nehmen – und das nicht so vollenden, daß alle Betrachter bewundernd innehalten – sie sich selbst und ihrem Leben keine Ruhe mehr gönnen». Indem Brunelleschi die Konstruktionstechniken der Gebäude im alten Rom erforscht, die er mit Donatello besichtigt hat, gelingt es ihm, scheinbar unüberwindbare Probleme zu lösen, wie z. B. die Konstruktion einer selbsttragenden Kuppel mit den Ausmaßen von Santa Maria del Fiore (☛ S. 26). Brunelleschi war es, der der magmatischen Welt des mittelalterlichen Florenz zu Rationalität verhalf, indem er es, ohne dabei Gebäude und Raum zu zerstören, umgestaltete und die der Renaissancestadt entstehen ließ. Grundlage von allem ist die Kenntnis der Gesetze, die objektiv, jenseits der individuellen Wahrnehmung den Raum erfassen. Durch die experimentelle Darstellung der mathematischen Perspektive betrachtet Brunelleschi zum ersten Mal den architektonischen Raum als das Ergebnis genauer mathematischer Beziehungen zwischen den einzelnen Teilen des Gebäudes. Und genau aus dieser Auffassung des Raumes entsteht die nicht nachzuahmende, unübertreffliche Reinheit seines Stils.

Der Bogengang des Spedale degli Innocenti. Er wurde begonnen im Jahre 1419 und ist ein Beispiel für die Art, wie Brunelleschi den Raum vor der Kirche Santissima Annunziata neugestaltet hat. Er verwendet dabei wieder Formen, die den antiken Plätzen mit Bogenreihen und den florentinischen Loggien aus dem 14. Jahrhundert nachempfunden sind.

Die alte Sakristei von San Lorenzo (1419-1428). «Ein quadratischer Raum, der mit einer Kuppel bedeckt ist. Vier Projektionsebenen auf denen proportional der äußere und der innere Raum "dargestellt" werden: Vier große Bögen, die den Horizont darstellen und auf denen sich als Tangente der Ring der Kuppel befindet, der die Horizonte der vier orthogonalen Tiefen in einem kreisförmigen Horizont zusammenfaßt» (G. C. Argan).

Die Cappella de' Pazzi. Im Auftrag von Andrea Pazzi wurde diese Kapelle zwischen 1429 und 1430 begonnen. «Es genügt ein Blick, um zu bemerken, wie wenig sie mit den klassischen Tempeln gemeinsam hat, und noch weniger mit den Formen, die gotische Architekten benutzten. Brunelleschi stellte Säulen, Bögen und Pfeiler nach seinem eigenen Stil zusammen und erreichte eine bauliche Leichtigkeit und Grazie, die vor ihm niemandem gelungen war» (E. Gombrich).

2. **Auf den Spuren Lorenzos**

Michelangelo, Der Tag, *San Lorenzo, Neue Sakristei.*

Dieser Rundgang führt in die nordwestlichen Viertel des alten Stadtzentrums, in ein Gebiet, das bis zum Bau des ersten Rings (1173-1175) außerhalb der Stadtmauern lag. Hier wurde im 4. Jahrhundert die erste christliche Kirche von Florenz nördlich des Arno errichtet: San Lorenzo, die bis zum 8. Jahrhundert Basilika war.

Die ehemalige Lage außerhalb der Stadtmauern wird vom Namen der Straße, in die wir vom Domplatz aus einbiegen, bestätigt: «borgo» (Vorstadt) San Lorenzo. Bevor nämlich dieses ganze Gebiet in die Stadtmauern einbezogen wurde, hatten die Siedlungen, die an den Zugangsstraßen zur Stadt errichtet wurden und in denen die ärmeren Schichten wohnten, den Namen von «Borghi» angenommen. Im 13. Jahrhundert siedelten sich hier die Bettelorden (Domenika-

Detail des Florentiner Wappens aus Halbedelsteinen. San Lorenzo, Fürstenkapelle.

ner, Franziskaner, Augustiner, Karmelitaner und die Diener Gottes) an: «Städtische Orden, die im Unterschied zu den Benediktinern nicht die Isolierung suchen, sondern den Kontakt zur städtischen Gemeinschaft, besonders zu den ärmeren Stadtteilen, in denen im 12. Jahrhundert häretische Bewegungen zur Unterstützung der Armen und deren religiöse Erziehung» (F. Cardini) Platz gefunden hatten.

Im 15.-16. Jahrhundert werden diese «neuen» Stadtviertel zusammen mit dem Bereich von S. Marco zum Zentrum des mediceischen Florenz. Cosimo der Ältere und dann Lorenzo der Prächtige nahmen der alten republikanischen Aristokratie immer mehr Macht und modifizierten so auch die Rangordnung der Stadtviertel. Das Gebiet Dom-Palazzo Vecchio, Symbole des mittelalterlichen und republikanischen Florenz', verlor an Bedeutung, während San Lorenzo, von den Medici in die Stammkirche der Familie umgewandelt, neue Bedeutung erhielt, ebenso auch der Palazzo in der Via Larga (heute Via Cavour, ☛ S. 72-73), der im 15. Jahrhundert der eigentliche Sitz der politischen Macht war.

Dank der Aufträge der Medici und der Rucellai, ihrer Alliierten, arbeiteten in den Kirchen San Lorenzo und Santa Maria Novella die bedeutendsten Künstler jener Zeit, von Brunelleschi zu Masaccio und Paolo Uccello, von Leon Battista Alberti zu Michelangelo — Künstler, die alle unauslöschliche Spuren hinterließen.

Geblähtes Segel als Symbol günstigen Geschicks: das Emblem Giovanni Rucellais. Santa Maria Novella, die Fassade.

Ein Blick auf das lebhafte Treiben des Marktes von San Lorenzo.

Baccio Bandinelli, Denkmal für Giovanni dalle Bande Nere. *Rechts: Detail des Sockels mit Schlachtszenen.*

Von der Piazza del Duomo gehen wir zum Borgo San Lorenzo, wo der malerische Markt beginnt, der einen großen Teil des umliegenden Gebietes einnimmt. Am Ende der kurzen, überfüllten Straße liegt der gleichnamige Platz.

Piazza San Lorenzo

Piazza San Lorenzo ist einer der charakteristischsten und städtebaulich interessantesten Punkte von Florenz.

Gegenüber der Fassade der Basilika von San Lorenzo, an der Hausnummer 6, ist das *Osservatorio Ximeniano,* 1755 vom Jesuitenpater Leonardo Ximenes als astronomisches Observatorium gegründet und heute ein wichtiges meteorologisches und seismologisches Zentrum. Es besitzt zwei bedeutende Bibliotheken und befindet sich in einem Kloster, das früher den Jesuiten gehörte und heute von den Scolòpi bewohnt wird.

2. Auf den Spuren Lorenzos

Besonders sehenswert

Basilika von San Lorenzo

Medici Kapelle

Basilika und Museum von Santa Maria Novella

Das harmonische Innere der Basilika von San Lorenzo, dem Meisterwerk Filippo Brunelleschis.

Weiter unten, an der Ecke Via de' Ginori und Via de' Gori, steht zwischen Marktständen das Denkmal von *Giovanni dalle Bande Nere* (1540), Freischarenführer und Vater von Cosimo I. de' Medici. Geschaffen wurde es von Baccio Bandinelli. Der Sockel hat ein Basrelief mit Schlachtszenen.

Die nordöstliche Seite des Platzes wird von einigen Palästen aus dem 15. und 16. Jahrhundert begrenzt, unter denen besonders *Palazzo Lotteringhi della Stufa* mit seiner von Säulen getragenen Loggia und dem Familienwappen aus Sandstein hervorsticht.

Die Basilika von San Lorenzo

Nach dem Dom ist San Lorenzo die bedeutendste Kirche von Florenz. Sie wurde 393 vom heiligen Ambrosius, dem Bischof von Mailand, geweiht und war bis zum 8. Jahrhundert die erste Kathedrale der Florentiner. Ein romanischer Neubau wurde 1059 geweiht.

Die Kirche wurde Anfang des 15. Jahrhunderts von den Medici völlig umgebaut, und seitdem war die Geschichte der Basilika eng mit der der Großherzogsfamilie und der politischen Geschichte der Stadt verbunden.

Ab 1418 hatten die wohlhabendsten Familien des San Lorenzo-Viertels, allen voran die Medici, die Kosten für den Neubau der Kirche übernommen. Giovanni di Bicci de' Medici, der Vater von Cosimo dem Älteren, verpflichtete sich, den Bau der Sakristei und einer Kapelle zu finanzieren. Die Arbeiten übernahm Filippo Brunelleschi, die Entwürfe für die Sakristei legte er 1421 vor. Im selben Jahr wurde Giovanni di Bicci zum Gonfaloniere gewählt. Nach seinem Tod

Blick auf die Piazza San Lorenzo. In der Mitte der Palazzo Lotteringhi della Stufa (15.-16. Jahrhundert).

Außenansicht der Basilika von San Lorenzo. Die Fassade blieb trotz verschiedener, im Lauf der Jahrhunderte vorgelegter Entwürfe (darunter auch der Michelangelos) im Rohzustand.

Domenico Ghirlandaio, Der heilige Antonius als Abt mit den Heiligen Lorenzo und Giuliano.

Michelangelo, Holzmodell für die Fassade von San Lorenzo, Casa Buonarroti.

übernahm Cosimo die führende Rolle in der Familie und verpflichtete sich, die gesamten Kosten des Baus der Kirche zu tragen. Doch die Arbeiten kamen nur langsam voran, da Brunelleschi mit dem Bau der Domkuppel beschäftigt war, und Cosimo für sich selbst 1444 einen Palast in der Via Larga (heute Via Cavour) erbauen ließ. Nach dem Tode Brunelleschis (1446) ging der Auftrag an Antonio Manetti den Jüngeren über, der 1461 den inneren Teil zu Ende führte. Die Fassade jedoch blieb im Rohzustand und verschiedene Entwürfe zu ihrer Gestaltung, darunter auch der Michelangelos, wurden nicht verwirklicht (das Holzmodell ist im Museum Buonarroti). Im Verlauf des folgenden Jahrhunderts wurde die Kirche in ein Familienmausoleum der Medici verwandelt und Michelangelo mit dem Bau der neuen Sakristei und der Biblioteca Laurenziana beauftragt.

Rosso Fiorentino, Die Vermählung der Jungfrau Maria.

Der Innenraum. Für seine Gestaltung orientierte sich Brunelleschi an den gotischen Florentiner Kirchen, die dreischiffig sind und deren Kapellen auf beiden Seiten des Querschiffs liegen. Er hob jedoch auch die horizontalen Linien hervor und schuf für das Mittelschiff eine flache Kassettendecke, die ihre Entsprechung im Gebälk oberhalb der die Kirchenschiffe trennenden Bogen fand.

Die Kirche ist reich an bedeutenden Kunstwerken.

Im rechten Seitenschiff ist in der zweiten Kapelle die *Hochzeit der Jungfrau* (1523) von Rosso Fiorentino, einem der ersten Florentiner Manieristen, «ein Maler», schrieb Vasari «von so reicher Erfindungsgabe, daß ihm auf seinen Tafeln nie Raum übrig blieb und der alles mit solcher Leichtigkeit und Zierde ausführte, daß es einfach wunderbar war».

Zwischen der letzten Kapelle und dem rechten Transept ist der *Sakramentstabernakel* von Desiderio da Settignano (Mitte des 15. Jahrhunderts).

Unter den letzten Bögen des Mittelschiffes zwei Kanzeln, Spätwerke Donatellos (1460-1466), die von seinen Schülern Bertoldo di Giovanni und Bartolomeo Bellano vollendet wurden.

Der *Hauptaltar* wurde vom Opificio delle Pietre Dure nach einem Entwurf Gaspare Maria Paolettis (1787) ausgeführt.

In der ersten Kapelle des linken Flügels des Transepts die Holzskulptur *Madonna mit dem Kind* vom Ende des 14. Jahrhunderts, die Giovanni Fetti zugeschrieben wird.

Filippo Lippi, Verkündigung *(Martelli-Kapelle).*

Donatello, Tondo mit Basrelief Johannes der Evangelist, *in der Alten Sakristei.*

In der zweiten Kapelle steht das Altarbild des *Heiligen Antonius Abt mit den Heiligen Laurentius und Julian* aus der Werkstatt Domenico Ghirlandaios (zweite Hälfte des 15. Jahrhunderts). **Die alte Sakristei.** Sie wurde von Brunelleschi in den Jahren 1421-1426 ausgeführt. Der harmonische Bau auf quadratischem Grundriß wird von einer Kuppel gekrönt, Stege aus grauem Stein teilen sie in ein Rippengewölbe auf, und eine Apsis von gleicher Struktur schließt sie ab. Mit diesem Schmuckstück Florentiner Frührenaissance folgt der Künstler zum ersten Mal seinem Ideal der perfekt geometrischen Architektur, in der alle Elemente in deutliche und strenge Proportionen aufgeteilt sind — angefangen bei den Türen und Fenstern, die «sich streng dem Gesamtkonzept anpassen, indem sie das menschliche Maß einführen» (A. Chastel).

Die erlesenen *Basreliefs* (1443-1444) Donatellos schmücken die Sakristei: der Fries mit Cherubinen und Seraphinen, der um die Wände läuft, die Türen, die zu den bronzenen Waschbecken führen und die Lünetten darüber mit den *Heiligen Cosma und Damian,* den Schutzpatronen der Medici, rechts und links der *Heilige Stephan und der Heilige Laurentius,* die vier Rundreliefs mit den *Evangelisten,* an den Wänden die *Geschichten des Heiligen Johannes des Evangelisten.*

Die Büste des *Heiligen Laurentius* rechts vom Eingang schreibt man heute dem Desiderio da Settignano zu, während sie früher für ein Werk Donatellos gehalten wurde.

Unter der Marmortafel in der Mitte des Raums ist das *Grabmal von Giovanni di Bicci de' Medici und seiner Ehefrau Piccarda Bueri,* ein Werk des Andrea Cavalcanti genannt Buggiano (1434).

An der linken Wand das *Grabmal von Piero und Giovanni de' Medici*, Söhne von Cosimo dem Älteren, in Porphyr und Bronze, von Verrocchio (1472).

Im Gewölbe der Apsis ist die Sonnenlaufbahn zwischen den Sternbildern dargestellt. Astronomen haben entdeckt, daß es sich um den Florentiner Nachthimmel des 4. Julis 1442 handelt.

In der Kirche ist in der Martelli-Kapelle, der letzten des linken Seitenschiffes, das Altarbild von Filippo Lippi, *Marias Verkündigung* (Mitte

Das Innere der Alten Sakristei.

Donatello, Tondo mit Basrelief Martyrium Johannes des Evangelisten, *in der Alten Sakristei.*

Einige Tondi des Kranzgesimses, die Donatello zugeschrieben werden.

Der Kreuzgang von San Lorenzo (rechts) und die monumentale Treppe der Biblioteca Laurenziana.

des 15. Jahrhunderts).

Am Anfang des linken Seitenschiffs befindet sich das *Martyrium des heiligen Laurentius* (1565-1569), ein großes Fresko von Agnolo Bronzino.

Auf der linken Seite der Fassade der Basilika ist der Eingang zum Kreuzgang. In der hinteren Ecke das Monument für Paolo Giovio, *Bischof von Como, ein Werk von Francesco da San Gallo (1560).*

Vom Kreuzgang aus kommt man zur Vorhalle der Biblioteca Medicea Laurenziana.

Die Biblioteca Medicea Laurenziana

Sie wurde von Cosimo dem Älteren, einem großen Bücherfreund, gegründet und später vom Sohn Piero und von Lorenz dem Prächtigen erweitert. Sie besitzt die wichtigste italienische Handschriftensammlung. Als die Medici 1494 aus Florenz verbannt wurden, retteten die Dominikanermönche von San Marco die Bibliothek und brachten sie vorübergehend in ihrem Kloster unter. 1508 wurde sie von Kardinal Gio-

Der Gebäudekomplex von San Lorenzo.

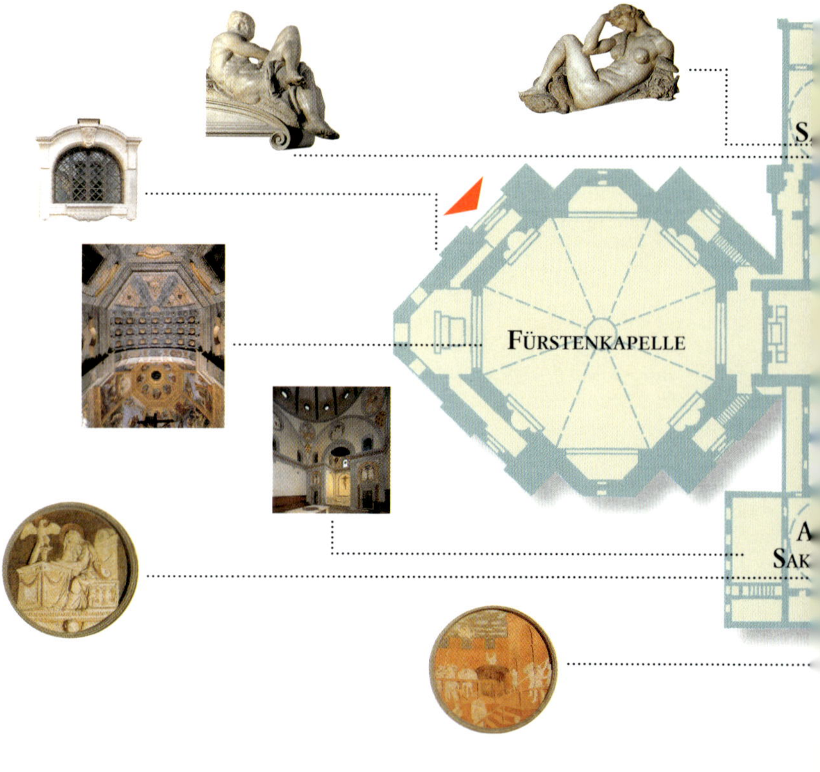

Das Innere der Biblioteca Medicea Laurenziana. Sie wurde von Cosimo dem Älteren gegründet und enthält wertvolle Handschriften

vanni de' Medici, dem späteren Papst Leo X., erworben und nach Rom gebracht. 1523 gab sie ein weiterer Medici-Papst, Clemens VII., der Stadt Florenz zurück. Michelangelo wurde bei dieser Gelegenheit vom Papst beauftragt, die für die Bibliothek geeigneten Räumlichkeiten zu schaffen. 1524 wurden die Arbeiten begonnen und 1568 von Bartolomeo Ammannati und Giorgio Vasari, die sich streng an das Originalkonzept hielten, beendet.

In der Vorhalle die originelle dreiteilige Treppe, die 1559 von Bartolomeo Ammannati nach einem Entwurf von Michelangelo ausgeführt wurde. Über die Treppe erreicht man den Lesesaal. Der Raum strahlt eine majestätische Feierlichkeit aus. Er wurde in einfachen und klaren Linien dekoriert, um die Konzentration und das Lernen zu fördern. Die herrlich geschnitzte *Holzdecke* (1549-1550) ist von Giovanni Battista del Tasso und Antonio Carota, der *Terracottafußboden*, der die Motive der Decke wiederaufnimmt, wurde zwischen 1549 und 1554

Unten: der laurentianische Kodex, am Rand ist ein Bildnis Lorenz des Prächtigen und unten das Wappen der Medici.

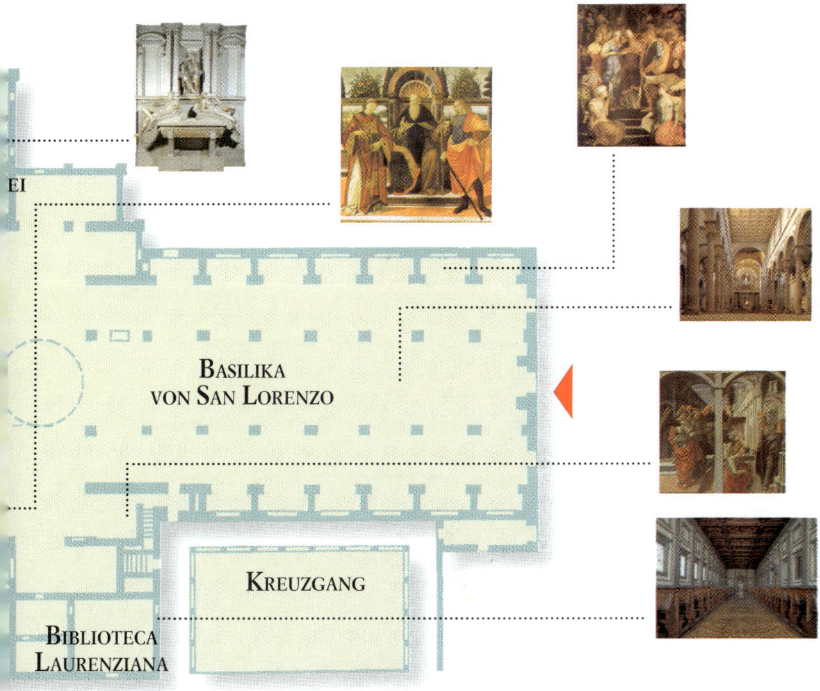

Michelangelo, das Grabmal Lorenzos, des Herzogs von Urbino.

Blick auf die Fürstenkapelle von der Piazza Madonna degli Aldobrandini aus, wo sich der Eingang befindet. Oben: das Gewölbe des Baus mit Fresken aus dem frühen 19. Jahrhundert.

von Santi Buglioni, dem letzten Vertreter der Werkstatt der Della Robbia, nach einem Entwurf von Tribolo ausgeführt. Die 28 *Lesepulte und Sitzbänke* wurden von Ciapino und Battista del Cinque angefertigt.

Wir verlassen den Kreuzgang und gehen an der rechten Seite der Basilika entlang. Hier biegen wir nach links in die Via del Canto de' Nerli ein und erreichen von dort die Piazza Madonna degli Aldobrandini. Hier auf der Apsisseite der Basilika ist der Eingang zu den Cappelle Medicee (Medici-Grabkapellen).

Die Cappelle Medicee

Sie umfassen die Fürstenkapelle, das Mausoleum der Medici-Dynastie und die Neue Sakristei von Michelangelo.

Die Kapelle der Fürsten. Nach der Unterwerfung Sienas (1555) und der Bildung des Großherzogtums von Toskana war sie von Cosimo I. als Monument der Selbstverherrlichung der Dynastie konzipiert worden. Ausgeführt wurde sie von dem Architekten Matteo Nigetti. Das Gebäude wurde 1605 begonnen und 1640 von der mächtigen Kuppel gekrönt, die an die Kuppel von Santa Maria del Fiore erinnert.

Die Besichtigung beginnt in der weiten *Krypta*, die 1580 nach dem Entwurf von Buontalenti ausgeführt wurde. Unter den Kuppelgewölben mit Rundbögen liegen die Gebeine der Großherzöge der Medici- und Lothringer-Dynastie. Unter der Krypta befinden sich die *Gräber von Cosimo dem Älteren und Donatello*, die dem Publikum nicht zugänglich sind.

Über eine Treppe auf der rechten Seite erreicht man die Kapelle. Die Kuppel wurde 1828 von Pietro Benvenuti mit Fresken dekoriert, die *Geschichten aus dem Alten und Neuen Testament* und *Evangelisten und Profeten* darstellen. Die Wände sind mit Edelsteinen und Marmor verkleidet. Diese Wandverkleidung ist ein Meisterwerk des Opificio delle Pietre Dure, der Steinwerkstatt, die 1588 für diese Arbeiten gegründet wurde und die über mehrere Jahrhunderte hinweg immer wieder an der Vervollständigung der Dekoration der Kapelle arbeitete: die Wandverkleidung stammt aus dem 17.-18. Jahrhundert, der Altar wurde 1939 rekonstruiert, wobei Altarbilder verschiedener Epochen zusammengestellt worden sind; der Fußboden in Einlegearbeiten wurde 1874 begonnen und 1962 fertiggestellt.

Am Sockel befinden sich die Wappen der 16 Städte des Großherzogtums von Toskana, ein kostbares Werk aus dem 17. Jahrhundert mit Einlagen aus Pietre dure (Halbedelsteinen), Lapislazuli, Perlmutt und Korallen.

In den Nischen oberhalb der Sarkophage ist die Statue von *Ferdinand I.* (1626-1632) aus vergoldeter Bronze von

Michelangelo, die Nacht *(rechts), die zusammen mit der Skulptur des* Tages *das Grabmal Giulianos de' Medici, des Herzogs von Nemours, schmückt (unten).*

Pietro Tacca und die teilweise vergoldete Statue von *Cosimo II.* (1626-1642 ca.) von Pietro und Ferdinando Tacca.

Hinter dem Altar die Reliquienkapelle und die Schatzkapelle, die gut hundert kostbare Reliquien und Kultgegenstände aus dem 15. bis 18. Jahrhundert beherbergen. Von besonderem Wert, links vom Altar, der *Bischofsstab* aus vergoldetem Silber, den Leo X. 1520 schenkte.

Die neue Sakristei. Von der Fürstenkapelle führt ein enger Korridor zur Neuen Sakristei von Michelangelo, die in Anlehnung an Brunelleschis Alte Sakristei so genannt wurde; es handelt sich aber eigentlich um die Grabkapelle der Familie von Lorenz dem Prächtigen. Michelangelo nimmt den quadratischen Grundriß Brunelleschis wieder auf, über dem Raum wölbt sich eine Kuppel; durch das Licht-Schatten-Spiel zwischen dem Weiß des Marmors und dem dunklen Grau der Maserung im Stein entsteht eine Atmosphäre tragischer Feierlichkeit, so auch bei den großen Marmorstatuen, deren Präsenz den Raum beherrscht.

Der Künstler begann die Arbeit an der Sakristei 1520, doch mußte er das Werk 1527 unterbrechen, nachdem die Medici verbannt und die Republik wieder ausgerufen worden war. Wegen der zu erwartenden Belagerung der Stadt durch die Truppen von Karl V. hatte ihn Florenz mit der Befestigung der Stadtmauern beauftragt. Als 1531 die Medici zurückkehrten, führte Michelangelo die Arbeiten bis zu seiner Übersiedlung nach Rom 1534 weiter. Gegen Mitte des 16. Jahrhunderts stellten Giorgio Vasari und Bartolomeo Ammannati die Statuen der Sakristei in ihrer heutigen Ordnung auf.

Rechts vom Eingang ist das unvollendete *Grabmal von Lorenz dem Prächtigen und seinem Bruder Giuliano*, der 1478 während der Verschwörung der Pazzi ermordet worden war: es handelt sich um einen einfachen Sockel, auf dem die Skulptur der *Madonna mit dem Kind* steht, die 1521 von Buonarroti geschaffen wurde und die mit ihren nur angedeuteten Linien von starker Ausstrahlung ist. Links und rechts die *Heiligen Cos-*

Das Florentiner Wappen aus Halbedelsteinen, Fürstenkapelle.

Hier unten: die Fürstenkapelle; im Vordergrund die Madonna mit dem Kind von Michelangelo.

Die Vorderseite der Markthallen des Mercato Centrale, überarbeitete Fassung einer zeitgenössischen Zeichnung (1874).

ma und Damian (1537 und 1531): jeweils von Giovanni Angelo Montorsoli und Raffaello da Montelupo, beide waren Schüler von Michelangelo.

An der rechten Wand steht das Grabmal für *Giuliano, Herzog von Nemours*, Sohn von Lorenz dem Prächtigen (verstorben 1516), der militärisch gekleidet dargestellt ist. Über dem Sarkophag rechts die Figur des *Tages* und links die der *Nacht*. Die Bedeutung dieser Allegorie wurde von Michelangelo selbst erklärt: «Der Tag und die Nacht sprechen miteinander und sagen: "Wir haben durch unseren schnellen Lauf den Fürsten Giuliano zu Tode gebracht: es ist nur zu recht, daß er sich so rächt. Denn seine Rache ist diese: da wir ihn getötet haben, hat er uns das Licht genommen und mit seinen geschlossenen Augen hat er die unseren verschlossen, die nicht mehr über der Erde leuchten. Was hätte er also mit uns gemacht, wenn er noch lebte?"»

An der Wand gegenüber das Grabmal für *Lorenzo, den Fürsten von Urbino*, Neffe von Lorenz dem Prächtigen, dargestellt als nachdenklicher Heerführer. Unter ihm sind die Figuren von *Morgen* (1531) und *Abend* (1531-1532).

Auf dem Altar zwei Marmorleuchter und das elegante *Bronzekruzifix*, das Giambologna zugeschrieben wird.

Von den Medici-Kapellen aus gehen wir zurück in die Via del Canto de' Nerli und biegen nach links in die Via dell'Ariento. Wir spazieren zwischen den Ständen entlang, die Kleidung und Lederwaren verkaufen, und gelangen zu den Markthallen des Mercato Centrale.

Die Markthallen des Mercato Centrale

Die Markthalle gehört zu den bedeutendsten Eisen-Glas-Konstruktionen vom Ende des 19. Jahrhunderts in Florenz. Noch heute werden hier Lebensmittel (im Erdgeschoß Brot, Fleisch, Fisch, Wurst und Käse; im ersten Stock Obst und Gemüse) verkauft. Sie wurde im Rahmen eines groß angelegten Sanierungsprogramms der Arbeiterviertel der Stadt errichtet, die wegen der Bedrohung der Stadt durch Epidemien und Tuberkulose notwendig geworden war.

Lebensmittelstände (im Erdgeschoß) und Obst- und Gemüsestände (im ersten Stock) im Innern der Markthalle.

Vor der Markthalle beginnt die Via Sant'Antonino, eine enge, malerische Straße mit vielen Geschäften und verschiedenen sehenswerten Pa-

Die Küche -1-

Das italienische Wort «bistecca» ist vom englischen *beefsteak* abgeleitet, und auch Form und Zubereitung dieser «braciola di bue» (Rindskotelett) stammen ursprünglich aus England. Die Einführung der «bistecca» geht einher mit der «neuen Welt des 18. Jahrhunderts, der *Philosophie* der Aufklärer, mit dem zunehmenden Gebrauch von Kohle als Wärmeenergie, dem Ende der Küche der Renaissance- und Barockhöfe, dem Freidenkertum und mit den Anfängen des Élite-Tourismus» (M.C. Salemi). Auch wenn die «bistecca» heutzutage zu den bekanntesten einheimischen Gerichten zählt, ist sie eigentlich eine neu eingeführte Tradition. In Florenz wurde die «bistecca» nämlich ursprünglich *von den* Florentinern *für die* englischen Touristen zubereitet.

Es ist schwierig, Definitionen für die «Tradition der Florentiner Küche» zu geben. Man behauptet gewöhnlich, daß die florentinische Küche besonders einfach ist. Und das nicht nur wegen des verwendeten Fleisches — keine edlen zarten Teile, sondern meist weniger wertvolle Stücke, die «die hohe Schule der Not» in schmackhafte Speisen verwandelte. Der Verzehr von Gemüse und Hülsenfrüchten war schon immer sehr groß: Die Florentiner wurden «mangiafagioli» (Bohnenfresser) genannt und Gemüsegärten wurden überall angelegt, sowohl innerhalb der Stadtmauern als auch in der ländlichen Umgebung. Bei Tisch bestätigt sich nochmals die enge Beziehung zwischen Stadt und Land, eine Beziehung, die unter anderem durch den Wein verdeutlicht wurde, der in den Fässern der auf den Hügeln verstreuten Villen lagerte und dann in die Keller der jeweiligen Stadthäuser transportiert wurde. Hier wurde er in strohgefaßten Weinflaschen an kleinen charakteristischen Fensterchen verkauft, die ab dem 16. Jahrhundert an den Fassaden der wichtigsten Adelshäuser entstanden. Palazzo Bartolini Salimbeni Vivai, in der Via del Giglio (Hausnummer 2) hat ein solches Fensterchen, das ein bossiertes Portal nachahmt; ein anderes finden wir am Palazzo an der Ecke von Via della Spada mit Via delle Belle Donne. Hier sind sogar die Öffnungszeiten in den Marmor eingeritzt.

Was die «Osterie» (Wirtshäuser) betrifft, so genossen manche einen jahrhundertlangen Ruhm und die «Osteria delle Bertucce» war schon zu Zeiten Lorenzo de' Medicis «alt». Dank der vielen Wanderwagen, die Kastanienkuchen, gekochte Birnen und Äpfel anboten, aß man auch auf der Straße. Im 19. Jahrhundert gab es auf der Piazza della Signoria Maccheroni mit Käse und Pfeffer. Kuttelbrötchen oder andere Innereien kann man auch heute noch bei kleinen Verkäufern bekommen, die ihre Läden auf Handkarren haben. Immer seltener werden dagegen die Bratstuben in den populären Vierteln mit dem «alten» *fast food* wie frittierte Polenta, frittierte Reisküchlein, *roventini* (kleine Schweinsblutwürste, die mit etwas Parmesan warm serviert werden), Kichererbsentorte (genannt *cecìna),* Kastanienkuchen (Kuchen aus Kastanienmehl, der mit Rosmarin, Pinienkernen und Rosinen zubereitet wird) und *còccoli* (einfache kleine salzige Pfannkuchen aus Brotteig).

Die enge und belebte Via Sant'Antonino, die das San Lorenzo-Viertel mit dem von Santa Maria Novella verbindet.

Eine weitere Ansicht des Marktes von San Lorenzo.

Der sogenannte Palazzo «dei cartelloni» Giovan Battista Nelli, 17. Jahrhundert) in der Via Sant'Antonino.

lazzi. Nach der Kreuzung mit Via Faenza – die auf die Fortezza da Basso (16. Jahrhundert; ☛ S. 246) stößt – ist an Hausnummer 11 der Palazzo «dei Cartelloni», *der Ende des 16. Jahrhunderts von Giovan Battista Nelli für den Mathematiker Vincenzo Viviani, einen Schüler Galileos, gebaut wurde. Er verdankt seinen Namen den beiden Inschriften aus Marmor, die einen großen Teil der Fassade einnehmen.*

Die Via Sant'Antonino mündet in die Piazza dell'Unità Italiana, die von zwei großen Hotels und rechts vom Palazzo Cerretani *eingerahmt ist. In der Mitte des Platzes steht der Obelisk, der 1882 für die Gefallenen der italienischen Unabhängigkeitskriege errichtet wurde.*

Gegenüber stehen die Apsis *und der* Glockenturm *der Kirche Santa Maria Novella, die bis zum 13. Jahrhundert auf den heutigen Platz der «Unità» blickte.*

Der Bahnhof Santa Maria Novella

Rechts von der Piazza dell'Unità liegt der große Bahnhofsplatz, Piazza Stazione, mit dem Bahnhof Santa Maria Novella, einem der bedeutendsten Gebäude der rationalistischen Architektur in Italien. Es wurde zwischen 1933 und 1935 nach dem Entwurf der Architektengruppe «Gruppo Toscano» unter der Leitung von Giovanni Michelucci erbaut. Mit seiner klaren Struktur, seiner eleganten Wandverkleidung aus Sandstein hebt es sich deutlich von den architektonischen Formen der alten Stadt ab und repräsentiert, wie der Essayist Emilio Cecchi schrieb, «ein geniales architektonisches Beispiel» für eine mögliche Form des Zusammenlebens zwischen der Renaissancestadt und der modernen ohne stilistische Kompromisse.

Charakteristisch für den Innenteil ist das große Glasdach, das gegenüber der Apsis der Kirche Santa Maria Novella beginnt und über die Schalterhalle hin zu den Bahnsteigen führt. Große Sorgfalt wurde auf die Details verwandt: Bänke, Brunnenrohrsäulen und an den Säulen angebrachte Gepäckablagen sind aus Bronze.

Giovanni Michelucci und andere, der Bahnhof von Santa Maria Novella (1933-1935).

Die Apsis-Seite der Kirche Santa Maria Novella von der Piazza Stazione aus (links).

Unten: die Fassade der Kirche.

Wir überqueren die Piazza dell'Unità in Richtung der Kirche Santa Maria Novella, biegen nach links in die Via degli Avelli ein (die «avelli» sind die Grabstätten an der linken Seite der Kirche) und erreichen Piazza Santa Maria Novella.

Piazza Santa Maria Novella

Dies ist einer der schönsten Plätze der Stadt. Er entstand gegen Ende des 13. Jahrhunderts. Damals ließ die Stadt die dortigen baufälligen Wohnhäuser abreißen, um vor der im Bau befindlichen Kirche S. Maria Novella Platz zu schaffen.

Die gegenwärtige Gestaltung des Platzes geht auf die dreißiger Jahre unseres Jahrhunderts zurück, als die Bepflasterung entfernt, das zentrale Becken gebaut und die dreieckigen Rabatten angelegt wurden. Die von bronzenen Schildkröten getragenen Marmorobelisken von Giambologna wurden 1608 als Wendepunkte für den «Palio dei cocchi» errichtet, ein von Cosimo I. 1563 eingeführtes Pferderennen.

Auf der Südseite ist die *Loggia* des im 13. Jahrhundert gegründeten alten Krankenhauses S. Paolo, das 1780 vom Großherzog Pietro Leopoldo geschlossen und schließlich den Leopoldiner Schulen übergeben wurde. In den Arkadenzwickeln sind *Terracottamedaillons* von Andrea della Robbia aus der zweiten Hälfte des 15. Jahrhunderts.

An der Ecke S. Maria Novella/Via della Scala ist das große Tabernakel mit einer Kopie der *Madonna mit Jesuskind und Heiligen* von Francesco d'Antonio (14.-15. Jahrhundert).

Ein kleiner und lohnender Umweg über die Via della Scala führt zur berühmten Klosterapotheke (Hausnummer 16), der *Officina profumo-farmaceutica di Santa Maria Novella*, die 1612 von den Dominikanern von S. Maria Novella gegründet wurde. 1866 ging die Apotheke in den Besitz des Staates über. Noch heute werden die Produkte nach den überlieferten Rezepten der Dominikaner hergestellt.

Die ehemalige Klosterapotheke Officina profumo-farmaceutica von Santa Maria Novella in der Via della Scala.

Das Hauptportal von Santa Maria Novella im typischen Renaissance-Stil.

Die Basilika Santa Maria Novella

Die Dominikaner kamen 1219 nach Florenz und siedelten sich in der kleinen Kirche Santa Maria an. Ab 1278 begannen sie dort, die heutigen Gebäude des Klo-

Das Tympanon der Basilika, geschmückt mit einer strahlenden Sonne, dem Symbol der Dominikaner.

sters und der Kirche zu errichten.

Der Bau des Klosterkomplexes von Santa Maria Novella, des größten der Stadt, war zuerst unter der Leitung der Dominikaner-Architekten Fra' Sisto und Fra' Ristoro, dann unter der ihrer Mitbrüder Fra' Jacopo Talenti und Fra' Giovanni da Campi. Die Arbeiten wurden gegen Mitte des 14. Jahrhunderts beendet.

Detail der Glasfenster der Apsis.

Die Fassade. Sie blieb unvollendet. 1458 beauftragte Giovanni di Paolo Rucellai den Architekten Leon Battista Alberti mit ihrer Vollendung. Er fügte die vorhandenen gotischen Elemente aus dem 14. Jahrhundert in einen harmonischen Renaissanceentwurf ein. Altes und Neues wurde dank der Beibehaltung der ursprünglichen Farben, dem für die romanische Architektur der Toskana typischen weißen und schwarz-grünen Marmor, aufs Beste miteinander verbunden.

Alberti veränderte vor allem den oberen Teil der Fassade. Die beiden umgekehrten Voluten auf den Seiten, die das Dach verbergen, sind Original-Elemente, die von der Renaissance und dem Barock immer wieder in die Architektur aufgenommen werden. Im dreieckigen Tympanon ist eine strahlende Sonne, das Symbol des Dominikanerordens. Darunter das majestätische Portal in klassischem Stil.

Die rechte Volute der Fassade der Kirche Santa Maria Novella. Diese architektonische Neuerung Albertis findet in den darauffolgenden Jahrhunderten vielfache Anwendung.

Innenraum der Kirche. Die Kirche ist über 99 m lang und im Querschiff mehr als 60 m breit. Der Grundriß hat die Form eines lateinischen Kreuzes, das durch gebündelte Pfeiler in drei Schiffe geteilt ist.

Hier werden Werke von außerordentlichen Künstlern wie Giotto, Andrea Orcagna, Filippo Brunelleschi, Domenico Ghirlandaio, Filippino Lippi und Masaccio aufbewahrt. Von Masaccio ist das Gemälde *Die Dreifaltigkeit,* ein Meisterwerk der abendländischen Kunst.

An der Innenseite der Fassade ein Rundfenster mit der *Marienkrönung,* das Andrea di Bonaiuto (14. Jahrhundert) zugeschrieben wird. Von ihm sind auch die Fresken in der Großen Spanierkapelle, der «cappellone degli Spagnoli». Auf der rechten Seite die *Verkündigung*, ein Fresko eines Florentiner Malers aus dem 14. Jahrhundert, links eine weitere *Verkündigung*, ein Bild aus dem 16. Jahrhundert von Santi di Tito.

Im rechten Kirchenschiff ist das Grab der *Seligen Bauersfrau Betti* (1451), von Rossellino und Desiderio da Settignano. Auf dem Altar ein Gemälde mit der *Geburt*

Domenico Ghirlandaio, Mariens Geburt. *Santa Maria Novella, Tornabuoni-Kapelle. Links: das Innere der Basilika.*

Christi von Giovanbattista Naldini.

Am sechsten Pfeiler ist der Eingang zur Cappella della Pura, die nach 1473 gebaut wurde und ein Gnadenbild der Madonna beherbergt.

Am Ende des Schiffes auf der rechten Seite führt eine Treppe zur Rucellai-Kapelle aus dem 14. Jahrhundert. Auf dem Altar eine Marmorstatue mit *Madonna und Kind* von Nino Pisano (Mitte des 14. Jahrhunderts).

An der äußersten rechten Seite des Querschiffes ist die Bardi-Kapelle. Rechts oben am Eingangspfeiler ein Hochrelief: *Hl. Gregorius segnet den Gründer der Kapelle* (13. Jahrhundert). An den Wänden die Überreste von Fresken, die ebenfalls aus dem 13. Jahrhundert stammen. Auf dem Altar ein Gemälde von Giorgio Vasari aus dem Jahre 1570 : *Rosenkranzmadonna.*

Es folgt die Kapelle von Filippo Strozzi, deren Fresken 1489-1502 von Filippo Lippi stammen. An der Rückwand das *Grabmal von Filippo Strozzi*, ein Werk von Benedetto da Maiano (1491-1495). Lippi nahm gewisse Merkmale des Manierismus voraus, ihm wird auch die Fensterwand zugeschrieben, die die Kapelle erhellt.

In der Hauptchor- oder Tornabuoni-Kapelle befindet sich der größte Freskenzyklus der Kirche von Domenico Ghirlandaio (1485-1490). An der Decke die *Evangelisten*, an der linken Wand *Szenen aus dem Leben Mariens*, auf der rechten Seite *Geschichten aus dem Leben von Johannes dem Täufer* und an der hinteren Wand die *Marienkrönung und Heilige* und *Heiligenerzählungen*, darunter der *Hl. Domenikus, der ketzerische Bücher verbrennt* und der *Tod des Petrus Märtyrer*, der in Florenz gegen die Häresie der Patariner kämpfte. In vielen sind die Porträts berühmter Persönlichkeiten der damaligen Zeit eingefügt, darunter auch die Auftraggeber Tornabuoni (die Betenden auf der Hinterwand). Ihre Darstellung auf den Fresken entfachte den Zorn Savonarolas, der diesen Freskenzyklus als Beispiel frivoler Kunst verdammte.

Der hölzerne *Chor* unter den Fresken ist von Baccio d'Agnolo (Ende des 15. Jahrhunderts), wurde aber von Vasari 1566 weitgehend verändert.

Auf dem Altar ist ein *Kruzifix* aus Bronze von Giambologna (1529-1608).

In der Gondi-Kapelle aus

Domenico Ghirlandaio, Heimsuchung Mariä. *Santa Maria Novella, Tornabuoni-Kapelle.*

Nardo di Cione, Der heilige Bischof, *Teil der Fresken der Cappella Strozzi di Mantova.*

Andrea Orcagna, Polyptychon des Auferstandenen. *Santa Maria Novella, Cappella Strozzi di Mantova.*

Ein Glasfenster der Apsis.

weiß/schwarzem Marmor und rotem Porphyr von Giuliano da Sangallo (1503) ist das *Holzkreuz* von Filippo Brunelleschi, die einzige Holzskulptur des Künstlers.

An der Decke sind noch die Reste von Fresken byzantinischer Künstler aus dem 13. Jahrhundert. Sie gehören zu den ältesten von Florenz.

In der anschließenden Gaddi-Kapelle ist auf dem Altar das Gemälde *Das Wunder Jesus* des Manieristen Agnolo Bronzino (1503-1572).

An der Stirnwand des linken Querarms die erhöhte Cappella Strozzi di Mantova. Die Kapelle wurde von Nardo di Cione zwischen 1350 und 1377 mit Fresken ausgemalt, die das *Paradies* (links), das *Jüngste Gericht* (unten) und die *Hölle* (rechts) darstellen. Die Wahl der Themen beweist, wieviel Ansehen Dantes Werk «Die Göttliche Komödie» schon so kurz nach seinem Tode (1321) genoß. Der Dichter selbst ist in anbetender Stellung unten links dargestellt.

Auf dem Altar ist das Altarbild *Der auferstandene Christus gibt dem hl. Petrus die Schlüssel und dem hl. Thomas ein Buch,* und *Die Madonna, Johannes der Täufer und weitere Heilige* von 1357. Es wurde nach der großen Pest gemalt, die zwischen 1348 und 1350 ganz Europa heimsuchte und die Bevölkerung von Florenz auf ein Drittel reduzierte.

Nach dem Verlassen der Cappella Strozzi kommen wir rechts zum Eingang der Sakristei aus dem 14. Jahrhundert. Sie wird Jacopo Talenti zugeschrieben und wurde im 17./18. Jahrhundert größeren Eingriffen unterzogen. Im Innern sind große *Wandschränke* von Guerrino Veneziani nach einem Entwurf von Buontalenti (1593). Rechts vom Eingang ein *Marmorwaschbecken* mit einer Nische aus glasierter Terracotta von Giovanni della Robbia (1498); links ein weiteres *Waschbecken* aus mehrfarbigem Marmor (frühes 18. Jahrhundert). Über der Eingangstür das *Tafelkreuz,* ein Werk des jungen Giotto (vor 1312).

Im linken Seitenschiff ist unter dem dritten Kreuzgewölbe das bedeutendste Werk der Basilika: das berühmte Fresko Masaccios *Dreifaltigkeit mit Maria und dem hl. Johannes und den knienden Auftraggebern Lensi.* Der große Maler folgt Brunelleschis mathematisch perspektivischen Normen und erzielt dadurch einen völlig neuen optischen Effekt, sodaß, wie Vasari schreibt, «die Wand durchbrochen zu sein scheint». Die Figuren sind einfach und grandios, von einem tief menschlichen und dramatischen Realismus, weit entfernt von der feinen Grazie der gotischen Kunst. Durch die Nutzung der Perspektive setzt Masaccio den Men-

Masaccio, Dreifaltigkeit mit Maria, dem heiligen Johannes und den knienden Auftraggebern Lensi. *Ein universelles Meisterwerk.*

schen in seiner Körperhaftigkeit in den Mittelpunkt der Welt.

Links von diesem Meisterwerk das Bild *Heilige Lucia und die Spender* von Davide Ghirlandaio.

Am vorletzten Pfeiler des Schiffes ist die von Brunelleschi entworfene und 1462 von seinem Adoptivsohn Andrea Cavalcanti ausgeführte Marmorkanzel.

Wir verlassen die Kirche, biegen nach rechts und finden auf der linken Seite den Eingang zu den Kreuzgängen und dem Museum für sakrale Kunst von Santa Maria Novella.

Die Kreuzgänge und das Museum für sakrale Kunst von Santa Maria Novella

Grüner Kreuzgang. Man erreicht ihn über einen Korridor von Jacopo Talenti. Er wurde in der ersten Hälfte des 15. Jahrhunderts von Paolo Uccello und anderen Florentiner Künstlern mit grünen und rötlichen Fresken ausgemalt, daher der Name. Die bedeutendsten Werke sind auf der Eingangsseite (von unten): *Die Erschaffung der Tiere, Adams und Evas* und *Die Erbsünde*; auf der rechten Seite: *Arbeit der Gefangenen, Kain und Abel, Lamech, Die Arche Noah.* Zu den besten Werken Paolos gehören *Die Sintflut* und *Noah freudetrunken,* in denen sich das Phantastische mit einer raffinierten perspektivischen Konstruktion verbindet.

Die große Spanierkapelle. Sie ist gegenüber dem Eingang zum Kreuzgang und war einstmals der Kapitelsaal des Klosters, den Eleonora di Toledo, Gemahlin von Cosimo I. de' Medici, im 16. Jahrhundert für religiöse Feiern ihres spanischen Gefolges benutzte. Dank ausgewogener Proportionen wirkt die Kapelle sehr geräumig.

1343 begann Jacopo Talenti den Bau der Spanierkapelle, einem rechteckigen Saal mit spitzem Kreuzgewölbe, das von großen Bogen getragen wird, die auf kurzen, achteckigen, in die Wände eingelassenen Pfeilern ruhen.

Die Gewölbefelder und die Wände sind ganz mit einem Freskenzyklus von An-

Der Grüne Kreuzgang aus dem 14. Jahrhundert, eine massive Struktur mit Flachbogen.

Die Große Spanierkapelle mit Fresken von Andrea di Bonaiuto (zweite Hälfte des 14. Jh.).

Santa Maria Novella

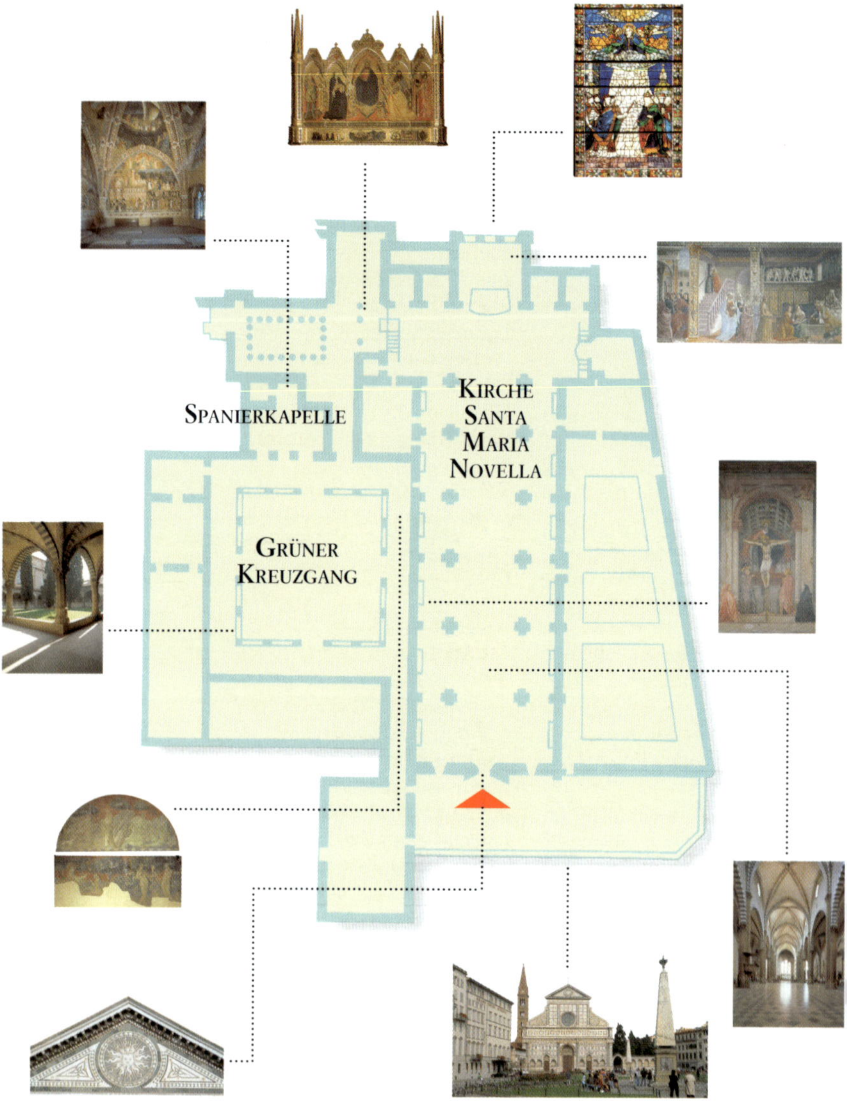

drea di Bonaiuto (1367-1369) ausgemalt, der den Triumph des Dominikanerordens im Kampf gegen die Häresie zum Thema hat. Der Zyklus mit den Allegorien der Glaubensdogmen, der zur Bekehrung des Volkes dienen sollte, zeigt ganz klar den intellektuellen und doktrinären Charakter der Religiosität der Dominikaner, der sich so völlig vom Pragmatismus der Franziskaner unterschied, die für ihre Kirchen vor allem Arbeiten über das Leben ihres Gründers in Auftrag gaben.

In den Gewölbefeldern sind die Fresken: *Die Schif-*

fahrt des *hl. Petrus*; *Die Wiederauferstehung; Himmelfahrt; Pfingsten.* An der Wand gegenüber dem Eingang drei Episoden der *Passion Christi*. An der Eingangswand *Geschichten aus dem Leben des hl. Petrus Märtyrer und der Triumph der Kirche.* Links unten eine Ansicht des Doms von Florenz mit einer Kuppel in byzantinischem Stil, die 1367 von einer Gruppe von Künstlern, darunter Andrea selbst, entworfen wurde. An der linken Wand der *Triumph des hl. Thomas von Aquin*, dann das Gemälde *Hl. Jakobus heilt einen Gelähmten* (1592), von Alessandro Allori.

Totenkreuzgang. Er liegt neben der Spanierkapelle und bestand schon vor der Ankunft der Dominikaner. Mitte des 14. Jahrhunderts wurde er umgebaut.

Museum für sakrale Kunst. Man erreicht es vom grünen Kreuzgang aus. In zwei Sälen – ehemals der Vorraum und das Refektorium des Konvents – werden *Gemälde, Reliquien, sakrale Gegenstände und Wandteppiche* ausgestellt, die zum Dominikanerkloster gehören.

Großer Kreuzgang. Sein Eingang ist in der Nähe des Museumseingangs. Er ist heute Teil der Kadettenschule der Carabinieri. Der Kreuzgang ist von mittelalterlichen Gebäuden umgeben.

Die Papst-Kapelle. Sie ist im ersten Stock und verdankt ihren Namen Papst Leo X. Medici, der 1515 während eines Florenzbesuches dort wohnte. Sie ist nur mit Genehmigung der Schulleitung zu besichtigen. Wir finden hier ein Gemälde von Ridolfo Ghirlandaio *Krönung Mariens* und *Veronica* von Pontormo.

Wir überqueren nun den Platz in Richtung Via de' Banchi. Gleich am Anfang der Straße biegen wir nach rechts in die Via delle Belle Donne, die nach wenigen Metern zur Croce del Trebbio (Kreuz des Trebbio) *führt. Das Steinkreuz auf einem Granitsockel wurde 1338 in Erinnerung an eine Auseinandersetzung zwischen den Dominikanern, Verteidigern der Orthodoxie, und den häretischen Patarinern errichtet.*

Wir gehen nun nach links in die Via del Moro und errei-

Paolo Uccello, Noah freudetrunken, *Episode aus dem Fresken-Zyklus, Santa Maria Novella, Grüner Kreuzgang.*

Paolo Uccello, die Schöpfung *und* die Versuchung Adams und Evas, *Episoden aus dem Freskenzyklus. Santa Maria Novella, Grüner Kreuzgang.*

Das Kreuz des Trebbio.

chen über Via de' Banchi die belebte Via de' Cerretani.

Über die Via de' Cerretani in Richtung Domplatz, wo unser Rundgang endet, erreichen wir den engen Platz von Santa Maria Maggiore mit der gleichnamigen Kirche.

Santa Maria Maggiore

Sie ist eine der ältesten Kirchen der Stadt. Sie wurde vor dem 11. Jahrhundert gegründet und in der zweiten Hälfte des 13. Jahrhunderts von Mönchen aus Vallombrosa in gotischem Stil umgebaut. Der vorromanische Glockenturm blieb jedoch erhalten. Auf dem Turm ist eine weibliche *Büste*, die sogenannte «Berta», aus spätromanischer Zeit.

Im Innern eine dreischiffige Halle mit zisterziensischem Charakter, die auf quadratischen Pfeilern ruht.

An der Innenseite der Fassade und dem ersten rechten

Die Geschichte -1-

Von der römischen Stadt bis zum Aufstieg Cosimos des Älteren

Florenz wird von den Römern während des *Floralia-Festes* (Ende April bis Anfang Mai im Jahre 59 v. Chr.) in der Nähe einer Furt im Flusse Arno unterhalb der etruskischen Stadt Fiesole gegründet. Im 2. und 3. Jahrhundert n. Chr. erlebt Florenz eine Blütezeit, um dann mit dem Zusammenbruch des Kaiserreichs wieder ein armes Dorf zu werden. Daraufhin wird Florenz in den gotisch-griechischen Krieg verwickelt und vom gotischen König Totila geplündert. Im Jahre 550 gelingt es den Byzantinern, es zurückzuerobern. Um das Jahr 570 wird es Teil des langobardischen Reiches, jedoch wählen die Langobarden die Stadt Lucca zur Hauptstadt ihres Herzogtums Tuscia. Erst Anfang des 9. Jahrhunderts, zu Zeiten Karls des Großen, im 10. Jahrhundert verlegt der Marchese Ugo den Sitz der Markgrafschaft Toskana wieder nach Florenz. Anfang des 12. Jahrhunderts werden die ersten kommunalen Institutionen gegründet: Die ersten Konsuln werden 1138 ernannt, während Florenz langsam beginnt, seine Macht auf die ländlichen Gebiete auszudehnen. Im Jahre 1125 erobern die Florentiner Fiesole. Die Stadt wird von aristokratischen, sich untereinander bekämpfenden Familien beherrscht. Um diese Familien herum bilden sich «società delle torri» (Turmgesellschaften), die den

Florentiner Wappen mit Lilie an der Fassade des Palazzo dell'Arte dei Beccai in der Via Orsanmichele.

Pfeiler sind *Fresken* aus dem 14. Jahrhundert, die Mariotto di Nardo zugeschrieben werden.

In der zweiten Kapelle rechts am Altar ein Werk von Primo Conti aus dem Jahre 1949: *Die Hl. Rita von Cascia.*

In der Hauptkapelle hinter dem Presbyterium ein Freskenzyklus mit *Herodes, der den Mord an unschuldigen Kindern* anordnet, der Nardo di Cione oder auch Spinello Aretino zugeschrieben wird (Ende des 15. Jahrhunderts).

In der linken Kapelle ein mehrfarbiges Halbrelief aus dem 13. Jahrhundert *Madonna auf dem Thron mit Kind*, wahrscheinlich von Coppo di Marcovaldo, an den Seiten Tafelbilder aus der Werkstatt.

Von der Sakristei aus gelangen wir zum Kreuzgang aus dem 16. Jahrhundert mit Fresken aus dem frühen 17. Jahrhundert.

Bau mächtiger Verteidigungstürme zum Ziel hatten, die das Stadtbild des 13. ahrhunderts prägten. Um diesen inneen Streitigkeiten ein Ende zu setzen, wird 1207 anstelle der Konsuln ein nicht-florentinischer «podestà» eingesetzt: der erste ist Gualfredotto aus Mailand. Zwischen Ende des 12. und Anfang des 13. Jahrhunderts entstehen einflußreiche Zünfte, die sogenannten «Arti». Die älteste ist die «Calimala», die Kaufmannszunft, gefolgt von der Zunft «del Cambio» (Zunft der Geldwechsler), «della Lana» (Zunft der Wollweber) und «della Seta» Zunft der Seidenhändler). Die Stadt erlebt einen großen wirtschaftlichen und demographischen Aufschwung. Außerhalb der Stadtmauern entstehen Volksviertel, in denen sich im Laufe des 13. Jahrhunderts die Bettelorden ansiedeln, die am Stadtrand ihre Kirchen bauen: Santa Croce, Santo Spirito, Santa Maria Novella… Mitte des 13. Jahrhunderts prägt man die in der mittelalterlichen europäischen Wirtschaft wichtigste Geldmünze, den *fiorino*. Das «Volk», das heißt die Zünfte, nehmen nun aktiv am politischen Leben der Stadt teil, und entziehen der Aristokratie feudaler Herkunft immer mehr die Macht. In dieser Zeit teilt sich die Florentiner Aristokratie in zwei Lager: in die papsttreuen Guelfen und die Ghibellinen, Anhänger des Kaisers. Im Jahre 1250 schlagen die Guelfen, die mit «dem Volk» verbündet sind, die Ghibellinen. 1260 werden sie ihrerseits in Montaperti von den senesischen, mit dem Kaiser Manfred von Hohenstaufen verbündeten Ghibellinen besiegt. Aber bereits sechs Jah-

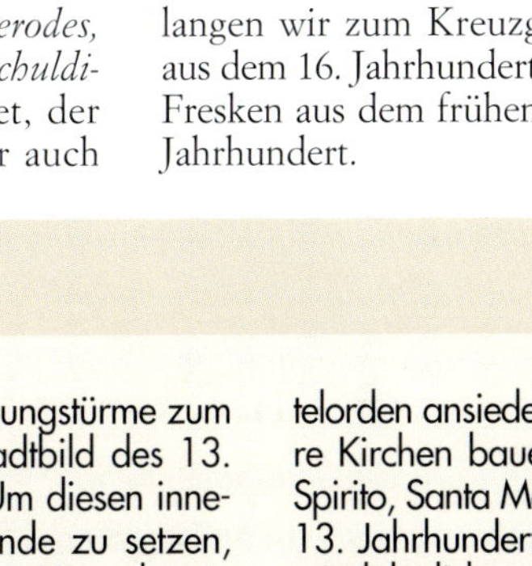

Der Florin, ab 1252 geprägte Goldmünze.

re später fällt Kaiser Manfred in der Schlacht von Benevento und die Guelfen übernehmen wieder die Macht. Am 11. Juni 1289 schlagen die Florentiner die Aretiner in der Schlacht von Campaldino, an der auch Dante teilnahm. Der Kontrast zwischen «angesehenen Bürgern» und dem «Volk» – besser gesagt, zwischen der alten Aristokratie und dem neureichen «Handelsadel» – wird immer größer. Und die reichen Kaufleute sehen ihren größten Sieg in den *Justizverodnungen* von Giano Della Bella (1293), die den Patriziern den Zugang zur Regierung verweigern. In diesem Zusammenhang teilt sich die Partei der Guelfen in die «weißen», die dazu neigen, ein Abkommen mit den Ghibellinen einzugehen und auf der Unabhängigkeit vom Papst zu bestehen, und die «schwarzen«, bis aufs äußerste Befürworter der päpstlichen Ansprüche. Mit der Unterstützung von Karl von Valois, Bruder des französischen Königs, gelingt es den «Schwarzen» im Jahre 1302, die «Weißen» aus Florenz zu verjagen, und mit ihnen Dante Alighieri. Trotz seiner großen wirtschaftlichen Macht hat Florenz ein geringes politisches Gewicht und leidet unter den internationalen politischen Ereignissen. Der Beginn des Hundertjährigen Krieges und die Zahlungsunfähigkeitserklärung des englischen Königs Edward III., Schuldner vieler Florentiner Banken, die zum Bankrott gezwungen sind verursachen eine große wirtschaftliche Krise. Die Stadt stellt sich unter die Obhut des Franzosen Gualtieri von Brienne, Herzog von Athen, der am 26. Juli 1343 durch einen Volksaufstand gestürzt wird. Im Jahre 1348, als die Stadt von der in ganz Europa wütenden furchtbaren Seuche, dem «schwarzen Tod», heimgesucht wird, leben ungefähr 80000 Menschen in Florenz. Zwei Jahre später ist die Bevölkerung auf 25-30000 geschrumpft. In den darauffolgenden Jahren verschärft sich der soziale Konflikt. Der

«Krieg der acht Heiligen» (1375-1378) – Florenz kämpft gegen den Papst – führt zum Aufstand der «ciompi» (Wollweber). Nachdem die Revolte niedergeschlagen ist, kehrt die Macht in die Hände der reichen Familien zurück. Die Stadt teilt sich in zwei Lager: die Vertreter der alten Oligarchie und der Zünfte della Lana und della Seta schließen sich der Familie Albizzi an. Das niedere Volk dagegen stellt sich auf die Seite der Medici, die aus dem Mugello stammen und sich in jüngster Zeit durch Handel und skrupellose Finanzgeschäfte bereichert haben. Die Republik wird nun zu einem Regionalstaat. Im Jahre 1406 erobert Florenz Pisa und 1421 Livorno. Florenz geht siegreich aus den Kämpfen hervor, aber die Stadt ist geschwächt und die innenpolitischen Konflikte spitzen sich zu. Rinaldo degli Albizzi gelingt es 1433, Cosimo den Älteren, Oberhaupt der Medici, ins Exil nach Venedig zu schicken. Ein Jahr später jedoch kehrt dieser triumphierend nach Florenz zurück. Damit beginnt die Vorherrschaft der Medici, die drei Jahrhunderte anhalten wird.

Aufstieg und Niedergang der Medici

Ihren Reichtum verdanken die Medici den erfolgreichen Finanzgeschäften von Giovanni di Bicci (1360-1429), Vater von Cosimo dem Älteren. Ende des 14. Jahrhunderts gründete er die Medici-Bank, die in kürzester Zeit eine der wichtigsten Banken Europas wurde. Mit Cosimo beginnt dann die Medici «Herrschaft», obwohl Florenz formal die alte Verfassung beibehält. Er regiert von seinem neuen Palast in der Via Larga aus, den er sich von Michelozzo (→ S. 70, Palazzo Medici-Riccardi) hat bauen lassen. Palazzo Vecchio, Sitz der höchsten Ämter, wird immer mehr nur zu Repräsentationszwecken benutzt. Nachfolger Cosimos wird dessen Sohn Piero, genannt der Gichtige (1416-1469), dessen Regierungszeit von einer schweren Krise gekennzeichnet ist. Die nicht erfolgte Rückzahlung von Krediten, die einige florentinische Bankiers mehreren europäischen Herrscherhäusern gewährt hatten, bringt die Stadt in Schwierigkeiten. Nach Pieros Tod übernimmt sein Sohn Lorenz der Prächtige (1449-1492) die Macht. Im Jahre 1478 überlebt er eine Verschwörung, die die Familie Pazzi gegen ihn angezettelt hatte. Dieser große Kunstmäzen festigt das Prestige von Florenz in Italien (und den Vorrang seiner Familie in Florenz), indem er vor allem auf die Ausgewogenheit in seiner Politik bedacht ist. Sein Tod fällt mit der Verschärfung innerer Konflikte zusammen: 1494 wird sein Nachfolger Piero aus Florenz gejagt. Ihm legt man zur Last, mit ungenügender Energie gegen Karl VIII., König von Frankreich, vorgegangen zu sein, als dieser mit seinen Truppen durch die Toskana zog. Der Dominikanermönch Girolamo Savonarola führt die republikanische Bewegung an, wird jedoch von Papst Alexander VI. exkommuniziert und wegen Ketzerei 1498 zum Tode verurteilt. Ungefähr fünfzehn Jahre später, 1512, kehren die Söhne Lorenzos, Giovanni (1475-1521), der zukünftige Papst Leo X., und Giuliano, Herzog von Nemours (1479-1516), unter dem Schutz des spanischen Militärs nach Florenz zurück. Nach kurzer Zeit ziehen sie jedoch nach Rom um. Lorenzo di Piero (1492-1519), Herzog von Urbino, dem Machiavelli den *Principe* widmet, wird zum neuen Regierungsoberhaupt der Stadt erklärt. Als Lorenzo stirbt, wird die Stadt von seinen Nachfolgern, seinem Sohn Alessandro (1510-1537) und dem Kardinal Ippolito (1511-1535) regiert. Dennoch bleibt die Machtzentrale der Medici in Rom, wo seit 1523 Giulio, der Neffe von Lorenz dem Prächtigen (1487-1534), als Clemens VII. auf dem päpstlichen Stuhl sitzt. Im Jahre 1527 läßt Kaiser Karl V. Rom besetzen und plündern, um sich für das Bündnis des Papstes mit Frankreich zu rächen. Die Florentiner nutzen diese Gelegenheit, um die Medici erneut abzusetzen und wieder die Republik auszurufen. Karl, der sich 1529 mit dem Papst versöhnt hat, belagert jedoch die Stadt. Die Republikaner, die sich hinter den von Michelangelo entworfenen Befestigungen verbarrikadieren, halten elf Monate der kaiserlichen Belagerung stand, werden aber letztendlich überwältigt. So wird im Jahre 1532 dann der florentinische Staat in ein Herzogtum umgewandelt, an dessen Spitze Alessandro steht. 1537 wird er von seinem Cousin Lorenzino ermordet. Mit Alessandro endet die direkte Linie Cosimos des Älteren. Um zu verhindern, daß der Staat Florenz dem Kaiserreich einverleibt wird, ernennen die einflußreichsten Florentiner den jungen Cosimo (1519-1574), Sohn des Giovanni dalle Bande Nere, Sprößling eines verwandten Medicizweiges, zum Herzog. Nachdem die von den Strozzi angeführten Republikaner besiegt sind, festigt sich die Macht Cosimos. Im Jahre 1555 erobert er Siena, das mit Florenz stets im Kampf um die regionale Vorherrschaft lag, und 1569 wird er mit dem Segen des Papstes Großherzog der Toskana. Cosimos Nachfolger sind Francesco (1574-1587) und Ferdinando I. (1587-1609). In dieser Zeit entsteht der Hafen von Livorno. Mit Cosimo II. (1609-1621) beginnt der Verfall der Dynastie. Auf europäischer Ebene dominieren nunmehr die Nationalstaaten, und mit ihrer rückständigen und heruntergekommenen Industrie wird die kleine Toskana immer mehr zu einem Randgebiet. Die Nachfolger Cosimos II. sind Ferdinando II. (1621-1670), Cosimo III. (1670-1723) und schließlich Gian Gastone (1723-1737). Da er keine Nachkommen hat, bedeutet sein Tod das Ende der Dynastie.

Die Stadtmauern von Florenz

Der römische Stadtmauerring. Nach der Legende wurde Florenz im Frühjahr des Jahres 59 v. Chr. während der *ludi florales*, in der Nähe einer Furt gegründet, wo später eine Brücke erbaut wurde. Rund um das Viereck Piazza del Duomo-Piazza San Firenze-Piazza Santa Trìnita und das westliche Ende der Via dei Cerretani ist der Verlauf des ehemaligen römischen Stadtmauerrings noch heute zu erkennen. Der «cardo» (Nord-Süd-Achse) und der «decumano» (Ost-West-Achse) kreuzten sich auf der heutigen Piazza della Repubblica, dem damaligen Forum. Die Stadt entwickelt sich sehr schnell und zählt im 2. Jahrhundert n. Chr. bereits 10000 Einwohner.

Der byzantinische Stadtmauerring. Mit dem Untergang des Römischen Reiches geht die Einwohnerzahl von Florenz zurück. So wird in den Jahren 541 bis 544 von den Byzantinern ein zweiter, kleinerer Ring errichtet. Die Stadt ist jetzt eine kleine Festung geworden: Um das Jahr 500 zählte Florenz nicht mehr als 1000 Einwohner und hätte eine größere Stadtmauer wohl kaum verteidigen können.

Der karolingische Ring. Wie vielen anderen Städten in Europa gelingt es auch Florenz erst im 8.-9. Jahrhundert aus der Krise herauszufinden, die auf den Zerfall des Römischen Reiches gefolgt war. Die Bevölkerungszahl nimmt zu und steigt im 9. Jahrhundert bis auf 5.000 an. Man nimmt den Bau eines neuen Stadtrings in Angriff, der zwischen Ende des 9. und Anfang des 10. Jahrhunderts vollendet wird. Von Osten nach Westen folgt man der ehemaligen römischen Stadtmauer, wogegen der Ring im Süden sich bis zum Arno hin ausdehnt und den Borgo Santi Apostoli und die Via Lambertesca mit einschließt. Im Norden schließt der karolingische Ring vor der Piazza del Duomo ab.

Der Mathilden-Ring. Mitte des 11. Jahrhunderts wird der Sitz des Markgrafen der Toskana von Lucca nach Florenz verlegt. Die Einwohnerzahl ist inzwischen auf 20000 angestiegen. In dieser Epoche steht die Stadt an den Anfängen eines großen Entwicklungsprozesses, der sie in der Zeit Dantes in eine der bedeutendsten Großstädte Europas verwandeln wird. In dieser Aufbruchstimmung läßt die Gräfin Mathilde im Jahre 1072 einen neuen Stadtmauerring errichten, den dantischen «alten Ring», der die Grenzen des karolingischen Walls einhält, im Norden jedoch die ganze Piazza del Duomo miteinbezieht.

Der fünfte Ring. Im Jahre 1183 verleiht der Kaiser Florenz das freie Stadtrecht; in der Tat besaß die Stadt schon seit mehreren Jahrzehnten eine unabhän-

gige kommunale Regierung. Die politische Autonomie ist für Florenz die andere Seite eines ansehnlichen Wirtschaftswachstums und einer kontinuierlichen Bevölkerungszunahme. Inzwischen zählte die Stadt 30.000 Einwohner und viele Wohnhäuser waren jenseits der Stadtmauern, längs der heutigen Borghi, entstanden (☛ S. 182). Im Jahre 1172 erteilt die Stadtregierung die Genehmigung zum Bau eines neuen, größeren Stadtmauerrings, der eine Fläche von 80 Hektar umfassen soll — also dreimal so groß wie der Mathilden-Ring. Die Arbeiten wurden 1173 aufgenommen und im Jahre 1175 abgeschlossen. Zum ersten Mal schließt der Ring – wenn auch noch mit Holzpalisaden – das Gebiet jenseits des Flusses Arno, den Oltrarno, mit ein.

Der sechste Ring. Im Jahre 1200 zählt Florenz 50.000 Einwohner, 1260 bereits 75000, 1280 beträgt die Zahl 85000 und steigt im Jahre 1300 auf 95-100000 an. In Europa ist Florenz hinter Paris, mit 200000 Einwohnern, die zweitgrößte Stadt. Zu Zeiten Dantes fassen also die Florentiner den Entschluß, einen Stadtmauerring zu errichten, der in seiner Ausdehnung der schnellen Entwicklung Rechnung trägt.

In den Jahren 1284-1333 entsteht eine Stadtmauer von 8.500 m Länge, die eine Fläche von 430 Hektar umfaßt (und damit fünfmal so groß ist wie der fünfte Ring). Als Florenz in den Jahren 1865-1871 Hauptstadt des Königreichs Italien wurde, mußte diese Stadtmauer der neuen Umgehungsstraße des Architekten Giuseppe Poggi weichen. Von dem sechsten Stadtmauerring aus dem 14. Jahrhundert sind nur Überbleibsel und einige Stadttore übriggeblieben: das Tor von San Frediano, das Tor San Niccolò (das einzige im Originalzustand gebliebene Tor), das Romana-Tor, das Tor al Prato und das Tor alla Croce.

Die Erwartungen der Florentiner sollten sich sehr bald als zu optimistisch erweisen: 15 Jahre nach der Vollendung des sechsten Stadtrings brach im Jahre 1348 der schwarze Tod aus, der in ganz Europa wütete und dem zwei Drittel der Florentiner zum Opfer fallen. Erst im 18. Jahrhundert wird die Stadt wieder die ehemalige Einwohnerzahl erreichen.

Porta San Giorgio (links oben). Ein Turm der Stadtmauern, die von San Niccolò zum Forte Belvedere hin ansteigen (oben rechts). Teilansicht des sechsten Mauerrings (oben Mitte). Die Karte der Stadtmauern. *Museum Firenze Com'era.*

3. Das Hauptquartier der Medici

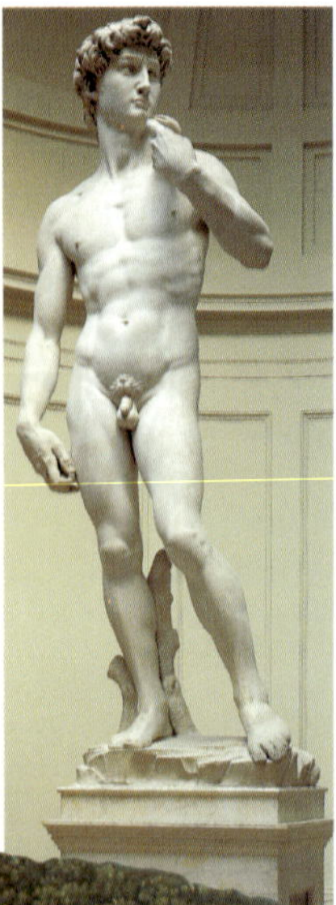

In der Vergangenheit war der Bereich unseres Rundgangs ein freies neues Gebiet: auserwählt von Mönchen, Künstlern und Wissenschaftlern, die hier aus verschiedenen Gründen die Ruhe der grünen Gärten suchten.
Die Klöster San Marco und der Annunziata entstanden als kleine Oratorien außerhalb der ersten Stadtmauern in dem sogenannten Gebiet von Cafaggio längs des Flüßchens Mugnone. Klosterräume waren auch die Gebäude, in denen sich die Galleria dell'Accademia und das Opificio delle Pietre Dure ansiedelten. Ein ruhiges und nur spärlich bebautes Gebiet, das in den letzten Stadtring eingeschlossen wurde. Viele Künstler hatten dort ihre Wohnungen oder ihre Werkstätten wie Rosso Fiorentino, Pontormo, Franciabigio. Glaube und Kunst verbinden sich in San Marco in den Fresken des Angelico; an der Ecke mit Via Giusti, ganz in der Nähe der Annunziata, in der viele bedeutende Werke von ihm aufbewahrt werden, wohnte Andrea del Sarto. In der Accademia degli Orti der Medici (der Gartenakademie), die sich ebenfalls hier befand, entwickelten

Oben: Michelangelo, David.
Galleria dell'Accademia.
Rechts oben: Hydria mit Aphrodite und Phaon.
Archäologisches Museum.

sich hervorragende Künstler, und es wurden dort architektonische Experimente durchgeführt, die zu den stilistischen Angelpunkten der Renaissance werden sollten: Palazzo Medici, der Spedale degli Innocenti, die Rotunde von Santa Maria degli Angeli. Ein Laboratorium wissenschaftlicher Forschung war das Casino der Medici, wo der Fürst des Studiolo, Francesco I. de' Medici (1541-1587) tätig war. Auf der anderen Seite des Konvents von San Marco ließ Cosimo I. den ersten botanischen Garten Europas anlegen. Wie man sieht, förderten die Medici nach dem Bau ihres Palastes in der Via Larga – heute Via Cavour – stark die kulturelle Entwicklung in diesem Gebiet: beispielhaft dafür ist der Fall von Michelozzo, Architekt Cosimos sowohl im Palazzo der Familie als auch in San Marco und der Annunziata. Gegen Ende des vergangenen Jahrhunderts hat sich dieses Gebiet vollkommen in einen ehrwürdigen Sitz der Erinnerung an Vergangenes gewandelt: zu sehen vor allem in den herrlichen Museen, darunter die Galleria dell'Accademia mit dem *David*, Kultobjekt des modernen Tourismus-Rituals.

Michelozzo, Palazzo Medici Riccardi, die Fassade.

Palazzo Medici Riccardi, Medici-Wappen an der Ecke Via Cavour/Via de' Gori.

Vom Domplatz aus gehen wir zur Via Martelli, die ursprünglich viel enger war, aber während der Arbeiten für Florenz als Hauptstadt erweitert und mit der angrenzenden Via Cavour verbunden wurde. An Hausnummer 3 steht ein Haus aus dem 14. Jahrhundert: La casa dell'Opera di San Giovanni (Werkstatt des hl. Johannes). *Auf der Frontseite das Wappen der Zunft der Calimala (der Hersteller feiner Wollstoffe). An der Hausnummer 7 eine Kopie des Wappens der Martelli von Donatello (das Original befindet sich in Via Cerretani, Hausnummer 22r). An der Ecke mit Via de' Gori ist das alte* Oratorium des San Giovannino.

Gleich nach der Kreuzung mit der Via de' Gori steht am Anfang der Via Cavour der Palazzo Medici-Riccardi.

Palazzo Medici Riccardi

«Dies ist ein zu großes Haus für eine so kleine Familie», soll Cosimo der Ältere gesagt haben, als er seine neue Wohnstätte 1462 zum ersten Mal betrat. Anderer Meinung waren die Riccardi, die den Palazzo nach seinem Erwerb 1670 für unangemessen hielten und ihn daher auf der rechten Seite um 7 Fenster pro Stockwerk, ein großes Tor und ein Fenster im Erdgeschoß erweiterten. Auf diese Weise war aus dem perfekten Kubus ein Parallelepiped geworden. Der Anbau ist am «Schlüssel», dem Symbol der Familie Riccardi, in den Tondi oberhalb der Biphorien zu erkennen.

Es handelt sich um das erste uns vollständig überlieferte Beispiel eines Herrschaftshauses der Renaissance; bis zum Jahre 1540 begleitete es das wechselnde Los der Medici in Florenz: 1509 wurde es konfisziert, 1512 zurückgegeben, von seinen Bewohnern jedoch 1527 wieder verlassen, dann 1531 wieder bewohnt von Alessandro, der dort ermordet wurde. Es beherbergt die Werke bedeutender Künstler wie Michelozzo, Donatello, Benozzo Gozzoli, Michelangelo; in ihm wohnten berühmte Persönlichkeiten wie z. B. Galeazzo Sforza, Karl VIII. und Karl V. Nach 1540 wurde es von weniger bekannten Mitgliedern der Familie Medici bewohnt, da Cosimo I. aus Statusgründen den Palazzo Vecchio zur Residenz gewählt hatte. Die Familie Riccardi hatte das Palais bis 1814 in ihrem Besitz, verkaufte es dann aber an das Großherzogtum. Heute ist der Palast Sitz der Provinzverwaltung.

Außenansicht. Ursprünglich hatte die von Michelozzo zwischen 1444 und 1462 ausgeführte Fassade an der Via Cavour zwei asymmetrische Türen und zehn Biphorien in beiden Stockwerken. An der Straßenecke zur Via de' Gori begannen rechts und links die beiden Arkaden, die die

Benozzo Gozzoli, Freskenzyklus in der Kapelle der Heiligen Drei Könige, Detail.

Palazzo Medici Riccardi, der erste Hof.

öffentliche Loggia bildeten und später von Michelangelo durch die berühmten «inginocchiate» (Tympanonfenster) geschlossen wurden: ein Stilelement, das jahrhundertelang nachgeahmt wurde. Das Hauptgesims wurde von Michelozzo mit Akanthusblättern, Rosetten und Zahnverzierungen gestaltet.

Erster Hof. Durch einen großen Torbogen gelangt man zum ersten Hof mit einem Portikus: hoch oben verläuft ein Hochfries, im ersten Stock Rundbogenfenster und im zweiten Stock eine Loggia. Von der ursprünglichen Dekoration sind im Portikus nur acht *Medaillons* erhalten geblieben, die Bertoldo (1491), einem Schüler Donatellos und Meister von Michelangelo zugeschrieben werden. Große barocke Rahmen, die archäologische Fragmente einschließen, zeugen vom Geschmack der Sammler Riccardi.

Die Kapelle der Heiligen Drei Könige. Man erreicht

3. Das Hauptquartier der Medici

Besonders sehenswert

Basilika von San Lorenzo

Medici Kapelle

Basilika und Museum von Santa Maria Novella

Benozzo Gozzoli, Freskenzyklus in der Kapelle der Heiligen Drei Könige, Details.

dieses Meisterwerk der Florentiner Renaissancekunst über eine Treppe auf der rechten Seite.. Von Michelozzo sind die bauliche Gestaltung und die Ausstattung (die Decke aus vergoldeten Kassetten, das mit Einlegearbeiten geschmückte Chorgestühl, der Fußboden aus Marmor und Porphyr). Benozzo Gozzoli schuf den Freskenzyklus *Zug der Heiligen Drei Könige* (1459), der in Wirklichkeit den Besuch des Kaisers Johannes VII. Palaiologus in Florenz (1439) darstellt. Das Werk ist von außerordentlicher Ausdruckskraft. «Benozzo», kommentiert Bernard Berenson, «weiß eine Geschichte mit solch einer Spontaneität, Frische und Schwung darzustellen, daß in uns das auf Märchen neugierige Kind geweckt wird.» Das Altarbild ist eine für zeitgenössisch gehaltene Kopie des Originals von Filippo Lippi.

Die Galerie im ersten Stock. Zu ihr gelangt man vom Hof aus über eine zweite Treppe auf der rechten Seite. Sie ist ein einzigartiges Beispiel Florentiner Barockkunst und wurde von Pier Maria Baldi ausgeführt: früher standen hier große kostbare Schränke, die die Sammlungen der Familie Medici, bestehend aus wertvollen Juwelen, Münzen, Medaillen und Bronzefiguren, enthielten. Das Gewölbe ist mit Fresken von Luca Giordano *Allegorien der Medici* (1682-1683) geschmückt. Hier wurden zu Ehren der Medici-Dynastie einige Episoden aus der Mythologie auf die Familie bezogen.

Zweiter Hof. Hier befinden sich die Reste der Loggia von Michelozzo und ein Garten im italienischen Stil des 18. Jahrhunderts, der 1911 anläßlich der Restaurierung des Palais neu angelegt wurde.

Via Cavour

Der Palazzo Medici Riccardi am Anfang der Via Cavour bestimmte die Straße in ihrer weiteren Entwicklung zur Repräsentationsmeile für viele einflußreiche Florentiner Familien, die dort ihre Stadtwohnungen bauen ließen. Hier ist unter anderem der *Palazzo Covoni* (Hausnummer 4) aus dem 16. Jahrhundert, der von Gherardo Silvani entworfen wurde und schöne Dekorationen aus Stein und Bronze an der Fassade aufweist (interessant sind die heraldischen Hinweise am Hauptbalkon und an den Gittern im Erdgeschoß). Ferner der *Palazzo Bastogi* an der Haus-

Piazza San Marco und die Fassade der gleichnamigen Kirche. Im Vordergrund das Denkmal für den General Manfredo Fanti, einem Helden des italienischen Risorgimento.

nummer 18, der um 1740 von Ferdinando Ruggieri für den Senator Ruberto Capponi erbaut wurde, und schließlich der *Palazzo Bartolommei* (Hausnummer 22 und 24), der ebenfalls von Silvani erbaut wurde und schöne Tympanonfenster hat. Heute ist hier der Sitz der Banco di Napoli.

Wir gelangen schließlich zur *Biblioteca Marucelliana* (Hausnummer 43), die von Francesco Marucelli gegründet wurde. 1703 hinterließ der bekannte Gelehrte und Bibliograph eine beträchtliche Schenkung für den Bau einer öffentlichen Bibliothek, die seine umfangreiche Büchersammlung von ungefähr 40000 Werken aufnehmen sollte. Das Gebäude wurde 1747 fertiggestellt und enthält heute mehr als 500000 Bücher und Schriften.

Wenige Schritte von der Biblioteca Marucelliana entfernt kommt man auf der rechten Seite der Via Cavour zur Piazza San Marco.

Piazza San Marco

Kunst, Religion und Wissenschaft standen jahrhundertelang in Zusammenhang mit diesem Platz: Angelegt wurde er im 13. Jahrhundert um ein kleines vallombrosanisches Oratorium, das in der Renaissance zum Kloster wird und durch die Werke Angelicos bemerkenswert ist. Links von der Kirche hatten die Medici in ihren «Orti» (Gemüsegärten) eine Kunstakademie gegründet, in der Künstler wie Donatello, Michelozzo, il Pollaiolo, Verrocchio und Michelangelo herangebildet wurden.

Rechts von der Kirche, wo sich heute das Universitätsrektorat befindet, war im 16. Jahrhundert eine Menagerie mit exotischen Tieren, und ganz in der Nähe wurde einer der ältesten botanischen Gärten angelegt.

Epigone und Prototyp zugleich ist in der Via Cavour (Hausnummer 51) die sogenannte *Palazzina della Livia*, die Pietro Leopoldo seiner Geliebten, der römischen Tänzerin Livia Malfatti Raimondi, zum Geschenk machte. Einerseits weist das zwischen 1775 und 1780 von Bernardo Fallani erbaute Gebäude noch die inzwischen überholten Proportionen und dekorativen Elemente der Renaissancepaläste (dreieckiger Tympanon, Tondi mit Flachreliefs, Simse, Lisenen, Rahmen) auf, andererseits wird es zum Modell für die zukünftigen Bürgervillen, die Ende des 19. Jahrhunderts im Bereich außerhalb der von Giuseppe Poggi gerade abgerissenen Stadtmauern errichtet

Die sogenannte Palazzina della Livia, Entwurf (1775-1780) von Bernardo Fallani.

Via Cavour: die Fassade des Palazzo Bartolommei von Gherardo Silvani (17. Jahrhundert).

Die Loggia von San Matteo, in der sich heute die Akademie der Schönen Künste befindet.

Die Kirche von San Marco, Innenansicht.

Die Klosterbibliothek. Unten: ein Blick auf das Kloster und den Glockenturm von San Marco.

wurden. Heute ist das Haus Sitz des Offiziersclubs.

Ein kleiner Umweg führt uns zu zwei weiteren interssanten Werken der Architektur.

In der Via Cavour Hausnummer 57 ist das Casino Mediceo. *Ursprünglich diente das von Bernardo Buontalenti für die Experimente seines Fürsten Francesco, unter Einbeziehumg der Mediceischen Gärten, entworfene Haus der Alchemie und der Mechanik. Da es als Laboratorium vorgesehen ware, hat es nur zwei Stockwerke mit großen Räumen. Der Stil Buontalentis ist an den Fensterdekorationen und dem Tor ersichtlich: man beachte das Detail eines Äffchens, das unter der Muschel hervorlugt.*

Nach links in die Via Salvestrina, an der Ecke mit Via San Gallo (Hausnummer 74) ist der Palazzo Pandolfini. *Er wurde vom päpstlichen Prälat Giannozzo Pandolfini in Auftrag gegeben, daher ist der Baustil nicht florentinisch, sondern römisch. Fast sicher ist der Entwurf von Raffael. Da Raffael viel in Rom zu tun hatte, beauftragte er Giovanni Francesco da Sangallo mit der Ausführung des Baus (nach 1520). Das Gebäude ist für die Florentiner Renaissance ungewöhnlich, zeichnet sich aber durch eine elegante und leichte Form aus. Es ist in zwei Baukörper unterteilt, die vom gleichmäßigen Rhythmus der Giebelfenster bestimmt und durch ein Bossenportal getrennt sind.*

Der nördliche Teil der Via San Gallo mündet in die breite Piazza della Libertà, einen großen, von Kolonnaden umgebenen Platz aus dem 19. Jahrhundert. Vor dem mittleren Garten die Porta San Gallo, *ein Überrest der Mauerringe aus dem 14. Jahrhundert. Auf der anderen Seite des Platzes der* Triumphbogen, *der zu Ehren von Francesco Stefano, dem ersten lothringischen Großherzog, erbaut wurde* (*☛ S. 123*)*. Der Plan (1745) ist von dem französischen Architekten J. N. Jadot de Lorraine, unter dem Bogen ein Reiterstandbild, das Francesco Stefano darstellt, von Giovan Battista Foggini.*

DIE KIRCHE SAN MARCO

«10.000 Gulden für einen Konvent in der Stadt auszugeben», das war die Buße, die Papst Eugen IV. Cosimo dem Älteren auferlegte, wegen seiner «auf nicht ganz ehrliche Weise erworbenen» Reichtümer. So schuf Michelozzo eine der ersten Klosteranlagen der Renaissance und erweiterte die romanisch-gotische Kirche aus dem 13. Jahrhundert. Zwischen diesen Mauern lebten und arbeiteten Beato Angelico und Fra' Bartolomeo, der Bischof S. Antonino und Savonarola. **Die Fassade.** Der Original-Bau von Michelozzo wurde 1780 von Fra' Gioacchino Pronti in einfachem Barockstil umgestaltet. In dem zeitgenössischen Flachrelief der

Der Kreuzgang des hl. Antonius. Rechts: der Bildstock der Flachshändler.

Attika ist der *Hl. Antonius, der Florenz segnet* dargestellt. **Der Innenraum.** Die einschiffige Kirche wurde verschiedenen Eingriffen unterzogen: gegen Ende des 16. Jahrhunderts veränderte Giambologna die Seitenka-

San Marco

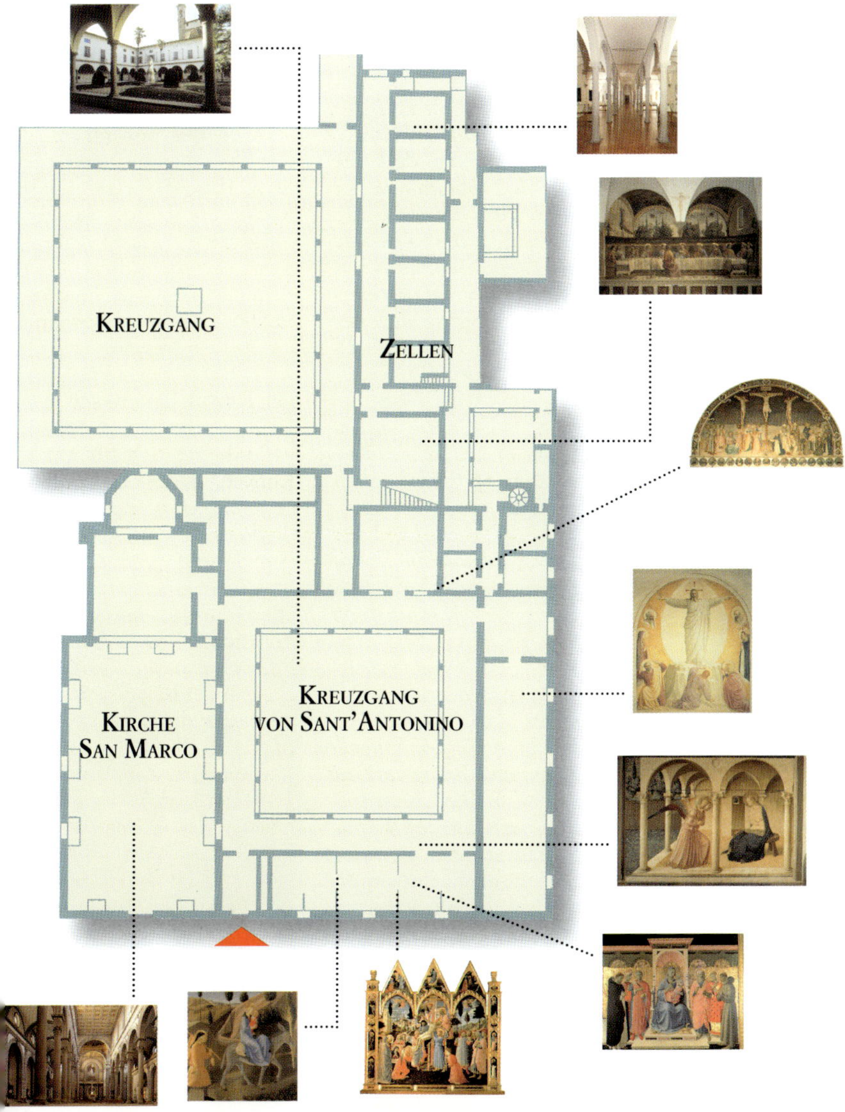

Beato Angelico, die Grablegung.

Beato Angelico, die Verklärung Christi. *Unten:* das Altarbild von Annalena *und rechts:* die Trauer um den toten Christus, *ebenfalls Werke des malenden Mönchs.*

pellen, und im 17. Jahrhundert nahm Pier Francesco Silvani weitere Umbauten im Dachstuhl und an der Tribüne vor.

An der Fassadeninnenwand ist ein großes *Kruzifix* aus der Schule Giottos. Auf der rechten Seite am ersten Altar *Hl. Thomas im Gebet* (1539) von Santi di Tito; am zweiten das Gemälde *Madonna und die Heiligen* (1509) von Fra' Bartolomeo.

Vom hinteren Teil des Schiffes aus gelangt man zur Sakristei des Michelozzo: hier befinden sich bedeutende *sakrale Gegenstände* aus dem 15. bis 18. Jahrhundert und ein Sarkophag mit einer Bronzestatue des *Hl. Antonius*, die Giambologna zugeschrieben wird. Von ihm stammt auch die Salviati-Kapelle im linken Teil des Kirchenschiffes mit *Flachreliefs* in Bronze.

Wir verlassen nun die Kirche und gehen nach links zum Eingang des Museums von San Marco.

Das Museum von San Marco

«Als ob aller Zucker dieser Welt in einem einzigen Ort konzentriert worden wäre»: So kommentierte Bernard Berenson, als nach dem ersten Weltkrieg alle Florentiner Werke Beato Angelicos im von Michelozzo im Auftrag Cosimos zwischen 1437 und 1452 erbauten Kloster aufgenommen wurden. Angelico, schrieb Berenson, «war der typische Vertreter einer Malerei der Übergangszeit vom Mittelalter zur Renaissance. Seine Emotionen stammen aus dem Mittelalter, doch erlebt er sie auf eine fast moderne Art und Weise.»

Erdgeschoß. Die Besichtigung beginnt beim Kreuzgang des Hl. Antonius, wo sich verschiedene Fresken des Poccetti und anderer Künstler des 16. und 17. Jahrhunderts und das Fresko *Hl. Dominikus zu Füßen des Kreuzes* von Beato Angelico befinden.

Im Pilgerheim sind Werke Angelicos ausgestellt, die zuvor in der Akademie und den Uffizien waren: *Die Grablegung Christi* (1432), wo der Mann mit dem 0 Turban wahrscheinlich Michelozzo darstellt; Altarbild des *Hl. Markus,* das von den Medici für den Hauptaltar vorgesehen war und durch eine Re-

staurierung im 19. Jahrhundert schwer beschädigt wurde (im Hintergrund ist eine der schönsten Landschaftsmalereien von Beato Angelico zu sehen); *Bildstock der Flachshändler* (1433-1434 ca.), mit den zwölf musizierenden Engeln, wohl die bekanntesten Darstellungen des Beato Angelico, *Triptychon mit hl. Petrus Märtyrer* (vor 1429), das *Altarbild von Annalena* (nach 1434),; *Das Jüngste Gericht* (1431); 35 Miniaturbilder mit *Geschichten aus dem Leben Christi*, die den sogenannten *Schrank der Silberstücke* bilden; das Werk *Trauer um den toten Christus* (1440).

Weitere Werke Beato Angelico sind auf der anderen Seite des Kreuzgangs im Kapitelsaal (ein großes Fresko mit der *Kreuzigung*) und im Lavabosaal (*drei Lünetten* und zwei kleine *Tafelbilder* neben kleineren Arbeiten des Paolo Uccello). Von hier gelangt man zum großen Refektorium aus dem 14. Jahrhundert, in dem Werke von Künstlern aus dem 16. bis 18. Jahrhundert sind, während sich auf der anderen Seite in zwei Sälen Werke von Fra' Bartolomeo und Alessandro Baldovinetti befinden. Vom Kapitelsaal aus erreicht man auch das Kleine Refektorium mit dem *Letzten Abendmahl* (1480 ca.) von Domenico Ghirlandaio. **Erster Stock.** Entlang der drei Seiten des Kreuzgangs des Hl. Antoninus und der Bibliothek erstrecken sich die Zellen der Mönche. Hier befindet sich der berühmte Freskenzyklus von Beato Angelico, mit dem er die Meditation seiner Mitbrüder stärken wollte. Die Gesamtkomposition ist sicher von Angelico, bei der Ausführung haben wohl auch andere Künstler mitgewirkt. Gegenüber der Treppe die berühmte *Verkündigung*

Weitere drei Werke Angelicos: oben: die Verkündigung*; ganz oben:* das Jüngste Gericht*;*
unten: das Altarbild von San Marco.

Beato Angelico, die Flucht nach Ägypten.

Beato Angelico, die Verkündigung.

Domenico Ghirlandaio, das Letzte Abendmahl.

(1442), auf der die Figuren unter einer typischen Renaissanceloggia längs einer diagonalen Linie dargestellt sind. Gegenüber das Fresko *Der Gekreuzigte mit dem hl. Dominikus*, links von der *Verkündigung* beginnt der erste Gang, in dessen Zellen auf der linken Seite Werke von Beato Angelico und seiner Schule sind, darunter: *Anschauung und Beweinung des Gekreuzigten* (2. Zelle), *Verkündigung* (3. Zelle), *Kreuzigung* (4. Zelle), *Transfiguration* (6. Zelle), *Verhöhnter Christus* (7. Zelle) und *Krönung der Jungfrau* (9. Zelle). In der 6., der Zelle Savonarolas, sind zwei Bibeln des 13. Jahrhunderts. Auf der rechten Seite in der 25. Zelle *Madonna der Schatten*, eines der bekanntesten Werke Beato Angelicos. Unter dem Fußboden der 22. Zelle wurden mittelalterliche Wandgemälde gefunden, die durch einen speziellen Spiegel betrachtet werden können.

Der Brunnen in der Mitte des Giardino dei Semplici.

Beato Angelico, Kreuzigung und Heilige.

Am Ende des zweiten Gangs befinden sich die drei Zellen der Priorswohnung; die Novizen bewohnten.

Im dritten Gang hat wahrscheinlich in den Zellen auf der linken Seite Benozzo Gozzoli gearbeitet, dem wir vermutlich auch die *Drei Könige* in der zweiten Zelle der Wohnung Cosimos des Älteren verdanken. Auf derselben Seite ist auch der Eingang der Bibliothek, die durch zwei Kolonnaden aufgeteilt wird. Michelozzo schuf sie für die zahlreichen Bücher des Humanisten Niccolò Niccoli. Heute enthält sie eine herrliche Sammlung von Gradualen, Meß- und Choralbüchern und vielen Miniaturen.

Rechts von San Marco beginnt die Via Giorgio La Pira (die in die Via Lamarmora übergeht und zu den Alleen, den Viali, aus dem 19. Jahrhundert führt).

An der Hausnummer 4 der Via La Pira befinden sich die ersten drei Abteilungen des Museums für Naturgeschichte, die vierte, den Giardino dei Semplici, erreicht man an der nächsten Querstraße, Via Pier Antonio Micheli.

Museum für Naturgeschichte

Der Mediceische Humanismus, dessen Aufmerksamkeit sowohl dem Wirken der Natur als auch dem des menschlichen Geistes galt, ist die historische Grundlage dieses für Italien einzigarti-

Lorenzo Monaco, die Verkündigung.

gen Museums. Es besteht aus vier Abteilungen: Museum für Mineralogie und Lithologie, Museum für Geologie und Paläontologie, Botanisches Museum, Giardino dei Semplici (Heilkräutergarten).
Museum für Mineralogie und Lithologie. Dank der Medici-Sammlungen verfügt es heute über etwa 40000 Stücke, darunter ein enormer Topas (151 kg) und 5000 Proben von der Insel Elba.
Museum für Geologie und Paläontologie. Es besitzt zirka 300000 Exemplare: Besonders interessant sind die den Säugetieren des Tertiärs gewidmeten Säle, das Originalskelett des *Oreopithecus bambolii,* ein anthropomorpher Affe, der im Gebiet um Grosseto gefunden worden war.
Botanisches Museum. Es handelt sich um das wichtigste dieser Art in Italien: seine Herbarien, eine Weiterführung der Sammlung von Andrea Cesalpino aus dem 16. Jahrhundert, zählen heute ungefähr vier Millionen Exemplare aus allen Teilen der Welt. Außerdem gibt es hier Wachsmodelle, pflanzliche Fossilien, Samen, Pollen und ein tropisches Herbarium mit 300000 Proben von somalischen und äthiopischen Pflanzen, das einzigartig in der Welt ist.
Giardino dei Semplici (Heilkräutergarten). Cosimo der I. hat ihn 1545 anlegen lassen. Heute gibt es hier auf 24000 Quadratmetern 7000 Exemplare von Baum- und Graspflanzen. Die ältesten Bäume stammen aus dem 19. Jahrhundert, bis auf die Eibe, die 1720 gepflanzt wurde. Besonders schön ist es hier im Frühjahr, wenn die Azaleen blühen.

Nach dem Besuch des Giardino dei Semplici gehen wir in Richtung Dom zurück und biegen in die Via Ricasoli ein. Auf der linken Seite ist an der Hausnummer 60 die Galleria dell'Accademia.

Galleria dell'Accademia

Pietro Leopoldo gründete sie 1784 und stattete sie mit einer umfangreichen Sammlung antiker Gemälde aus, die den Schülern der neuen Akademie, in der die verschiedenen Zeichenschulen der Stadt vereinigt wurden, als Modelle dienen sollten. Im vergangenen Jahrhundert kamen auch noch Skulpturen hinzu. Doch vor allem

Pacino di Buonaguida, Lignum vitae, *Ausschnitt.*

Michelangelo, der hl. Matthäus. *Unten: Michelangelo,* David, *Teilansicht.*

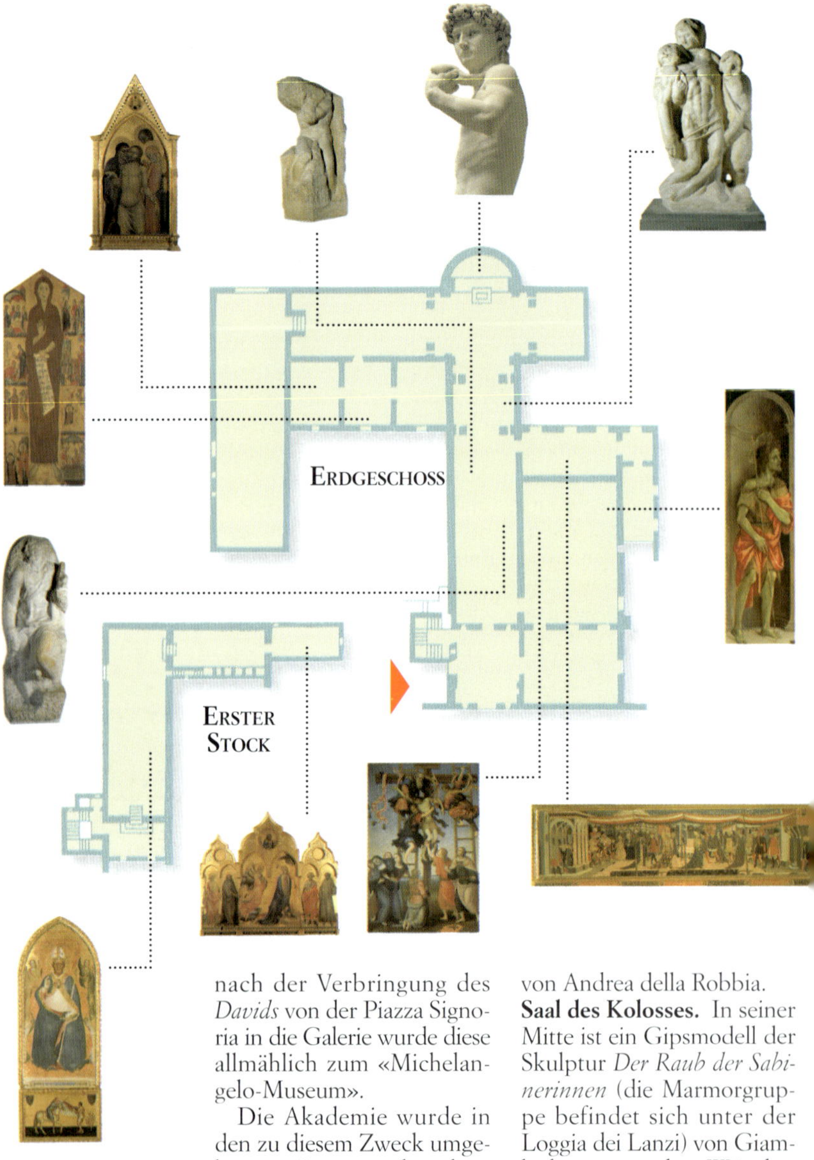

nach der Verbringung des *Davids* von der Piazza Signoria in die Galerie wurde diese allmählich zum «Michelangelo-Museum».

Die Akademie wurde in den zu diesem Zweck umgebauten Räumen des alten Hospitals S. Matteo untergebracht, zu dem die wieder zugängliche, 1935 restaurierte Loggia aus dem 14. Jahrhundert gehört. Sie geht auf die Piazza San Marco: in den Lünetten der beiden Türen sind zwei glasierte *Reliefs* von Andrea della Robbia.

Saal des Kolosses. In seiner Mitte ist ein Gipsmodell der Skulptur *Der Raub der Sabinerinnen* (die Marmorgruppe befindet sich unter der Loggia dei Lanzi) von Giambologna; an den Wänden Florentiner Malereien aus dem frühen 16. Jahrhundert, darunter *Mystische Vermählung der hl. Caterina* (1512) von Fra' Bartolomeo und eine *Kreuzabnahme*, die von Filippo Lippi begonnen und nach dessen Tod (1504) von

Pontormo, Venus und Amor.

Andrea Rico da Candia, Madonna mit Kind.

Lorenzo di Bicci, Der hl. Martin. *Mitte: Filippino Lippi,* Maria Magdalena.

Perugino zu Ende geführt wurde, wahrscheinlich zusammen mit Raffael.

Die Galerie. Hier dominieren die Figuren der *Gefangenen* (1530) und des *Hl. Matthäus* (1505): große Zeugnisse des «Unvollendeten» bei Michelangelo, einer Technik von großer Ausdruckskraft, die mit der neoplatonischen Philosophie zusammenhängt. Giulio Carlo Argan erklärt: «Die Bedeutung des Abbildes ist nicht mehr in seiner ikonographischen Evidenz zu suchen, sondern in dem langsamen Prozeß des Ausdrucks, den die seelische Qual des Künstlers mit jedem Schlag des Meißels schafft. Das Abbild ist lediglich der Endpunkt: die durch einen schmerzhaften Befreiungsprozeß endlich erreichte Idee».

Die *Gefangenen* hatte Michelangelo für das Grab von Papst Julius II. vorgesehen, doch wurde das Projekt später reduziert, und die Figuren blieben in Florenz. Der *Hl. Matthäus* wurde dagegen zusammen mit den anderen elf Aposteln für die Chorräume des Florentiner Doms Santa Maria del Fiore geschaffen. Neben dem *bärtigen Gefangenen* befindet sich die *Pietà von Palestrina*. Diese dramatische Skulptur ist um 1550 datierbar.

Die Tribüne des Davids. Am Ende der Galerie ist der neoklassizistische Raum (De Fabris, 1882) mit dem weltberühmten *David* (1502-1504). Für diese Skulptur benutzte Michelangelo einen Marmorblock, den vierzig Jahre zuvor Agostino di Duccio zu bearbeiten begonnen, danach aber aufgegeben hatte, weil er ihn für ungeeignet hielt. Die Figur des jungen David, Symbol für die Überlegenheit von Intelligenz und Mut über die rohe Gewalt – ein Symbol, in dem sich die Florentiner so gern wiedererkannten – inspirierte seit langem die Kunst der Stadt.

«Dieser David», kommentierte Irving Stone, «verkörpert all jene Grundsätze, für die Lorenzo de' Medici mit seinen Freunden der neoplatonischen Akademie kämpft. Es ist ein glorioses Kunstwerk voller Schönheit, Kraft, Mut, Urteilsvermögen und Selbstvertrauen. Es ist die Quintessenz des Menschen, der in einer menschlichen und rationalen Welt lebt.» Als symbolischer Freiheitswächter wurde die 4,10 m hohe Statue vor dem Palazzo della Signoria aufgestellt und blieb dort bis sie 1872 durch eine Kopie ersetzt wurde. Man brauchte eine Woche, um sie in die Galerie zu bringen und für den Transport wurde extra ein Eisenbahnwagen gebaut, der auf Schienen mit Weichen fuhr.

An den Seiten des Raums sind Florentiner Werke aus der Zeit Mi-

Oben: die Hochzeitstruhe der Adimari. *Rechts: der gefangene* Atlas *von Michelangelo.*

Giovanni da Milano, die Barmherzigkeit Christi.

Michelangelo, die Pietà von Palestrina.

chelangelos: darunter die Skulptur *Venus und Amor* (1523 ca.) von Pontormo, nach einer Zeichnung von Michelangelo. Links sind zwei verschiedene Tendenzen der Florentiner Malerei im ausgehenden 16. Jahrhundert zu sehen: der raffinierte Spätmanierismus *(Disput über die Unbefleckte Empfängnis* von Carlo Portelli) und die ganz gegensätzliche polemische Suche nach Einfachheit (*Christus' Einzug in Jerusalem* von Santi di Tito).

Die Florentiner Säle. Man erreicht sie von der rechten Seite der Galerie aus, sie enthalten eine prachtvolle Sammlung der Florentiner Malerei des 15. Jahrhunderts, unter anderem: *Hochzeitstruhe der Adimari* (1532 ca.), hier hat Giovanni di ser Giovanni (Stiefbruder des Masaccio) einen Hochzeitszug in der Nähe des Baptisteriums dargestellt; das Gemälde *Dreieinigkeit zwischen den Hl. Benediktus und Johannes Gualbert* von Alessio Baldovinetti; *Tebaide,* ein Bild, das wegen seines reichen Aufbaus und seiner Perspektive Paolo Uccello zugeschrieben wird; dann eine *Madonna mit dem Kinde, dem hl. Johannes und zwei Engeln* (1470 ca.), eines der letzten Werke Sandro Botticellis; und schließlich noch die *Madonna des Meeres* (1470), ein

Gemälde von außerordentlicher Feinheit, wahrscheinlich von dem jungen Filippino Lippi.

Kabinett der Gipsmodelle Bartolinis. Vom hinteren linken Teil des David-Raums aus gelangt man in diesen Saal, der vor allem Portraits aufbewahrt, die Bartolini als Modelle für seine Skulpturen benutzte.

Die byzantinischen Säle. Sie sind auf der linken Seite und beherbergen Malereien aus der Zeit vor Giotto: Vom Maestro della Maddalena ist das Tafelbild *Magdalena*, umgeben von acht Miniaturbildern, die Szenen aus ihrem Leben darstellen. Ein Werk des Maestro di San Gaggio ist die *Madonna auf dem Thron mit Jesuskind und vier Heiligen*, das aus dem letzten Jahrzehnt des 13. Jahrhunderts stammen dürfte. Deutliche Beziehungen zu Giotto finden sich in den verschiedenen Arbeiten von Taddeo Gaddi und Bernardo Daddi.

Säle im ersten Stock. Sie wurden 1985 eingerichtet und bieten einen faszinieren-

den Überblick über die Florentiner Malerei des 14. und 15. Jahrhunderts: angefangen bei Lorenzo Monaco (zwei *Kruzifixe, Verkündigung, Predella* für das Altarbild von Santa Trinita) bis zu einer großen Sammlung von Polyptychen. Im dritten Saal ist neben spätgotischen Tafelbildern auch eine seltene russische Ikonensammlung (16.-18. Jahrhundert).

Wir verlassen die Galerie und gehen einige hundert Meter in Richtung Dom. Links kommen wir zur Piazzetta delle Belle Arti, wo sich an Hausnummer 2 das Konservatorium «Luigi Cherubini» befindet.

Das Konservatorium « Luigi Cherubini»

Das dem berühmtesten Florentiner Musiker gewidmete Konservatorium (derzeit nicht zu besichtigen) beherbergt eine kostbare Instrumentensammlung, die von Ferdinand I. (1663-1713) begonnen und nach und nach durch weitere Erwerbungen bereichert wurde. Von besonderer Bedeutung sind einige Geigen der Stradivari, ein Amati-Violoncello, ein Del Mela-Klavier und ein Floriani-Spinett.

Anschließend biegen wir nach links in die Via degli Alfani, wo sich an Hausnummer 78 eines der originellsten Museen von Florenz, das Opificio delle Pietre Dure, befindet.

Werkstätte für Einlegearbeiten in Stein

Es wurde am 3. September 1588 auf Wunsch von Ferdinand I. gegründet, um die verschiedenen bei Hofe arbeitenden Handwerker zu koordinieren. Es stellt hier entstandene Arbeiten aus, die aus unterschiedlichen Gründen «nicht an den Auftraggeber übergeben wurden». Beachtenswert sind unter anderem eine Mustersammlung von Steinen, Arbeiten in Pietra Dura und Gips, Malereien auf Stein, viele graphische Dokumente und zahlreiche Werkzeuge.

Wir gehen die Via degli Alfani bis zur Kreuzung mit Via dei Servi entlang und biegen nach links zum Platz der Santissima Annunziata ab.

Piazza Santissima Annunziata

«Ein erweiterter Renaissancehof» ist wahrscheinlich die häufigste und treffendste Definition dieses Platzes, der

Gerolamo Della Valle, Sonnenblume, Mosaikarbeit aus Halbedelsteinen. Oben: Mosaikarbeit aus Halbedelsteinen nach einer Zeichnung von Giuseppe Zocchi (18. Jahrhundert).

Domenico Remps, Trompel'œil-Stilleben.

Der Brunnen auf der rechten Seite von Piazza della Santissima Annunziata, der wie sein Zwillingsstück von Pietro Tacca gegossen wurde (1629).

Die Feste -3-

San Giovanni. «Wenn der Frühling naht, und die ganze Welt fröhlicher wird, dann denkt jeder Florentiner daran, ein schönes Fest für den Schutzheiligen San Giovanni vorzubereiten»: So schrieb Anfang des 15. Jahrhunderts der Chronist Goro di Stagio Dati. Am Morgen des 24. Juni nahm die Signoria die Ehrerweisungen der Städte und Burgen entgegen, die der Republik Florenz unterstanden. Zu dieser Zeit fand auch das damals sehr beliebte Pferderennen «palio dei Bàrberi» statt. Das Rennen begann von der Brücke alle Mosse und die Ziellinie war auf dem Platz von San Pier Maggiore (☛ S. 228).
An die römische Epoche erinnert der aristokratische «Palio dei Cocchi», der 1563 von Cosimo I. eingeführt wurde. Von Pferden gezogene Wagen, die wie antike Zweispänner gebaut waren, liefen auf der Piazza Santa Maria Novella rund um zwei Pfähle herum ein Rennen. Anfangs waren die Pfähle aus Holz und wurden 1608 durch die heutigen Steinobelisken ersetzt (☛ S. 55). Seit jeher war das Feuer typisch für den Vorabend von San Giovanni: fröhlich flackernde Feuer wurden auf den Türmen, auf den Mauern und den Plätzen angezündet. In der zweiten Hälfte des 16. Jahrhunderts wurden sie von Feuerwerkskörpern abgelöst, die auf den Türmen des Palazzo Vecchio gezündet wurden. 1827 verlegte man dann das Feuerwerk auf die Brücke alla Carraia. Das Volk ergoß sich auf die Straßen längs des Arno und auf dem Fluß selbst standen Hunderte von reich geschmückten und beleuchteten Booten. Heute sind die Feuerwerkskörper technisch perfekt und die Veranstaltung ist auf den schönsten Aussichtspunkt der Stadt verlegt worden: den Piazzale Michelangelo. Der Zuschauer sollte diesem Schauspiel am besten von den Lungarni aus beiwohnen (es beginnt gegen 22 Uhr). Alten florentinischen

Feuerwerk von der Brücke Santa Trinita aus, von Thomas Patch.

«Kniendes Fenster» am Palazzo Budini Gattai (16. Jahrhundert) von Ammannati.

ein perfektes Beispiel der städtebaulichen Gestaltung Brunelleschis ist. Auch die linke Loggia war von Brunelleschi geplant, wurde aber dann zwischen 1516 und 1525 von Antonio da Sangallo il Vecchio und Baccio d'Agnolo erbaut. Beeindruckend ist der Blick über die Via de' Servi auf die Kuppel des Doms, die in perfekter Achsengleichheit zu der Alberti-Kuppel der Santissima Annunziata liegt.

In der Mitte des Platzes das *Reiterstandbild des Großherzogs Ferdinand* I., ein Werk Giambolognas, das 1608 von Pietro Tacca beendet und aus der Bronze der Kanonen der türkischen Galeeren gegossen wurde, die die Ritter von Santo Stefano auf dem Feldzug von Bona in Afrika erbeutet hatten. Eine Inschrift auf dem Sattelgurt erinnert daran: «De' metalli rapiti al fero Trace» (Aus dem Metall, das den wilden Thrakern genommen wurde). Auf dem Sockel das Emblem Ferdinandos (ein Bienenschwarm, der die Kö-

Ruhm feiert man dagegen bei dem großen Umzug in historischen Kostümen, der die Stadt durchquert, vor und nach dem Spiel des historischen Fußballs.

Der Laternenzug in einem Druck aus dem 18. Jahrhundert (Museum «Firenze Com'era»).

Die Rificolona. Auch bei einem anderen florentinischen Volksfest am 7. September hat das Feuer eine Bedeutung. Diesmal handelt es sich jedoch nur um die kleine Flamme einer Kerze, die in einer Papierlaterne brennt (die «rificolona»). In vielen Stadtteilen finden Feste und Veranstaltungen statt, die besonders den Kindern gewidmet sind, die ihrerseits ihre Laterne an einem Stock spazierenführen. Diese Laterne wird «rificolona» genannt, wegen ihrer Verbindung mit der «fierucola», der «kleinen Messe», die alljährlich auf der Piazza della Santissima Annunziata stattfand und seit einigen Jahren von einem kleinen Markt ersetzt wird, auf dem Naturprodukte verkauft werden. Schon die Frauen aus dem Casentino und der Gegend um Pistoia boten hier getrocknete Pilze und Webstoffe zum Verkauf an und übernachteten unter der Loggia und dem Kreuzgang der Kirche. Sie wurden «fierucolone» genannt und waren Bestandteil der Messe geworden. Die jungen Florentiner machten sich über ihre Kleidung lustig und die «rificolone wurden dann große Puppen aus Papier, die eine Karikatur der jungen Marktfrauen von den umliegenden Bergen darstellten, unter dem Rock war ein Licht angebracht» so beschreibt Giuseppe Conti 1899 diesen Brauch.

San Lorenzo. Eine weitere jahrhundertealte Tradition im florentinischen Sommer ist das Fest des heiligen Lorenz am 10. August. Es findet auf dem Vorplatz der gleichnamigen Kirche San Lorenzo statt. Die Einrichtung dieses Feiertags geht auf das Jahr 1421 zurück; damals wurden zum Essen Teigröllchen, Pfirsiche, Nüsse und Fenchel gereicht. Ein Brauch, der mit der Gewohnheit der Bäcker einherging, die am selben Tag ihre Schaufenster und Läden mit Lasagne und phantasievollen Teigartikeln schmückten. Heute versammeln sich am 10. August Florentiner und Touristen auf dem Platz, wo an bunten Ständen kostenlos Getränke, Bandnudeln mit Fleischsauce und große Scheiben Wassermelonen ausgeteilt werden (ein dafür gewähltes Komitee übernimmt die Organisation).

nigin umschwärmt — Zeichen angeborener Überlegenheit); die Anordnung der 60 Insekten in verschobenen Kreislinien hat die Legende hervorgebracht, man könne sie nicht zählen.

Von Pietro Tacca sind auch die beiden *Brunnen* mit Meeresungeheuern und bizarren Figuren (1629).

Palazzo Budini Gattai

Den Ausbau der vierten Seite des Platzes (an der Ecke mit Via de' Servi) übernahm Bartolomeo Ammannati (1563-1574): Einen klaren und ungewöhnlichen Farbkontrast ergibt das Rot der Backsteine mit dem Grau der anderen Steine. Die Aufmerksamkeit wird von der im ersten Stock eingefügten Loggia und dem Bossenwerk um das Fenster angezogen.

Spedale degli Innocenti (Findelhaus)

«Agatha und Smeralda heißt das erste Kind, das am Freitag um zwölf Uhr, dem Tag

Drehscheibe aus Stein, auf der ausgesetzte Kinder gelassen wurden.

Spedale degli Innocenti, die Fassade. Im Vordergrund das Denkmal für den Großherzog Ferdinando I.

Der Haupteingang, über dem sich ein Fresko Bernardino Poccettis (16. Jh.) befindet; die Rundbilder von Andrea della Robbia mit der Darstellung eines Wickelkindes, dem Symbol der frommen Einrichtung. Unten: der Kleine Markt, der am 7. September auf der Piazza Santissima Annunziata stattfindet.

der hl. Agatha, in unserem Spedale Aufnahme findet», schrieb man am 25. Januar 1445, als das «Hospital der Unschuldigen» für Findelkinder aufmachte. Gestiftet hatte es 1419 die Seidenmacherzunft. Den Bauauftrag erhielt Filippo Brunelleschi, der eine praktisch wie architektonisch völlig neue Konzeption entwickelte. Er brach mit den mittelalterlichen Traditionen und schuf eine wahre Stadt in Miniatur, in der jeder Raum seine spezifische Funktion hatte.

Die Entscheidung, nach Jahrhunderten im Portikus das klassische Motiv der Säule mit Basis und Kapitell wiederaufleben zu lassen, läutete die Geburtsstunde der Renaissancearchitektur ein. In den Zwickeln der Arkaden sind acht *Rundbilder* aus Terrakotta von Andrea della Robbia. Die Fresken im *Gewölbe* und den *Lünetten* sind von Poccetti. Am linken Ende das später vergitterte Fenster, an das bis zum Jahr 1875 verlassene Kinder gelegt wurden.

Das Innere. Der Kreuzgang der Männer wurde von Francesco della Luna begonnen und fertiggestellt von Stefano di Jacopo Rosselli. Die Pinakothek oben enthält außer einem Meisterwerk *Anbetung der Hl. Drei Könige* (1488) Domenico Ghirlandaios: *Krönung Marien* des Maestro della Madonna Strauss, ein kostbares kleines Altarbild aus dem 14.-15. Jahrhundert; eine *Madonna mit Kind* von Sandro Botticelli; schließlich eine *glasierte Terrakotta* von Luca della Robbia mit dem gleichen Thema.

In der Galerie können auf Wunsch losgelöste Fresken aus verschiedenen Florentiner Gebäuden besichtigt werden, darunter die von Lorenzo Monaco und Alessandro Allori.

Basilika Santissima Annunziata

Dieser Klosterkomplex war ursprünglich ein kleines Oratorium, das als Ex-Voto für die Madonna nach der Belagerung durch Heinrich IV. zu Zeiten der Gräfin Mathilde errichtet wurde. Es ging später an den Servitenorden über und wurde 1250 erweitert. Zwei Jahre später wurde das Innere mit dem Fresko *Verkündigung* ausgemalt, das bald als wundertätig galt. Den endgültigen Umbau nahm Michelozzo (1444-1481) unter der Mitarbeit von Leon Battista Alberti vor. An der Fassade gab es in der Renaissance nur eine zentrale Arkade, die Erweiterung des Portikus auf beiden Seiten stammt aus dem frühen 17. Jahrhundert.

Kleiner Votivkreuzgang. Vom mittleren Portal aus betritt man den Chiostrino dei Voti, wo sich über Jahr-

Die Fassade der Basilika Santissima Annunziata.

hunderte Votivgaben wie Gewänder, Rüstungen, Fahnen und Wachsfiguren ansammelten, die 1780 auf Geheiß Pietro Leopoldos entfernt wurden.

An den Wänden des Kreuzgangs Florentiner Malerei aus dem 15. und 16. Jahrhundert: Ein Fresko mit der *Himmelfahrt Christi* von Rosso Fiorentino (1517) und die *Heimsuchung* von Jacopo Pontormo (1514-1516) zeigen den beginnenden Manierismus, in klassischer Renaissancetradition die Fresken *Marias Vermählung* von Franciabigio und die *Geburt Marias* (1514) und *Ankunft der Hl. drei Könige* (1511) von Andrea del Sarto. Der Zyklus geht weiter mit *Christi Geburt* von Alessio Baldovinetti (1460) und mit dem Fresko *Geschichten des hl. Filippo Benizzi*: Es handelt sich um sechs Geschichten, die erste von Cosimo Rosselli (1476), alle anderen (1509-1510) von Andrea del Sarto. An der rechten Wand ein bedeutendes Marmorrelief von Michelozzo.

Innenraum. Er besteht aus einem einzigen breiten Schiff, das im unteren Teil von Lisenen unterteilt ist. Seine barocke Dekoration wurde zwischen dem 17. und 18. Jahrhundert ausgeführt.

Links ist ein kleiner Tempel aus Marmor (1447-1461) voller Ex-Voto und einem kostbaren Silberaltar mit dem Gnadenbild der *Verkündigung*.

Auf der linken Seite des Kirchenschiffes sind in der zweiten und dritten Kapelle Fresken (1454-1456) von Andrea del Castagno; in der fünften Kapelle eine *Himmelfahrt Mariä* von Pietro Perugino; in der Cappella del Crocifisso am linken Ende eine Terrakotta *Hl. Johannes der Täufer* von Michelozzo.

Das Presbyterium mit der großen Rotunde von Michelozzo, um die 9 Kapellen mit bedeutenden Gemälden angeordnet sind: in der dritten von links ein *Tafelbild* von Perugino, in der vierten das Gemälde *Die Auferstehung Christi* von Bronzino. Die fünfte Kapelle hatte Giambologna zu einem persönlichen Sakrarium gemacht und dort eigene Werke und solche seiner Schüler untergebracht.

In den rechten Kapellen des Kirchenschiffes sind: ein Altar mit *Madonna in Glorie* des Empoli in der ersten Kapelle und in der dritten die von Volterrano ausgeschmückte Kuppel.

Kreuzgang der Toten. Man erreicht ihn vom linken Querschiff aus (auf Anfrage beim Küster): Er entstand im 15. Jahrhundert und ist mit einem Freskenzyklus *Geschichten des Servitenordens* ausgemalt. Über der Tür ein Meisterwerk von Andrea del Sarto, die *Madonna del Sacco* von 1525.

Das Innere der Kirche Santissima Annunziata. Unten: der Kreuzgang der Toten.

Die Atelierwohnung Federico Zuccaris.

Der Redner *(etruskisch-römische Kunst des I. Jahrhunderts v. Chr.)*

Wir verlassen die Basilika, biegen links in die Via Gino Capponi ein. An der Ecke der zweiten Querstraße – Via Giuseppe Giusti – ist das Haus von Andrea del Sarto, *das Federico Zuccari 1578 übernahm und umbaute. Zuccari führte die von Vasari begonnenen Fresken der Domkuppel fort (☛ S. 26) und baute (Via Giusti, Hausnummer 43) ein sehr originelles* Atelier-Haus.

Aud der rechten Seite der Via Capponi kommen wir zum Palazzo Capponi, *der 1705 nach einem Entwurf von Carlo Fontana gebaut wurde.*

Gegenüber, an der Ecke mit Via Micheli, steht der Palazzo Velluti Zani di San Clemente *(17. Jahrhundert), der von den Markgrafen Guadagni auf Entwurf von Gherardo Silvani erbaut wurde.*

Wir gehen zurück zur Piazza Santissima Annunziata und unter dem Bogen vom Spedale degli Innocenti hindurch und biegen so in die Via della Colonna ein. Den Namen verdankt diese Straße einer großen Säule, die das Dach eines «Tiratoio» stützte (ein großer Raum, in dem die Stoffe der Wollzunft geglättet und getrocknet wurden).

Archäologisches Museum

Das Archäologische Museum von Florenz ist Italiens erstes, was die etruskische Kultur, und das zweite (nach Turin), was die ägyptische Kultur betrifft. Seit 1879 ist es in diesem Gebäude, doch leider sind die Restaurierungsarbeiten wegen der großen, bei der Überschwemmung (1966) erlittenen Schäden immer noch nicht abgeschlossen. Es gibt zwei historische Kernstücke: die etruski-

Porträt einer jungen Frau, hellenistische Kunst. Rechts: Etruskischer Sarkophag von Larthia Seanti (III. Jahrhundert v. Chr.)

schen Sammlungen der Medici und der Lothringer, und die bedeutenden Fundstücke aus der französisch-toskanischen Expedition (1828-1829), die von Ippolito Rosellini zusammen mit Jean-François Champollion geleitet wurde.

Im ersten Stock der Etrusker, Griechen und Römer sind zahlreiche etruskische Grabskulpturen. Der *Marmorsarkophag der Amazonen* stammt aus Tarquinia, aus Chiusi ist der *Sarkophag des Obesus* aus Alabaster. Dazu kommen verschiedene Gebrauchsgegenstände, darunter zahlreiche Spiegel aus etruskischer Zeit und griechisch/römische Bronzen. Unter den Skulpturen ist auch der sogenannte *Idolino*, die Figur eines jungen Mannes, die 1530 in Pesaro gefunden wurde (es handelt sich um die Kopie (aus der Zeit des Augustus) eines jungen Athleten des 5. Jahrhunderts v. Chr.), die Plastik *Minerva* (römische Kopie einer Statue des Praxiteles), *Der Redner*, ein etruskisch-römisches Werk aus dem 1. Jahrhundert v. Chr. und die *Chimäre mit den drei Köpfen* (5.-4. Jahrhundert v. Chr.). Sie wurde von Benvenuto Cellini restauriert.

In weiteren Sälen des ersten Stockes ist die Ägyptische Abteilung untergebracht die zur Zeit in acht chronologisch geordnete Unterabteilungen aufgeteilt ist, von der Prähistorie bis zum Ende des Neuen Königreiches. Bedeutende Funde sind unter anderem: eine *Grabplatte* aus Saqqara, Statuen und Büsten aus der XVIII. Dynastie, verschiedene Papyri, die *Grabbeigaben von Amenthopis* und ein fast vollständig erhaltener *Wagen aus Holz*.

Im zweiten Stock ist eine besonders reiche Vasensammlung aus attischer Zeit, darunter die berühmte *François-Vase*, ein herrlicher Krater, der 1844/45 in einem Grab in der Nähe von Chiusi gefunden und mehrfach restauriert wurde. Er wird um 570 v. Chr. datiert , aufgrund der Inschrift "Ergòtimos machte mich und Clitias bemalte mich".

Vom archäologischen Museum aus gehen wir die Via della Colonna entlang und biegen nach rechts in die Via della Pergola. An Haus Nummer 59 steht auf einer Gedenktafel: «Benvenuto Cellini gestaltete und goß hier Perseus». Dann biegen wir nach rechts in die Via degli Alfani und kommen zum Palazzo

Basrelief der Göttin Maat.

Links: Hydria mit Aphrodite und Phaon.

Henkel des Deckels einer etruskischen Zista: zwei Krieger tragen einen gefallenen Gefährten.

«Mater Matuta», *römische Göttin der Fruchtbarkeit.*

Unten: die «Chimäre mit den drei Köpfen», *etruskische Bronzestatue des V.-IV. Jh. v. Chr.*

Rechts unten: die Rotunde von Santa Maria degli Angeli, ein Werk Filippo Brunelleschis.

Der «Idolino», *römische Bronzekopie der griechischen Statue eines Athlethen.*

Giugni *(Hausnummer 48), von Bartolomeo Ammannati. An der Ecke Via degli Alfani-Piazza Brunelleschi steht Brunelleschis Rotunde von Santa Maria degli Angeli.*

Die Rotunde von Santa Maria degli Angeli

Die Rotunde von Brunelleschi ist die unvollendete Ausführung eines Gebäudes mit rundem Grundriß. Der achteckige Bau wurde 1433 begonnen und unterbrochen, als er die Höhe von sieben Metern erreicht hatte. Auf jeder zweiten der sechzehn Außenseiten ist eine halbrunde kleine Apsis. 1936 wurde die Rotonda massiv restauriert und im oberen Teil «vollendet». Heute ist sie Sitz des Sprachzentrums der Universität Florenz.

An der Rotonda entlang kommen wir zur Piazza Brunelleschi, die in die Via del Castellaccio mündet. Sie führt zum ersten Abschnitt der Via de' Servi und von dort zur Piazza del Duomo. An der Ecke der zwei Straßen (Hausnummer 12) ist der Palazzo Sforza Almeni, *von den Taddei zwischen 1510 und 1520 erbaut. Seine Söllerfenster («inginocchiate») zählen zu den schönsten der Stadt und werden Baccio d'Agnolo oder Ammannati zugeschrieben.*

Palazzo Niccolini *(1548-1550, Hausnummer 15) ist ein Werk von Baccio d'Agnolo. Die Fassade hat vertikale Linien und eine wunderschöne Sgraffito-Dekorierung.* Palazzo Pasqui, *an der Ecke mit Via Bufalini, hat im Erdgeschoß noch die gewaltige Arkade aus dem 14. Jahrhundert. Hier war die Werkstatt von Benedetto da Maiano und Empoli. Gegenüber, an der Ecke mit Via de' Pucci, ist* der Palazzo Incontri *(17. Jahrhundert).*

Die Theater

Zubin Mehta

Das erste Theater von Florenz stammt aus der römischen Kaiserzeit, und seine Überbleibsel befinden sich heute in den Kellerräumen des Palazzo Vecchio und des Palazzo Gondi. Im Mittelalter waren Kirchen und Kirchplätze das Bühnenbild für religiöse Aufführungen, und Salons und Höfe der Renaissancepaläste boten Platz für das wiederaufkommende klassische Theater. Die erste Bühne des modernen Theaters entsteht zur Zeit des «Mediceo». Dieses Theater, das man dem linken Seitenflügel im ersten Stock der Uffizien abgerungen hatte, wurde am 16. Februar 1586 mit *L'amico fido* (Der treue Freund) von Giovanni de' Bardi und mit dem Bühnenbild von Bernardo Buontalenti eingeweiht. Danach wurden viele andere Theater errichtet und um die Mitte des 19. Jahrhunderts waren es insgesamt fünfzehn, die in der ganzen Stadt verstreut lagen. Heute sind nur vier davon übriggeblieben. Im *Verdi*-Theater (1854 gegründet) werden Liedermacherkonzerte, *musicals*, Varieté, Operetten und Ballette aufgeführt. Das *Niccolini*-Theater wurde um 1650 errichtet und wurde 1764 umgebaut und erhielt damit eine Gestalt, die der heutigen sehr ähnlich war. Hier werden von Oktober bis Mai vorwiegend Prosawerke aufgeführt. Das erste *Pergola*-Theater wurde 1657 mit einer «lustigen Oper» (einer der ersten in Italien) eingeweiht: Es war von Ferdinando Tacca mit Holz aus den Wäldern von Camaldoli gebaut worden. Das erste Steingebäude ist Giulio Mannaioni (zweite Hälfte des 18. Jahrhunderts) zu verdanken und wurde zwischen 1828 und 1837 auf neoklassizistische Weise vollendet, unter Hinzufügung (unter anderem) der eisernen Überdachung. Hier werden von Oktober bis April wichtige Prosawerke aufgeführt. Das *Kommunale Theater* (ursprünglich «Politeama fiorentino» genannt) wurde im Jahre 1862 in Form eines dachlosen Amphitheaters gebaut, in der Mitte des reichsten bürgerlichen Wohnviertels der Stadt. Nach nur einem Jahr wurde es durch einen Brand zerstört und schnell wiederaufgebaut; dann mit einer Bedachung versehen und 1933 gründlich umgebaut. 1944 wurde es durch Luftangriffe fast völlig zerstört; 1958 wurde es schließlich renoviert. Seine heutigen Rolle und Bezeichnung erhielt das Theater im Jahre 1933, als auch der «Maggio Musicale Fiorentino» gegründet wurde, das älteste italienische Musikfestpiel und eines der berühmtesten der Welt. Der «Maggio» wurde vom Gründer, dem Dirigenten Vittorio Gui, als dreijährlich geplant; 1937 wurde das Festspiel in ein jährliches verwandelt und bekam seine heutige Funktion: die Förderung der Oper, auch mit Hilfe von schauspielerischen und bühnenbildnerischen Elementen. Das heißt also berühmte Künstler – wie Gui selbst, wie Furtwängler, von Karajan, Muti, Callas und Arturo Benedetti Michelangeli – und große Regisseure, Maler, Bildhauer: Visconti, Reinhard, Wilson, De Chirico, Casorati, Cagli. Wichtige Bestandteile des jährlichen Festspieles (von Mai bis Juni) sind auch Orchester, Chöre und Ballett-Ensembles.

Teatro Verdi, der Eingang.

Teatro della Pergola, Entwurf.

4. Die Kunst der Macht und die Macht der Kunst

Perseus *von Benvenuto Cellini.*

Eine Republik der Kaufleute, und Kaufleute, die Fürsten wurden, lange bittere Kämpfe zwischen gegnerischen Parteien, Brände, Zerstörungen, das Auf und Ab von Symbolen und Machtpositionen…

Dieser Rundgang beginnt am Anfang der Via Calzaioli, wo die Zünfte, der Lebensnerv der Florentiner Gesellschaft, ihre Werkstätten und Läden hatten und sich mit Orsanmichele in Szene setzten. Es ist aber auch der Ort, wo Neri degli Abati, im Einvernehmen mit den Anführern der Nero-Partei «im Orto San Michele ein Feuer legte und alles abbrannte und zerstörte». Das geschah am 10. Juni 1304, wie der Chronist Giovanni Villani schrieb.

Erinnerungen vergangener Gewalttaten sind auch noch an der Piazza della Signoria zu erkennen, die auf den Ruinen der Häuser der Familie Uberti entstand — sie hatten damals zu den Ghibellini gehört und waren besiegt worden. Aber dieser Platz war vor allem Zeuge verschiedener politischer Ereignisse und wechselnder Machtpositionen: von der Verjagung des Herzogs von Athen

Sandro Botticelli, Madonna des Magnifikats.

bis zum Versuch von Michele di Lando, das Portal des Palazzo Vecchio anzuzünden; von den Drohungen Pier Capponis bis zur Verbrennung Savonarolas; vom Freiheitsbaum der Franzosen bis zum Anschluß der Toskana an das Piemont. Und Palazzo Vecchio, heute Sitz der Stadtverwaltung, war als Sitz der mittelalterlichen republikanischen Freiheiten entstanden, um dann zur Renaissanceresidenz des Fürsten zu werden. Der Rundgang schließt mit der Besichtigung zweier Privathäuser ab. Stoffhändler hatten damals den Palazzo Davanzati erbauen lassen, der jedoch allmählich verfiel, bis der Kaufmann Elia Volpi ihn 1904 erwarb. Der kürzlich von der Stadt aufgekaufte Palazzo Strozzi hat die Zeit hindurch seinen Glanz bewahrt. Nach dem Tod des letzten Nachkommen der Familie, Piero Strozzi, (1907) ging das Gerücht um, daß der amerikanische Milliardär Pierpont Morgan den Palazzo erwerben wollte, in dem die große Familie, hartnäckigste Rivalin der Medici, gut vier Jahrhunderte lang gelebt hatte.

Rechts: der imposante Bau von Orsanmichele, zugleich Kirche und Getreidespeicher der Republik.
Hier unten: ein Triforium des Erdgeschosses; in der Mitte eine Tafel mit der Darstellung eines Apostels.

Andrea del Verrocchio, Ungläubiger Thomas.

“Via de’ Calzaiuoli”, die den Dom mit dem Palazzo Vecchio verbindet, war schon seit jeher von kommerzieller Bedeutung und wurde zweimal erweitert, zunächst 1389 im Abschnitt Piazza della Signoria bis Via Condotta und 1842 bis vor zur Piazza del Duomo.

Dem zweiten Eingriff fielen vor allem die Gebäude auf der linken Seite zum Opfer; auf der rechten Seite blieb der Turm der Adimari, *wenn auch gekappt, erhalten (Hausnummer 13).*

Die Häuserreihe aus dem 19. Jahrhundert wird von Orsanmichele unterbrochen, gegenüber die Kirche San Carlo dei Lombardi, *deren Bau 1349 von Neri di Fioravante begonnen und 1404 von Simone Talenti beendet wurde. Im Innern der Kirche sind Gemälde aus verschiedenen Epochen, vom 14. bis zum 18. Jahrhundert, darunter* La Gloria di San Carlo Borromeo *von Matteo Rosselli (1578-1650).*

Im letzten Teil der Straße an den Hausnummern 23, 25 und 27r die Casa della Compagnia di Orsanmichele, Palazzo Cavalcanti *(Hausnummern 9, 11, 13, 15 und 17r),* Palazzo dell’Arte dei Mercanti *(Hausnummer 15r).*

Orsanmichele

Für das Getreide der Republik war dieses einzigartige Gebäude gedacht. Auf dem Gelände des «Orto di San Michele», einer um 1238 zerstörten Kirche, baute Arnolfo im Jahre 1284, so berichtet Vasari, eine «Halle aus Backsteinen und mit einem einfachen Dach», die für den Getreidemarkt gedacht war. 1304 wurde die Halle durch einen Brand zerstört, zwischen 1337 und 1349 aber wieder aufgebaut und von Neri di Fioravante, Benci di Cione und Francesco Talenti erweitert. Dieselben Architekten wandelten die Halle in den Jahren 1367-1380 in einen Palazzo um. Sie erhöhten das Gebäude um zwei Stockwerke, schlossen die Arkaden im Erdgeschoß und richteten in den ehemaligen Markthallen eine Kirche ein. Das Getreide, das nun nicht mehr hier verkauft wurde, lagerte man bis zum Jahre 1569 in den oberen Geschossen. Später machte Cosimo die Räumlichkeiten zum Sitz des Notariatsarchivs. Buontalenti baute den Verbindungsbogen zum Palazzo der Wollzunft.

Äußeres. Im Erdgeschoß sieht man an den rundbogigen Pfeilerarkaden noch deutlich die Hallenstruktur.

Die Nischenfiguren der Galerie auf allen vier Seiten stellen die Schutzpatrone der Zünfte dar. Sie bilden eine reiche Sammlung der Floren-

tiner Bildhauerkunst des 15. und 16. Jahrhunderts.

Wir beginnen die Besichtigung an der Seite der Via dei Calzaioli, und sehen von links: Die Calimala (Tuchhändler) mit einer Statue des *Hl. Johannes des Täufers* (1412-1416) von Lorenzo Ghiberti; Bildstock des Handelsgerichts mit Bronzegruppe *Ungläubiger Thomas* (1467-1483) von Andrea del Verrocchio; Bildstock der Zunft der Richter und Notare mit Bronzestatue des *Hl. Lukas* von Giambologna. An der Seite der Via Orsanmichele: Metzger mit *Hl. Petrus* von Donatello (1408-1413); Bildstock der Zunft der Pelzgerber mit Marmorstatue des *Hl. Philippus* (um 1415) von Nanni di Banco; Bildstock

Tafel mit Apostel. Oben: die Zunft der Hausbauer, *ein Relief von Nanni di Banco.*

4. Die Kunst der Macht und die Macht der Kunst

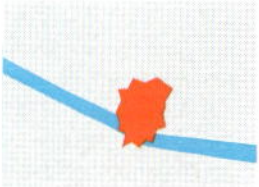

Besonders sehenswert

- Orsanmichele
- Piazza und Palazzo della Signoria
- Uffizien
- Palazzo Davanzati
- Palazzo Strozzi

Giambologna, Cosimo I, *Bronzestatue. Unten: der* Neptun *von Ammannati und der Turm von Arnolfi.*

Orsanmichele (innen), der Tabernakel von Andrea Orcagna. Mitte: die Madonna der Grazien *von Bernardo Daddi.*

der Zunft der Hausbauer, Schmiede und Zimmerleute mit Marmorgruppe der *Vier gekrönten Heiligen* ebenfalls von Nanni di Banco; Bildstock der Zunft der Waffenschmiede mit der Statue des *Hl. Georg,* die Bronzestatue ist ein Abguß des marmornen Originals, das im Museum des Bargello steht. Zur Via dell'Arte della Lana hin: Zunft der Geldwechsler mit einer Bronzefigur des *Hl. Matthäus* (1419-1422) von Lorenzo Ghiberti ; die Zunft der Wollweber mit einer Statue des *Hl. Stephanus* (1428), eine Bronze von Lorenzo Ghiberti; Bildstock der Zunft der Schmiede mit der Marmorfigur *Hl. Eligius*, und ein Flachrelief von Nanni di Banco. Auf der Seite der Via Lamberti: Bildstock der Zunft der Flachskämmer, Trödler und Schneider mit Marmorstatue des *Hl. Markus* (Kopie eines Werks von Donatello 1411-1413); Bildstock der Zunft der Kürschner und Pelzhändler mit Marmorstatue des *Hl. Jakobus* und einem Relief mit der *Enthauptung des Heiligen,* das Niccolò di Piero Lamberti zugeschrieben wird; Bildstock der Zunft der Ärzte und Apotheker mit der Marmorgruppe der *Madonna der Rosen* (1400), wahrscheinlich von Pietro di Giovanni Tedesco; Bildstock der Zunft der Seidenweber und Goldschmiede mit der Bronzestatue des *Hl. Johannes des Evangelisten* (1515) von Baccio da Montelupo.

Das Innere. Es hat einen einzigartigen quadratischen Grundriß, den die zwei Pfeiler, welche Rundbögen und Kreuzgewölbe stützen, nicht so recht in zwei Schiffe aufzuteilen vermögen. Der Grundriß und der Aufbau im Innern zeugen von der ursprünglichen Funktion des Gebäudes als Markthalle. Auch andere Details erinnern an die ehemalige Getreidehalle: der volle Scheffel, der auf dem Frontispiz der kleinen Tür zwischen der Via Orsanmichele und der Via dell'Arte della Lana dargestellt ist; die Scharten in den beiden Pfeilern auf der Nordseite, in denen das Korn aus dem Obergeschoß herunterrutschte.

In den Gewölben sind Fresken aus dem 14. Jahrhundert *(Erzählungen aus dem Alten und Neuen Testament)*; dazu die Glasgemälde *Erzählungen und Wunder Mariens.*

Am Ende des linken Seitenschiffes eine Marmorgruppe *Die Hl. Anna, die Madonna und Kind* (um

Eine Marmorinschrift in der Mitte des Platzes erinnert an das tragische Ende des Mönches Girolamo Savonarola.

1526) von Francesco da Sangallo. Rechts bildet der Tabernakel (1349-1359) von Andrea Orcagna den absoluten Höhepunkt, ein reich geschmücktes gotisches Meisterwerk mit der Statue *Madonna der Grazien* (1347) die Bernardo Daddi zugeschrieben wird.

Der Sockel mit acht sechseckigen Kacheln zeigt *Tugenden und Erzählungen des Marienlebens*. Auf der Rückseite ein Hochrelief mit der *Himmelfahrt Marias* (1359) ebenfalls von Orcagna.

Piazza Signoria

Hier «standen früher die Häuser der Uberti, Rebellen von Florenz und Ghibellinen; und ihre Häuser wurden dem Erdboden gleichgemacht, so daß sie niemals wieder aufgebaut werden konnten», schreibt Villani: Die Zerstörung der Häuser und Türme der Ghibellinen war eine ungewöhnliche Episode, die die spätere Entwicklung des Platzes bestimmte, weil dadurch die unregelmäßige Form zweier orthogonaler Bereiche vorgegeben war.

Vor der Via delle Farine steht das bronzene Reiterstandbild Cosimos I. (1594-1598), von Giambologna.

An der linken Ecke der Fassade ist der große Brunnen, *Fonte di piazza* oder auch des *Neptuns* genannt, mit der umstrittenen Marmorfigur des Meeresgottes von Bartolomeo Ammannati und anderen, darunter Giambologna (1563-1575). Vor dem Brunnen ist ein rundes Epigraph in den Boden eingelassen, das die Stelle bezeichnet, wo am 23. Mai 1498 Fra' Girolamo Savonarola hingerichtet wurde.

Auf der Treppe steht eine Reihe von Figuren, meistens Kopien. Von links: *Marzocco* — eine Bronzekopie des Originals in Sandstein von Donatello, jetzt im Bargello-Museum; eine Bronzestatue *Judith und Holofernes* (eine neuere Kopie des Originals von Donatello, das im Palast in der Sala dei Gigli ist); der *David* (eine Marmorkopie des Meisterwerks von Michelangelo, das jetzt in der Galleria dell'Accademia steht); und schließlich die Marmorgruppe *Herkules und Cacus* (1534) von Baccio Bandinelli.

Der Marzocco-Löwe, ein sitzender Löwe, ist das Wahrzeichen der Stadt; Judith symbolisiert die Florentiner Republik, die die Tyrannei beseitigt; der David wird zum einen als Symbol der republikanischen Freiheit gegenüber der Macht der Me-

Das Café Rivoire an der Ecke des Palazzo Laweyson ist ein eleganter Treffpunkt für ganz Florenz. Unten: Restaurants und Kaffeebars auf der linken Seite der Piazza Signoria.

Mitte: Nereide, Bronze des Neptunbrunnens. Linke Seite unten: ein Blick auf die linke Seite des Platzes mit dem Gebäude der Cassa di Risparmio di Firenze.

Der Palast des Handelsgerichts und die in Stein gehauenen Wappen der Zünfte an der Fassade.

dici interpretiert; zum anderen auch als die Fähigkeit des kleinen Florentiner Staates, sich gegen die Übermacht der äußeren Feinde zu wehren; die Überlegenheit der Medici internen Feinden gegenüber wird durch Herkules und Cacus dargestellt.

Gegenüber liegt der große *Palazzo Laweyson,* der 1871 im Renaissancestil gebaut wurde.

Auf der Nordseite ist an der heutigen Hausnummer 5 der *Palazzo della Cassa di Risparmio*, der die zeitgenössische Kunstsammlung «Alberto Della Ragione» beherbergt: in 21 Sälen werden die wichtigsten Werke italienischer Künstler des 20. Jahrhunderts ausgestellt (darunter Corrado Cagli, Filippo de Pisis, Franco Gentilini, Ottone Rosai, Mino Maccari, Giorgio De Chirico, Giorgio Morandi, Carlo Carrà, Marino Marini).

Hinter der Via delle Farine ist an Hausnummer 7 der Spätrenaissance-Palast *Palazzo Uguccioni*. Er wurde 1549 erbaut und zeigt römische Einflüsse von Raffael und Bramante. Vermutlich hat Mariotto di Zanobi Folfi den Bau nur ausgeführt, der Entwurf aber geht entweder auf Raffael oder Michelangelo oder aber Antonio da Sangallo zurück. Im Gegensatz zum reich gearbeiteten Rustikageschoß stehen die beiden Etagen, die von für Florenz ungewöhnlichen ionischen und korinthischen Halbsäulen aufgeteilt sind.

Der Palazzo Uguccioni aus dem 16. Jahrhundert, der vielleicht auf einen Entwurf Raffaels zurückgeht. Unten: die hohen Quadersteine des Portals und darüber die Büste Cosimos I.

Auf der Ostseite ist die bauliche Einheit aus dem 14. Jahrhundert erhalten geblieben, besonders erwähnenswert die Fassade aus Pietra Forte des *Palazzo della Condotta* (Hausnummer 9), und des *Palazzo del Tribunale di Mercatanzia* (des alten Handelsgerichts). Aufmerksamkeit verdient noch der Fries unter dem Sims des ersten Stocks mit den 21 Wappen der Zünfte und der Lilie von Florenz.

Palazzo Vecchio

«Und damit dieser Palazzo nicht auf dem Gelände der Uberti zu stehen käme, haben seine Erbauer ihn versetzt gebaut», das heißt, nicht winkelgerecht: Lieber riß man ein Seitenschiff der nahegelegenen Kirche San Pietro a Scheraggio ab, als auf dem «verdammten Gelände» der besiegten Ghibellinen zu bauen.

Die Irrationalität der von der Politik bestimmten Wahl wurde zur positiven Herausforderung für die Gestaltungskraft Arnolfo di Cambios, der auf dem nicht winkelrechten Fundament und trotz der Asymmetrie in der Zeit von 1299 bis 1314 das bedeutendste Monument der zivilen Florentiner Architektur schuf. Ursprünglich war es Sitz des Magistrats, auch «La Signoria» genannt. In den Jahren 1540-1565 diente es der Medici-Familie als Residenz, und als die großherzogliche Familie in den Pala-

Blick auf den Palazzo Vecchio vom Palazzo Laweyson aus. Der gut 94 Meter hohe Turm ist wie das Eingangsportal asymmetrisch im Verhältnis zur Fassade.

zzo Pitti umzog, wurde das Gebäude «Palazzo Vecchio» genannt. Als Florenz Hauptstadt war, tagte hier das italienische Parlament (1865-1871), heute ist der Palast Rathaus und Sitz des Stadtrats («Comune»).

Äußeres des Palastes. Er hat eine kompakte Fassade in rohem Bossenwerk aus Hartsteinen. Militärischer und ziviler Baustil vermischen sich: das Erdgeschoß mit seinen wenigen Öffnungen und der auf Konsolen ruhende Balkon mit welfischen Zinnen sind militärische Architekturelemente.

«Zivil» hingegen präsentiert sich der Mittelteil mit eleganten Biphorien aus Marmor, die von Rundbögen eingeschlossen werden, und darüber die Fresken von neun Wappen der Republik Florenz, die die einzige chromatische Note des Gebäudes sind.

Wie der Palast sind auch das Eingangsportal und der Turm asymmetrisch. Dieser Turm ist 94 Meter hoch und wurde 1310 fertiggestellt.

Das Kernstück Arnolfos wurde nach und nach erweitert: aus dem Jahre 1495 ist der Salone dei Cinquecento (Saal der Fünfhundert) und auf das Ende des 16. Jahrhunderts geht die endgültige Erweiterung zurück, die bis zur Via dei Leoni reicht und von Buontalenti ausgeführt wurde.

Erster Hof. Die Stuckarbeiten und die Fresken in den Gewölben wurden nach einem Plan und unter der Leitung von Vasari 1565 anläßlich der Hochzeit des Francesco de' Medici mit Johanna von Österreich ausgeführt. Damals wurde in der Hofmitte der Brunnen mit der *Putte mit Delphin* des Verrocchio aufgestellt (heute ist dort eine Kopie, das Original steht im Palast) und die Wände wurden mit Fresken geschmückt, die Stadtansichten aus dem Habsburgischen Reich darstellen.

Salone dei Cinquecento (Großer Saal der Fünfhundert). Noch vor dem zweiten Hof, Cortile della Dogana genannt, ist eine breite Treppe von Vasari (1560-1563), die zum ersten Stock führt. Hier befindet sich der Große Saal der Fünfhundert: es handelt sich um einen großen Raum von 53 m Länge, 22 m Breite und 18 m Höhe, der den verschiedensten politischen Gruppierungen als Versammlungsraum gedient hat. Er wurde 1495 von Antonio da Sangallo für den Allgemeinen Großen Rat des Volkes (bestehend aus 500 Bürgern) erbaut, der 1494 nach der Vertreibung der Medici gegründet worden war. Nach

Der Anbau an den Saal der Fünfhundert, der von der Via de' Gondi aus zu sehen ist. Unten: der Ausblick von der Via Vacchereccia aus.

Der erste Hof (1453). Er ist ein Werk Michelozzos und wurde von Vasari 1565, anläßlich der Hochzeit des Fürsten Francesco de' Medici, dekoriert.

Der Saal der Fünfhundert (hier oben), von der Galerie aus gesehen. Er wurde 1495 von Antonio da Sangallo erbaut, Decke und Wände sind mit Werken Vasaris und seiner Schüler geschmückt. Unten: Herkules und Antäus, *Marmorskulptur von Vincenzo de' Rossi.*

der Rückkehr der Medici und dem Beginn der Regierungszeit Cosimos I. 1540 wurde der Saal vor allem für repräsentative Zwecke wie Empfänge und Audienzen genutzt — er wurde Zeichen der uneingeschränkten Macht der Medici. Baccio Bandinelli erhielt den Auftrag, eine erhöhte Tribüne für den Thron des Herzogs und die Statuen der berühmtesten Medici-Mitglieder zu schaffen. Die Decke aus geschnitzten Holzkassettenfeldern mußte um fast sieben Meter erhöht werden (1563-1565). Vasari und seine Gehilfen bemalten die Decke und die Wände mit Geschichten der siegreichen Taten Cosimos I.

An den Wänden stehen verschiedene bedeutende Skulpturen. Links vom Eingangstor ein Gipsmodell von Giambolognas *Sieg der Florentiner über die Pisaner.* Von Vincenzo de' Rossi (1525-1587) die sechs Marmorgruppen, die die *Kämpfe des Herkules* darstellen. An der hinteren Wand die Marmorgruppe *Genius des Sieges* (1533-1534) von Michelangelo.

Francescos Arbeitszimmer. Es ist rechts vom Eingang: eine wahre «Wunderkammer», die auf kleinstem Raum und ohne Fenster im Innern von Wandschränken geschaffen wurde. Auch die vom Prinzen gesammelten Münzen, Gemälde, Glasarbeiten und andere Raritäten fanden darin Platz. In der Mitte des Gewölbes Fresken von der *Natur* und *Prometheus*, um sie herum die *Vier Elemente* (Wasser, Luft, Erde, Feuer); in den Ecken Darstellungen der *Vier Temperamente* (Phlegma, Blut, Galle, schwarze Galle), deren Anteile nach der alten griechischen Medizin die charakterlichen und körperlichen Anlagen bestimmten.

Dieses Meisterwerk des Manierismus wurde 1579 fertiggestellt, doch seine Schätze verbrachte man später in den Palazzo Pitti. Erst zu Beginn unseres Jahrhunderts begann man das Arbeitszimmer zu restaurieren und wie ehemals einzurichten. Sein Inneres sieht man von der Tür aus, eine Besichtigung ist nur mit Sondergenehmigung möglich.

Die Wohngemächer Leos X. Ihr Eingang ist gegenüber dem Arbeitszimmer, sie wurden von Giovanni Battista del Tasso begonnen und von Vasari zu Ende geführt: zu besichtigen ist lediglich der sogenannte Saal Leos X. Vasari und seine Gehilfen dekorierten ihn mit Fresken, die

Michelangelo, Genius des Sieges *(1533-1534); die Marmorgruppe war ursprünglich für das Grabmal des Papstes Julius II. vorgesehen.*

Episoden aus dem Leben dieses humanistischen Papstes, dem Sohn Lorenz' des Prächtigen, darstellen.

Zweiter Stock. Hier ist das Quartiere degli Elementi (Räume der Elemente: Feuer, Wasser, Erde, Luft — 1555-1558), eine Reihe von kleinen und größeren Sälen sowie zwei Bogengänge: Vasari und Cristofano Gherardi dekorierten den Saal der Elemente mit Allegorien, die heidnische Gottheiten darstellen. Auf der Terrasse von Giunone – die eigentlich als auf drei Seiten offene Loggia vorgesehen war, dann aber Ende des 16. Jahrhunderts von Ammannati geschlossen wurde – steht das Original des *Putto col delfino (Putte mit Delphin)* von Verrocchio.

In den Wohngemächern der Eleonora di Toledo, Gemahlin von Cosimo I. ist die von Giovanni Battista del Tasso erbaute Kapelle mit bedeutenden *Fresken* von Bronzino (1540-1545). Wir gehen durch verschiedene Säle mit Fresken und erreichen die Kapelle der Prioren von Baccio d'Agnolo (1511-1514). Ridolfo del Ghirlandaio dekorierte sie mit *Fresken*. Im Audienzsaal sind die *Decken* aus geschnitzten und vergoldeten Kassetten von Giuliano da Maiano; an den Wänden *Fresken* aus dem späten 16. Jahrhundert von Francesco Salviati. Durch das Marmorportal mit Statuen der *Justitia* von Benedetto und Giuliano da Maiano gelangen wir in den Liliensaal (die Lilie ist das Symbol der Anjou, Verbündete der Welfen und taucht auch in der Deckendekoration auf). Hier ist ein weiteres Marmorportal der Brüder da Maiano und ein großes Fresko von Domenico Ghirlandaio (1482-1485) neben der Originalbronzefigur der *Judith und Holofernes* von Donatello. Es folgt der Saal der Kanzlei der Republik (Cancelleria), in der Machiavelli arbeitete, und der Saal der geographischen Karten mit einer großen *Weltkarte* in der Mitte des Saals und Schränke mit *Tafeln* von Ignazio Danti und Stefano Buonsignori.

Das Mezzanino (Zwischenstockwerk). Vom Liliensaal aus geht es hinunter in das «Mezzanino» (nicht immer geöffnet): in drei Zimmern wird die «Löser-Sammlung» aufbewahrt. Es handelt

Der kleine Arbeitsraum des Großherzogs Francesco (1579), ein Meisterwerk des Manierismus, diente ursprünglich der Aufbewahrung einer Sammlung seltener und kostbarer Gegenstände, die später in den Palazzo Pitti verbracht wurde.

Benedetto und Giuliano da Maiano, Eingangsportal zum Liliensaal (links) mit der Statue der Gerechtigkeit.

Donatello, Judith und Holofernes, *Palazzo Vecchio, Liliensaal.*

Rechts:das edle und harmonische Profil des Perseus, *des Meisterwerks Benvenuto Cellinis, das vor kurzem zur Restaurierung in die Uffizien verbracht wurde. Es kann aber weiterhin besichtigt werden.*

sich um eine Sammlung von *Gemälden und Skulpturen* toskanischer Schule vom 14. bis 16. Jahrhundert.

Alle anderen Räume kann man nur mit einer Sondergenehmigung besichtigen. Sie enthalten alte *Musikinstrumente* des Konservatoriums Luigi Cherubini.

Sala dei Dugento (Saal der Zweihundert). Er liegt im ersten Stock und ist nur selten für das Publikum geöffnet, da sich hier der Stadtrat versammelt. Die Decke besteht aus Kassetten von Benedetto und Giuliano da Maiano.

Loggia della Signoria

Die Comune hatte die Loggia für ihre Zeremonien, Empfänge und öffentlichen Anlässe vorgesehen, sie sollte so offen und transparent wie die Republik selbst sein.

Sie wurde geschaffen von Benci di Cione und Simone Talenti, den Baumeistern der Domwerkstatt (1376-1382). Sie ist im spätgotischen Stil mit klassischer Ausrichtung erbaut und teilt sich in drei Rundbögen, die auf gebündelten Pfeilern und Kapitellen mit dreireihigem Blattwerk ruhen: an der Decke Kreuzbögen, darüber eine Terrasse mit Geländer. Die einzige Dekoration bestand damals aus zwei Löwenfiguren rechts und links des Eingangs und im oberen Teil gelappten Tafeln, auf denen nach einer Zeichnung von Agnolo Gaddi *Die Kardinal- und theologischen Tugenden* dargestellt sind.

Als die letzte Signoria am 5. Mai 1532 die Macht an den Herzog Alessandro abtreten mußte, verlor auch die Loggia ihre politische Funktion und wurde zeitweise zur Unterkunft für die Wachen des Herzogs — die sogenannten Lanzichenecchi (Landsknechte). Daher der Name Loggia dei Lanzi.

Mit der Zeit wurde die Loggia zum Ausstellungsraum für bedeutende Skulpturen. Hinter dem *Perseus* ist die Marmorgruppe von Pio Fedi *Der Raub der Polissena* (1866). In der Mitte der Loggia die Marmorgruppe *Menelaos stützt den Körper des Patroklos*, die römische Kopie eines griechischen Werks aus dem 4. Jahrhundert v. Chr., die bei Ausgrabungen in Rom (in der Nähe von Porta Portese) gefunden worden war. Papst Pius VI. schenkte sie Cosimo I.

Vom 27. April 1554 bis 5. Dezember 1996 dominierte im linken Bogen der Perseus, das bronzene Meisterwerk, an dem Benvenuto Cellini fast zehn Jahre arbeitete (1545-1554): Der Abstand zwischen dem Kopf der Medusa und dem Körper des Heldes stellte für die Gußarbeiten ein schwieriges Problem dar. Das durch

Frontalansicht der Loggia della Signoria aus dem 14. Jahrhundert, die auch «dei Lanzi» oder «dell'Orcagna» genannt wird.

die Umweltverschmutzung beschädigte Meisterwerk wurde inzwischen in den Uffizien-Palast verbracht. Im Erdgeschoß der Uffizien kann man die Geschichte des Werks und den Ablauf der schwierigen Restaurierungsarbeiten verfolgen.

Unter dem rechten Bogen die Marmorgruppe *Der Raub der Sabinerinnen* (1583) von Giambologna. Sie wird als die erste Skulptur angesehen, die so konzipiert ist, daß man sie von jedem Blickwinkel aus betrachten kann. Dahinter eine weitere Marmorgruppe des Künstlers: *Herkules und der Zentaur Nexus* (1599).

An der hinteren Wand stehen nebeneinander antike *weibliche römische Statuen,* die aus der Villa Medici stammen. An der rechten Wand eine Gedenktafel in Latein von dem Gelehrten Giovanni Lami in Erinnerung an die Einführung des allgemeinen Kalenders 1750 anstelle des florentinischen, der das Kalenderjahr mit dem 25. März, Tag der Menschwerdung Christi, begann.

Palazzo degli Uffizi

Er verdankt seinen Namen dreizehn wichtigen Justiz- und Verwaltungsämtern, eben den «Uffizi», die hier ihren Sitz hatten. Nach dem Sieg über Siena wollte Cosimo I. all diese Ämter neben seinem Wohnsitz – dem Palazzo Vecchio – konzentrieren. Der Gebäudekomplex wurde 1560 von Giorgio Vasari entworfen, der die Arbeiten bis zu seinem Tod leitete. Alfonso Parigi und Bernardo Buontalenti beendeten den Bau 1580.
Über die Schwierigkeiten während der Bauarbeiten schrieb Vasari: «Nie habe ich etwas Schwierigeres oder Gefährlicheres bauen lassen, es schwebt über dem Fluß und in der Luft».

Wie für den Manierismus typisch, sind die Uffizien aus zwei parallelen Baukörpern gebildet, die sich bis zum Arno ausdehnen und durch einen Bogengang miteinander verbunden sind. Der Palazzo della Zecca rechts und die romanische Kirche San Piero a Scheraggio links werden dem Palast einverleibt. Auf der Seite zur Via della Ninna hin sind noch einige Säulen der alten Kirche sichtbar, die 1068 geweiht und Jahrhunderte später in die Mauern der Uffizien integriert wurde. Mit der Eröffnung des Korridors, dem sogenannten Corridoio Vasariano, wurde der Bau 1565 vervollständigt. Der Korridor führt durch den Ponte Vecchio über den Arno und verbindet die Uffizien mit der

Eine suggestive Nachtaufnahme der Loggia della Signoria während der Feier zur Erinnerung an die Opfer des Attentats auf die Uffizien von 1993.

Oben: der Perseus *von Benvenuto Cellini. Links:* der Raub der Sabinerinnen *(1583) von Giambologna; hier wurde vielleicht zum ersten Mal eine Skulptur konzipiert, die von jedem Blickwinkel aus «erfaßt» werden kann.*

Die kleine Loggia der Uffizien, von der anderen Arnoseite aus gesehen. Links: der Bogengang des Lungarno degli Archibusieri: über ihm verläuft der erste Teil des Korridors von Vasari.

Diese Aufnahme bestätigt eine nicht nebensächliche Funktion der Uffizien: Palazzo Vecchio perspektivisch hervorzuheben.

Anna Maria Ludovica, der pfälzischen Kurfürstin (hier mit ihrem Gatten Wilhelm von Düsseldorf) ist das kostbare Erbe der mittelalterlichen Sammlung zu verdanken.

großherzoglichen Residenz Palazzo Pitti.

Unter dem hinteren Bogen links ist die *Statue Cosimos I.* (1585) von Giambologna. In den Nischen der Pfeiler die Statuen berühmter Persönlichkeiten aus dem 19. Jahrhundert.

Auf der linken Seite ist der Eingang zur Galerie der Uffizien.

Galerie der Uffizien

Im Jahre 1580 entstand der erste Kern einer Kunstsammlung, eine damals einzigartig moderne Konzeption eines Kunstmuseums. Auf Wunsch von Francesco (1541-1587), Sohn von Cosimo I., werden die ersten Werke in der eigens vom Architekten Bernardo Buontalenti entworfenen Tribuna untergebracht.

Noch in der Zeit der Medici wird der Grundstein dafür gelegt, daß das Museum der Öffentlichkeit zugänglich ist. Anna Maria Ludovica, die letzte Nachfahrin der Medici, erlegt den Erben ihrer Kunstwerke die Bedingung auf, daß kein Kunstwerk Florenz oder das Großherzogtum verlassen durfte. Sie sollen «der Zierde des Staates, dem Nutzen des Publikums gewidmet sein und dazu dienen, die Neugierde der Fremden und ausländischen Besucher zu wecken». Im 18. Jahrhundert sorgt Pietro Leopoldo di Lorena (von Lothringen, 1765-1790) dafür, daß die Sammlungen nach zeitgemäßeren Kriterien aufbewahrt werden. Die Grundlage für eine rationale Museumsplanung wird gelegt. Von der Einheit Italiens bis zu den ersten Jahrzehnten unseres Jahrhunderts sind wir Zeuge eines Wandels: aus dem «Museo generale» wird eine Pinakothek, und zahlreiche Neuerwerbungen machen die Uffizien repräsentativ für die italienische Malerei und ihre verschiedenen Schulen.

Die Geschichte des heutigen Museums beginnt nach dem zweiten Weltkrieg. Die derzeitige chronologische Aufstellung entspricht im großen und ganzen der damaligen.

Der Gang durch die 42 Säle ist fast schwindelerregend: 1550 ausgestellte Werke! Eine vollständige Besichtigung ist in der Ära des Massentourismus kaum noch möglich. Als Alternative dazu rät Umberto Eco, sich nur ein Kunstwerk, einen einzigen Gegenstand, anzusehen. So könnte man das Museum als eine Art Enzyklopädie ansehen: nachschlagen, statt durchlesen, und sich dabei die Werke, Epochen oder die Künstler aussuchen, deren Werke man gerne sehen möchte.

Saal 1. Hier wurden 1971 die Reste der romanischen Kirche San Piero a Scheraggio bei Ausgrabungen ans

Andrea del Castagno, Imaginäres Bildnis Dante Alighieris.

Licht gebracht. Der Saal enthält Fresken der *Berühmten Männer* von Andrea del Castagno aus der ersten Hälfte des 15. Jahrhunderts. Im Gang zur Galerie das Fresko *Verkündigung Marias* von Sandro Botticelli.

Saal 2. Große Altarbilder mit drei der bedeutendsten Werke italienischer Malerei des 13. und 14. Jahrhunderts: Tafel mit thronender Madonna *Maestà* von Cimabue, die *Madonna Rucellai* von Duccio di Boninsegna, *Madonna d'Ognissanti* (ca. 1310) von Giotto.

Saal 3. Er ist der sienesischen Schule des 14. Jahrhunderts gewidmet, die die Lehren der französischen Gotik übernimmt und sie als eine Weiterentwicklung byzantinischer Tradition interpretiert. Beispielgebend für diese Periode ist Simone Martini mit seinem Triptychon *Verkündigung Marias und zwei Heilige* (1333). Die seitlichen Heiligendarstellungen sind von seinem Schwager Lippo Memmi.

Im Saal sind außerdem noch Werke der Brüder Pietro und Ambrogio Lorenzetti. Von Ambrogio ist das Gemälde *Darbringung Jesu im Tempel* (1342), das uns mit seiner Perspektive das Innere einer Kirche zeigt.

Saal 4. Florentinische Schule des 14. Jahrhunderts mit Werken von Künstlern, die teilweise Schüler von Giotto oder jedenfalls nach ihm tätig waren, wie etwa Bernardo Daddi, Taddeo Gaddi, Nardo di Cione, Andrea Orcagna, Giottino und Giovanni da Milano, der bedeutendste Vertreter der Giotto-Schule in der Lombardei.

Saal 5-6. Hier ist unter anderem das Gemälde *Anbetung der Hl. Drei Könige* von Gentile da Fabriano (1360?-1427 ca.). Das Bild wurde von Florentiner Bürgern und dem mächtigen und reichen Bankier Palla Strozzi 1423 in Auftrag gegeben.

Dem Werk von Gentile da Fabriano steht das Gemälde von Lorenzo Monaco (1370 ca.-1423 ca.) *Anbetung der Hl. Drei Könige* gegenüber. Es betont das Asketische im Vergleich zum weltlichen Charakter der Minnedichtung.

Saal 7. Er bietet eine umfangreiche Übersicht über die Frührenaissance. Von Masaccio, einem ihrer Hauptvertreter, sind die Tafel *Madonna mit Kind* und *Ma-*

Duccio di Boninsegna, Madonna Rucellai.

Cimabue, Thronende Madonna Maestà.

Giotto, Madonna d'Ognissanti.

Pietro Lorenzetti, Thronende Madonna. *Oben Mitte: Simone Martini,* Verkündigung.

Giottino, Pietà. *Unten: ein Meisterwerk Masaccios: die* Madonna mit Kind und der hl. Anna.

donna mit Kind und hl. Anna (1424 ca.), die Masolino begonnen hatte.

Die Tafel *Schlacht von S. Romano* (1456 ca.) rühmt den Sieg der Florentiner über die Sieneser im Jahre 1432; Paolo Uccello wendet hier die für die Florentiner Kunst im 15. Jahrhundert typischen Normen der Perspektive an, jedoch nicht, um den Gegenständen Realität zu verleihen, sondern um sie in den Raum zu stellen. Das von Cosimo dem Älteren in Auftrag gegebene Werk besteht aus drei Tafeln: Eine wird im Louvre in Paris aufbewahrt, die andere in der National Gallery in London.

Domenico Veneziano war einer der Vertreter dieser neuen Kunstrichtung, der die Beziehung zwischen Perspektive und Licht noch vertiefte (1406-1461). Die hier ausgestellte Tafel *Heilige Allegorie* (nach 1440) gehört mit zu seinen Hauptwerken.

Auf den Tafeln *Die Herzöge von Urbino* (1465 ca.) stellt Piero della Francesca, in seiner Jugend Gehilfe von Domenico Veneziano, Battista Sforza und Federico da Montefeltro im Profil dar, wobei er Einzelheiten der Gesichter und der Landschaft mit geometrischer Perfektion und Proportion malt.

Von Fra' Giovanni da Fiesole, Beato Angelico genannt, ist das Gemälde *Madonna mit Kind und die Krönung der Heiligen Jungfrau* (1435 ca). Hier zeigt sich der meisterhafte Umgang des Künstlers mit dem Licht; es gelingt ihm, Transparenz und fast überirdisch anmutende Schattierungen zu erreichen. Fra' Giovanni war Dominikaner und ein großer Bewunderer Masaccios. Er gilt als einer der bedeutendsten Vertreter des religiösen Humanismus.

Saal 8. Hier sind Werke Filippo Lippis wie auch seines Sohnes Filippino Lippis ausgestellt. Filippo forscht in seiner Malerei mehr nach der engen Beziehung zwischen den Gefühlen des Menschen und der Natur. Unter technischem Gesichtspunkt überwiegen bei ihm die klaren Linien, weniger Wert spricht er den Farben und dem Volumen zu. Zu seinen bedeutendsten Werken gehört *Madonna mit Kind und Engeln* (1460 ca.).

Von seinem Sohn Filippino sind die Tafeln *Madonna mit Kind und zwei Engeln* (1465 ca.), *Anbetung der Weisen* (1486), *Heilige Allegorie* (1486).

Saal 9. Hier befinden sich die zwei kleinen Tafeln *Kämpfe des Herkules* von Antonio del Pollaiolo, die um das Jahr 1460 von Lorenz dem Prächtigen in Auftrag gegeben wurden. Antonio del Pollaiolo war Maler, Bildhauer und Goldschmied zugleich und seine Malerei

Piero della Francesca, zwei einander entsprechende Porträts des Herzogs Federico da Montefeltro und seiner Gattin Battista Sforza.

zeugt von einer ständigen Suche nach der Struktur des Raums, die auch auf den menschlichen Körper übergeht. Im Saal ist auch ein Werk seines Bruders Piero, die *Tugenden* (1470). Die siebte Allegorie, *Die Tapferkeit*, ist ein Werk des jungen Botticelli.

Säle 10-14. Sie enthalten eine große Sammlung von Werken Sandro Botticellis. Als einer der letzten großen Künstler des 15. Jahrhunderts lebt er voll und ganz im religiösen Klima seiner Zeit, das von Girolamo Savonarola bestimmt wird. Er beruft sich in seiner Malerei auf das Primitive, im Widerspruch zu denen, die den Weg der Wissenschaft eingeschlagen hatten und von Perspektive, Proportionen und aufmerksamem Studium der Anatomie sprachen. So verzichtet er in seinem berühmtesten Werk *Primavera* (Allegorie des Frühlings — 1478 ca.) vollkommen auf die Perspektive, das Licht als physikalische Realität und den konkreten Raum. Wie bei seinem Meister Filippo Lippi ist alles auf einer Linie angeordnet.

Die *Geburt der Venus* wurde etwa 1485 von Botticelli gemalt und ist vielleicht von den Werken des lateinischen Dichters Ovid (*Metamorphosen, Fasti),* die christliche Geburt aus dem Weihwasser, inspiriert worden. Mit der Ve-

Hier unten: Domenico Veneziano, Tafel der hl. Lucia dei Màgnoli.

Paolo Uccello, die Schlacht von San Romano. *Das Werk, das den Sieg der Florentiner über die Sieneser feiert, war von Cosimo dem Älteren in Auftrag gegeben worden und besteht aus drei Gemälden: die beiden anderen sind im National Gallery und im Louvre.*

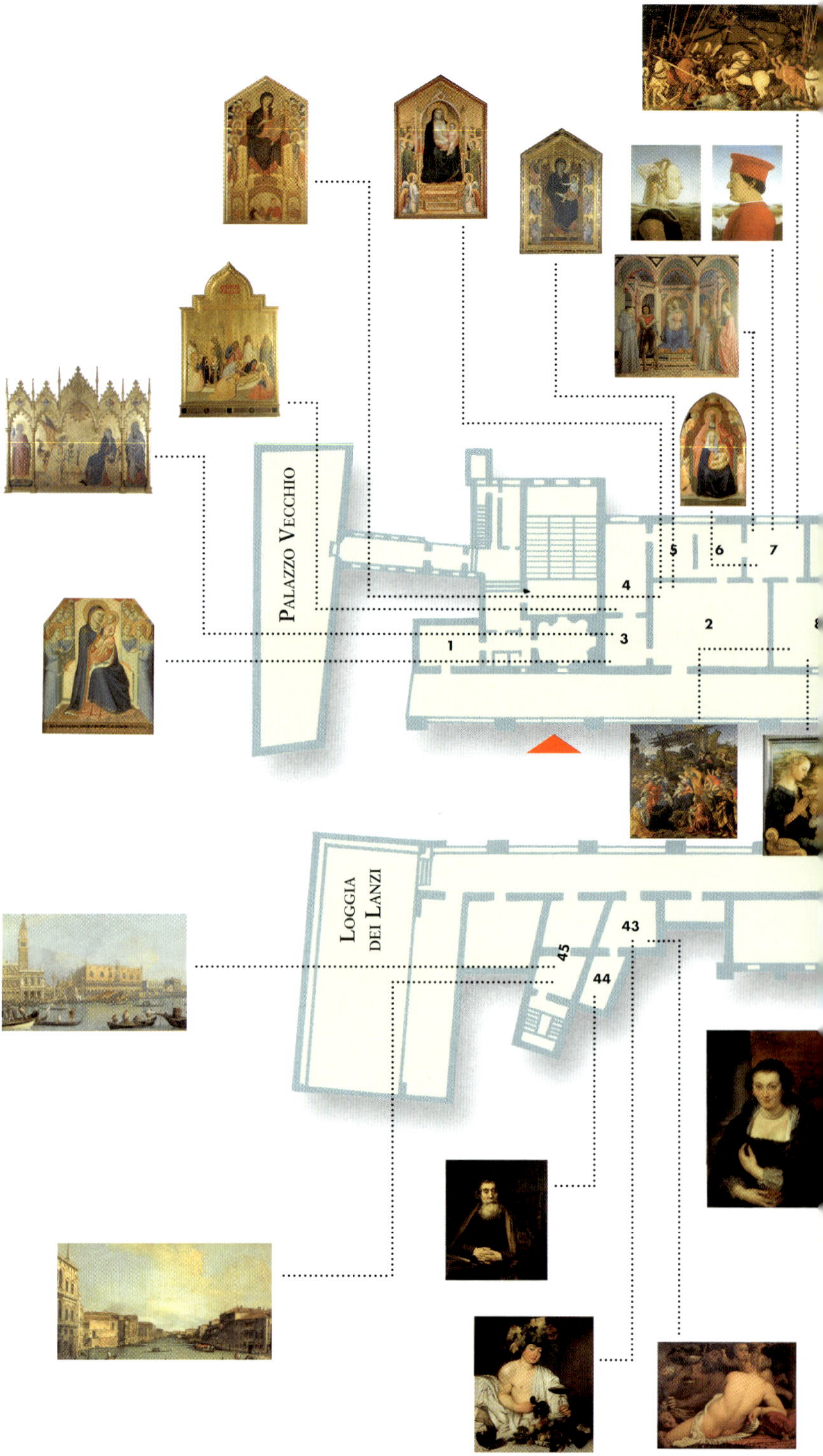
Palazzo Vecchio
Loggia dei Lanzi
1
2
3
4
5
6
7
8
43
44
45

Uffizien

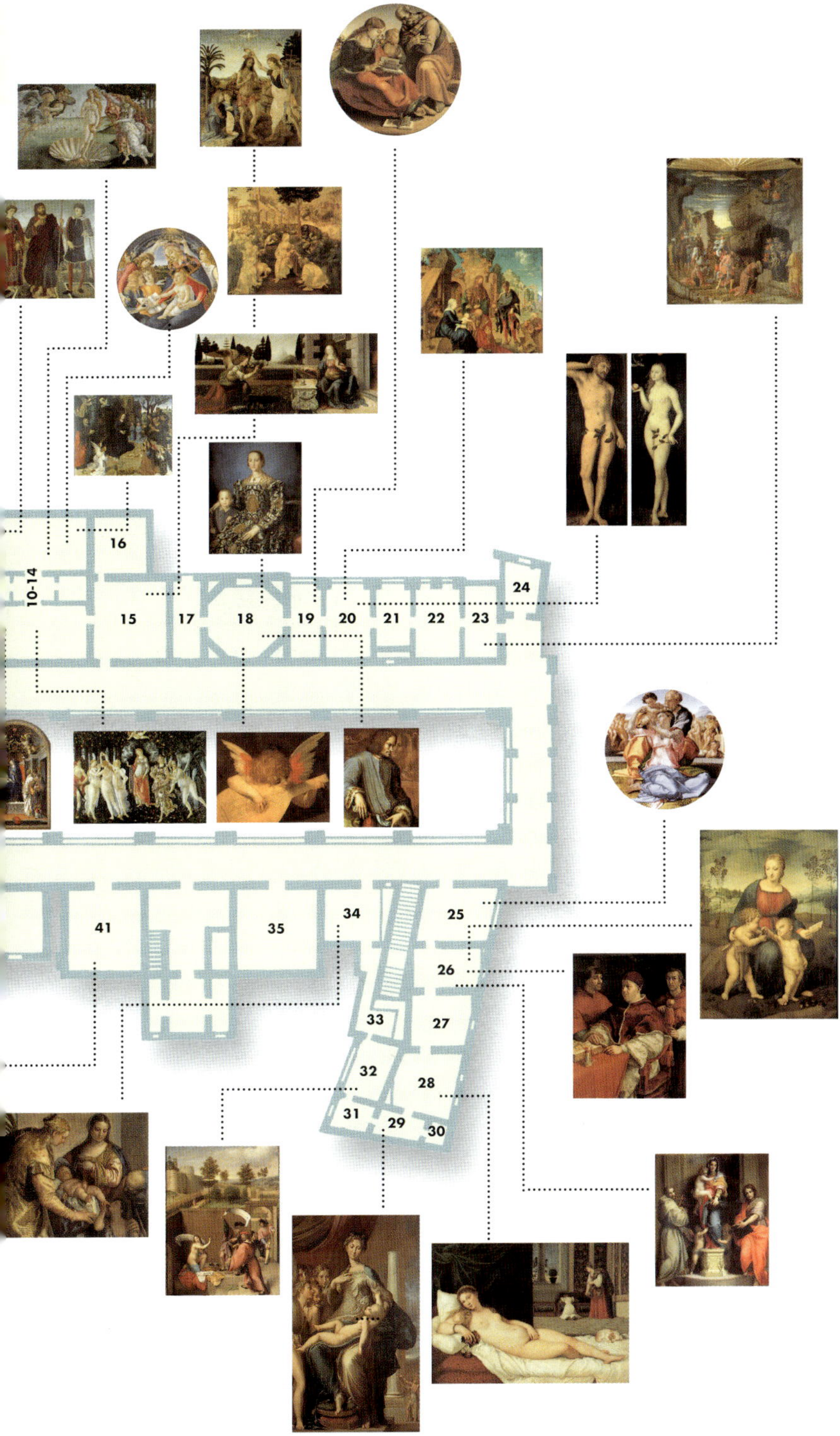

Filippo Lippi, Madonna mit Kind und Engeln.

Ganz oben: die Heiligen Jakobus, Vinzenz und Eustachius *von Piero und Antonio del Pollaiolo.*
Oben: Filippino Lippi, die Heilige Allegorie.
Unten: vom selben Künstler, die Anbetung der Weisen.

nus will der Künstler das Schöne preisen, eine geistige, nicht körperliche Schönheit.

Von Hugo van der Goes (1440-1482) ist das *Portinari-Triptychon* (1475). Es ist ein wichtiges Zeugnis der flämischen Malerei des 15. Jahrhunderts, die in Florenz großes Interesse fand.

Dieser nordische Realismus beeinflußte auch Domenico Ghirlandaio (1449-1494) in seiner *Anbetung des Kindes durch die Hl. Drei Könige* (1487).

Saal 15. Er ist fast ganz den Werken Leonardo da Vincis gewidmet, dessen Genius die Jahrhundertwende (vom 15. zum 16. Jahrhundert) prägt. Obwohl Leonardo nur sieben Jahre jünger als Botticelli war und auch aus der Schule des Verrocchio kam, ist sein Werk eine absolute Anti-These gegenüber den Werken Botticellis. Der eine, Botticelli, schließt das 15. Jahrhundert ab; der andere, Leonardo, eröffnet das 16. Auf der Suche nach der Idee verläßt Botticelli die Realität, Leonardo dagegen will gerade in diese Realität eindringen, um ihrem Geheimnis auf die Spur zu kommen, er sucht das Erlebnis.

Die *Verkündigung Mariens* (1475) wurde von dem jungen Leonardo noch in der Werkstatt des Verrocchio gemalt. Mit dem Gemälde *Anbetung der Weisen* (1482) bricht Leonardo mit der Tradition und stellt die Geschichte symbolisch dar. Die Hütte wird aus der Komposition ausgeschlossen, die Weisen verschwinden in der Menge. Im Vordergrund steht das göttliche Ereignis, das die Seelen erschüttert.

Von Pietro Vannucci, Perugino genannt (1445-1524), ist die Tafel *Christus im Garten*.

Saal 16. Er verdankt seinen Namen den *Landkarten*, die das Großherzogtum Toskana darstellen. Die Fresken wurden 1589 von Ludovico Buti (1560 ca.-1603 ca.) ausgeführt.

Saal 17. Zur Zeit der Medici wurden in diesem Saal wissenschaftliche Instrumente aufbewahrt. Heute stehen hier die römische Marmor-

Sandro Botticelli, Die Geburt der Venus. *Rechts: vom selben Künstler,* die Madonna des Magnifikats.

statue des *Hermaphroditen* und die Marmorgruppe mit *Eros und Psyche*.

Saal 18. Er entspricht der "Tribuna", dem ältesten Teil des Museums, und versinnbildlicht den künstlerischen und philosophischen Geist des 16. Jahrhunderts.

Besondere Aufmerksamkeit verdienen die Statuen, die Cosimo III. um 1680 herbringen ließ, darunter die *Venus der Medici* (3. Jahrhundert v. Ch.), ein Meisterwerk der klassischen Bildhauerkunst.

Von Angelo Bronzino, einem der bedeutendsten Vertreter des florentinischen Manierismus, ist das Portrait von *Eleonora von Toledo mit ihrem Sohn Giovanni* (1545-1546). Die Edelfrau, erste Gemahlin von Cosimo I., wurde in ihrem Grab mit denselben Kleidern aufgefunden, die sie auch auf dem Gemälde trägt, so daß man sogar annahm, es sei nach ihrem Tode ausgeführt worden. Hier befinden sich auch einige Gemälde, die von Raffael und seiner Schule ausgeführt wurden, z. B. *Hl. Johannes in der Wüste* (1518-1520).

Saal 19. Er ist Pietro Vannucci, genannt Perugino (1450 ca.-1523), Luca Signorelli (1450 ca.-1523) und anderen Künstlern Mittelitaliens gewidmet. Von Signorelli sind die Tafeln *Heilige Familie* und *Madonna mit Kind* hier ausgestellt.

Sandro Botticelli, die Primavera *(1478), das absolute Meisterwerk des großen Malers.*

Saal 20. Er zeigt Werke deutscher Maler aus dem 15. und 16. Jahrhundert. Von Albrecht Dürer ist das *Bildnis des Vaters*, das er im Jahre 1490 ausführte. Es gehört zu einer Reihe von Gemälden, die mit dem Selbstporträt des Künstlers als Dreizehnjähriger begann (heute in Wien). In der Tafel *Anbetung der Hl. Drei Könige* (1504) vermischte der Künstler Elemente itali-

Hier oben: Hugo van der Goes, «Portinari-Triptychon», *Mittelteil.*
Links: Leonardo da Vinci, Verkündigung.

Leonardo da Vinci, Die Anbetung der Heiligen Drei Könige *(oben Mitte).*
Hier oben: Andrea del Verrocchio, die Taufe Christi. *Teilweise wurde vermutet, daß der junge Leonardo an der Ausführung dieses Bildes mit beteiligt gewesen sei.*

Oben: Giorgio Vasari, ein Bildnis Lorenz des Prächtigen, *das nach zeitgenössischen Porträts der großen Persönlichkeit aus dem Hause Medici ausgeführt wurde.*
Rechts: Agnolo Bronzino, Eleonora von Toledo mit dem Sohn Giovanni, *ein Meisterwerk der manieristischen Malerei.*

enischer Renaissance-Malerei mit Details nordischer Spätgotik.

Die wunderschönen Tafeln *Adam und Eva* sind von Lucas Cranach d. Ä. (1472-1553).

Saal 21. Er enthält venezianische Malerei der Renaissance mit Werken von Giovanni Bellini und Giorgione.

Die *Heilige Allegorie* (1485 ca.) ist von Bellini.

Von Giorgione sind die Tafeln *Der junge Moses bei der Feuerprobe vor dem Pharao* und *Urteil des Salomons.* .

Saal 22. Er beherbergt flämische und deutsche Meister, unter anderem Hans Holbein (1497/98-1543), einen der größten Porträtmaler des 16. Jahrhunderts.

Saal 23. Er zeigt Werke von Andrea Mantegna und Antonio Allegri, il Correggio genannt.

Mantegna ist künstlerisch von der Antike beeinflußt.

Auch die Natur ist für ihn Geschichte, wie bei dem Gemälde *Madonna des Steinbruchs,* das zwischen 1466 und 1490 gemalt wurde.

Correggio übernimmt von Mantegna die Vorliebe für Allegorien aus der Mythologie. Von ihm sind die Tafeln *Rast während der Flucht nach Ägypten* und *Madonna in Anbetung des Kindes.*

Saal 24. Dieser Raum wurde im Jahre 1781 vom Architekten Zanobi dal Rosso restauriert und hat seinen Namen von den Miniaturen, die er beherbergt. Besonders erwähnenswert sind die Miniaturmalereien von Giulio Clovio (1498-1578) und Bernardo Buontalenti (1531-1608).

Saal 25. Seinen Namen verdankt dieser Saal den Werken Michelangelos und anderer Künstler der Florentiner Schule.

Von Michelangelo ist das *Doni-Rundbild* (1504 ca.), das Agnolo Doni anläßlich seiner Hochzeit mit Maddalena Strozzi in Auftrag gab. Es wurde vor kurzem restauriert und ist das erste Werk, das man mit Sicherheit Michelangelo zuschreiben kann.

Die Darstellung der *Hl. Familie* weicht vollkommen von der Leonardo da Vincis ab. Nach einer der überzeugendsten Interpretationen symbolisieren die Jungfrau

Rosso Fiorentino, Musizierender Engel.

und der heilige Josef das Alte Testament, während das Kind für die Zukunft steht, die des Neuen Testaments.

Der Saal zeigt außerdem noch Werke von Rosso Fiorentino (1495-1540) und Fra' Bartolomeo (1472-1517), *Die Jungfrau erscheint S. Bernardo.*

Saal 26. Er ist den Werken Raffaels und Andrea del Sartos gewidmet. In seinem berühmten Gemälde *Madonna mit dem Stieglitz* (1506 ca.) verschmilzt Raffaello Sanzio die Konzeptionen Leonardos und Michelangelos: die Natur selbst ist etwas Göttliches, und jenseits derselben existiert nichts.

Die Malerei als Mittel zur Erzählung benutzt auch

Andrea del Sarto («der Maler ohne Fehler», wie Vasari ihn nannte), in seinem Gemälde *Madonna der Harpyien* (1517). Die Figuren am Fuße des Sockels geben dem Werk seinen Namen.

Saal 27. Die hier ausgestellten Gemälde sind aus der Zeit des Manierismus, dessen Hauptvertreter Jacopo Carucci, genannt Pontormo, ist. Pontormo war ein scheuer und eigensinniger Mensch («er war fähig, an einem Tag all das zu zerstören, was er am Vortage geschaffen hatte, er quälte sich selbst mit tausend Fragen, so daß man Mitleid mit ihm haben konnte», schreibt Vasari über ihn). Er ist beeinflußt von der Malerei Michelangelos, verfolgt jedoch auch aufmerksam die künstlerischen Entwicklungen außerhalb von Florenz, besonders Dürers Malerei interessiert ihn.

Das Gemälde *Abendmahl in Emmaus* (1525) gehört zu seinen bedeutendsten Werken. Der Unterschied zwischen dem realen Zeitpunkt des Geschehens und dessen künstlerischer Darstellung wird aufgehoben. Das Abendmahl scheint in diesem Moment in der Kartause des Galluzzo, dem Auftraggeber des Bildes, stattzufinden. Der Betrachter wird in das Ereignis mit einbezogen.

Im Saal sind außerdem noch Werke von Rosso Fiorentino (1495-1540) und von Agnolo Allori, Bronzino genannt (1503-1572), einem Schüler und Freund des Pontormo.

Saal 28. Hier sind die Bilder von Tiziano Vecellio, dem

Luca Signorelli, Die Heilige Familie.

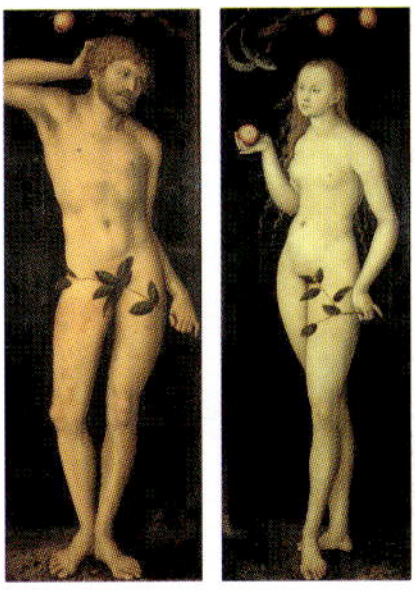

Oben und links: zwei Werke deutscher Maler: Adam und Eva *von Lucas Cranach dem Älteren und* die Anbetung der Heiligen Drei Könige *von Albrecht Dürer. Unten:* Dreikönige *von Andrea Mantegna.*

Michelangelo, das «Doni-Rundbild» *(1506-1508). Diese Heilige Familie wird geprägt von einer plastischen, fast bildhauerischen Körperhaftigkeit.*

Hier oben: Raffael, Papst Leo X. mit den Kardinälen Giulio de' Medici und und Luigi de' Rossi *(1518).*
Unten links: die «Madonna mit den Harpyien» *(1517) von Andrea del Sarto, die ihren Namen den Figuren am Fuße des Sockels verdankt.*
Rechts: Raffael, die Madonna mit dem Stieglitz *(1506).*

großen Meister der venezianischen Kunst des 16. Jahrhunderts, der die malerische Form der plastischen voranstellte. Seine *Venus von Urbino* (1538) gehört zu den schönsten weiblichen Figuren in der Geschichte der Kunst. Seine Malerei drückt zum ersten Mal einen Ausschnitt der Realität, des gelebten Lebens, aus.

Saal 29. Er ist den Arbeiten Francesco Mazzolas, genannt Parmigianino, gewidmet, der sich in der Werkstatt des Correggio ausbildet, aber zum typischen Vertreter des Manierismus wird. Seine *Madonna mit dem langen Hals* wurde zwischen 1534 und 1540 ausgeführt. Die geschlossene Figur der Madonna steht gleichzeitig elegant und abstrakt vor der dunklen Landschaft im Hintergrund. Sie ist weit entfernt von den sanften und mütterlichen Madonnenfiguren des Correggio.

Säle 30-31. Hier befinden sich Gemälde von Dosso Dossi (1489 ca.-1542), Ludovico Mazzolino (1480-1528) und Benvenuto Tisi, Garofalo genannt (1481-1559), Vertreter einer antiklassischen Kunstrichtung, deren Zentrum in Ferrara war. Diese Künstler stehen in enger Verbindung mit der venezianischen Malerei, besonders mit Tiziano und Giorgione.

Die Malerei Dossos, reich an bizarren und phantastischen Elementen (merkwürdige Männer und Frauen, Hexenrituale), ist außerdem von einem Meisterwerk der italienischen Dichtung beeinflußt: *Orlando Furioso* von Ludovico Ariosto.

Saal 32. Der Saal ist der Malerei Norditaliens gewidmet und beherbergt Werke

Tizian: die Venus mit dem Hündchen *(1538). Dieses sinnlich-elegante Aktgemälde wird auch* Venus von Urbino *genannt, weil der Herzog von Urbino Guidubaldo da Montefeltro es erworben hatte.*

von Lorenzo Lotto und Sebastiano Luciani, Sebastiano del Piombo genannt.

In Lorenzo Lottos Gemälde *Heilige Familie und Heilige* (1534) zeigt sich das Göttliche in einer alltäglichen häuslichen Szene. Die Haltung der Jungfrau, die sich an die Beine der hl. Anna lehnt, nimmt ein typisches Motiv aus der Tradition der deutschen darstellenden Kunst wieder auf. Von Sebastiano del Piombo, der mit Michelangelo befreundet war, ist das Gemälde *Tod des Adonis*.

Saal 33. Der heutige Saal entspricht dem «Gang des 16. Jahrhunderts», so bezeichnet, weil er einen umfassenden Überblick über die Malerei im Europa des 16. Jahrhunderts gibt. Es ist die Epoche der Reformation.

Saal 34. Gemälde von Paolo Caliari, genannt Veronese (1528-1588), aufmerksamer Interpret der Werte und Kultur der venezianischen Gesellschaft im ausklingenden 16. Jahrhundert.

Veroneses Malerei ist klar und leuchtend, bewegt von der meisterhaften Anwendung der Farben. Beispielhaft ist sein Gemälde *Die Heilige Familie mit der hl. Barbara und dem hl. Johannes*.

Saal 35. Wenn für Veronese die Natur im Mittelpunkt steht, so ist es für Jacopo Robusti, Tintoretto genannt (1518-1594), die Geschichte. Er stellt sie unter dem moralischen Gesichtspunkt dar, und viele seiner Figuren wirken wie Erscheinungen. So auch auf den hier ausgestellten Gemälden.

Jacopo da Ponte, Bassano genannt (1517 ca.-1592), widmete den Details, den Minimalelementen, seine ganze Aufmerksamkeit. Das Bild *Zwei Hunde und Landschaft* ist typisch für die vom Künstler mit Vorliebe gewählten Themen, ein Genre, das zwischen dem pastoralen und religiösen liegt.

Federico Barocci (1528-1612) ist Vorläufer der katholischen Gegenreform, die auf die Gemeinsamkeit im religiösen Kult baut und gegen die aus der Reformation hervorgegangene individuelle Religiosität angeht. Von ihm stammt das Bild *Madonna des Volkes*.

Saal 41. Gleich nach dem Ausgang gelangt man in diesen Saal, in dem Werke von Pieter Paul Rubens (1577-1640), Antonis van Dyck (1599-1641) und Justus Sustermans (1597-1681) ausgestellt sind.

Von Rubens, der sich un-

Lorenzo Lotto, Susanna und die alten Männer *(1517), ein elegantes Gemälde, das den Einfluß Leonardos und Raffaels verrät. Unten:* Madonna mit Kind und Enge*ln (1534-1540), das Meisterwerk des Parmigianino, das auch* Madonna mit dem langen Hals *genannt wird.*

Paolo Veronese, Die Heilige Familie mit der hl. Barbara und dem hl. Johannes, *ein Kunstwerk, das Licht und Harmonie ausstrahlt.*

Oben: Dosso Dossi, Bambocciade.

Unten: Pieter Paul Rubens, Isabella Brandt. *In diesem Porträt seiner ersten Ehefrau gelingt es dem Künstler, Sanftheit und Sinnlichkeit zugleich auszudrücken.*

Rechts: Annibale Carracci, Venus mit Satyr und Amoretten.

ter anderem auch am Hofe der Gonzaga in Mantova aufhielt, sind die Gemälde *Heinrich II. in der Schlacht von Ivri* (1627-1630) und *Triumphaler Einzug Heinrich IV. in Paris.* Bei der Darstellung der Schlacht, einem Gemälde von außerordentlicher Ausdruckskraft, ist leicht zu erkennen, daß sich Rubens eingehend mit dem Bild Leonardos *Schlacht von Anghiari* beschäftigt haben muß.

Saal 42. Dieser Raum, auch «sala di Niobe» genannt, wurde von Gaspare Paoletti (1727-1813) entworfen und beherbergt die Kunstwerke, die 1775 aus der römischen Villa Medici entfernt und hierhergebracht wurden. Bei *Niobe und ihre Kinder* handelt es sich um die römische Kopie des griechischen Originals aus dem 2. Jahrhundert v. Chr.

Saal 43. Der Raum gibt einen Überblick über die italienische Malerei des 17. Jahrhunderts. Wir beginnen mit Annibale Carracci (1560-1609), der zusammen mit seinen Vettern Agostino (1557-1602) und Ludovico (1555-1619) die «Accademia degli Incamminati» (Akademie der Wegmacher) in Bologna gründete.

Die Bologneser Schule bricht endgültig mit dem Manierismus, um sich wieder der Natürlichkeit der Kunst zuzuwenden. Kunst soll das Gefühl ansprechen, muß Andacht hervorrufen. Annibale legt Wert auf das Gefühl und die Einbildungskraft: In dem Gemälde *Bacchantin* verschmelzen Klassizismus und Naturalismus miteinander und verleihen dem Bild eine starke Sinnlichkeit.

Der andere bedeutende Vertreter dieser Zeit ist Michelangelo Merisi, Caravaggio genannt (1570-1610). Er lehnt den späten Manierismus ab und versucht ununterbrochen, in seinen Bildern mehr die Realität als das Schöne darzustellen. Dem Naturalismus von Annibale Carracci steht so ein Realismus gegenüber, der von den religiösen Lehren des Carlo Borromeo – Erzbischof von Mailand und Caravaggios Zeitgenosse – beeinflußt ist. Dieser vertrat die Auffassung, daß die Realität zu akzeptieren sei. Die hier ausgestellten Gemälde gehören zu der ersten Schaffensperiode des Künstlers: *Jugendlicher*

Caravaggio, Bacchus. *Das Bildnis wird hier fast zum Vorwand für ein wundervoll dargestelltes Stilleben.*

Bacchus, Opferung des Isaak, Haupt der Meduse.

Die Gemälde von Giovan Francesco Barbieri, Guercino genannt, Salvator Rosa, Mattia Preti, Giulio Carpioni und Claude Lorrain, einem Franzosen, der lange in Italien lebte, schließen die Übersicht über die Malerei des 17. Jahrhunderts ab.

Saal 44. Der Saal ist der flämischen und holländischen Malerei gewidmet. Außer den Gemälden von Jan Steen, Gabriel Metsu, Hendrick Pot, Jacob van Ruysdael und Paul Brill sind drei Meisterwerke von Rembrandt van Rijn ausgestellt: zwei *Selbstbildnisse* und *Bildnis eines alten Mannes.*

Saal 45. Hier befinden sich die Gemälde der bedeutendsten italienischen, französischen und spanischen Künstler des 18. Jahrhunderts: Giambattista Tiepolo, Giovanni Antonio Canal, Canaletto genannt, Jean-Baptiste-Siméon Chardin und Francisco Goya.

Tiepolo wird als der letzte Vertreter der venezianischen Malerei angesehen; eine neue Entwicklungsphase beginnt. Das Gemälde *Aufstellung einer Kaiserstatue* führte Tiepolo in den Jahren 1734-1736 aus.

Von Canaletto, dem großen Meister des «Vedutismo» und Erfinder einer neuen Perspektive, durch die man die Realität sehen kann, stammt das Gemälde *Ansicht des herzoglichen Palastes von Venedig.*

Francisco Goya führte das Bildnis der *Contessa de Chinchon* und von *Maria Teresa di Vallabriga* (seit kurzer Zeit vom Museum erworben) aus.

Vasari-Korridor

Im Vasari-Korridor sind weitere siebenhundert Gemälde und die berühmte Sammlung der *Selbstbildnisse von Künstlern* untergebracht, mit der man auf Wunsch von Leopoldo de' Medici im Jahre 1675 begonnen hatte. Vasari hatte seinerzeit den Korridor als Durchgang für die Medici entworfen, die eine direkte Verbindung des Palazzo Vecchio mit Palazzo Pitti – über den Ponte Vecchio hinweg – wünschten. Leider ist der Vasari-Korridor nicht immer zur Besichtigung frei.

Wir verlassen nun den Piazzale degli Uffizi und gehen rechts unter dem Bogen hindurch in die mittelalterliche Via Lambertesca. Direkt unter dem Bogen befindet sich die Porta delle Suppliche *mit einem ganz ei-*

Caravaggio, das Haupt der Meduse, *Turnierschild, der Francesco I: de' Medici vom Kardinal del Monte, dem Mäzen des Künstlers, zum Geschenk gemacht wurde.*
Unten: vom selben Maler, die Opferung Isaaks.

Antonio Canal, genannt Canaletto, Ansicht des Canal Grande.

Rembrandt van Rijn, Bildnis eines alten Mannes *(1665), ein Werk von intensiver poetischer Suggestivkraft aus der letzten Schaffensperiode des Künstlers. Unten: Antonio Canal, genannt Canaletto,* Ansicht des herzoglichen Palastes von Venedig. *Dieses in Licht getauchte Bild ist ein meisterhaftes Beispiel für die Landschaftsmalerei des 18. Jahrhunderts venezianischer Schule.*

genwilligen Tympanon. Buontalenti ließ den Stein in der Mitte auseinanderschneiden und im Türsturz von einem Pfeiler stützen. Etwas weiter vorne kommen wir zu den Häusern der Pulci, *Sitz der* Accademia dei Georgofili, *der ältesten Akademie für Agrarwissenschaften in Europa (1753). Bei einem Attentat im Jahre 1993 wurde das Gebäude fast völlig zerstört. Die Wiederaufbau- und Restaurierungsarbeiten sind inzwischen abgeschlossen.*

*Nun wenden wir uns nach links in die kleine Gasse "Chiasso de' Baroncelli", wo wir einen ersten Eindruck von mittelalterlicher Urbanistik gewinnen können. Wir setzen unseren Rundgang fort, biegen nach links und erreichen die Gasse «Chiasso del Buco», erst seit kurzem wieder für Fußgänger geöffnet und restauriert. Unser «Gang durch die Urbanistik des Mittelalters» endet auf der Piazza de' Salterelli. Von hier aus geht es weiter nach links in die Via Vacchereccia; dann überqueren wir die Via Por Santa Maria und gehen am Neumarkt entlang (**☛ S. 156**), nochmals nach links in die Via Porta Rossa bis zur Piazza Davanzati. Rechts, an der heutigen Hausnummer 13, befindet sich Palazzo Davanzati.*

Palazzo Davanzati

Man muß sich die Fassade aus Pietra Forte viel farbenfroher vorstellen, um sich das ursprüngliche Aussehen des Palazzo vorstellen zu können. Hier wohnten früher Kaufleute, die ihre Woll- und Stoffgewebe unter den Bögen des Erdgeschosses verkauften, nachdem sie sie zuvor an den Fenstern der oberen Stockwerke zum Trocknen aufgehängt hatten.

«Herrschaftliche Wohnung mit drei Wollgeschäften», so definierte Lorenzo di Giovanni di Gherardo Davizzi den Palazzo, als er ihn 1469 auf dem Katasteramt eintragen ließ. Lorenzos Familie hatte das Haus im 14. Jahrhundert erbauen lassen. 1516 ging es an die Bartolini, um dann 1578 in den Besitz der Familie Davanzati zu gelangen. Aber der Palazzo wechselte noch mehrmals seinen Besitzer, bis er 1904, schon arg heruntergekommen, von dem Antiquitätenhändler Elia Volpi aufgekauft wurde. Er restaurierte ihn, setzte die Räume wieder instand und kümmerte sich als Fachmann selbst darum, sie so einzurichten, daß sie

Die Häuser der Pulci in der Via Lambertesca nach dem Attentat von 1993 (links) und heute (rechts).

ein Beispiel eines alten florentinischen Hauses abgaben. Finanzielle Schwierigkeiten zwangen Volpi jedoch, den Palazzo an seinen amerikanischen Kollegen Benguiat weiterzuverkaufen. 1950 ging er schließlich in den Besitz des Staates über und wurde 1956 zum Museum erklärt: Museo della Casa fiorentina (Museum des florentinischen Hauses). Daraufhin wurden Kunstgegenstände und -werke aus dem Bargello und anderen städtischen Museen hier untergebracht.

Die Fassade. Die Fassade strebt in die Höhe und schließt mit einer Loggia ab, die im 16. Jahrhundert hinzugefügt wurde, vielleicht anstelle einer zinnengekrönten Terrasse. Im Erdgeschoß öffnen sich drei große Portale, die mit Flachbögen abgeschlossen werden. In jedem der drei oberen Stockwerke befinden sich fünf Fenster mit Flachbogen. Von besonderer Bedeutung sind die eisernen Gebrauchsgegenstände aus dem 14. Jahrhundert, wie etwa die Stangen, die die Läden der Geschäfte im Erdgeschoß hielten, die Ecklampe, die Fackelhalter, die s-förmigen Eisen auf dem Fensterbrett, in die man Holzstangen einsetzte, um die Stoffe aufzuhängen.

Innenraum. Große achteckige Pfeiler (in das größte Kapitell sind die Köpfe einiger Mitglieder der Familie Davizzi eingemeißelt) stützen im Innenhof eine offene Treppe, die steil und eng in die oberen Stockwerke führt, wo sie in harmonische Bogen übergeht. Die Balkone aus Stein (ursprünglich aus Holz wie der noch erhaltene im dritten Stock) verbinden die Räume miteinander und vermitteln den Eindruck, der auch von den Sälen des Museums ausgeht, einer «wahrhaftig bewohnten Wohnung».

Es ist gelungen, die Privatatmosphäre häuslichen Lebens im 14. Jahrhundert einzufangen und wahrheitsgetreu nachzubilden (Tische, Truhen, Schränke, Betten, Geschirr). Der Besucher wird angenehm überrascht von der Schönheit der Fresken, die zusammen mit den dort ursprünglich aufgehängten Wandteppichen die Räume schmückten. Besondere Aufmerksamkeit verdienen der *Papageiensaal* und der *Pfauensaal* im ersten Stock, und im zweiten Stock die Fresken im Schlafgemach, die mittelalterliche Legenden von der Schloßherrin Vergi erzählen.

Wir verlassen den Palazzo,

Der Palazzo Davanzati: das Familienwappen und die Fassade.

Schlafgemach mit Fresken, die Geschichten der Schloßherrin Vergi erzählen.

Schlafgemach mit Baldachinbett und Wiege. Rechts: der Papageiensaal.

wenden uns nach links und gehen weiter die Via Porta Rossa entlang, bis wir auf der rechten Seite die kleine Nebenstraße Via Monalda erreichen die uns zur Piazza Strozzi bringt. Auf der linken Seite steht der gewaltige Bau des Palazzo Strozzi.

Palazzo Strozzi

«Ein Gebäude, das sich selbst und allen Familienmitgliedern in Italien und anderswo Ruhm bringen sollte». Solch einen Palazzo wollte Filippo Strozzi errichten. Und am 6. August 1489, so schreibt er in seinen *Erinnerungen*, «gerade als die Sonne über den Bergen aufging, legte ich, im Namen Gottes und im Namen meiner Angehörigen und meiner Nachkommen, den Grundstein für dieses Haus.»

Wie auch bereits der Vater Matteo war Filippo von den Medici gezwungen worden, für lange Zeit im Exil

Der herrschaftliche Palast

In ihrer Entwicklung spiegeln die herrschaftlichen Häuser die Geschichte von Florenz wider. Die ältesten noch erhaltenen Gebäude dieser Art sind die Türme bzw. Wohntürme, die auf den Anfang des 11. Jahrhunderts zurückgehen und die von den feudalen Familien der ländlichen Umgebung, die in die Stadt zogen, bewohnt wurden. Die Türme dienten vor allem zur Verteidigung. Verbündete Familien ließen einen Verteidigungsturm bauen, den sie aus den obersten Stockwerken ihrer Wohnungen erreichen konnten, ohne sich dafür auf die Straße begeben zu müssen. Im Jahre 1200 gab es rund 165 Türme, die bis zu 75 m hoch waren. Ein halbes Jahrhundert später ordnete die Regierung des «primo popolo» (Volksregierung) die «Köpfung» aller Türme an, die höher als 25 m waren, um dem alten feudalen Adel damit eine gefährliche Waffe zu nehmen. Ende des 13. und während des gesamten 14. Jahrhunderts verloren die Wohntürme ihre ursprüngliche Funktion und wurden zu Wohnsitzen des städtischen merkantilen Bürgertums. Als schon «abgeschnittene» Türme werden sie Mitte des 13. Jahrhunderts weiter ausgebaut und vergrößern sich in die Breite, behalten jedoch die Charakteristiken von Festungen bei. Aus dieser Zeit stammen *Palazzo Spini Feroni* (☛ S. 184), der mit seiner Größe den Eingang in die Stadt von der Brücke Santa Trìnita dominiert, und der aus derselben Epoche stammende *Palazzo Peruzzi*, der auf den Ruinen des römischen Amphitheaters erbaut wurde (☛ S.152). Zu den wenigen Beispielen aus dem 14. Jahr-

Holztruhe aus dem 14. Jahrhundert.
Links: Schlafgemach mit monumentalem Bett in geschnitztem Nußbaum.

Ansicht des Palazzo Strozzi von der gleichnamigen Straße aus. Man sieht den unvollendeten Teil des großen Kranzgesimses, das von Cronaca entworfen wurde.

zu leben. Mit dem Bau des Palazzo gab er dem Wunsch Ausdruck, sich in Florenz niederzulassen, eine Gelegenheit für Rivalität nicht in der Politik, aber in der Kunst, mit der mächtigsten gegnerischen Familie. Die Arbeiten waren jedoch erst bis zum Erdgeschoß fortgeschritten, als Filippo am 15. Mai 1491 verstarb. Im Jahre 1495 wurde der erste Stock fertiggestellt, und am 12. Juli 1500 konnte das Gesims zur heutigen Piazza della Repubblica hin beendet werden. 1504 war «das herrschaftliche Wohnhaus der Strozzi vollendet, und Lorenzo di Filippo führte seine Gemahlin in den Palast, in dem sie feierlich Hochzeit hielten», so schrieb Luca

hundert zählen die Palazzi *Davanzati* (☛ S. 119) und *Frescobaldi* (☛ S.181). Im 15. Jahrhundert verliert der herrschaftliche Palast jegliche militärische Funktion, um eine politische und kulturelle Rolle einzunehmen. Er soll von nun an das Prestige seiner Erbauer vor der Stadt verdeutlichen. Aus dieser Zeit stammen der *Palazzo Rucellai* (☛ S. 209), und der *Palazzo Antinori* (☛ S. 187). Mit der Entstehung des Fürstentums im 16. Jahrhundert ist der herrschafliche Palast nur noch dem Hof zugewandt. Die Mitglieder des Hofes von Cosimo und Francesco unterstreichen mit ihren herrschaftlichen Wohnsitzen nicht nur ihre Originalität, sondern auch ihren Reichtum. In dieser Zeit entstehen manieristische Gebäude wie der *Palazzo Ramirez di Montalvo* (1568; ☛ S. 228), den Ammannati für einen adligen Spanier am Hofe von Eleonora di Toledo, Gattin von Cosimo I., gebaut hatte, und der *Palazzo Nonfinito* (1593 ca.; ☛ S.126), von Buontalenti

für Alessandro Strozzi entworfen. Diese Tendenz verstärkt sich noch im 17. Jahrhundert, als die städtischen Manufakturen und der Handel eine große Krise durchleben und die bedeutenden Familien sich immer mehr dem Grundbesitz zuwenden. Der großartige Barockpalast (wie *Palazzo Corsini*: ☛ S. 208) hat nicht nur die Funktion, den Reichtum der Familie, sondern auch ihre Trennung von der Stadt zu unterstreichen.

Linke Seite: der Turm Torre della Pagliazza (ein altes Wort für «paglioriccio», Strohlager), der diesen Namen erhielt, weil er im Mittelalter als Gefängnis diente (S. 153). Oben: der Turm der Casa di Dante (ein moderner Bau, der nach Art des 14. Jahrhunderts «gekappt» wurde. Rechts: Ansicht eines Turmhauses.

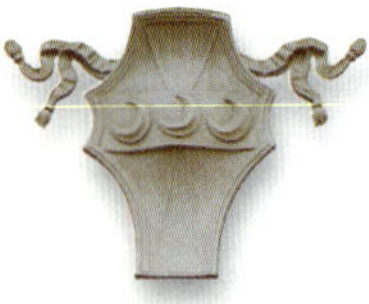

Oben: das Wappen der Strozzi. Rechts oben: Ansicht des Palazzo Strozzi aus dem 19. Jahrhundert. Unten: eins der harmonischen Biforien der Fassade.

Unten: Ansicht des weiträumigen Hofs von Cronaca.

Landucci, der eine Gewürzhandlung an der «Ecke der Tornabuoni» hatte, in sein Tagebuch. Wahr ist, daß die Arbeiten noch mehrmals unterbrochen und wieder aufgenommen wurden, und der Palast mehrere Eingriffe über sich ergehen lassen mußte — bis zum Jahre 1538, als nach dem Tod von Filippo dem Jüngeren die Arbeiten endgültig eingestellt wurden. Die Südseite und ein Teil des Gesimses blieben unvollendet.

Bei seinem Entwurf nahm Benedetto da Maiano den Palazzo Medici von Michelozzo zum Modell; ausschlaggebend war jedoch der Beitrag von Cronaca.

Die Fassade. Die grandiose Grundidee war ein perfekter Würfel, den Benedetto dadurch bildete, daß er ein identisches Modell einer Fassade verdreifachte, die er mit glattem Bossenwerk und mit eleganten, vertikalen Rinnen, die nach oben hin langsam breiter wurden, versah. Im Erdgeschoß befinden sich die "panca di via" (eine Sitzgelegenheit, die um dem Palazzo läuft), ein breites Portal und kleine rechteckige Fenster. Die oberen Stockwerke sind durch Gesimse voneinander getrennt und haben doppelbögige Fenster, im letzten Stock als Abschluß das Kranzgesims des Cronaca, der die klassischen Formen wieder aufnimmt (Scharten, Perlstab), sie aber viel deutlicher hervorhebt. Sehenswert sind die eleganten Gebrauchsgegenstände aus Eisen wie Fackelhalter, Ringe zum Anbinden der Reittiere, schmiedeeiserne Laternen, alles von Caparra ausgeführt.

Innenhof. Der Innenhof wurde vollständig von Cronaca ausgeführt, der hier wieder den Begriff «optische Pyramide» aufnimmt, ein Begriff, der zu den Regeln der Perspektive in der Renaissance gehörte. Die beiden Bogengänge im Erdgeschoß und im zweiten Stock erinnern an den Palazzo Medici, während der erste Stock mit seinen Kreuzfenstern nach den Stilregeln des 16. Jahrhunderts konzipiert ist.

Inneres des Palastes. Im Palazzo hat eines der bedeutendsten Florentiner Kulturinstitute seinen Sitz: Das im Jahre 1819 von Giovan Pietro Vieusseux gegründete literarisch-wissenschaftliche Kabinett, dessen Bibliothek über mehr als 500000 Bände verfügt. Viesseux gründete 1840 den ursprünglichen Kern der damaligen Wanderbibliothek.

Nach dem Besuch im Palazzo Strozzi gelangen wir über die Via Strozzi und die Piazza della Repubblica (☛ S. 192) zurück zur Piazza Duomo.

Die Geschichte -2-

Die Lothringer in der Toskana

Als 1737 Gian Gastone de' Medici bei seinem Tod keine direkten Nachkommen hat, wird das Schicksal der Toskana von den Dynastieinteressen der europäischen Herrscherhäuser bestimmt. Die Toskana wird Franz Stephan, dem Gatten der Kaiserin Maria Theresia von Österreich, als Tausch für Lothringen zugeteilt. Um zu verhindern, daß die Toskana im Erbfolgerecht endgültig unter die österreichische Krone fällt, sorgen die einflußreichen Florentiner dafür, daß beim Tod von Franz Stephan die Krone an den Zweitgeborenen des Herrscherhauses geht. Der Prinzgemahl kommt 1737 nach Florenz, fährt jedoch gleich wieder nach Wien zurück und überläßt die Regierung einem stellvertretenden Rat, der bis 1765 tätig ist. In diesem Jahr kommt Peter Leopold, der Zweitgeborene von Franz Stephan und Maria Theresia, nach Florenz. Der junge Prinz bringt die reformerischen Ideen, mit denen er in Wien aufgewachsen ist, nach Florenz. Gerade als in der Toskana eine schwere Hungersnot herrscht, besteigt er den Thron. Er strengt umwälzende Reformen an, die vor allem die Förderung der Landwirtschaft vorsehen, die seiner Ansicht nach der Grundstein jeglichen Reichtums ist. In einem Zeitraum von weniger als zwanzig Jahren wird die Toskana von Grund auf so erneuert, daß sie für die Reformer in ganz Europa als Beispiel gilt. Der Getreidehandel, der bislang Staatsmonopol war, wird liberalisiert; die Mobilität der Landbesitze wird angekurbelt; die Lokalverwaltung und das Steuersystem werden gründlich erneuert. Nach dem Tod seines Bruders Josefs II. im Jahre 1790 verläßt Peter Leopold die Toskana, um die Kaiserkrone in Empfang zu nehmen. Die Toskana geht dann an seinen zweiten Sohn, Ferdinand III., über. Europa ist seit langem von den Kriegen gegen das revolutionäre Frankreich geplagt, und obwohl der neue Herrscher eine strikte Neutralitätspolitik verfolgt, gelingt es ihm nicht, die Toskana aus diesem Konflikt herauszuhalten. In den Jahren 1799 bis 1801 wird das Land mehrmals von den beiden Armeen durchzogen, bis mit dem Abkommen von Lunéville Ferdinand abgesetzt und die Toskana Ludwig I. aus dem Hause Bourbon-Parma zugesprochen wird. 1803 stirbt Ludwig I. und die Krone wird seinem Sohn Karl Ludwig, unter der Regierung seiner Mutter Maria Luisa von Bourbon übergeben. Diese Jahre sind von großen Veränderungen gekennzeichnet: 1808 wird die Toskana an das französische Kaiserreich angeschlossen und 1809, als der großherzogliche Titel der Prinzessin Elisa Baciocchi, der Schwester Napoleons übertragen wird, wieder abgetrennt. Im Jahre 1814 ermöglicht es die Niederlage des französischen Kaisers Ferdinand III., für kurze Zeit nach Florenz zurückzukehren. Durch die Flucht Napoleons von der Insel Elba wird dieser kurze Aufenthalt jedoch unterbrochen. Ein Jahr später werden die Franzosen in der Schlacht von Waterloo endgültig geschlagen, und der Wiener Kongress (1815) bestätigt Ferdinands endgültige Rückkehr nach Florenz. Nach seinem Tod (1824) übernimmt sein Sohn Leopold II. die Regierung, bis 1859 revolutionäre Bewegungen ihn dazu zwingen, die Toskana aufzugeben. Die Volksabstimmung des darauffolgenden Jahres bestätigt die Angliederung des ehemaligen Großherzogtums an das italienische Königreich.

5. Lebendige Erinnerung an Dante

Astrolabium aus dem 17. Jahrhundert, Museum für Geschichte der Naturwissenschaften.

Einer der Rundgänge, der die historische Vielfalt der römischen, der mittelalterlichen, der Renaissance- und der Barockstadt Florenz widerspiegelt, beginnt in der Via del Proconsolo. Dort entstand im 1. Jahrhundert vor Christus eine Stadtmauer aus Backsteinen und 1078 dann die Mathildische Mauer. Innerhalb dieser Mauern ist das außergewöhnliche Bauwerk der Torre della Pagliazza (Pagliazza-Turm), das auf den römischen Thermen errichtet wurde. Außerhalb dieser Mauern ist die Stadt eher mittelalterlich: die kurvenförmige Piazza Peruzzi, die auf den Fundamenten eines Amphitheaters der Hadrianischen Epoche entstand. In der Via del Proconsolo stehen die Badia und der Bargello aus dem Mittelalter. Am Palazzo Pazzi begegnet man aber auch den geometrischen Formen der Renaissance, ebenso am nicht weit entfernten Palazzo Gondi auf der Piazza San Firenze. Dort triumphiert der Klosterkomplex über die früheren Türme und Gassen, welche rechts zum Arno hin noch gut erhalten sind. Auch die Via de' Benci, die zum zweiten Mauerring hinabführt, schafft eine klare Trennung zwischen den Epochen. Bis hierhin erstreckte sich ein sumpfiger Landstrich um die volkstümlichen Viertel herum (die Borghi); dieses Gebiet wählten die Franziskaner für den Bau der Kirche der Santa Croce. Der sozio-ökonomische Entwicklungsprozeß außerhalb der Stadtmauern wird von der Bebauungsdichte in der Renaissance dokumentiert: im Borgo Santa Croce wie in der Via de' Benci, wo insbesondere das Horne-Museum, der umgestaltete Palazzo dei Corsi, von der angelsächsischen Leiden-

Ornamentale Schriftrolle an der Fassade des Palastes von San Firenze.

schaft für die Florentiner Kultur zeugt.
Wer die Besichtigung der Bauwerke dieses Rundganges noch mit der dichterischen und sozialen Beschreibung des Lebens der Menschen in diesem Viertel in jüngster Vergangenheit ergänzen will, kann dazu die Romane des zeitgenössischen Schriftstellers Vasco Pratolini nutzen. Via del Corno, zwischen der Via de' Neri und Borgo dei Greci, bildet den Hintergrund der *Chronik der armen Liebesleute* und im Viertel Santa Croce spielt der Roman *Quartier.* Via de' Magazzini ist die Straße der Kindheitserinnerungen.
«Die Straße begann in gerader Form an einem bossierten Gebäude, verlief unter mir schnurgerade; sie krümmte sich dann weiter vorn, so daß man sie aus dem Blick verlor, um dann in die Breite der Piazza Signoria einzumünden.»

Domenico Beccafumi, Die Heilige Familie, Horne-Museum.

Rechts und rechte Seite: geschnitzte und bemalte Holzmasken aus Ozeanien, Nationalmuseum ür Anthropologie und Ethnologie, Palazzo Non Finito.

Unser Rundgang beginnt in der Via del Proconsolo. «Proconsolo» war der Leiter der hohen Zunft der Richter und Notare. Sein Palast stand an der Ecke der Via Pandolfini. Die Straße führt an der östlichen Seite des römischen Mauerrings entlang, wo sich auf der Höhe der Via del Corso, die «Porta Principalis Dextera» befand, danach kam die Porta a San Pietro.

Mitten im historischen Florentiner Stadtzentrum *gründete eine Enklave aus Fiesole die kleine Kirche* Santa Maria in Campo, *die Papst Gregorio IV. 1228 dem Bischof von Fiesole zuwies, der nach der Zerstörung seiner Stadt nach Florenz umziehen mußte. Von der Piazza del Duomo aus biegt man in die Via del Proconsolo und erreicht nach wenigen Metern den kleinen Platz zur Linken mit der Kirche. Ebenfalls links sind der Palazzo Non Finito, «der nicht vollendete Palast» (Hausnummer 12), und der Palazzo Pazzi (Hausnummer 10).*

Blick auf die Via del Procònsolo von der Badìa Fiorentina aus; im Vordergrund der Palazzo Pazzi, im Hintergrund der Palazzo Non Finito (nicht vollendet). Der Bau wurde 1593 von Bernardo Buontalenti begonnen und blieb im oberen Teil unvollendet; daher sein Name.

Der nicht vollendete Palast

1593 wurde der Palast für Alessandro Strozzi errichtet; 1814 war er Sitz der Regierung der Toskana, und diente u.a. auch als Sitz der großherzoglichen Polizei.

Von 1865 bis 1871 befand sich hier der Stadtrat und danach die Post-und Telegrafendirektion.

Buontalenti arbeitete mindestens sieben Jahre lang an dem Projekt und baute das Erdgeschoß. Später arbeiteten viele andere Architekten, u. a. Vincenzo Scamozzi aus Vicenza und Caccini an dem Bau, trotzdem blieben das Zwischenstockwerk über dem ersten Stock und eine gesamte Seite des Innenhofes unvollendet, «non finiti». Das Gebäude ist insgesamt manieristisch — mit einem starken Kontrast zwischen der Fassade und dem Innenhof. Fast eine Wiederinterpretation der schlichten, genügsamen toskanischen Renaissancebauten drücken der Hof von Cigoli und die Treppe von Santi di Tito aus.

Seit 1924 befindet sich in diesem Palast das Nationalmuseum für Anthropologie und Ethnologie.

Das Nationalmuseum für Anthropologie und Ethnologie. 1869 wurde Paolo Mantegazza von der Universität berufen, den ersten Lehrstuhl Italiens im Fach Anthropologie zu leiten. Im gleichen Jahr gründete er das Museum für Anthropologie. Die 25 Säle stellen Manufakturen der verschiedensten Kulturen aus.

Die ausgestellten Stücke reichen von Sammlungen der Familie Medici über die mitgebrachten Objekte der dritten Spedition Kapitän Cooks bis zu den Materialien, die Paolo Graziosi zusammenstellte (darunter Objekte der

Kafiri aus Pakistan) und 1960 dem Museum schenkte. Bemerkenswert u. a. ein Federmantel brasilianischer Eingeborener, ein priesterliches Gewand aus Tahiti, Trachten der Ainu (aus Japan), eine herrliche Kriegspiroge mit einer Einlegearbeit aus Perlmutt der Salomoninseln. Daneben die reichen osteologischen Sammlungen: Sechstausend unterschiedliche menschliche Schädel und Masken von Malaysiern, Buschmännern, Somaliern, Pygmäen, Mongolen und zahlreichen anderen Völkern.

Palazzo Pazzi

Die Familie Pazzi ließ den Palast 1458 erbauen, bewohnte ihn aber nur für kur-

5. Lebendige Erinnerung an Dante

Besonders sehenswert

Nationalmuseum des Bargello

Basilika und Museum von Santa Croce

Pazzi-Kapelle

Museum für Geschichte der Naturwissenschaften

Benedetto Buglioni, Madonna mit Kind, *glasierte Terrakotta. Das Werk ist über dem Portal der Badìa Fiorentina.*

Oben: der Palazzo Pazzi aus der Renaissance von Giuliano da Maiano. Er wird auch «della congiura» (der Verschwörung) genannt, weil er im Zusammenhang mit dem gegen die Medici gerichteten Komplott von 1478 stand. Die Dekoration der Biforien bildet das Familienemblem nach: Reblinge und Schiffe mit windgeblähten Segeln. Unten: Badìa Fiorentina, Orangenkreuzgang mit Fresken mit Geschichten des hl. Benedikt, *die dem Maler Giovanni di Consalvo zugeschrieben werden.*

ze Zeit. Die Mitwirkung an der Verschwörung gegen die Familie Medici kostete Francesco und Jacopo das Leben und die hinterbliebenen Familienmitglieder das Familienvermögen. So ging der Palast erst an die Familie Cybo und später an die Familie Strozzi.

Der Palazzo Pazzi ist ein Werk von Giuliano da Maiano.

Die Vorderfassade, dreigeteilt durch dünne gezackte Konsolen, hat verputzte Mauersteine über den bossierten Quadersteinen im Erdgeschoß und Rundfenster im dritten Stock. Die reiche Dekoration in den Bandgesimsen der Biphorien (Blätterranken und Schiffe mit geblähten Segeln, Symbol des kaufmännischen Geschicks der Familie) wiederholt sich in den Kapitellen des eleganten Hofes mit neun Arkaden (Akanthusblätter an den Seiten, in der Mitte eine Vase mit der Flamme, die an das Feuer erinnert, das nach der Legende vom Kreuzritter Pazzino de' Pazzi von der Heiligen Grabstätte in Jerusalem nach Florenz gebracht wurde).

Folgt man der Via del Proconsolo auf der rechten Seite, trifft man unmittelbar hinter der Kreuzung mit der kleinen engen Via Dante Alighieri auf die Badia Fiorentina.

Die Florentiner Abtei

Die religiöse Oase der Badia Fiorentina erscheint verschlossen wie eine Festung. Im Innern wurde sie im Lauf der Zeit tiefgreifend umgestaltet.

Willa, die Mutter des «gran barone» (des großen Markgrafen) Ugo di Toscana, stiftete die Badia am 31. Mai 978. Die ursprüngliche Abtei und die nach dem ersten Umbau von Arnolfo di Cambio im Jahr 1285 hatten den umgekehrten Aufbau wie die heutige. Die noch gut erkennbare Apsis ging in Richtung Via del Proconsolo, während die erhaltenen Überreste der Fassade im Kreuzgang wiederzufinden sind. Der sechseckige Glockenturm mit zugespitztem Giebel wurde 1330 auf dem zylindrischen Grundriß des ursprünglichen Turms wiedererrichtet. Dieser wurde 1307 zerstört, um die Mönche zu bestrafen, die, so Villani, «sich weigerten, die Steuern zu zahlen und dem Steuereinnehmer und seinem Gefolge die Türen verschlossen und die Glocken läuten

Filippino Lippi, Altarbild der Badìa Fiorentina mit der Erscheinung der Madonna vor dem hl. Bernhard.

ließen». Benedetto da Rovezzano nahm bis 1511 verschiedene Arbeiten vor. Zwischen 1628 und 1631 kam es erneut zu einem Umbau. Matteo Segaloni drehte die Kirche um 90°, veränderte somit den gesamten Kirchenaufbau in ein perfektes, nach Süd-Nord hin orientiertes, griechisches Kreuz und überdeckte den mittelalterlichen Ursprung mit einer eher manieristischen Einrichtung.

Der Innenraum. An der linken Wand eine Tafel von Filippino Lippi *Die Erscheinung der Madonna vor dem heiligen Bernhard* . Links das *Grabmal des Grafen Ugo* von Mino da Fiesole, von dem auch das Marmor-Relief mit der Abbildung der *Madonna zwischen den Heiligen Leonhard und Laurentius* stammt, das als Altarvorsatz diente und sich an der Eingangswand befindet, sowie das *Grabmal des Rechtsgelehrten Bernardo Giugni.*

Vom Presbyterium aus gelangt man in den zweigeschossigen Orangenkreuzgang, der zwischen 1432 und 1438 von Bernardo Rossellino erbaut wurde. In der oberen Loggia, neben den zwei Biphorien aus weißem und grünem Marmor, der Fresken-Zyklus mit den *Szenen aus dem Leben des heiligen Benedikt,* wahrscheinlich von Giovanni di Consalvo. Es ist ein besonderes Beispiel der Florentiner Malerei der Frührenaissance. Der portugiesische Maler hatte Kontakt zu den Malern Angelico, Masaccio, Domenico Veneziano, Filippo Lippi und Paolo Uccello, denen er vielseitige Anregungen verdankte.

Auf der anderen Seite der Via del Proconsolo, an der Kreuzung mit der Via Ghibellina, ist der Bargello-Palast.

Der Palazzo del Bargello (Bargello-Palast)

Er ist das älteste unter den Florentiner Kommunalgebäuden und das einzige, das Dante (fast) fertiggestellt gesehen haben könnte. Der Palast war jahrhundertelang ein Sitz der Justiz und der Macht. So war er Amtssitz des Capitano del Popolo, später des Stadtvogts (Podestà) und ab 1574 des Polizeihauptmanns (Bargello). Hier befanden sich auch das Gefängnis und die Hinrichtungsstätte. Die zum Tode Verurteilten verbrachten ihre letzten Nächte in einer Kapelle, an deren Fenster sie dann aufgehängt wurden; waren sie flüchtig, wurden ihre «Abbilder» an der Wand

Die Badìa Fiorentina in einer Aquarellzeichnung im Rustici-Kodex 1447-1453.

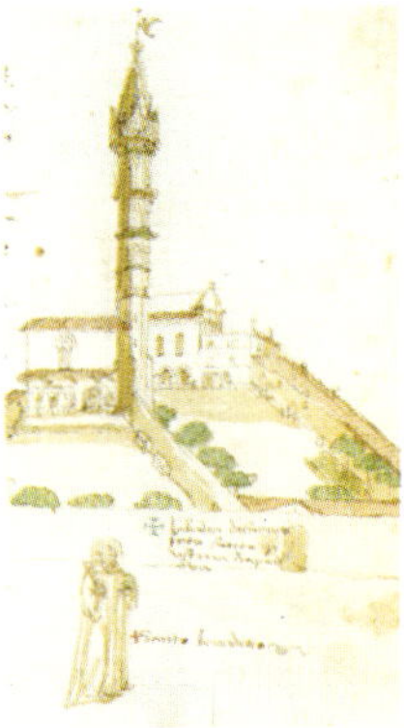

Rechts: Blick auf den Bargello-Palast von der Piazza San Firenze aus. Der Hof des Palastes (hier oben) diente als Hinrichtungsstätte. An den Wänden befinden sich die Wappen der Stadtvögte; die seitliche Freitreppe ist von Neri di Fioravante.

Oben: Cosimo Cenni, Bronzekanone «des heiligen Paulus», *so genannt nach dem riesigen Kopf des Heiligen, der das Bodenstück ziert. Unten: Tino di Camaino,* Madonna mit Kind. *Rechts: das* Tondo Pitti *von Michelangelo.*

in Richtung Via della Vigna Vecchia «gehängt».

Davon zeugen die Galgen, Scheiterhaufen und Folterinstrumente, die Peter Leopold im Jahr 1782 nach Aufhebung der Todesstrafe in den Innenhof schaffen ließ.

Das zwischen Mitte des 13. und 14. Jahrhunderts errichtete Gebäude weist deutlich zwei Bauphasen auf.

Der Baukörper des 13. Jahrhunderts enstand nach Plänen, die ein niedrigeres und schmaleres Gebäude vorsahen. Im 14. Jahrhundert erfolgte die Erhöhung des Gebäudes aus qualitativ schlechteren Quadersteinen, aber mit einer raffinierteren Gestaltung der Fensteröffnungen in Form von Biphorien und Triphorien.

Der Eingang ist am Portal (in Flachbogenform) des 57 m hohen Turmes, genannt Volognana.

Im Innenhof verlaufen zu drei Seiten Bogengänge mit achtkantigen Pilastern, die ellipsenförmige Bögen tragen. In der Mitte des Platzes ist ein Brunnen. Die vierte Wandseite ist mit vielen Wappen aus Stein und glasiertem Terrakotta verziert, an die sich die Freitreppe (1345) von Neri di Fioravante anlehnt, in ihrer Mitte ein schönes Gitter (1503) von Giuliano di Francesco da Sangallo.

Das Nationalmuseum. Es hat seit 1865 seinen Sitz in diesem Palast.

Unter dem Säulengang, neben den *Marmorskulpturen* von Ammannati, Giambologna und Tribolo, die Kanone «des Heiligen Paulus», so genannt nach dem Kopf des Heiligen, der das Bodenstück ziert.

Von der östlichen Seite des Innenhofes aus betritt man die «Sala del Trecento»: Skulpturen des 14. Jahrhunderts u. a. von Tino da Camaino *Madonna mit Kind* und die Gruppe *Die drei Akuluthen* von Arnolfo di Cambio.

Unter der Treppe ist der Eingang des Michelangelo gewidmeten Saals, in dem

Das Nationalmuseum

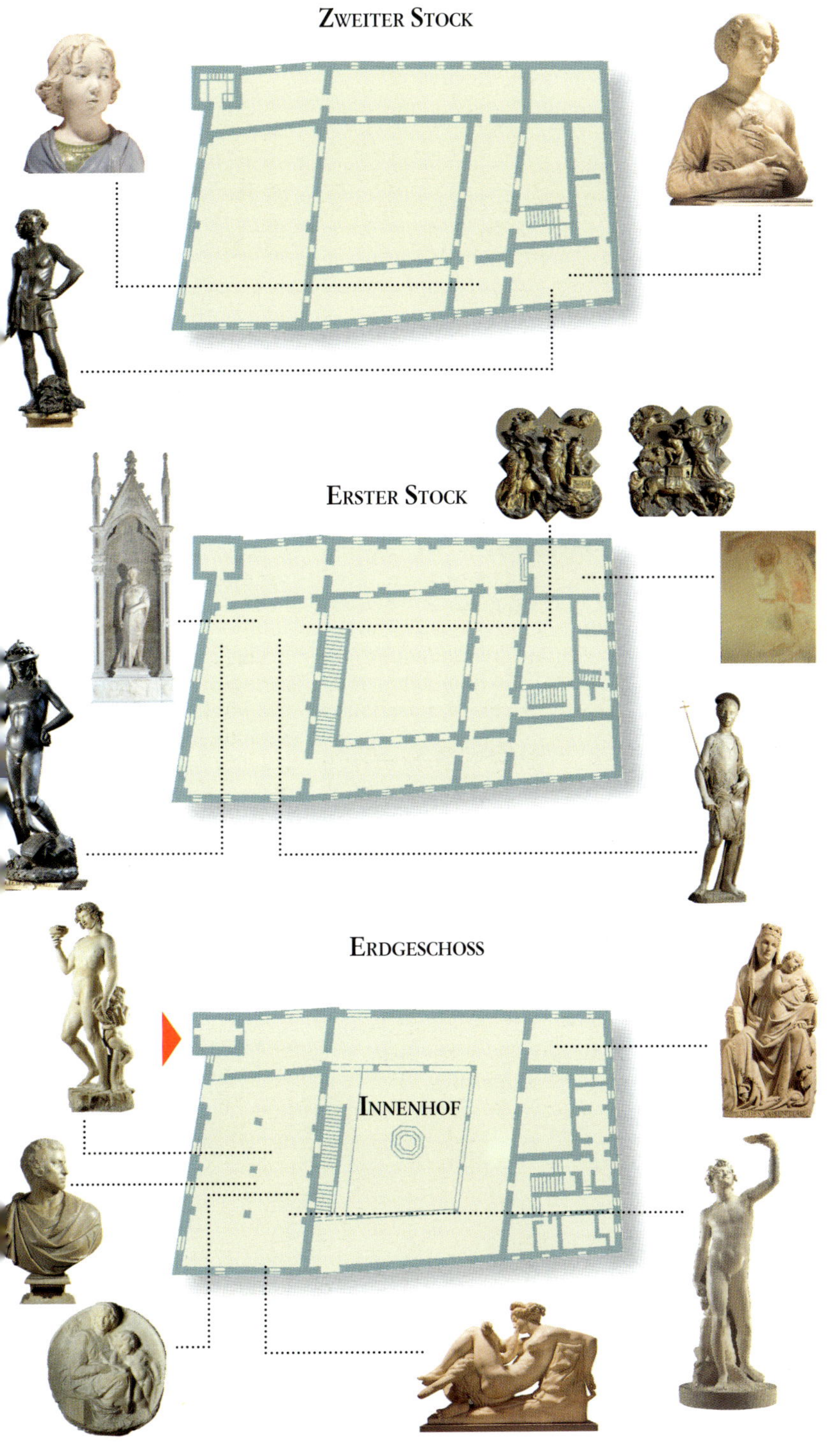

nicht beendete *Tondo Pitti*, das Jugendwerk *Bacchus* (1496-1497) und *Brutus*, die einzige Büste, die Michelangelo je schuf, ausgestellt sind.

Neben den Werken Michelangelos sind die von Ammannati, Bandinelli und die bedeutenden Skulpturen von Cellini, Giambologna und Jacopo Sansovino zu sehen.

Die Treppe führt zur Loggia im ersten Stock, deren farbige Gewölbe auf Pilastern «a fascia» (aus mehreren vereinigten Säulen bestehender Pfeiler) gestützt sind. Darunter steht eine Sammlung von naturalistischen Tierplastiken aus Bronze, unter anderen der herrliche *Truthahn*, den Giambologna für die Gruft

Michelangelo, Brutus, *als Verkörperung der republikanischen Tugenden. Rechts: Donatello, Der* heilige Georg. *Noch vor nicht allzu langer Zeit schmückte die Statue, die heute durch eine Kopie ersetzt ist, die Fassade des Palastes von Orsanmichele. Rechts: In der Loggia des ersten Stocks befinden sich zahlreiche Meisterwerke Giambolognas. Daneben: der* Bacchus, *ein elegantes Frühwerk Michelangelos. Unten:* die Leda mit dem Schwan *von Bartolomeo Ammannati.*

Links: *Andrea del Verrocchio,* Dame mit dem Blumenstrauß. *Unten: Andrea della Robbia,* Bildnis eines Knaben.

Die Szene der Opferung Isaaks *von zwei großen Künstlern an den Portalen des Baptisteriums: Lorenzo Ghiberti (ganz oben) und Filippo Brunelleschi (oben). Unten: Andrea del Verrocchio, Bronze-*David.

der Medici-Villa (bei Castello) schuf.

Von der Loggia aus kommt man in den prunkvollen Saal des Consiglio Generale (Ratsherrensaal), der von Neri di Fioravante im Frührenaissance-Stil entworfen wurde und der Donatello gewidmet ist. Aus der Kirche Orsanmichele stammt der berühmte *Heilige Georg* (1416), außerdem sind hier die beiden *Davids*: Der Marmor-David des jungen Donatello (1408-1409) und der weltberühmte Bronze-David (ca. 1440). Außer den Werken Donatellos sind in diesem Saal andere bedeutende Arbeiten, wie z. B. die *Reliefs*, die Ghiberti und Brunelleschi aus Anlaß eines Wettbewerbs für die nördliche Baptisteriums-Türe präsentierten und Werke von Michelozzo, Luca della Robbia, Desiderio da Settignano, Agostino di Duccio.

In den anderen Sälen des ersten Stockwerkes sind Sammlungen unterschiedlichster Natur und Herkunft: Kunst aus Arabien im islamischen Saal, Kleinkunst im Carrand-Saal, im Elfenbein-Saal eine Sammlung von 265 Arbeiten aus Elfenbein, Manufakturen aus dem 15. bis 18. Jahrhundert im Majolika-Saal, Möbel aus dem 16. Jahrhundert im Saal der Bruzzichelli-Stiftung. In der Kapelle der Heiligen Maria Magdalena u. a. an der Stirnwand ein Fresko *Paradies* (um 1340), das unten rechts den jungen Dante darstellt.

Im zweiten Stock sind in zwei Sälen die Werke von Giovanni und Andrea della Robbia; im Saal der Kleinbronzen ist die erste italienische Sammlung des Sektors. Besondere Beachtung verdienen die Bronzen *Herkules und Antheus* von Benvenuto Cellini und *Ganymedes* von Giambologna.

Im Saal des Verrocchio stehen von diesem Künstler der *Bronze-David* (ca. 1470), die Marmorbüste *Dame mit dem Blumenstrauß* und die *Büste* von Piero di Lorenzo de' Medici, sowie weitere Werke des späten 15. Jahrhunderts, zahlreiche *Büsten* von Antonio del Pollaiuolo, Francesco Laurana und Benedetto da Rovezzano. Im letzten Saal sind Waffen aus

Der Palazzo von San Firenze, die Kirche von San Filippo Neri, Innenraum. Die herrliche Kassettendecke ist von Giovacchino Fortini, von dem auch die beiden allegorischen Figuren der Barmherzigkeit *und der* Reinheit *im Innern der Kirche sind.*

verschiedenen Epochen, sie stammen aus den Sammlungen Medici, Carrand und Ressmann.

Vom Bargello aus, gehen wir die Via del Proconsolo weiter und kommen direkt nach der Kreuzung mit der Via della Vigna Vecchia, auf die langgezogene Piazza San Firenze. Auf der linken Seite ist der Palazzo San Firenze.

Der Palast und die Kirche San Firenze

Der große Klosterkomplex sollte nach einem Entwurf Pietro da Cortonas von 1640 gebaut werden. Wegen finanzieller Schwierigkeiten ging der Auftrag 1645 an Pier Francesco Silvani, der zunächst nur den Bau des linken Teils (der Kirche) vornahm, deren Fassade 1715 von Ferdinando Ruggieri vervollständigt wurde. Im Jahr 1772 «wiederholte» Zanobi Del Rosso auf der rechten Seite die linke, indem er die vorher bestehende Kirche abriß und mit einem starken Kranzgesims die beiden Seiten mit dem Mittelgebäude verband (das Kloster, das zwischen 1745 und 1749 erbaut wurde).

Der Palazzo Gondi aus dem 15. Jahrhundert wurde von Giuliano da Sangallo erbaut und im 19. Jahrhundert von Giuseppe Poggi umgebaut. Wie bei vielen herrschaftlichen Häusern der Stadt verläuft um die Basis eine steinerne «Bank».

Der Innenraum besteht aus einem einzigen zweigeschossigen Saal. San Firenze beherbergt ein kleines Kunstmuseum mit florentinischen Werken aus dem 17. bis 18. Jahrhundert: Bemerkenswert sind u. a. die Statuen der *Nächstenliebe* und der *Reinheit* von Giovacchino Fortini, und *Kreuzabnahme Christi* von Alessandro Gherardini.

Direkt vor dem Palazzo San Firenze, an der Ecke der abschüssigen Via de' Gondi, die auf die Piazza della Signoria führt, steht der Palazzo Gondi.

Palazzo Gondi

Er wurde 1489 von Giuliano da Sangallo begonnen und erst 1874 von Giuseppe Poggi nach dem ursprünglichen Plan Sangallos vollendet.

Giuliano Gondi, der lange Zeit außerhalb Florenz gelebt hatte, kehrte im Alter zurück und wollte sich hier einen Palast errichten lassen, der sich mit denen der anderen großen Florentiner Familien messen konnte. Giuliano da Sangallo, zu dieser Zeit auf dem Höhepunkt seiner Karriere, hat viel vom Medici-Palast und dem gerade errichteten Strozzi-Palast nachgeahmt, jedoch auch Persönliches eingebracht. Auch hier sind die bossierten Steinquader kanonisch «gestaffelt», jedoch mit un-

gewöhnlichem Erscheinungsbild, insbesondere die helldunkle Plastizität der Rustika des Erdgeschosses, die kontinuierlich in den oberen Stockwerken abnimmt, und die sehr raffinierte dekorative Gestaltung der beiden oberen Stockwerke.

Von der Piazza San Firenze biegen wir links von der Kirche in die Via dell'Anguillara. Der Palast mit der Hausnummer 14 gehörte Baldaccio d'Anghiari. *Der mittelalterliche Bau wurde im 16. Jahrhundert umgebaut. Der* Palazzo Baccelli *(Hausnummer 23) mit seinen großen vorspringenden Konsolen ist typisch für die Paläste des 17. Jahrhunderts; aus dem 18. Jahrhundert ist der* Palazzo Ginori *(Hausnummer 19-21). Das schön restaurierte Gebäude mit der Hausnummer 17 ist typisch für das 14. Jahrhundert.*

Im letzten Abschnitt der Via dell'Anguillara biegen wir links in die Via Torta, (ihren Namen erhielt sie, da sie die Kurvenlinie des antiken römischen Amphitheaters aufnimmt) und erreichen die Piazza Santa Croce.

Piazza Santa Croce

«Dieser Platz ist wunderschön durch die Häuser, die anmutig wie auf der Bühne eines Theaters angeordnet sind», kommentierte 1677 einer der ersten Reiseführer, «Mit Maß bedacht in jedem Teil und am Rand mit Pfählen abgesteckt, sodaß die Jungendlichen jedes Jahr zur Karnevalszeit für das Fußballspiel am besten sich vorbereiten können.»

Der Aufbau ist spiegelbildlich zu dem der Kirche Santa Maria Novella. Er wurde für die Massen von Gläubigen geschaffen, die herbeiströmten um die ersten franziskanischen Predigten zu hören. Später wurde der Platz genutzt für religiöse Schauspiele und Feierlichkeiten; später auch für die Lanzenrennen zu Pferd, wie im Jahr 1381, anläßlich der Hochzeit Luchino Viscontis,

Zwei Ansichten der Piazza Santa Croce mit der gleichnamigen Basilika; oben: die Fassade und der Glockenturm von den Dächern aus gesehen; ganz oben: ein Panoramablick auf den Platz von der Ecke, an der die Via dell'Anguillara beginnt. Ganz rechts sieht man die Kuppel der Pazzi-Kapelle. Unten links: die imposante Statue Dante Alighieris, *die seit 1968 links von der Kirche steht (zuvor, seit 1865, befand sie sich in der Mitte des Platzes;* ☛ *Foto S. 213).*

Die Feste -2-

eingeführt, wie z. B. das Fußballspiel aus dem 16. Jahrhundert. Erstmals wird diese Art von Fußball Anfang des 15. Jahrhunderts erwähnt, und zwar in einigen Verszeilen, die das Spiel auf der Piazza Santo Spirito beschreiben. Von dem Chronisten Luca Landucci wissen wir, daß am 10. Januar 1490 «der Arno so zufror, daß man beschloß, ein Fußballspiel auf dem Eis auszutragen». Meistens fanden die Spiele während der Karnevalszeit statt. Weitere Gelegenheiten dazu boten sich bei besonderen Anlässen (meistens große Hochzeiten), und einmal gab es sogar die Gelegenheit zu einem Auswärtsspiel. In Lyon haben die dort ansässigen Florentiner Henri III. zu Ehren «ein Fußballspiel mit allen adligen Florentinern organisiert», da «weder Handwerker, noch Bedienstete, noch Nichtadlige, sondern nur ehrwürdige Soldaten, Aristokraten, Ehrenmänner und Prinzen» die Rolle der Spieler in den bedeutenden Spielen einnehmen konnten. Nach und nach ging diese Tradition verloren, vielleich wegen der

Historischer florentinischer Fußball (Calcio storico)
«Der Ball flog hoch in die Luft und verletzte oder beschädigte dabei nichts und niemanden». Es handelte sich um einen Kanonenschuß, der über die ganze Piazza Santa Croce flog, auf der viele Zuschauer den Kampf um den Ball verfolgten, der laut dem Dichter Gabriello Chiabrera aus dem 16. Jahrhundert «aus rundem festem Leder bestand, in dem der Wind gefangen war».

Außerdem gehören die römischen Feste der Flora, die vom 28. April bis zum 3. Mai stattfanden, wahrscheinlich zu den Anfängen der Gründung von Florenz und haben zum Namen der Stadt beigetragen. Viele andere religiöse und weltliche Feste sind im Laufe der Jahre verlorengegangen oder wurden wieder

Konkurrenz des «pallone col bracciale» (Ball mit Armband) und hörte im Januar 1739 mit einem letzten Spiel zu Ehren der Ankunft von Franz II. und Maria Theresia von Österreich in Florenz ganz auf. Erst 1930 – vier Jahrhunderte nach dem historischen Belagerungsspiel – wurde diese Tradition wieder ein fester Bestandteil der Stadtfeste, und man beschloß, sie im Juni, im Rahmen der Feierlichkeiten von San Giovanni – dem Schutzheiligen von Florenz – auszutragen. Zur gleichen Zeit wurden auch die Spielregeln und die Choreographie neu festgesetzt. Jeder Stadtteil stellt 27 Spieler (blau

für Santa Croce, weiß für Santo Spirito, rot für Santa Maria Novella, grün für San Giovanni), die in «datori indietro» («die den Ball nach hinten geben»: Torwarte), «datori innanzi» («die den Ball nach vorne geben»: Verteidiger), «sconciatori» («die den Gegner behindern»: Angreifer) und «innanzi» oder «corridori» («Läufer») aufgeteilt werden. In dem Zug ziehen außer den Fahnen der jeweiligen Stadtviertel auch die der Zünfte und der Berufsarten mit, sowie 16 Fahnenträger, die die wichtigsten öffentlichen Richterämter von Florenz im 16. Jahrhundert darstellen. Schnitte und Farben der Kostüme wurden Entwürfen von Lorenzo Lotto und Andrea del Sarto abgesehen.

Auf diesen Seiten: Einige Szenen des zugs in historischen stümen, der parallel den Fußballspielen stattfindet. Die Teilnehmer schieren zum Klang von Trommeln und rompeten. Obwohl die Tradition erst in üngerer Zeit (1930) wieder auflebte, verfolgen viele entiner den Fußball einer Leidenschaft, auch auf die Spieler bergreift. Hier oben links: die heißesten Phasen eines Spiels ischen Roten (Santa Maria Novella) und ißen (Santo Spirito).

Oben Mitte: Giovanni Signorini, Der Florentiner Karneval, *Ausschnitt, Palazzo Pitti, Galerie für Moderne Kunst. Zwei Einzelheiten gestatten eine ziemlich genaue Datierung des Gemäldes: es zeigt bereits den 1847 erbauten Glockenturm, während die Fassade, die 1853 ihre Verkleidung erhielt, noch im «Rohzustand» ist. Hier oben: ein Ausschnitt der Fassade des Palazzo Antellesi. Giulio Parigi erbaute sie zwischen 1619 und 1620, indem er einige den Auftraggebern gehörende Bauten harmonisch zusammenfügte. Die Fresken wurden in Rekordzeit von verschiedenen Künstlern unter der Leitung Giovanni da San Giovannis ausgeführt.*

und vor allem für die Festlichkeiten und Veranstaltungen in der Zeit Lorenz' des Prächtigen, und nicht zuletzt für den «Calcio», das historische Fußballspiel, an das eine Marmorscheibe von 1566 in der Fassade des Palazzo Antellesi erinnert, die die Mitte des Spielfeldes anzeigt (☛ S. 136).

Im Zusammenhang mit der Bühnenfunktion des Platzes wurden insbesondere zwei sich gegenüberliegende Paläste als Kulisse konzipiert, und zwar der Palazzo Cocchi-Serristori (Hausnummer 1) und Palazzo Antellesi (Hausnummern 20-22).

Palazzo Cocchi-Serristori

Das römische Reich und seine Amphitheater standen wahrscheinlich Modell für die Gestaltung der Fassade, die zwischen 1480 und 1490 von Giuliano da Sangallo geschaffen wurde.

Der Platz ist mit Arkaden, Gebälk und Lisenen versehen, die auf die römischen Konstruktionen anspielten.

Das Gebäude entstand aus mehreren zuvor bestehenden Häusern der Peruzzi, die zusammengefügt und restauriert wurden. Das Bossenwerk des Erdgeschosses aus Pietra forte wurde durch tragende Pilaster ersetzt.

Palazzo Antellesi

Dreizehn Künstler arbeiteten zwanzig Tage lang, fünfzehn Tage im Mai 1619 und fünf Tage im Mai 1620, an der Bemalung der Fassade mit Girlanden, Sinnbildern und Putten.

Die Namen der Maler, unter ihnen Passignano, Matteo Roselli, Giovanni da San Giovanni, Ottavio Vannini und Fabrizio Boschi, sind in einer Schriftrolle aufgeführt, die von einer Putte gehalten wird (es ist die dritte Putte, von der Kirche aus, in der Fassade unter den Fenstern des ersten Stocks). Diese Meister der Akademie für Zeichenkunst hatten als Auftraggeber Niccolò dell'Antella, der durch seine Heirat in den Besitz mehrerer bestehender Gebäude gekommen war. Giulio Parigi hatte kurz zuvor die Häuser mit einer Fassade verbunden, in den vorstehenden Obergeschossen sind die typisch florentinischen «sporti» (Konsolen aus Stein, die die Obergeschosse tragen).

Die Basilika Santa Croce

«Im Jahre 1294, am Tag Santa Croce im Mai, wurde diese neue große Kirche der florentinischen Minoritenbrüder von Santa Croce errichtet», so der Chronist Giovan-

Die einfache Gestaltung des Innern der Basilika von Santa Croce, die im Lauf der Jahrhunderte zum Tempel «italischen Ruhms» heranwuchs.

ni Villani. Diese Information steht im Widerspruch zu der Gedenktafel im Eckpfeiler zwischen dem rechten Längsschiff und dem Querschiff, auf dem man liest: «Am 3. Mai 1295 wurde der Grundstein zu dieser Kirche gelegt.»

Das Bauprojekt ist wahrscheinlich von Arnolfo di Cambio, der auf dem Fundament einer vorher existierenden Kirche, die zum ersten Mal im Jahr 1228 erwähnt wurde, eine große Kathedrale plante, die sich an die berühmten französischen gotischen Vorbilder anlehnte, jedoch vereint mit den romanischen Bautraditionen vor Ort.

Die Arbeiten dauerten lange an, so daß die Einweihung erst 1443 stattfamd.

Der große Umbau von Vasari erfolgte im 16. Jahrhundert, er übertünchte die mit Fresken versehenen Wände und fügte große Altare ein. 1847 wurde der Glockenturm von Gaetano Baccani wieder aufgebaut und 1853-1863 kam die Marmorfassade von Niccolò Matas dazu. Dantes Statue, die 1865 in der Mitte des Platzes stand, wurde 1968 linksseitig versetzt. .

Der Innenraum. Der Innenraum ist in T-Form und nimmt die Form des ägyptischen Kreuzes auf.

Die drei Kirchenschiffe sind nur durch achtkantige Pilaster getrennt, die die hoch gespannten Spitzbogenarkaden der Seitenschiffe tragen. Das Dach des Mittelschiffes ist offen (Hängewerk). Bemerkenswert ist die Ausdehnung des Querschiffes, das zahlreiche Kapellen und Grabnischen enthält.

Einstmals war der Innenraum der Kirche mit Fresken dekoriert, die Episoden der Bibel wie die Offenbarung und das Leben der Heiligen darstellten. Die Wandmalereien bildeten eine wahre «Bibel für Arme» und hatten in den Schiffen eine wichtige didaktisch-religiöse Rolle, die von den Franziskanern nach draußen auf dem großen Platz weitergeführt wurde.

Rechtes Seitenschiff und Querschiff. Thema der sechs Altäre der rechten Seite sind *Geschichten der Passion, die* von verschiedenen Künstlern ausgeführt wurden (unter ihnen Santi di Tito, Vasari und Cigoli). Zwischen dem ersten und dem zweiten Altar ist das *Grabmal Michelangelos*, ein Werk von Vasari (1564), auf dem Pfeiler gegenüber das Marmorrelief *Madonna del latte* (Madonna der nährenden Mütter) von Antonio Rossellino (1478). Zwischen dem zweiten und dem dritten Altar *Dante Alighieris Kenotaph* (1829) von Stefano Ricci und das neoklassische *Grabmonument des Vittorio*

Das Querschiff der Basilika, von der Seite aus gesehen, wo sich die Sakristei befindet.

Die Basilika Santa Croce

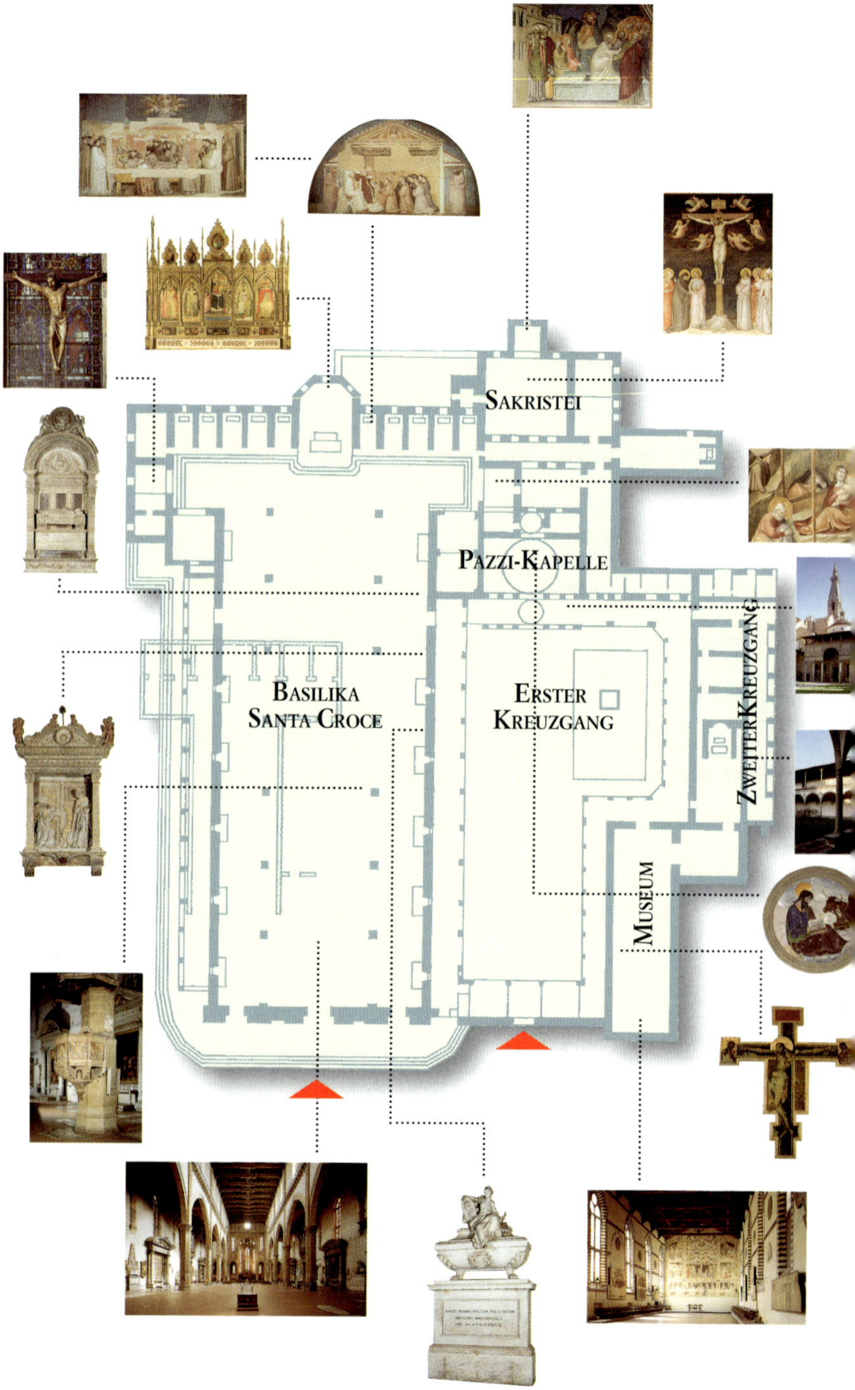

Sprache und Literatur

Die Bedeutung des Florentinischen für die Entstehung der italienischen Hochsprache ist im Lauf der Jahrhunderte heftig diskutiert worden. Von diesem Disput abgesehen ist die Florentiner Sprechweise für ein charakteristisches phonetisches Merkmal, die sogenannte «gorgia», bekannt, die im Aspirieren einiger intervokalischer Konsonanten (c, d, p, t) besteht. Der Ursprung dieses Phänomens wird von einigen auf das etruskische Substrat zurückgeführt, ist jedoch in Wirklichkeit neueren Datums: die frühesten schriftlichen Belege stammen tatsächlich aus dem 16. Jahrhundert. Auch Dante schweigt zu diesem Punkt. Dante (1265-1321) gilt allgemein als der Vater der italienischen Sprache. Er leitet den Prozeß zur Veredelung der Umgangssprache (des «volgare») ein, der dann zur Entwicklung der literarischen Sprache führt. Der Ruhm der *Göttlichen Komödie* und die öffentlichen Lesungen, die daraus in Florenz und anderen Städten Italiens gehalten wurden, haben nicht wenig zur Verbreitung der neuen Sprache beigetragen. Während des 14. Jahrhunderts haben Francesco Petrarca und Giovanni Boccaccio, jeder auf seine Weise – der erstere verwendet ein verfeinertes Toskanisch, das für Latinismen und französische Spracheinflüsse offen ist, der zweite bevorzugt die Florentiner Sprache seiner Zeit – der Volkssprache zu Ansehen verholfen: der *Canzoniere* und das *Decameron* erlangen schnell internationalen Ruhm. Im 15. Jahrhundert, während der humanistischen Blütezeit, trägt die Rückbesinnung auf das Studium der lateinischen und griechischen Klassiker zur Bereicherung des Wortschatzes und zur wachsenden Eleganz der Sprache bei. Im 16. Jahrhundert, der Epoche des «schönen Stils», behauptet sich die italienische Sprache endgültig als Kultursprache an den bedeutendsten Höfen Europas. In dieser Zeit löst die Behauptung, daß die florentinische Schriftsprache den anderen italienischen Volkssprachen überlegen sei, leidenschaftliche Diskussionen aus. Niccolò Machiavelli und Francesco Guicciardini sind überzeugte Befürworter dieses Vorrangs. Pietro Bembo verfaßt die erste italienische Grammatik. In diesem Zusammenhang entsteht in Florenz (1582) in der prachtvollen mediceischen Villa von Castello die *Accademia della crusca* («Akademie der Kleie»), die sich bemüht, die florentinischen Eigenheiten der Sprache zu bewahren: daher der abwertende Ausdruck «cruscante» für die hartnäckigen Befürworter veralteter, wo nicht lächerlich gewordener Ausdrucksweisen. Zu den Verdiensten der Accademia zählt jedoch die Verfassung des ersten *Wörterbuchs der italienischen Sprache* (1612). Heute ist sie ein modernes Zentrum für die Erforschung der Sprachentwicklung. Der letzte große Befürworter einer Florentiner Nationalsprache ist Alessandro Manzoni (1785-1873), der zur Überarbeitung der Verlobten nach Florenz kam, um «die Wäsche im Arno auszuspülen» und somit die Verknüpfungen mit der Lokalsprache wiederherzustellen, die mit der allmählichen, bereits im 19. Jahrhundert einsetzenden Entwicklung einer allen verständlichen, aber unpersönlichen *Koiné* immer schwächer geworden waren. Mit der heutigen Standardisierung der Sprache durch die modernen Kommunikationsmittel befinden wir uns in der letzten Phase dieses Prozesses, der durch die politische und ökonomische Distanz von Florenz zu den Städten, wo die eigentlichen Entscheidungen fallen, insbesondere Rom und Mailand, begünstigt wird.

Die Marmorkanzel aus dem 15. Jahrhundert von Benedetto da Maiano: die Basreliefs der Tafeln zeigen Szenen aus dem Leben des heiligen Franziskus. *Oben:* das Grabmal des Niccolò Machiavelli, *ein Werk aus dem 18. Jahrhundert von Innocenzo Spinazzi. Unten: Bernardo Rossellino, das* Grabmal des Leonardo Bruni. *Rechts unten: Taddeo Gaddi,* Kreuzigung. *Sakristei.*

Alfieri von Antonio Canova (1810), auf dem dritten Pilaster von rechts das späte Meisterwerk *Marmorkanzel* von Benedetto da Maiano mit fünf Reliefs, die *Szenen aus dem Leben des heiligen Franziskus* darstellen. Hinter dem vierten Altar das *Grabmal des Niccolò Machiavelli* (1787), hinter dem fünften Altar die *Verkündigung*, ein Sandsteinrelief von Donatello und eines der bedeutendsten Werke der Florentiner Frührenaissance. Es folgt das *Grabmal des Leonardo Bruni* (1444-45) von Bernardo Rossellino, das zum Vorbild für spätere Grabmonumente wurde. Dann kommen noch die Grabmäler *Gioacchino Rossinis* (1900) und *Ugo Foscolos* (1939).

Vom rechten Arm des Querschiffes gelangt man zur Castellani-Kapelle (in der sich die Mitglieder des dritten Franziskanerordens versammelten, dem auch Dante angehörte) mit *Fresken* von Agnolo Gaddi und Gehilfen (1385).

Dann kommt man zur Baroncelli-Kapelle mit Fresken von Taddeo Gaddi (*Szenen aus dem Leben der Jungfrau,* 1332-1338), der auch die Fresken der Fensterwand schuf. Umstritten ist die Zuschreibung des Polyptychon des Altares, das von Taddeo Gaddi oder seinem Lehrer Giotto stammt.

Durch das Portal Michelozzos kommt man in einen Gang, der auf der linken Seite zur großen Sakristei aus dem 14. Jahrhundert führt. Die *Fresken* der rechten Wand stammen von Niccolò Gerini, Spinello Aretino und Taddeo Gaddi (*Kreuzigung*); Einlegearbeiten von Giovanni Michele in den Sakristei-*Schränken* aus dem 15. Jahrhundert, in den Vitrinen kostbare Reliquienbehältnisse, Meßbücher und Paramente aus verschiedenen Epochen. An der Hinterwand die Rinuccini-Kapelle mit *schmiedeeisernem Gitter* (1371) hinter dem man die *Fresken* (1363-1366) von Giovanni da Milano sehen kann. Schließlich kommt man zur Medici-Kapelle von Michelozzo; auf dem Altar ein wunderschönes *Reptabel* in glasierter Terrakotta (1480) von Andrea della Robbia.

In der Kirche sind im hin-

Donatello, Die Verkündigung *(1435)*

Taddeo Gaddi, Christi Geburt (Ausschnitt), *Baroncelli-Kapelle.*

teren Querschiff die fünf Kapellen zur linken und die fünf zur rechten Seite, die berühmten Familien des Stadtteils gehören. In der Kapelle der Peruzzi, der vierten von rechts, *Szenen aus dem Leben des Evangelisten Johannes* (rechts) sowie *Johannes des Täufers* (links) von Giotto, der auch die großartigen Fresken der darauffolgenden Bardi-Kapelle (1320-1325) mit *Szenen aus dem Leben des Franz von Assisi* geschaffen hat. «In der Kunst Giottos finden wir eine der größten, kreativsten Kräfte, die die Malerei je erlebt hat. Alles ist Zeichnung und Architektur, es gibt keinen Strich der nicht essentiell ist, der nicht daran beteiligt ist, eine höhere Wahrheitsordnung zu schaffen» (André Barret).

Die Hauptchorkapelle hat das größte gotische Ausmaß der Kirche, die Fresken von Agnolo Gaddi (ca.1380) stellen die Szenen der *Auffindung des wahren Kreuzes* dar, inspiriert von der *goldenen Legende* von Jacopo da Varagine. Auf dem Hauptaltar ein Polyptychon von Niccolò Gerini und Giovanni del Biondo, das *Die thronende Madonna mit Kind und Heiligen* darstellt.

Auf der linken Seite: Die vierte Kapelle von der Hauptkapelle aus ist die der Pulci-Beraldi mit *Fresken*, von Bernardo Daddi und einem *Altarreptabel* in glasierter Terrakotta und zum Teil mit Ölfarben bemalt von Giovanni della Robbia. Die fünfte Kapelle (Bardi di Vernio) ist mit *Fresken* (ca. 1340) des originellen Schülers Giottos, Maso di Banco, gestaltet.

Im linken Bereich des Querschiffes ist eine weitere Kapelle der Familie Bardi mit Gitter (1335), in ihrem In-

Giovanni da Milano, Lazarus Wiedererweckung zum Leben, *Rinuccini-Kapelle.*

Giotto, der Tod des heiligen Franz von Assisi, *Bardi-Kapelle.*

Oben: Giotto, Approbation der Regel des Franziskanerordens. *Bardi-Kapelle. Rechts: Donatello,* Holzkruzifix.

Der harmonische zweite Kreuzgang, der vielleicht von Brunelleschi entworfen und 1453 von Rossellino erbaut wurde (auf der anderen Seite oben: eine Terrakotta des Pendentifs). Unten: das Polyptychon von Santa Croce *von Niccolò Gerini und Giovanni del Biondo.*

nern ein *Holzkruzifix* (1411) von Donatello.

Abschließend die Machiavelli-Kapelle mit dem *Grabmal der Gräfin Sophia Zamoyska* (1837-1844), ein Neorenaissance-Werk von Lorenzo Bartolini.

Das linke Kirchenschiff. Hier sind weitere Grabmonumente: Die Grabmäler des *Luigi Cherubini*, des *Leon Battista Alberti* (von Lorenzo Bartolini, 1840-1850), des *Carlo Marsuppini* (von Desiderio da Settignano), des *Galileo* und seines Schülers *Vincenzo Viviani*.

In den Kreuzgängen auf der rechten Seite der Kirche sind im ersten Klosterhof aus dem 14. Jahrhundert eine Bronze *von Henry Moore und ein* sitzender Gottvater *von Baccio Bandinelli, die sich in der Mitte der Rasenanlage befinden. Im Hintergrund sieht man die* Cappella de' Pazzi.

Pazzi-Kapelle

Andrea de' Pazzi war der Stifter des Bauwerks, das als Kapitelsaal diente und hinter dem Altar eine Kapelle barg, in der die Familie des Mäzens ihre Toten bestatten durfte.

Der Bau wurde unter der Aufsicht Brunelleschis 1429 begonnen, der den Innenraum 1444 noch fertig sah, hingegen nicht die erst 1459 vollendete Kuppel.

Die Fassade. Ihre Leichtigkeit verdankt die Fassade den vielen Öffnungen. Es ist die einzige Kapelle, die Brunelleschi uns hinterlassen hat, auch wenn er nicht vollständig für das Projekt verantwortlich ist. Sechs korinthisierende Säulen tragen die Attika, die von Lisenen betont und in der Mitte von einem Bogen unterbrochen ist. In dem Fries der Architrave gemeißelte *Köpfe der Cherubini-Engel*

vier Evangelisten), die nach Entwürfen Brunelleschis von Luca della Robbia ausgeführt wurden, und neben weiß und hellblau eine auf grün, braun und gelb erweiterte Polychromie zeigen.

Vom ersten Kreuzgang aus kommt man in das ehemalige Refektorium (14. Jahrhundert), in dem das Museo dell'Opera di Santa Croce beginnt.

Die Pazzi-Kapelle (hier oben) ist der einzige Bau, bei dem Brunelleschi die Fassade ausgeführt hat. Links: das Gewölbe der Kuppel des Säulengangs: Tondi und Rosetten in glasierter Terrakotta von Luca della Robbia. Unten: vom selben Künstler, Lukas der Evangelist, *eins der vier Tondi, die innen das Pendentif des Gewölbes der Kapelle schmücken.*

von Desiderio da Settignano, in dem Gewölbe des Säulengangs, *Tondi* und *Rosetten* in glasiertem Terrakotta von Luca della Robbia, von dem auch der *Heilige Andreas* über der Tür ist, deren *Türflügel* eine bedeutende Arbeit Giuliano da Maianos sind.

Der Innenraum. Der einfache Aufbau des Innenraums der Kapelle nimmt die ausdrucksvollen Formen der Alten Sakristei von San Lorenzo wieder auf. Dem gesamten Bau liegt dasselbe Maß von 20 Ellen (ein Elle = 58 cm) zugrunde, das ist der Durchmesser der Kuppel und der Seitenwände des zentralen Quadrates der Kapelle, auf dem die Kuppel fußt. Genial ist auch die Idee, die weißgetünchte, nur durch Lisenen und Rundbögen aus grauem Stein gegliederte Wand, durch Farben konkret und real zu machen, besonders durch die Terrakotten des Pendentifs (*Die*

Santa-Croce-Museum

Das ehemalige Refektorium wurde zum ersten Saal des Museums. Gleich zur Rechten ist das große gemalte *Kruzifix* von Cimabue (vor 1271), das während des Hochwassers von 1966 stark beschädigt wurde.

An der Stirnwand das große Fresko von Taddeo Gaddi (von 1333, dem Jahr einer anderen großen Flutkatastrophe), mit der Darstellung des *Letzten Abendmahls*. Diese erstmals in der florentinischen Kunst auftretende Thematik wurde daraufhin zum Vorbild für die Dekorationen der Speisesäle in Klöstern (☛ S. 146). Von Gaddi sind vier *Heilige Szenen* und *Baum des Lebens*.

An den Seitenwänden sechs Tafeln mit Fragmenten eines großartigen *Freskos* von Andrea Orcagna, einem der

Die Zönakel

In der Renaissance sind die großen Mönchsorden unter den Hauptauftraggeber von Kunstwerken — für ihre Kirchen, aber auch für andere Räume, in denen de Glaube praktiziert wurde. Die Stätten, an denen die Mönche arbeiten, beten ode essen werden mit Bildern geschmückt, die die Wahrheit des Glaubens, die Geschichte des Ordens, und auf die von ihm verfolgten geistlichen Werte ansprechen In der Kirche ist die pädagogische Funktion der Bilder seit ihren Anfängen wohl bekannt, «die Malerei nutzt einem Analphabeten genauso viel wie die Schrift einem der lesen kann», so schreibt Papst Gregor der Große um das Jahr 600.
Die Ausschmückung der Refektorien oder der Eßsäle, in denen die Mönche sich zu den Mahlzeiten treffen, ist besonders bedeutsam und sorgfältig ausgeführt. Das gemeinsame Mahl und das Lesen und Zuhören von Schriften hat einen hohen symbolischen Wert und hat eine zentrale Bedeutung für die Identität der Klostergemeinde — wie ein liturgischer Akt.
Diese Bedeutung der Speisesäle im kulturellen und geistlichen Leben der Klöster erklärt ihre wunderschönen Fresken. Das Hauptthema dabei ist immer das Letzte Abendmahl, als Jesus das Sakrament der Eucharistie einführte.

Das Zönakel von Santa Croce
Im großen Refektorium der Basilika hängt das *Letzte Abendmahl* (1333), eines der Hauptwerke des Taddeo Gaddi, und gleichzeitig der Prototyp von allen analogen darauffolgenden Bildern. Im Vordergrund sehen wir nur Judas, der als einziger auf der anderen Seite des Tisches sitzt, welcher die Figuren von Christus und von den Aposteln trennt. Neben Jesus sitzt der jüngste und bevorzugte der Apostel, Johannes der Evangelist, der den Kopf in den Schoß des Erlösers neigt. Über dem Bild befinden sich weitere Fresken von Taddeo Gaddi: *Der Heilige Benedikt in der Einsamkeit, Abendmahl Jesu beim Pharisäer, Der heilige Franziskus bekommt die Stigmate*, eine *Geschichte des heiligen Ludwig von Toulouse* und der große *Kreuzbaum*.

Das Zönakel von Sant'Apollonia
Das Letzte Abendmahl (1444), das von Andrea del Castagno nach seiner Rückkehr nach Florenz gemalt wurde, hängt in einem prächtigen Saal, der mit buntem Marmor dekoriert ist. Darüber befinden sich Szenen aus dem Leidensweg Christi: die *Kreuzigung*, die *Grablegung* und die *Wiederauferstehung*. Das Zönakel ist ein kleines monographisches Museum, das Andrea del Castagno gewidmet ist. Zusätzlich zu den schon genannten Werken wurden noch die *Pietà Christi* und ein *Kruzifix* von ihm ausgestellt.
[Eingang: Via XXVII Aprile 1; ☛ T3/F3. Geöffnet: 9-14 Uhr, außer montags].

Das Zönakel von San Salvi
Das Bild befindet sich im Refektorium des Klosters Vallombrosa von San Salvi. In den Jahren 1526-1527 wurde es von Andrea del Sarto mit Fresken bemalt und lief Gefahr, während der Belagerung von 1529 zerstört zu werden. Dank eines Abkommens zwischen Karl V. und den Florentinern, denen die kriegsführende Macht versprach, keine militärischen Konflikte in der Nähe des Klosters auszutragen, wurde es gerettet. In den Räumen des ehemaligen Klosters wurde ein Zönakelmuseum von San Marco eingerichtet, das Werke florentinischer Künstler des 16. Jahrhunderts (Raffaellino del Garbo, Giorgio Vasari, Ridolfo del Ghirlandaio, Pontormo, Bachiacca, Benedetto da Rovezzano) zeigt.
[Eingang: Via di San Salvi 16; ☛ T6/L5. Geöffnet 9-14 Uhr, außer montags].

Das Zönakel von Ognissanti
Im Refektorium des Franziskanerklosters Ognissanti wurde das Bild von Domenico Ghirlandaio gemalt. Als großer Verbreiter des Malstils der Florentiner Renaissance, setzt der Künstler sein *Letztes Abendmahl* (1480) in eine bürgerliche Umgebung des 15. Jahrhunderts, mit einer offenen Landschaft im Hintergrund. Das Fresko ist voller symbolischer Andeutungen: Der Pfau auf der rechten Fensterseite, der seine wunderschönen Federn zeigt, steht für die Unsterblichkeit der Seele, während die Lerche auf der linken Seite die Seele des Rechtschaffenen verkörpert, die ganz schnell in die Höhe fliegen kann. Im Hintergrund die Zypressen, Symbol des Todes, und die Kirsch- und Orangenbäume, die die Freude des Paradieses ausdrücken.

Cimabue, Kruzifix. *Das Werk wurde während der Hochwasserkatastrophe von 1966 stark beschädigt.*

Oben: das große Zönakel von Santa Croce mit Fresken von Taddeo Gaddi und Andrea Orcagna. Hier oben: Taddeo Gaddi, Das Letzte Abendmahl *(Ausschnitt). Unten: der mit Graffiti dekorierte Innenhof des Palazzo Spinelli.*

schönsten Werke der Florentiner Malerei des 14. Jahrhunderts. Auf der linken Seite die Bronzestatue des *Heiligen Ludwig von Toulouse* (1424) von Donatello aus der Kirche Orsanmichele. In den anderen Sälen sind weitere Kunstwerke aus dem 14. und 15. Jahrhundert ausgestellt.

Das *Eingangsportal* von Benedetto da Maiano führt zum zweiten doppelgeschossigen Kreuzgang (1453), der mit großer Wahrscheinlichkeit von Bernardo Rossellino erbaut wurde und als eines der harmonischsten Bauwerke der Florentiner Kunst gilt.

Nach dem Museum biegen wir links in die Via Magliabechi. Nach wenigen Metern kommen wir rechts zum Borgo Santa Croce, der in die Via de' Benci einmündet.

Hier stehen einige bedeutende Zeugen der Renaissance-Architektur.

Auf der linken Seite sind der Palazzo Gherardi *(Hausnummer 19) und der* Palazzo Mori-Ubaldini *(Hausnummer 17), auf der rechten Seite der* Palazzo Spinelli *(Hausnummer 10), der zwischen 1460 und 1470 für die bekannte Familie Spinelli errichtet wurde. Die Fassade, mit einem gewaltigen Tor und Rundbogenfenstern, ist mit besonders schönen Graffiti dekoriert, die sich auch im Innenhof fortsetzen. Zwei Seiten des Innenhofes werden von Loggien gesäumt. Bemerkenswert sind die Dekorationen der Kapitelle und der Kragsteine (wahrscheinlich von Bernardo Rossellino entworfen).*

Eine entsprechende Dekoration findet sich im Innenhof des benachbarten Palazzo Serristori *(Hausnummer 6), der zwischen Ende des 15. und Anfang des 16. Jahrhunderts errichtet wurde. Der Innenhof ist auf drei Seiten von Säulenvorhallen begrenzt, während die vierte Wand von Halbbögen getragen wird, die einen bühnenbildnerischen Effekt der Raumausdehnung bewirken, was darauf hindeutet, daß er von Baccio d'Agnolo geschaffen wurde.*

Am Ende der Straße das Turmhaus der Alberti, das durch die Loggia im Erdgeschoß aufgelockert wird und so einen eleganten Übergang

Das Turmhaus der Alberti, das durch die typische kleine Loggia etwas von seiner Strenge verliert.

zur Via de' Benci schafft.

Von hier aus biegen wir nach links, in Richtung Arno; hinter der Kreuzung mit dem Corso de' Tintori, ebenfalls zur Linken, stoßen wir auf den Palazzo Horne, Sitz des bekannten Museums.

Palazzo Horne

Ende des 15. Jahrhunderts gestaltete Cronaca den zunächst den Albertis und später der Tuchhändler-Familie Corsi gehörenden kleinen Palast in seiner schlichten und eleganten Form. Ende des 19. Jahrhunderts erwarb der Engländer Herbert Percy Horne (1844-1916) den Palast. Dieser Gelehrte und Kunstsammler, Freund von Dante Gabriele Rossetti und Oskar Wilde, ließ den Palast zwischen 1912 und 1914 restaurieren und vermachte ihn nach seinem Tod dem italienischen Staat. Seit 1922 ist der Palast Museum.

Das Bossenwerk der Fassade über den steinernen Sitzbänken schmückte ursprünglich das Portals und die Kanten und verjüngte sich nach oben hin.

Im Innenhof ist eine Wand in Form eines Säulenganges, zwei weitere Seitenwände tragen auf Pfeilern die Loggia des ersten Stockwerkes; die vierte war, wie damals üblich, als offene Seite zum Grün der Gärten gedacht. **Das Horne-Museum.** Es enthält umfangreiche Sammlungen von Gemälden und Skulpturen, sowie Möbel, Gläser, Majoliken und Plaketten.

Im Untergeschoß sind Münz- und Medaillensammlungen, Siegel und Keramiken ausgestellt.

Im rechten Saal des ersten Stocks Werke aus dem 14. bis 15. Jahrhundert, u. a. das erste von Horne erstandene Werk, die *Heilige Familie* von Domenico Beccafumi. Im großen Salon die *Allegorie der Musik* von Dosso Dossi; das Fragment eines stark beschädigten Triptychons mit *Szenen aus dem Leben des heiligen Julian*, das Masaccio zugeschrieben wird; *Kreuzabnahme* und andere Szenen von Benozzo Gozzoli; zwei Tafeln von Bernardo Daddi und ein Tripty-

Der Palazzo Horne, Sitz des gleichnamigen Museums, von der Ecke mit Via de' Benci aus gesehen. Mitte: Die Heilige Familie *des Sienesers Domenico Beccafumi (erste Hälfte des 16. Jh.):es handelt sich um das erste Werk der Sammlung, die gegen Ende des 19. Jahrhunderts von dem Engländer Herbert Percy Horne angelegt wurde. Unten: der erste Saal im ersten Stock des Museums.*

Giotto (zugeschr.), Heiliger Stephanus, *Horne-Museum.*

chon von Piero Lorenzetti.

Hier ist auch der Saal mit dem bedeutendsten Werk des Museums: *Heiliger Stephanus* von Giotto.

Im ersten Stock: *Sakristeibank* mit toskanischer Intarsienarbeit aus der Mitte des 15. Jahrhunderts; eine Kredenz aus Nußbaum aus dem späten 16. Jahrhundert, Diptychon von Simone Martini (*Madonna mit Kind* und *Pietà*), *Fragmente einer Truhe*, bemalt von Filippino Lippi (15. Jahrhundert); mehrfarbiges Stuckwerk (*Madonna der Kandelaber*) von Antonio Rossellino.

Der Palazzo Bardi: hier traf sich die Musikergruppe Camerata de' Bardi, die das Melodrama «erfand». Unten: Blick vom Arno auf den ehemaligen Palast des Rota-Tribunals, heute Sitz des Instituts und Museums für Geschichte der Naturwissenschaften. Unten Mitte: ein Mikroskop, das Giuseppe Campani im 17. Jahrhundert konstruierte.

Auf der Straßenseite gegenüber dem Museum ist (Hausnummer 6) der Palazzo Bardi.

Der Palazzo Bardi

Er gilt als Prototyp der Renaissance-Wohnpaläste und ist wahrscheinlich von Brunelleschi. Er entstand um 1430, d. h. 15 Jahre vor dem Medici-Palast und 20 Jahre vor dem Palazzo Pitti. Gebaut wurde er für die Familie Businі, 1483 übernahmen ihn die Bardis.

Er hat flache bossierte Quadersteine um das Portal, im ersten und zweiten Stock jeweils acht Fenster und an den Gebäudeseiten zwei Steinwappen der Busini.

Ende des 16. Jahrhunderts versammelte sich hier die «Camerata de' Bardi», die Musikergruppe, die unter der Leitung von Vincenzo Galilei (Vater des berühmten Astronomen) das Melodrama erfand.

Neben dem Palazzo Bardi beginnt die enge Via de' Vagellai. Wir überqueren die Piazza Mentana, kommen zum Lungarno Diaz und folgen diesem bis zur Piazza dei Giudici, an deren Stirnseite das interessante Museo di Storia della Scienza *(Museum für Geschichte der Naturwissenschaften) ist.*

Institut und Museum für Geschichte der Naturwissenschaften

Es ist seit 1930 in einem der ältesten Gebäude der Stadt untergebracht. Hier befinden sich Sammlungen von wissenschaftlichen Instrumenten (ca. 5000 Originalstücke), u.a. Apparate und wissenschaftliche Geräte, die von der Medici-Familie seit Cosimo dem Älteren gesammelt wurden, und mathematische Instrumente aus der Renaissance, u. a. die Original-Instrumente von Galileo Galilei, seiner Schule und der Akade-

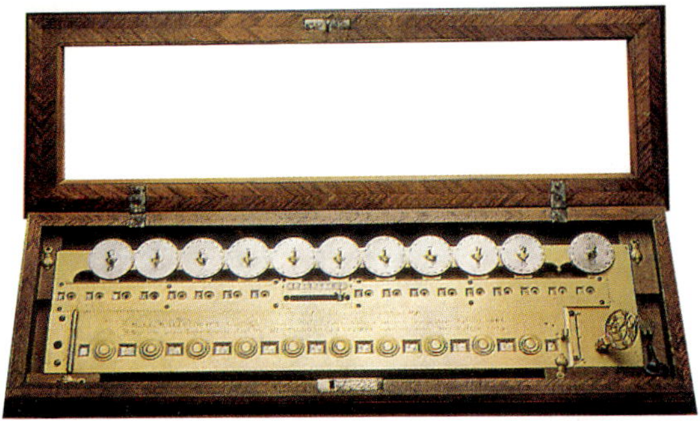

Rechenmaschine mit Zahnrädern aus dem 17. Jahrhundert.

Astrolabium.

mie del Cimento. Der lothringische Ausstellungsteil besteht aus Experimentier-Instrumenten und Geräten für den Unterricht aus der Zeit der Gründung des Museums für Physik und Naturgeschichte durch Pietro Leopoldo (1775): sie dokumentieren eindrucksvoll die Entwicklung der Forschung zwischen dem 18. und dem 19. Jahrhundert mit Apparaten der «neuen» Disziplinen wie Chemie, Elektrizität, Magnetismus, Pneumatik, Chirurgie, Gynäkologie. Im elften Saal sind einige bedeutenden Teleskope.

Das Museum verfügt über zwei Bibliotheken: die alte aus der lothringischen Stiftung mit 200 Texten von 1475 bis Ende des 19. Jahrhunderts und die moderne mit ihren 6.000 fachspezifischen Werken, 30.000 Miszellaneen und vielen Fachzeitschriften, die sie zur aktuellsten und am besten ausgestatteten Fachbibliothek Italiens machen.

Nach dem Besuch des Museums für Geschichte der Naturwissenschaften folgen wir auf der linken Seite der Via dei Castellani bis zur Kreuzung mit Via de' Neri. Direkt an der Ecke ist die Loggia del Grano *(Getreidehalle), die 1619 nach Plänen von Giulio Parigi errichtet und mit Dekorationen von Chiarissimo Fancelli da Settignano versehen wurde (in den Bogenscheiteln des mittleren Rundbogens Fontäne und Büste von Cosimo* II.*).*

Ende des letzten Jahrhunderts wurde das Gebäude um ein Stockwerk erhöht und in ein Theater umgewandelt. Gegenüber, an der Ecke mit der Via de' Leoni, ist der eindrucksvolle Turm der Filipetri. *Weiter vorn der* Palazzo da Diacceto *(Hausnummer 33) und der* Palazzo Soldani *(Hausnummer 23), dessen mittelalterlicher Ursprung noch sichtbar ist.*

Sustermans, Galileo Galilei. *Uffizien.*

Die Loggia del Grano und links die Via de' Neri.

Piazza Peruzzi vom Torbogen aus, der zur Via de' Benci führt (ganz oben). Oben: ein Blick auf die kleine Kirche von San Remigio aus dem 11. Jahrhundert. Unten: Borgo de' Greci (der Griechen): diesen Namen erhielt die Straße in der zweiten Hälfte des 15. Jahrhunderts, als hier viele byzantinische Intellektuelle Aufnahme fanden, die nach der Eroberung Konstantinopels durch die Türken aus der Stadt geflohen waren.

Von der Via de' Neri gehen wir in die Via San Remigio und kommen zur kleinen Kirche San Remigio, *einem gotisch umstrukturierten, aus dem 11. Jahrhundert stammenden Gebäude. Der Innenraum der Kirche ist durch achtkantige Pilaster in drei Schiffe geteilt; an den Wänden Fresko-Fragmente aus dem 14. Jahrhundert. Anschließend gehen wir rechts in die Via Vinegia und nach links in die Via de' Rustici bis zur Piazza Peruzzi.*

Piazza Peruzzi

Das Gebäude ist ein Zeugnis aus dem römischen und mittelalterlichen Florenz. Die kurvenförmige Fassade entspricht einem Teil des römischen Amphitheaters, das bemerkenswerte Ausmaße hatte (Anfang des 2. Jahrhunderts): Der Zuschauerraum maß 113 auf 89 m und die Arena 64 auf 40 m. Den äußeren Wendelgang erkennt man noch in den angrenzenden Straßen Bentaccordi und Torta, im Gebäude (Hausnummer 7) sind vielleicht im Untergeschoß die Rundbögen aus Sandstein noch die Original-Konstruktionen. Im Mittelalter wurde der ganze Platz privater Hof der Pera, die erst reiche Kaufleute im Tuchhandel und später Bankiers waren. Zwischen dem 13. und 14. Jahrhundert wurden ihre zahlreichen Gebäude umgebaut und restauriert und um diesen Platz zusammengefügt, die Begrenzungen waren durch Steinwappen markiert (von den 14 Original-Wappen sind noch 13 erhalten, wie die an der Fassade des Cocchi-Serristori-Palastes).

Typisch für diese Bauten waren im Untergeschoß Bögen der Handelshäuser aus Bossenwerk, Läden und rechteckige Fenster der Dachgeschoßspeicher.

Vom Platz aus biegen wir in den kurzen Abschnitt der Via Bentaccordi ein und dann nach links in den Borgo de' Greci, der zur Piazza San Firenze führt. Von hier aus gehen wir links in die Via Condotta, nach wenigen Metern in die Via de' Magazzini. Am Ende der Straße liegt der malerische kleine Platz San Martino.

Piazza San Martino

Dieser Platz und seine Umgebung sind von den Erinnerungen an Dante und seiner Zeit geprägt.

In dem Gebäude, in dem sich heute eine Trattoria befindet, wurde Dante geboren. Anfang des 16. Jahrhunderts wurde die Trattoria von dem Maler Mariotto

Albertinelli geführt. Direkt daneben die im 20. Jahrhundert wiederaufgebaute «Casa di Dante», die im Untergeschoß wechselnde Kunstausstellungen zeigt; in den oberen Stockwerken ist ein Museum mit Dokumenten aus der Zeit Dantes. Der Eingang ist in der engen Via Santa Margherita. Am Ende dieser Straße die gleichnamige Kirche, eine der ältesten von Florenz, die zeitweilig zum Besitz der Familie Portinari zählte. Es handelt sich jedoch nicht um «Dantes Kirche».

Die Überreste der romanischen Fassade sieht man noch in der Via del Canto alla Quarconia, während der ursprüngliche Apsis-Bereich im Jahr 1480 in das Oratorium dei Bonomini umgebaut wurde. Im Innern sind Fresken *Geschichten aus dem Leben des hl. Martin*, die *Sieben Werke der Misericordia* und zwei *Lebensgeschichten*. Sie werden der Schule Ghirlandaios zugeschrieben und stellen Szenen des alltäglichen Lebens gegen Ende des 15. Jahrhunderts in Florenz dar.

Gegenüber ist der mittelalterliche Turm *Torre della Castagna*, der erste Sitz der demokratischen Regierung. Hier versammelten sich im Jahr 1282 erstmals die Zunftvorsteher. Daneben der Kreuzgang mit der Statue des Markgrafen Ugo di Toscana.

Von der Piazza San Martino aus geht man links in die Via Dante Alighieri bis zur Piazza Cerchi, von hier biegt man zur Rechten in die Via de' Cerchi und nachdem man den Corso überquert hat, kommt man in die Via Santa Elisabetta. Die Straße entspricht in ihrem Verlauf der byzantinischen Verteidigungsmauer und verbreitert sich zur Piazza Santa Elisabetta hin, auf der sich der Wohnturm der Ghiberti *und der* Torre della Pagliazza *befinden. Dieser Turm wurde ursprünglich für byzantinisch gehalten, er entstand jedoch auf einem vorher bestehenden römischen Thermalkomplex, wie die Dokumente des kleinen Museums in den Innenräumen des Turms bezeugen.*

Auf der Via Santa Elisabetta kommen wir an die Kreuzung mit der Via delle Oche, von dort erreichen wir die Piazza del Duomo, sei es von der linken Straße (Via del Campanile) oder der rechten (Via dello Studio) aus.

Die Compagnia dei Buonòmini kümmerte sich um die «verschämten Armen». Ganz oben: die Fassade des kleinen Oratoriums der Bruderschaft auf der Piazza San Martino und links das Innere mit Fresken der Schule Ghirlandaios. Oben: Opferkasten, auf der oberen Steintafel werden den Wohltätern «zweitausendacht Jahre Sündenerlaß» versprochen.

Das nicht authentische Dante-Haus (links) stammt aus dem frühen 19. Jahrhundert. Daneben: der Eingang des echten, in dem sich heute die Trattoria «Pennello» (Pinsel) befindet, die so genannt wurde, weil der erste Besitzer ein Maler war.

6. Die andere Seite des Arno

Im Jahr 1537 wurde der Herzog Alessandro de' Medici, letzter Abkömmling von Cosimo dem Älteren, dem Gründer der Familie, von seinem Cousin Lorenzino ermordet (dieser wurde im 19. Jahrhundert im Drama von Alfred de Musset *Lorenzaccio* verewigt). Die maßgebenden florentinischen Persönlichkeiten wählten Cosimo, den achtzehnjährigen Sohn des Heerführers Giovanni dalle Bande Nere, aus der Nebenlinie der Familie, zu seinen Nachfolger. Der junge Herzog zeigte sofort seine Tüchtigkeit, indem er das republikanische Heer, angeführt von Filippo Strozzi, vor Montemurlo besiegte und in Richtung Stadt marschierte.

Im Jahr 1539 vermählte sich Cosimo mit der Tochter des Vizekönigs von Neapel, Eleonora von Toledo; 1540 verlegte er seinen eigenen Wohnsitz vom Palazzo de' Medici in der Via Larga in den Palazzo Vecchio; im Jahr 1549 erwarb seine Ehefrau den Palazzo Pitti. Die Eroberung Sienas, nach langer Belagerung im Jahr 1555, öffnete den Weg zur Bildung des Regionalstaates (Herzogtum Toskana), dessen Großherzog Cosimo im Jahr 1569 durch die Krönung von Papst Paolo V. wurde. Der Aufstieg Cosimos I. und die Bildung des Herzogtums öffneten ein neues Kapitel in der Geschichte der Stadt. Waren es Arnolfo di Cambio und Giotto im 14. Jahrhundert und Brunelleschi im 15. Jahrhundert, die der Stadt

Linke Seite: Victoria, *eine Skulptur von Vincenzo Consani (1866).*
Oben: Nilpferd, Specola-Museum.
Unten: Teil der Grotte des Buontalenti.

eine neue Gestalt verliehen hatten, indem sie in den magmatischen Stoff der hinterlassenen Bauwerke der ersten Jahrhunderte des Mittelalters eingriffen, so wurde jetzt die Stadt auf der Basis der neuen Ansprüche und Bedürfnisse des fürstlichen Hofes, die zum Mittelpunkt und zur Regel des städtischen Lebens wurden, durch Cosimo und seine Nachfolger neu definiert. «Seine Politik versucht aus Florenz eine Hauptstadt zu machen, der Form nach eine Einheit und politisch kontrollierbar. Deshalb muß die interne Struktur der Stadt sich in einem Ausdruck von geregelter Macht und Größe des Staates erheben» (G. Fanelli).

Unser Rundgang durchquert einen Teil der Stadt, der die Spuren einer sehr alten Geschichte bewahrt, trotz der tiefgreifenden Umgestaltungen, die Ende des 16. Jahrhunderts im Rahmen der städtebaulichen Politik der Großherzöge der Toskana erfolgte, beginnend mit dem Palazzo Pitti, der zur Residenz der Großherzöge wurde.

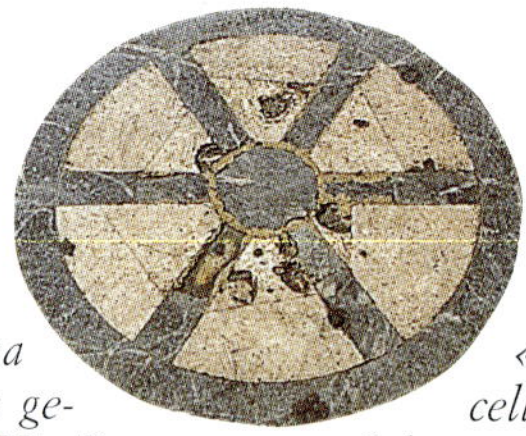

Ansicht der Loggia del Mercato Nuovo oder «Loggia del Porcellino». Ganz oben: das Rad in der Mitte des Fußbodens der Loggia, wo die wegen betrügerischen Bankrotts verurteilten Kaufleute an den Pranger gestellt wurden. Unten: der Palazzo dell'Arte della Lana. Rechts unten: der Porcellino (1612); das Wildschwein in Bronze von Pietro Tacca ist die Kopie einer hellenistischen Marmorskulptur in den Uffizien. In das Becken zu Füßen der Figur werden Münzen zur glücklichen Rückkehr geworfen.

Von der Piazza del Duomo aus gehen wir in die Via Roma und nach der Piazza della Repubblica (☛ S. 192) in ihre Verlängerung, die Via Calimala.

In der römischen Epoche ergaben die Via Calimala und die Via Roma die Nordsüd-Achse der Stadt, den «cardo», und den «decumano» (die Ostwest-Achse), die sich auf der heutigen Piazza della Repubblica kreuzten, wo sich vorher das römische Forum befand, das nur ca. ein Viertel des Platzes maß. Am Ende der Via Calimala, bei der Loggia del Mercato Nuovo (Markthalle), befand sich das Südtor der Stadt, von dem aus man die Arno-Brücke erreichte, an der wiederum alle großen Straßen zusammentrafen, die Florentia mit Rom, der südlichen Toskana und dem Meer verbanden: die Cassia, die Volterrana und die Pisana. Aufgrund seiner günstigen Lage entwickelte sich hier im Laufe des Mittelalters das Handelszentrum der Stadt, wo sich die höheren Zünfte und die größeren Florentiner Kaufmannshäuser konzentrierten. Im Bereich zwischen Via Orsanmichele und Via de' Lamberti steht der Palazzo dell' Arte della Lana (16. Jahrhundert), der zu Beginn des 20. Jahrhunderts unbekümmert «restauriert» worden war.

Am Ende der Via Calimala ist die Loggia del Mercato Nuovo, im Volksmund «Loggia del Porcellino» (Loggia des Schweinchens) genannt.

Loggia des Neuen Markts

Im Jahr 1421 konzentrierten sich um die Piazza del Mercato Nuovo gut 72 Bankhäuser, so entstand hier das Bankenviertel der Stadt.

Die offene Säulenhalle, ursprünglich für den Seiden- und Goldwarenhandel bestimmt, wurde zwischen 1547 und 1551 im Auftrag Cosimos I. nach Plänen von Battista del Tasso errichtet. Im 19. Jahrhundert hielt man hier den Markt für Strohwaren und Hüte ab, deren Handwerk in diesem Teil der Stadt eine lange Tradition hat, und noch heute befinden sich hier bunte Stände mit handgefertigten Waren.

Auf dem Boden in der Mitte der Halle ist ein Marmorrad, das die Stelle kennzeichnet, wo die wegen betrügerischem Bankrott verurteilten Kaufleute an den

6. Die andere Seite des Arno

Besonders sehenswert

Ponte Vecchio

Palazzo Pitti

Boboli-Gärten

Via Tornabuoni

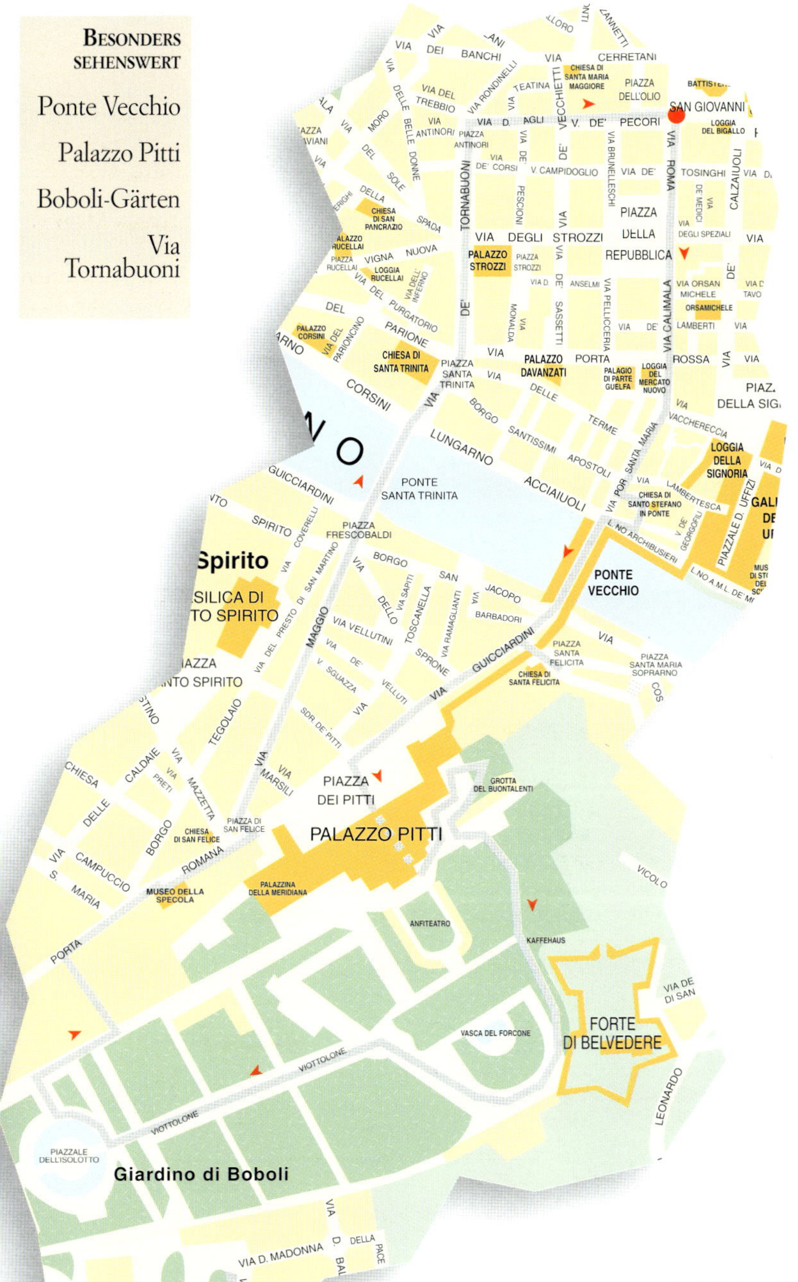

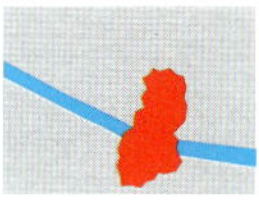

Blick auf den Palast der Capitani der Welfenpartei von der Via Pellicceria aus.

Das Turmhaus der Amidei ist eines der wenigen mittelalterlichen Gebäude der Via Por Santa Maria, das von den deutschen Minen verschont blieb, welche 1944 diese antike und malerische Straße der Altstadt zerstörten. Unten: die romanische Fassade der entweihten Kirche Santo Stefano al Ponte, von der Via Por Santa Maria aus gesehen. Der Kirche angeschlossen ist heute ein kleines, aber interessantes Museum für sakrale Kunst

Pranger gestellt wurden. Auf der Südseite der Loggia ist der sogenannte *Porcellino* (1612), ein Wildschwein aus Bronze von Pietro Tacca.

Auf der rechten Seite der Loggia, von der Via Calimala aus, ist der Palagio dei Capitani di Parte Guelfa.

Palazzo der Capitani der Welfenpartei

Hier war das Hauptquartier der Capitani der Welfenpartei: sie verwalteten die beschlagnahmten Güter der ins Exil verbannten Ghibellinen und waren als Aufsichtsamt für die Stadtmauern, die Fortezza (Festung) und die öffentlichen Gebäude zuständig.

Der Palast wurde Anfang des 14. Jahrhunderts gebaut, ein Jahrhundert später von Brunelleschi erweitert und schließlich Ende des 16. Jahrhunderts von Vasari umgestaltet. Seine heutige Gestalt verdankt er den Restaurierungsarbeiten in den zwanziger Jahren dieses Jahrhunderts.

Heute ist hier eine Bibliothek und in den schönen Sälen finden unterschiedliche kulturelle Veranstaltungen statt.

Nach der Loggia geht die Via Calimala über in die Via Por Santa Maria (Por steht für Porta = Tor), eine der wichtigsten Straßen des mittelalterlichen Florenz und das Zentrum der Seidenzunft, die bis Ende des 14. Jahrhunderts ihren Sitz in der nahen Via del Capaccio hatte.

1944 zog sich das deutsche Heer vor den Alliierten zurück, zerstörte durch Minen sämtliche Arnobrücken und verschonte nur den Ponte Vecchio, hinterließ aber in den angrenzenden Straßen ein um so verheerenderes Trümmerfeld, um die feindlichen Transporte zu unterbinden. So blieben von der alten Via nur die Torre Baldovinetti *(Hausnummer 4r) an der Ecke mit Borgo Santi Apostoli und rechts, weiter in Richtung Ponte Vecchio, die* Torre degli Amidei *(Hausnummer 9r) erhalten.*

Auf der linken Seite, kurz vor der Brücke, ist ein kleiner Platz mit der ehemaligen Kirche von Santo Stefano al Ponte.

Die ehemalige Kirche von Santo Stefano al Ponte

Die einschiffige Kirche wird in Urkunden schon im 12. Jahrhundert erwähnt, sie wurde zwischen dem 13. und 14. Jahrhundert erneuert.

Von der ursprünglich romanischen Fassade blieb der untere Teil mit einem weiß-

Das Portal in weißem und grünem Marmor - klassisches Merkmal der Florentiner Romanik und Gotik - von Santo Stefano al Ponte.

grünen Marmorportal und zwei Seitentüren mit darüberliegenden Biforien erhalten. Der obere Teil ist gotisch und geht zurück auf den Wiederaufbau im 13.-14. Jahrhundert. Der barocke Innenraum wurde im 17. Jahrhundert umgebaut und zeigt Gemälde von toskanischen Künstlern des 17. und 18. Jahrhunderts. Die *Treppe* zur Chorkapelle wurde im 19. Jahrhundert hierher gebracht. Bernardo Buontalenti entwarf sie 1574 für die Kirche Santa Trinita. Der mehrfarbige Marmor-*Altar* ist ein Werk von Giambologna (1591).

Das Museo d'Arte Sacra (Museum für sakrale Kunst). Der Eingang ist rechts von der Fassade. Es zeigt Kunstwerke aus entweihten florentinischen Kirchen. Neben der kostbaren Sammlung von Goldschmiedearbeiten und Sakristeimöbeln stellt das Museum Werke des Meisters der Madonna Strauss (er lebte zwischen Ende des 14. und Anfang des 15. Jahrhunderts), des Meisters des Horne-Triptychons (erste Hälfte des 14. Jahrhunderts), Werke von Giovanni del Biondo (zweite Hälfte des 14. Jahrhunderts), von Masolino da Panicale (1383-1447) und von Paolo Uccello (1397-1475) aus. Am bedeutendsten ist jedoch die *Thronende Madonna* von Giotto, die zwischen 1295 und 1300 entstand. Das Werk wurde beim Bombenanschlag in der Via dei Georgofili am 27. Mai 1993 stark beschädigt und von der Werkstatt der Pietre Dure restauriert.

Die faszinierende Holzgruppe aus dem 14. Jahrhundert mit der Darstellung *Beweinung des toten Jesus* blieb glücklicherweise unversehrt, ebenso die Holzstatue der *Magdalena* aus dem 15. Jahrhundert und eine bemalte Terrakotta-*Krippe*, die Santi di Buglione (1494-1576) zugeschrieben wird.

Giotto, Thronende Madonna, *Museum der Kirche Santo Stefano al Ponte.*

Einige Ansichten des Ponte Vecchio, der ältesten Brücke der Stadt, die als einzige aus mittelalterlicr Zeit während des Krieges nicht zerstört wurde.

Die Rückseite der Läden, die auf den Fluß schauen (links). Nur wenige Auserwählte haben auf diesem einzigartigen Monument eine kleine Wohnung. Ein reizvolles, aber sehr lautes Heim, besonders an Tagen großen Gedränges!

Oben: der Teil des Korridors von Vasari, der über dem Bogengang des Lungarno degli Archibusieri verläuft und über die Brücke geht. Hier oben: Einst befanden sich im Bogengang, wie auf der Brücke, Läden und Wohnungen. Rechts: der alte Turm Torre dei Mannelli, einer der vier Türme, die früher die äußersten Punkte der Brücke markierten. Mitte: Groteske aus Stein, die die Brücke an der Ecke mit dem Lungarno degli Archibusieri schmückt.

Der Ponte Vecchio

Das ist die älteste Brücke der Stadt und die einzige, die aus dem Mittelalter erhalten geblieben ist.

Schon in der römischen Zeit existierte in diesem Flußabschnitt, etwas weiter flußaufwärts, eine Brücke über dem Arno, die mehrmals von der Flut weggerissen wurde, bis 1345 die jetzige Brücke gebaut wurde.

Schon immer befanden sich auf der Brücke Wohnungen und Läden, die von der Zunft der Wollhändler verwaltet und an Metzger und Gemüsehändler vermietet wurden.

Ende des 16. Jahrhunderts begann die Vermietung der Läden an Gold- und Silberschmiede, die sich noch heute hier befinden. Über den Gebäuden auf der zum Hügel hingewandten Seite verläuft der sogenannte *Corridoio vasariano*, der 1565 von Giorgio Vasari als Verbindungsgang zwischen den Uffizien und dem Palazzo Pitti konstruiert wurde.

Am Ende der Brücke treffen die drei ältesten Straßen von Florenz zusammen: rechts die Via Pisana, heute Borgo San Jacopo (☛ S. 182), links die Cassia, heute Via de' Bardi und in der Mitte die Via de' Guicciardini, deren Verlauf der alten Volterrana folgt und die sich kurz nach der Brücke nach links zur Piazza di Santa Felicita ausdehnt. Hier ist auch die gleichnamige Kirche.

Die Kirche Santa Felicita

Die Erbauung der Kirche Santa Felicita (4. Jahrhundert) liegt soweit zurück wie der Ursprung des Christentums in Florenz. Im 3. Jahrhundert ließ sich hier eine

Die Fassade aus dem 18. Jahrhundert der Kirche Santa Felicita. Das heutige Gebäude steht da,wo sich früher eine alte romanische Kirche befand, die ihrerseits aus den Überresten einer frühchristlichen Kirche entstand.

Ein ausdrucksvolles Detail der Kreuzabnahme *von Jacopo Pontormo, einem der Meisterwerke des Florentiner Manierismus. Unten: ein Fresko mit der* Verkündigung *vom selben Künstler.*

Die Tondi der Evangelisten Lukas *und* Matthäus.

Gemeinde christlichen Glaubens nieder, die sich auch durch den Zustrom von Völkern aus Griechenland, dem Orient und aus Rom vergrößerte; es entstand ein zweiter Stadtkern südlich des Arnos, getrennt von der römischen Stadt, die sich auf der anderen Arnoseite entwickelte. «Für mindestens zwei Jahrhunderte (von 250 bis 450 ca.) lebten das heidnische und das christliche Florenz autonom nebeneinander» (M. Adriani).

Das Gebäude römischen Ursprungs wurde im Laufe der Jahrhunderte mehrere Male umgebaut und zwischen 1736 und 1739 von Ferdinando Ruggeri rundum erneuert.

Der Innenraum. Die Kirche bewahrt eines der größten Meisterwerke des Manierismus auf, die *Kreuzabnahme* von Pontormo, eine große Altartafel in der Cappella Barbadori, der ersten Kapelle im rechten Kirchenschiff.

Die Kapelle Barbadori erbaute Brunelleschi (um 1420), die Fresken sind von Pontormo und seinem bedeutenden Schüler Agnolo Bronzino (1525-1528). Neben der Altartafel schuf Pontormo eine wunderschöne *Verkündigung* und drei der *Vier Evangelisten*, die die Rundfelder des Gewölbes dekorieren. An der Stirnwand des rechten Querschiffes eine große Tafel, die das *Zusammentreffen der heiligen Anna und des heiligen Joachims* abbildet, sie ist von Michele di Ridolfo del Ghirlandaio (1503-1577). In der Sakristei und im Kapitelsaal Werke aus dem 14. und 15. Jahrhundert von Taddeo Gaddi, Niccolò di Pietro Gerini, Pacino di Bonaguida und Neri di Bicci.

Wir verlassen die Kirche Santa Felicita und gehen Via Guic-

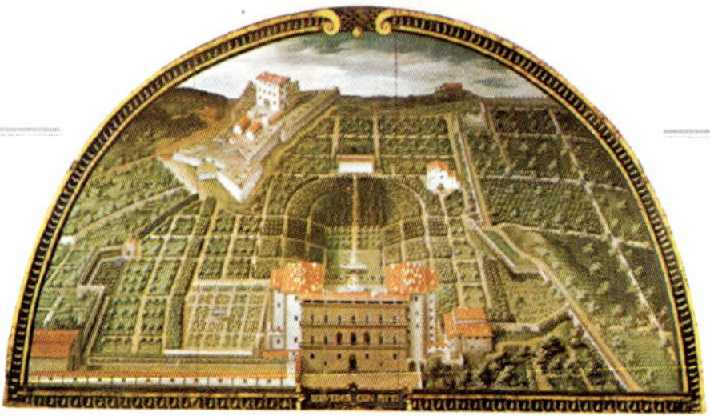

Giusto Utens, Belvedere mit Pitti, *Museum Firenze Com'era. Das Gemälde aus dem 17. Jahrhundert zeigt den Palast noch, wie er ursprünglich von Brunelleschi entworfen wurde. Unten: das grobe Bossenwerk der Fassade.*

Unten: Francesco de' Cecchi (18. Jahrhundert), Palazzo Pitti. *Biblioteca Marucelliana. Hier ist der Palast bereits erweitert worden, die Seitenflügel fehlen jedoch noch. Auf der rechten Seite: ein ungewöhnliches Bild des Innenhofs.*

ciardini entlang in Richtung Piazza Pitti. Die Straße erlitt die gleichen Zerstörungen im Krieg wie die Via Por Santa Maria; trotzdem blieben einige der bedeutenden alten Paläste erhalten: Der Franceschi-Palast *(Hausnummern 11-13) von Anton Maria Ferri (1651-1716) und, an der Ecke mit Piazza Pitti, der* Palazzo Guicciardini-Benizzi, *wo 1482 der große Historiker Francesco Guicciardini geboren wurde. Sein heutiges Aussehen verdankt es einem Umbau von 1620, den Gherardo Silvani durchführte.*

Am Ende der Via Guicciardini ist die weite Piazza Pitti, auf der der mächtige Palast thront, mit seiner 205 Meter langen Fassade der größte herrschaftliche Florentiner Wohnpalast.

Palazzo Pitti

Der Kaufmann und Bankier Luca Pitti, ein Feind der Medici, beauftragte im Jahr 1440 Brunelleschi mit dem Palastprojekt. Es war die Zeit des großen Palastbaus, eine Art Wettkampf, der unter den rivalisierenden Florentiner Adelsfamilien stattfand; die Bauten glichen sich und sollten Macht und Stellung in der Gesellschaft zum Ausdruck bringen. Erst nach dem Tod Brunelleschis, um 1458, begannen unter Leitung Luca Fancellis die Bauarbeiten.

Die Familie Pitti wollte mit ihrem Palast den der Familie Medici in der Via Larga (den heutigen Palazzo Medici-Riccardi) übertreffen. So kam es, daß die Pitti Fenster in der Größe der Tore des Medici-Palastes in Auftrag gaben. Dieser verrückte Wettstreit endete mit einer doppelten Niederlage: nicht nur, daß die Pitti den politischen Triumph der Medici mitansehen mußten, die Baukosten überstiegen auch ihre finanziellen Mittel.

Der Palast wurde ungefähr ein Jahrhundert später an die Gemahlin Cosimos I., Eleonora von Toledo verkauft und zum Wohnsitz der großherzoglichen Familie.

Die Medici begannen die Arbeiten für die Boboli-Gärten und die Erweiterung des Palastes, der im ursprünglichen Plan Brunelleschis nur die sieben Fenster in der Mitte des heutigen Palastes vorsah. Von 1558 an arbeitete Bartolomeo Ammannati am Bau des Innenhofes, von 1618 an verlängerten Giulio und Alfonso Parigi die Fassade des Palastes auf die heutigen Ausmaße.

Die Umbauarbeiten, die gemäß dem ursprünglichen

Stil ausgeführt wurden, haben die schlichte Größe der Idee Brunelleschis nicht beeinträchtigt, die ein Bossenwerk vorsieht, das von unten nach oben feiner wird. Die Unterteilung der Stockwerke unterstreichen Gesimse, die eine Balkonade tragen. Im Erdgeschoß wechseln die großen Fenster – die, wie auch die anderen, von bossierten Bogen umrahmt sind – mit kleineren, die sich etwas höher befinden. Die Dekorationen (wie Tympana und Löwenköpfe) sind von Ammannati.

Im 18. und 19. Jahrhundert kamen die beiden Seitenflügel hinzu; der rechte Flügel wurde (1764) von Giuseppe Ruggieri, der linke (1839) von Pasquale Poccianti ausgeführt.

Der Pitti-Palast wurde zur Residenz der Großherzöge der Toskana — erst der Medici, dann von 1549 bis 1859 der lothringischen Familie, bis Leopold II. von Lothringen die Toskana verließ, die im Volksentscheid von 1860 für die Vereinigung mit dem italienischen Königreich gestimmt hatte.

Als Florenz die Hauptstadt Italiens war (1865-1870), diente er als Königspalast von Vittorio Emanuele II., und auch danach blieb er Residenz der Herrscherfamilien.

Die Dynastien, die den Palast bewohnten, hinterließen einen reichen Schatz an Kunstwerken, Möbeln und Einrichtungen, die heute im Museum und in den angrenzenden Gemächern ausgestellt sind.

Vom Hauptportal gelangt man in den prächtigen Hof, für den Ammannati die klassische Gliederung in die drei architektonischen Ordnungen (dorisch, ionisch, korinthisch) und das Bossenwerk wählte, das wir schon an der Außenseite gesehen haben. Auf der rechten Seite des Hofes ist die Eingangstreppe zur Galleria Palatina im ersten Stock. Ebenfalls rechts der Kartenverkauf, wo man auch Eintrittskarten für die Galerie der modernen Kunst, die Silbersammlung, den Boboli-Garten und die Galerie der historischen Kostüme erhält.

Palazzo Pitti von der Piazza San Felice aus gesehen (oben). Links: Detail einer Halbsäule des Hofs. Ammannati gestaltet die klassischen Stile (hier den dorischen) mit manieristischer Freiheit unter Verwendung neuer Dekorationselemente und Einzelheiten (man beachte die mit grobem Bossenwerk überzogenen Mauern, die den Stil der Fassade wiederaufnehmen).

Der gekrönte Löwe zwischen den Fensterkonsolen ist das einzige schmückende Element der Fassade.

Antonio Canova, Italische Venus. *Galleria Palatina, Venus-Saal.*

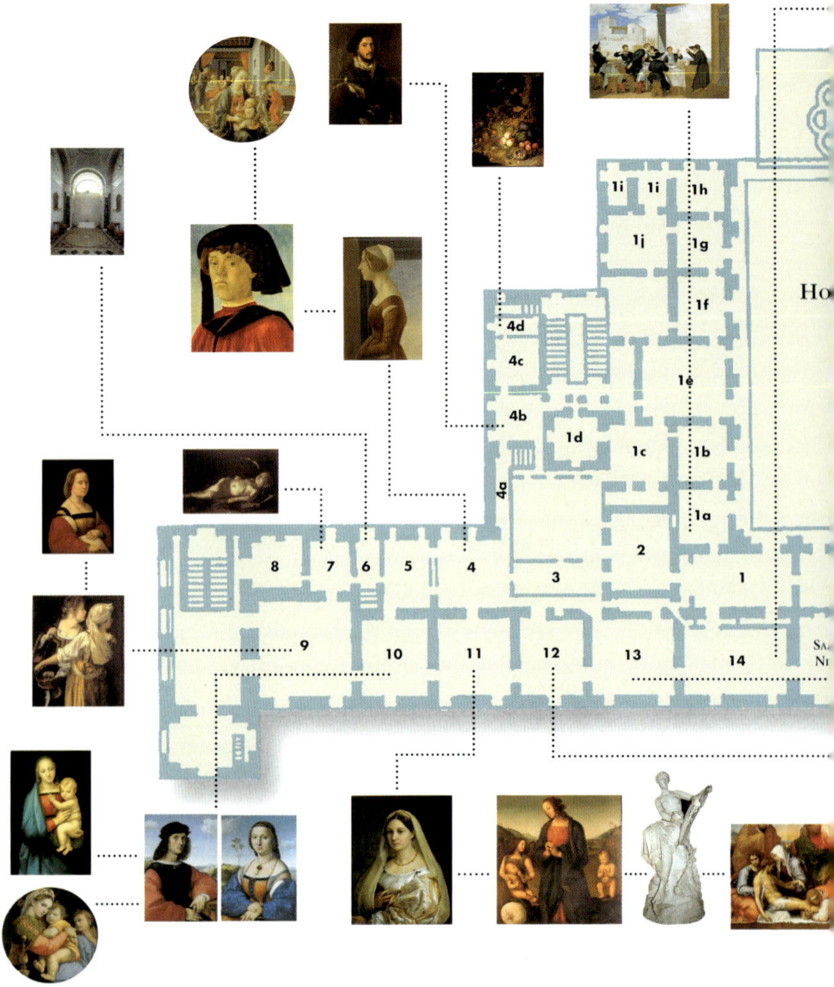

Die Galleria Palatina

Die lothringischen Großherzöge richteten zwischen Ende des 17. und Anfang des 18. Jahrhunderts die Palastgalerie ein.

Die Gemächer des Großherzogs Medici und seiner Gemahlin wurden zu Repräsentationsräumen umgebaut und 1828 von Leopold II. von Lothringen für das Publikum geöffnet. Das Museum zeigt neben den Werken, die in der lothringischen Epoche gekauft wurden, die Medici-Sammlungen, die keinen Platz in den Uffizien fanden und die Anna Maria Ludovica, das letzte Mitglied der Medici, 1745 der Stadt vermacht hatte.

Die Sammlung besteht überwiegend aus Kunstwerken des 16. und 17. Jahrhundert und repräsentiert die Florentiner Malerei von der Renaissance bis zum Manierismus (Botticelli,

Galleria Palatina und königliche Gemächer

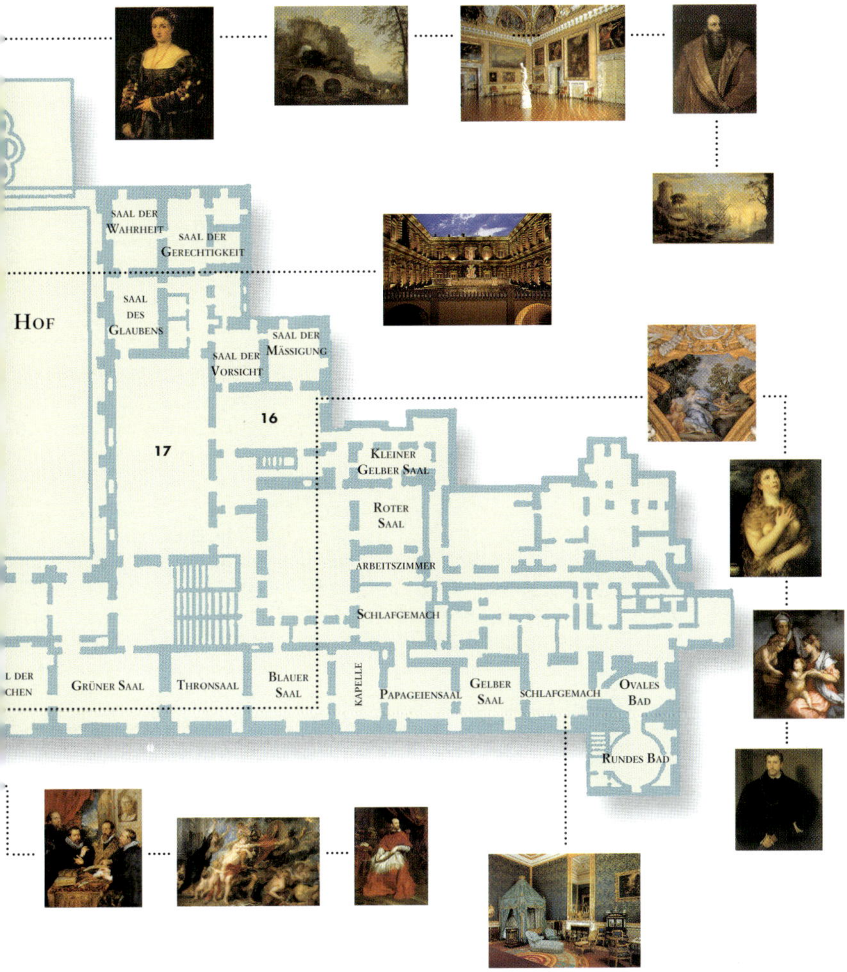

Andrea del Sarto, Fra' Bartolomeo, Rosso Fiorentino, Pontormo, Bronzino), neben der italienischen (11 Gemälde von Raffaello und 13 von Tiziano) und der europäischen Malerei (Rubens, Van Dyck, Murillo und andere). Die Werke wurden in den Ausstellungssälen nach rein dekorativen Kriterien aufgehängt; dies hat man als Beispiel einer fürstlichen Gemäldesammlung des 17. und 18. Jahrhunderts, wie sie sich an allen europäischen Höfen entwickelten, bewahren wollen.

1. Saal des Castagnoli. Dieser Saal wurde nach dem Künstler (1754-1834) genannt, der die Deckengewölbe mit den Fresken des *Apollo* und der *Tierkreiszeichen* dekorierte. In der Mitte des Saals die wunderschöne *Tafel der Musen,* eine der berühmtesten Arbeiten der Pietre dure-Werkstatt (Werkstatt für Intarsienarbeiten aus Mar-

Sandro Botticelli, Bildnis eines Jungen mit Mazzocchio.

mor und Halbedelsteinen, auch Florentiner Mosaik genannt). Die Tischplatte (1837-1851) wurde nach einer Zeichnung von Giovan Battista Giorgi ausgeführt und das bronzene Tischbein ist von Giovanni Duprè (1851). An den Wänden *Porträts* der Medici- und der lothringischen Familie.

Sassetta, Madonna della Neve.

1a. Allegoriensaal. Vom Saal Castagnoli aus kommt man durch eine Seitentür in dieses «Quartier», das von Baldassarre Franceschini, genannt der Volterrano (1611-1689) mit Fresken bemalt wurde.

Im Allegoriensaal befinden sich eine *Burleske des Pfarrers Arlotto* von Volterrano, einige zarte *Alltagsszenen* von Giovanni da San Giovanni und die *Jungfrau mit Kind* von Artemisia Gentileschi.

1b. Saal der Künste. Dieser Saal ist mit Fresken von Domenico Podestà ausgemalt (19. Jahrhundert). Hier sind überwiegend florentinische Altartafeln aus dem 17. Jahrhundert, die aus Kirchen und Klöstern stammen, die im 19. Jahrhundert aufgelöst wurden.

Baldassarre Franceschini, genannt Volterrano (1611-1689), Burleske des Pfarrers Arlotto.

1c. Saal der Bundeslade. Er wurde 1816 von Luigi Ademollo mit den Fresken *David bringt in feierlichem Festzug die Bundeslade nach Jerusalem* ausgemalt. Eine Tür vor der Eingangstür führt zur Kapelle der Großherzoginnen; auf dem Altar (19. Jahrhundert) eine Altartafel (17. Jahrhundert) des Neapolitaners Giovan Battista Caracciolo, welche die *Rast während der Flucht nach Ägypten* darstellt.

1d. Vitrinensaal. So heißt der rechte Korridor, wo sich kleine holländische *Gemälde* (17. Jahrhundert), italienische *Miniaturen* und *Stilleben* befinden.

1e. Saal des Herkules. Er ist neoklassizistisch, mit Fresken von Pietro Benvenuti (1769-1844), die *Kämpfe des Herkules* darstellen. Bemerkenswert sind die Sèvres-Vase (18. Jahrhundert) in der Mitte und die Tafel mit Pietre Dure-Dekoration (19. Jahrhundert).

1f. Saal der Morgenröte. Er heißt nach dem Fresko von Gaspare Martellini (1785-1857), das die *Göttin der Morgenröte auf dem Pegasus* darstellt.

1g. Berenice-Saal. Er wurde von Giuseppe Bezzuoli (1784-1855) mit Fresken bemalt, welche *Berenice von Tito verlassen* darstellen. Einige toskanische Gemälde aus dem 17. Jahrhundert zieren

Filippo Lippi, Madonna mit Kind.

die Wände, die im 19. Jahrhundert mit kostbarer hellblauer Seide verkleidet wurden.

1h. Saal der Psyche. Er heißt nach dem Fresko an der Decke von Giuseppe Collignon (1776-1863): *Der Raub von Psyche*. In diesem Saal sind die in Florenz entstandenen *Gemälde* Salvator Rosas (1640-1649).

1i. Vestibül und Badezimmer der Kaiserin. Diese Zimmer waren für die Gemahlin Napoleons, Maria Luisa von Habsburg-Lothringen, bestimmt.

1j. Saal des Ruhms. Hier sind Werke von flämischen und holländischen Künstlern ausgestellt.

2. Das Musikzimmer. Man erreicht es vom Castagnoli-Saal aus. Seinen Namen verdankt es den neoklassizistischen Möbeln in Trommel-Form längs der Wand. In der Mitte ein großer *Malachit-Tisch* mit vergoldetem Bronzefuß von Philippe Thomire (1751-1843).

3. Die Poccetti-Galerie. Sie heißt nach dem Maler Bernardino Poccetti, dem man die *Gewölbefresken* zuschrieb; heute hält man sie für ein Werk Matteo Rossellis (1578-1650) oder seines Schülers Filippo Tarchiani (1576-1645). Hier steht ein wunderschöner, rechteckiger Tisch (1716), im Auftrag von Cosimo III., wahrscheinlich von Giovan Battista Foggini ausgeführt.

An den Wänden Werke aus dem 16. und 17. Jahrhundert von Domenico Fetti, Federico Barocci, Pontormo, Rubens und Giuseppe de Ribera (1783-1845).

4. Saal des Prometheus. Er wurde um 1830 von Giuseppe Collignon mit Fresken bemalt und enthält eine außergewöhnliche Sammlung von Tondi (Rundfeldbildern), darunter das späte Meisterwerk *Madonna mit Kind* von Filippo Lippi, Mitte des 15. Jahrhunderts entstanden und damit das älteste Werk der Galerie.

Im Saal sind u. a. zwei Bildnisse von Botticelli: das *weibliche Bildnis*, identifiziert als Simonetta Vespucci, die Geliebte von Giuliano de' Medici und *Bildnis eines Jungen mit Mazzocchio* (typische florentinische Kopfbedeckung im 14. und 15. Jahrhundert).

Sandro Botticelli, Weibliches Bildnis.

Tizian, Bildnis des Mosti.

Saals des Saturn.

Oben: das Badezimmer Napoleons. Rechts: Rachel Ruysch, Stilleben.

Caravaggio, Der schlafende Amor.

Unten: Artemisia Gentileschi, Judith mit dem Haupt des Holofernes. *Rechts: Raffael,* Bildnis einer Schwangeren.

Außerdem einige Meisterwerke des florentinischen und toskanischen Manierismus: *Die Anbetung der Hl. Drei Könige* (1523) und *Die elftausend Märtyrer* (1530) von Pontormo; die Rundtafel mit der Abbildung *der Heiligen Familie* von Domenico Beccafumi (1486-1551).

Ein weiteres berühmtes Werk ist *Bacchus als Jüngling* von Guido Reni (1575-1642).

4a. Der Säulenkorridor. Man erreicht ihn von der Seitentür des Saals des Prometheus aus. Er zeigt kleine Gemälde der holländischen Schule aus dem 17. und 18. Jahrhundert.

4b. Saal der Gerechtigkeit. Dieser Saal erhielt seinen Namen nach dem Thema der Fresken von Antonio Fedi (1771-1843), die das Deckengewölbe dekorieren. Hier sind Werke der venezianischen Malerei aus dem 16. Jahrhundert, darunter das *Bildnis des Mosti* (ca. 1530) von Tizian und das *Bildnis des Edelmanns* von Paolo Veronese neben diversen Porträts von Jacopo Tintoretto.

4c. Saal der Flora. Er enthält eine Sammlung Florentiner Werke des 16. Jahrhunderts, unter anderem zwei *Geschichten Josephs* von Andrea del Sarto.

4d. Saal der Putten. Er stellt flämische und holländische Werke aus, darunter *Die drei Grazien* (1622) von Rubens und die *Stilleben* (1715 und 1716) der Malerin Rachel Ruysch.

5. Saal des Odysseus. Anläßlich der Rückkehr Ferdinands III. von Lothringen vom Wiener Kongress (1815) wurde Gaspare Martellini mit den Fresken beauftragt.

Im Saal sind u. a. aus der römischen Schaffensperiode Raffaels das Gemälde der *Madonna dell'Impannata*

Raffael, Madonna mit Kind und dem Johannesknaben, *besser bekannt als* «Madonna della seggiola».

Raffael, Bildnis von Magdalena und Angnolo Doni.

(1513-1514) und das Jugendwerk *Tod der Lukrezia* Filippino Lippis (1457-1504).

6. Badezimmer Napoleons. Man erreicht es von der kleinen Vorhalle, die den Odysseussaal und den Saal der Erziehung Jupiters verbindet. Elisa Baciocchi ließ es 1813 für den kaiserlichen Wohnbereich einrichten. Erhalten sind die Original- Möbel im neoklassizistischen Stil.

7. Saal der Erziehung Jupiters. In der Medici-Epoche befand sich hier das Schlafzimmer der großherzoglichen Wohngemächer. Das bedeutendste Werk ist *Der schlafende Amor* (1608) von Caravaggio.

8. Saal des Ofens. Seinen Namen erhielt er von der Terrakotta-Leitung, die der Beheizung der Kammer des Großherzogs diente. An den Wänden ein bedeutendes Werk Pietro da Cortonas *Die vier Zeitalter des Menschen* (1637).

9. Saal der Ilias. Wir gehen zurück zum Saal der Erziehung Jupiters und biegen nach rechts. Dieser Saal wurde zwischen 1825 und 1829 in neoklassizistischem Stil umgebaut. In der Mitte steht die *Caritas-Skulptur* von Lorenzo Bartolini (1777-1850). Neben dem Meisterwerk Raffaels *Bildnis einer Schwangeren* (1504-1508), zwei bedeutende Werke von Andrea del Sarto: *Himmelfahrt Mariens* (1526) oder die «Madonna der Familie Panciatichi» und die *Heilige Jungfrau Passerini*, die einige Jahre früher entstanden ist.

Caravaggios Einfluß ist an beiden, im Saal ausgestellten Werken Artemisia Gentileschis erkennbar: *Judith mit dem Haupt des Holofernes* und die *Heilige Maria Magdalena*. Beide Gemälde wurden zwischen 1614 und 1620 während des Aufenthalts der Malerin am Hof Cosimos II. in Florenz gemalt.

10. Saal des Saturns. Er wurde von Ciro Ferri nach Zeichnungen von Pietro da Cortona mit Fresken bemalt. Hier befinden sich einige Meister-

Raffael, die Velata.

Bartolomeo della Porta, genannt Fra' Bartolomeo, Beweinung des toten Christus.

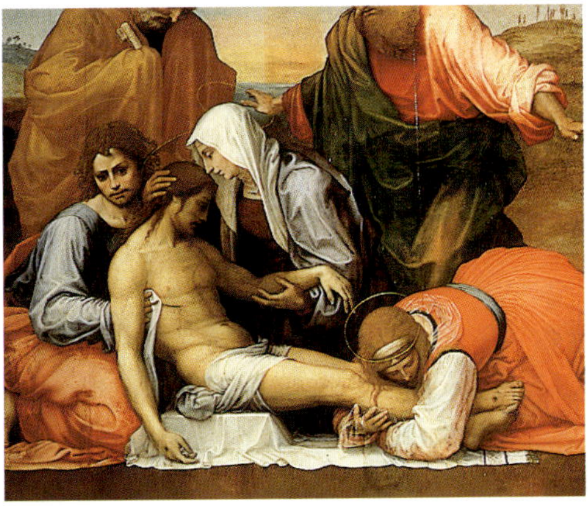

Pieter Paul Rubens, Die Folgen des Krieges.

Pietro Perugino, Madonna in Anbetung des Kindes, *besser bekannt als* «Madonna del Sacco».

Pieter Paul Rubens, Die vier Philosophen. *Rechts:* Victoria *von Vincenzo Consani (1866). Unten: Antoine van Dyck,* Bildnis des Kardinals Bentivoglio.

werke Raffaels, die Bildnisse der *Magdalena* und *Agnolo Doni* (1506-1507); *Madonna mit Kind*, die auch «Madonna des Großherzogs» genannt wird (1505-1506), von Ferdinand III. 1799 erworben; die *Madonna mit Kind und dem Johannesknaben* (1514), genannt «Madonna della Seggiola» (Seggiola = Stuhl); das *Porträt des Kardinals Inghirami* (1516); die *Madonna des Baldachin (1507)* und die *Erscheinung des Ezechiel* (1518). Gegenüber der Fensterwand, *Der beweinte Christus* (1495) von Pietro Perugino. Im Saal sind u. a. zwei bedeutende Arbeiten von Andrea del Sarto: *Disput der Dreifaltigkeit* (1517) und die *Verkündigung* (1528); bemerkenswert auch *Salvator Mundi* (1516) von Fra' Bartolomeo.

11. Jupiter-Saal. Der Thronsaal ist mit *Fresken* und *Stuckwerk* von Volterrano dekoriert und zeigt ein absolutes Meisterwerk Raffaels, die *Velata* (1516). Nach Ansicht Vasaris hat der Künstler in diesem Porträt die Frau, die er liebte abgebildet, die Fornarina, die Tochter des römischen Bäckers Francesco Luti.

Im Saal sind auch die *Verkündigung* (ca. 1512) und *Johannes der Täufer* (1523), beide von Andrea del Sarto und die zarte *Madonna del Sacco* (Sacco = Sack) von Perugino (1445/1450-1523). Im oberen Bereich der Eingangswand *Heilige Familie della cesta* (cesta = Korb) ein Meisterwerk Rubens' (1615). Ein bedeutendes florentinisches Gemälde des frühen 16. Jahrhunderts ist die *Beweinung des toten Christus* von Bartolomeo Della Porta (1472-1517). Der Maler, besser als Fra' Bartolomeo bekannt, legte im Jahr 1500 ein Gelübde ab, als er, dem Rat Savonarolas folgend, Zuflucht vor dem erzürnten Florentiner Volk im Kloster von San Marco suchte. Er blieb Anhänger Savonarolas bis zu seinem tragischen Tod (1496) und verbrannte seine Werke, um das «Ewige Leben» zu erlangen.

12. Saal des Mars. Die Deckengewölbe dieses Saales wurden von Pietro da Cortona mit der Szene *Triumph des Hauses Medici* bemalt. An der rechten Wand ein großes Werk der flämischen Malerei, *Die Folgen des Krieges* (1638) von Pieter Paul Rubens. In dieser ausdrucksvollen Allegorie zeigt der Künstler seine ganze Fähigkeit «einer jeglichen Sache intensive Kraft zu verleihen» (E. Gombrich). Die Allegorie zeigt Mars, der sich aus den Armen der Venus der

Saal des Apollo, Detail der Wanddekoration, die von Pietro da Cortona entworfen und von Ciro Ferri ausgeführt wurde.

Zwietracht losreißt und die Künste und die Barmherzigkeit mit Füßen tritt.

Die vier Philosophen sind ebenfalls von Rubens: Das Gemälde stellt, von links, den Maler, seinen Bruder Filippo und die Humanisten Lipsius und Wouverius dar.

An der Stirnwand zwei Werke von Murillo (1618-1682) mit dem Thema (*Madonna mit Kind*); im Saal ist außerdem das *Bildnis des Kardinals Bentivoglio*, päpstlicher Botschafter in Flandern und Frankreich von dem flämischen Maler Anton Van Dyck (1599-1641).

13. Saal des Apollo. Seine Deckendekoration wurde von Pietro da Cortona entworfen und von seinem Schüler Ciro Ferri (1634-1689) ausgeführt. Hier ist die wunderbare Altartafel *Thronende Madonna mit Heiligen* (1522) von Rosso Fiorentino. Das frühe Meisterwerk des Manierismus stammt aus der Dei-Kapelle der Kirche Santo Spirito. Von Andrea del Sarto sind hier die beiden Tafeln die *Heilige Familie* und die *Heilige Familie Medici*. Im Saal sind zwei bedeutende Werke von Tiziano, die *Büßende Magdalena* (1531) und das *Bildnis eines jungen Engländers* (um 1540). Über dieses Bild sagte Ernest Gombrich: «es erscheint einem, als fixiere er uns mit einem Blick, der so tief und spirituell ist, das man nicht glauben kann, daß diese träumerischen Augen nichts anderes als farbige Erde auf einem Stück Leinwand sind».

14. Der Venus-Saal. Er ist wie die letzten vier Säle mit allegorischen *Fresken* von Pietro da Cortona (1596-1669) dekoriert. In der Mitte steht ein Meisterwerk der italienischen neoklassizistischen Bildhauerei, die *Italische Venus* von Antonio Canova (1757-1822), die Napoleon

Andrea del Sarto, die Heilige Familie Medici.

Tizian, Bildnis eines jungen Engländers.
Unten links: Tizian, Büßende Magdalena.
Unten: Der Venus-Saal.

Tizian, Bildnis der Edelfrau, *besser bekannt als* La Bella.

Salvator Rosa, der Hafen bei Sonnenuntergang.

Salvator Rosa, Landschaft mit zerstörter Brücke.

1810 dem Bildhauer in Auftrag gegeben hatte.

Unter den ausgestellten Bildern sind vier bedeutende Werke von Tizian, die in einer Zeitspanne von 35 Jahren gemalt wurden und einen großen Teil seiner Schaffenszeit widerspiegeln.

Das älteste Werk ist das *Konzert* (1510-1512). Das berühmteste ist vielleicht das *Bildnis der Edelfrau* (1536-1538), bekannt als *La Bella* (die Schöne), gemalt für den Herzog von Urbino und das erste Porträt, das als Kunstwerk, ohne Bezug zur abgebildeten Person, verkauft wurde. Von 1545 stammen die Bildnisse des *Papstes Julius* II. (nach einem Modell von Raffael 1511-1512) und des *Pietro Aretino*.

Weitere bemerkenswerte Werke sind die *Landschaften* des neapolitanischen Malers Salvator Rosa, der sich zwischen 1640 und 1649 am Hof der Medici aufhielt, und die *Heimkehr von der Ernte* von Pieter Paul Rubens (1577-1640).

Tizian, Bildnis des Pietro Aretino. *Das Gemälde war 1545 von Aretino selbst in Auftrag gegeben und später dem Großherzog Cosimo I. als Geschenk übersandt worden.*

15. Die königlichen Gemächer. Sie waren ursprünglich die Wohnräume der Medici, der Lothringer und später, als Florenz Hauptstadt Italiens war, Residenz von Vittorio Emanuele II. Es ist eine Reihe prunkvoll eingerichteter und dekorierter Säle.

Vom ersten Saal («der Nischen» genannt) gelangt man zum grünen Saal, der Anfang des 19. Jahrhunderts von Giuseppe Castagnoli mit Fresken bemalt wurde. Dort sind ein großer *Ebenholzschrank* aus dem 17. Jahrhundert, *vergoldete Bronzen, Lasursteine* und *Pietre dure* (Florentiner Mosaiken aus Marmor und Halbedelsteinen).

Im rot ausgekleideten Thronsaal, Möbel der lothringischen und der savoyischen Familien, chinesisches und japanisches Porzellan aus dem 18. und 19. Jahrhundert und der Thron Vittorio Emanueles II. unter einem Baldachin.

Im hellblauen Saal sind die *Bildnisse der Medici* von Justus Sustermans und wertvolle *Möbel* aus dem 17. und 18. Jahrhundert.

Die Kapelle – einst Alkoven von Ferdinando II. de' Medici – ist im spätbarocken Stil mit weißem und goldenem Stuckwerk aus

Blick auf einen Saal, der für eine Ausstellung hergerichtet wurde.

dem 17. Jahrhundert dekoriert. An der Wand, in einem reichverzierten Rahmen aus Schildpatt mit vergoldeter Bronze und Pietre dure, die *Madonna mit Kind* von Carlo Dolci (1616-1686).

Der Saal der Papageien, genannt nach den Vögeln, die die Tapetenverkleidung in der Lothringer Epoche zierten, führt in die Gemächer der Königin Margherita, Gemahlin von Umberto I. (Nachfolger von Vittorio Emanuele II.).

Der erste Raum, der gelbe Salon, war einst Spielzimmer des Großherzogs Ferdinand II. An der Decke eine sehr schöne neoklassizistische Lampe.

Es folgen das Schlafgemach der Königin und die Ovale Toilette, ursprünglich von der Großherzogin Maria Luisa von Lothringen eingerichtet und mit koloriertem Stuckwerk versehen. Hier ist ein schöner Kamin aus violettem Marmor.

Der letzte Saal ist ein rundes Kabinett, in dem die Königin Gespräche mit ihren Hofdamen führte.

Vom Papagaien-Saal aus kommt man in die aus vier kleinen Sälen bestehenden Wohngemächer von Umberto I., die der König während seines Aufenthalts in Florenz bewohnte. Das Schlafzimmer ist mit Möbeln aus dem 19. Jahrhundert eingerichtet, das Studierzimmer mit Möbeln aus dem 18. Jahrhundert; im roten Salon stehen Möbel aus der lothringischen Zeit und im kleinen gelben Salon, Vorzimmer des Königs, sind Gemälde aus dem 19. Jahrhundert.

Das Schlafgemach der Königin Margherita.

16. Saal von Bona. Er wurde Anfang des 17. Jahrhunderts von Bernardino Poccetti ausgemalt. An den Wänden: die *Eroberung von Bona* (das alte Ippona in Afrika) durch die Galeeren der Ritter des Hl. Stephans (1607) und die *Eroberung von Prevesa* (das alte Nikopolis in Albanien) durch die toskanische Kriegsflotte (1605), *Der Großherzog Ferdinand I. empfängt Piccolomini, Gefangener der Türken* und eine *Ansicht des Hafen von Livorno*.

17. Weißer Saal. Er befindet sich neben dem Saal von Bona und war einst der Tanzsaal des Palastes; heute finden hier zahlreiche Aus-

Silvestro Lega, Besuch im Atelier.

Pietro Tenerani, die verlassene Psyche *(1816-17).*

stellungen statt, der Haupteingang ist in der Vorhalle der Galleria Palatina.
Im zweiten Stock ist die Galerie für Moderne Kunst.

Galerie für Moderne Kunst

Sie wurde 1784 von Großherzog Peter Leopold aus dem Hause Habsburg-Lothringen ins Leben gerufen. Seit 1922 hat sie ihren Sitz in einigen Räumen im oberen Stockwerk des Pitti-Palasts. Hier wurden die modernen Kunstsammlungen des italienischen Staates und der Stadt Florenz zusammengetragen.
Die dreißig Säle enthalten, neben bedeutenden Skulpturen, ca. 2.000 Werke. Abgesehen von einigen Ausnahmen, konzentriert sich die Galerie überwiegend auf das reiche Panorama der italienischen Malerei des späten 18. Jahrhundert bis zu den zwanziger Jahren dieses Jahrhunderts.
Säle 1-12. Hier sind Werke von Pompeo Batoni (1708-1787), der von Correggio und Raffael beeinflußt wurde. Außerdem u. a. Werke von Künstlern wie Antonio Canova (1757-1822), Pietro Benvenuti (1769-1844), Luigi Sabatelli (1772-1850), Giuseppe Bezzuoli (1784-1855), Francesco Hayez (1791-1882), Lorenzo Bartolini (1777-1850), bis zu Giovanni Duprè (1817-1882).
Saal 13. Hier sind einige Bildnisse aus der Zeit als Florenz Hauptstadt war, darunter das *Selbstbildnis* von Giovanni Fattori und die *Signora Morrocchi* von Antonio Puccinelli (1855-1860).
Saal 14. Er zeigt Werke einiger Landschaftsmaler aus der Mitte des 19. Jahrhunderts. Die Maler stammen aus der «Scuola di Staggia», der ersten toskanischen Schule für Landschaftsmalerei, die 1854 von dem Livorner Serafino de' Tivoli in Staggia (in der Nähe von Siena) gegründet wurde. Von 1856 gehörte der livornesische Maler der Macchiaioli-Gruppe an, die sich im Caffè Michelangelo (heute nicht mehr bestehend) in der Via Cavour traf.
Saal 15. Hier sind die Werke von Christiano Banti (1824-1904) ausgestellt.
Säle 16-18. Sie zeigen die bedeutendsten Arbeiten der Macchiaioli («Fleckenmaler»): Silvestro Lega (1826-1895), Telemaco Signorini (1835-1901), Federico Zandomeneghi (1841-1917)

Blick auf Saal 9.

Stefano Ussi, Vertreibung des Herzogs von Athen.

und Giovanni Fattori (1825-1908).

Säle 19-20. Sie sind der Akademie des späten 19. Jahrhunderts gewidmet mit Gemälden von Antonio Ciseri, Raffaelo Sorbi, Stefano Ussi, Giuseppe Bellucci.

Säle 21-22. Hier befinden sich Werke, die den Risorgimento verherrlichen und in den 50 Jahren nach der Vereinigung Italiens entstanden sind. Saal 21 zeigt u. a. den berühmten *Angriff der Kavallerie* (1873) von Giovanni Fattori.

Säle 23-24. Aus dem Nachlaß Ambrons und aus städtischen Beständen stammen die Macchiaioli-Werke von Telemaco Signorini, Giovani Fattori, Vito d'Ancona, Vincenzo Cabianca.

Säle 25-27. Hier sind die Werke der toskanischen und neapolitanischen Post-Macchiaioli (Egisto Ferroni, Niccolò Cannicci, Domenico Morelli).

Säle 28-30. Sie zeigen toskanische Malerei unterschiedlicher Stilrichtungen: Von der Décadence bis zum Pointillismus und vom Symbolismus bis zum Postimpressionismus, mit Werken u. a. von Galileo Chini, Gaetano Previati, Medardo Rosso, Plinio Nomellini, Giovanni Costetti, Elizabeth Chaplin und Armando Spadini.

Wir gehen in den Hof des Ammannati zurück. Auf der anderen Hofseite ist der Eingang zur Silbersammlung.

Silbersammlung

Das Museum ist im ehemaligen «Sommerquartier des Medici-Hofes», links vom Eingangshof des Pitti-Palastes. Die 26 Säle vermitteln einen umfassenden Eindruck von Prunk und Geschmack der Fürstenhöfe des 16. und 17. Jahrhunderts anhand der Gegenstände aus dem Besitz der Medici und der lothringischen Linie.

Die Säle wurden im 17. Jahrhundert von Giovanni da San Giovanni und von den bolognesischen Malern Michelangelo Colonna und Agostino Mitelli mit Fresken bemalt und sind mit Mobiliar der Epoche ausgestattet.

Die Sammlung umfaßt Silbergeschirr, Vasen aus geschnitztem Elfenbein und Bergkristall, Bernstein, Edelsteine, Kameen, chinesisches und japanisches Porzellan, Juwelen und Emailarbeiten.

Ottone Rosai, Schankstube.

Zwerg *in Barockperlen und Email auf goldenem Sockel.*

Giovanni Fattori, Rotonda Palmieri.

Prunkkutsche.

Anhänger mit Barockperle, Gold, Perlen und Edelsteinen.

Unter den Juwelen sind die aus dem Besitz der Pfalzgräfin Anna Maria Ludovica de' Medici, flämische Handarbeit aus Perlen, Edelsteinen und Gold und das Reise-*Necessaire* von Ferdinand III., eine Arbeit von Pariser Silberschmieden.

Besonders sehenswert, die Vasen aus der Sammlung von Lorenz dem Prächtigen: die Stücke aus der römischen Epoche und dem Mittelalter wurden im 15. Jahrhundert mit neuen vergoldeten Silberfassungen versehen.

Wir verlassen den Palast und besichtigen das kleine Museum der Kutschen im rechten Rondò, das zur Zeit nur zweimal in der Woche (am Vormittag) geöffnet ist. Für dieses Museum genügt die Eintrittskarte einer der Pitti-Galerien oder des Boboli-Gartens.

Museum der Kutschen

Es enthält sieben Kutschen samt Pferdegeschirr, zwei Sänften und einen tragbaren Sitz des lothringischen und savoyischen Hofstaats. Besonders wertvoll sind eine Kutsche mit Wagenkasten aus vergoldetem Silber und drei Kutschen aus geschnitztem Holz, die bemalt und vergoldet sind.

Wir überqueren den Ammanati-Hof und kommen zur Grotte mit Brunnen gegenüber dem Eingangsportal. Rechts ist das heutige Eingangstor zum Boboli-Garten. Eintrittskarten werden auf der rechten Hofseite verkauft.

Man steigt die Treppen hinauf und befindet sich vor dem Amphitheater, bei dem der Rundgang im Boboli-Garten beginnt. Zunächst gehen wir nach rechts, die Rampe entlang, bis zu einem breiten Platz mit der Palazzina della Meridiana.

Palazzina della Meridiana

Der Bau wurde 1776 begonnen und zwischen 1822 und 1840 von Pasquale Poccianti beendet.

In den Jahren 1865-1871, als Florenz Hauptstadt Italiens war, residierte hier Vittorio Emanuele II., daher die kostbare Ausstattung. Im Palast sind zwei bedeutende Sammlungen untergebracht: Das Museum für historische Kostüme und die Contini Bonacossi-Schenkung.

Das Museum für historische Kostüme. In dreizehn Sälen sind historische Trachten und Gewänder von Anfang des 18. Jahrhunderts bis zu den zwanziger Jahren unseres Jahrhunderts zu sehen. Die Ausstellung, deren besonderer Schwerpunkt auf der Entwicklung der Frauentracht liegt, ist von ausführlichen Erklärungen begleitet.

Die Schenkung Contini Bonacossi. Die Schenkung des Ehepaars Contini Bonacossi, das diese Sammlung in Zu-

Ansicht der Palazzina della Meridiana.

Teil des Amphitheaters Es wurde am Ende des 16. Jahrhunderts begonnen und 1618 von Alfonso Parigi vollendet.

sammenarbeit mit dem berühmten Kunsthistoriker Roberto Lunghi geschaffen hatte, war ursprünglich für die Uffizien bestimmt und wurde dem Staat 1974 übergeben.

Die Sammlung ist mit Genehmigung der Museumsleitung zu besichtigen und enthält Meisterwerke der italienischen Malerei des 13. bis 18. Jahrhunderts von Künstlern wie Cimabue, Duccio di Boninsegna, Sassetta, Andrea del Castagno, Giovanni Bellini, Bramantino, Paolo Veronese und Jacopo Tintoretto; unter den spanischen Malern, El Greco, Velázquez und Zurbarán.

Nach der Besichtigung der Palazzina della Meridiana gehen wir zurück zum Amphitheater.

Der Boboli-Garten

Mit seinem Ausmaß von 45.000 m^2 ist der Boboli-Garten einer der bedeutendsten Gärten «all'italiana» des 16. Jahrhunderts.

Die Parkanlage erstreckt sich vom Pitti-Palast über die Hügel bis zum Forte Belvedere und bis zur Porta Romana, eine Gelegenheit für herrliche Spaziergänge in einem Garten, der in Verbindung mit der Landschaft zum Kunstwerk wird.

Anfang 1550 wurde der Garten nach Plänen von Niccolò Tribolo auf Wunsch von Eleonora di Toledo, der Gemahlin Cosimos I., angelegt. Nach dem Tod Tribolos vollendeten Ammannati, Buontalenti und ab 1618 Giulio und Alfonso Parigi die Garten-Anlage, deren Umgestaltung der heutigen Form entspricht.

Das Amphitheater. Der Bau des Amphitheaters wurde Ende des 16. Jahrhunderts begonnen und von Alfonso Parigi nach 1618 beendet. In der Mitte ein ägyptischer Obelisk, der hier im 18. Jahrhundert aufgestellt wurde. Davor ein großes römisches Granitbecken aus der Kaiserzeit. Vom Amphitheater mit seinem Hof und der *Fontana del Carciofo* (Brunnen der Artischocke), 1639 von Pietro Tacca ausgeführt, hat man einen schönen Blick auf die Stadt.

Die Grotte des Buontalenti. Gegenüber der Palazzina della Meridiana beginnt die weite Allee, die zum linken Rondò des Palastes führt. Auf dem Platz vor dem Aus-

Francesco Susini, der Brunnen Fontana del Carciofo *(1642).*

Weibliche Straßenkleidung.

Das Becken des Dreizack *oder* des Neptun, *ein kleiner Teich mit der Statue des* Neptun *in der Mitte (1565-1568) von Stoldo Lorenzi. Unten: eine Ansicht des «Kaffeehauses».*

Die breite Allee, genannt «Viottolone», die in Richtung Piazzale dell'Isolotto hinabführt, wurde von Giulio und Alfonso Parigi ab 1618 gebaut.

Unten: Casino und Giardino del Cavaliere, in der Mitte der Brunnen Fontana delle Scimmie.

gang ist der Brunnen, genannt «del Bacchino» (1560), ein Werk von Valerio Cioli, das vielleicht den Morgante (Hofnarr von Cosimo I.) darstellt. Hier beginnt ein Weg, der zur Grotte des Buontalenti (1583-1588) führt. Dort stehen die beiden Statuen *Ceres* und *Apollo* von Baccio Bandinelli.

Die Grotte besteht aus drei Höhlen: In der ersten sind die Kopien der *Gefangenen* von Michelangelo (die Originale stehen heute in der Galleria dell'Accademia); in der zweiten *Paris und Helena* (1560) von Vincenzo Rossi; in der dritten, mit Fresken von Poccetti, ist die *Venus* (1579-1587) von Giambologna.

Vom Neptunbrunnen zum «Kaffeehaus». Wir gehen zur Allee, die mit niedrigen Hecken und römischen Statuen gesäumt ist und die Längsachse des Amphitheaters bildet (man kann aber auch den Hügel durch ein Labyrinth schattiger Wege besteigen, die zum höheren Teil des Gartens führen: ☛ Plan S. 157). Am Ende der Allee das Becken des Forcone (Dreizack), ein Teich mit der Statue des *Neptuns* (1565-1568) von Stoldo Lorenzi. Links führt eine kleine Allee zum *Kaffeehaus*, dem Rokoko-Pavillon, der 1776 von Zanobi del Rosso erbaut wurde. Von der Terrasse aus hat man eine weite Sicht über die Stadt und die umliegenden Hügel.

In Richtung Piazzale dell'Isolotto. Steigt man weiter hinauf, hinter dem Kaffeehaus und vor dem Forte Belvedere (☛ S. 243 247), begegnet man auf der letzten Ebene der Kolossal-*Statue des Überflusses*, die 1608 von Giambologna begonnen und von Pietro Tacca beendet wurde.

Von hier aus begeben wir uns hinauf in den Giardino del Cavaliere, in seiner Mitte sind die «*Fontana delle Scimmie*» (der Affen-Brunnen) aus dem 16.-17. Jahrhundert und das «Casino del Cavaliere», das für Gian Gastone, den letzten Großherzog der Medici, 1700 errichtet und unter den Lothringern umgebaut wurde.

Seit 1973 ist in den drei Sälen das Porzellanmuseum untergebracht, das edle Stücke der Manufakturen zeigt: Italienisches, französisches, deutsches, Wiener Porzellan aus dem Pitti-Palast, bzw. aus dem Besitz der Herrscherdynastien der Toskana.

Vor der Treppe, die zum Giardino del Cavaliere führt, verläuft links eine breite Zypressenallee, «Viottolone» ge-

nannt, die hinunter *zum Piazzale dell'Isolotto* führt. Der Platz wurde ab 1618 nach Plänen von Giulio und Alfonso Parigi ausgeführt und gehört zu den beeindruckendsten Bereichen des Gartens. Der ovale Platz ist eingerahmt von hohen Buchsbaum- und Steineichenhecken, aus denen sich Stein- und Marmorskulpturen erheben. In der Mitte ein Teich mit den beiden Statuen *Perseus und Andromeda* aus der Schule Buontalentis. In der Mitte des Teiches, die Kopie des *Ozeanbrunnen* (1576) von Giambologna (Das Original ist im Bargello-Museum).

Vom Piazzale dell'Isolotto geht man nach links zum «Cancello di Annalena», dem Ausgang zur Via Romana und gelangt links zur Porta Romana: Das Stadttor wurde zwischen 1328 und 1331 im letzten Mauerring der Befestigungsanlage errichtet.

Wir kehren zurück in die Via Romana und gehen in Richtung Zentrum. Der Palazzo Torrigiani (Hausnummer 17) beherbergt das bedeutende Museo della Specola.

Das Specola-Museum

Peter Leopold eröffnete 1775 das «Kaiserliche und Königliche Museum der Physik und der Naturwissenschaften». Der Großherzog brachte die wertvollen Sammlungen der Medici, sowie die Bücher und Instrumente der Accademia del Cimento hierher. Der Name «Specola» kommt aus dem Volksmund und bezog sich auf die astronomische Beobachtungsstation (specula), die hier installiert war. Neben der reichen zoologischen Sammlung sind im zweiten Stock des Museums ca. 600 Vitrinen mit *Körperteilen aus Wachs*, die zum größten Teil in dem historischen Laboratorium enstanden, das

Oben: eine panoramische Ansicht des Piazzale dell'Isolotto mit dem Teich, in dem die Statuen des Perseus *und der* Andromeda *(Schule Giambolognas) stehen; in der Mitte ist eine Kopie des Brunnens Fontana dell'Oceano von Giambologna, das Original steht im Bargello.*
Hier oben: Porta Romana.
Unten: Nilpferd, Specola-Museum.

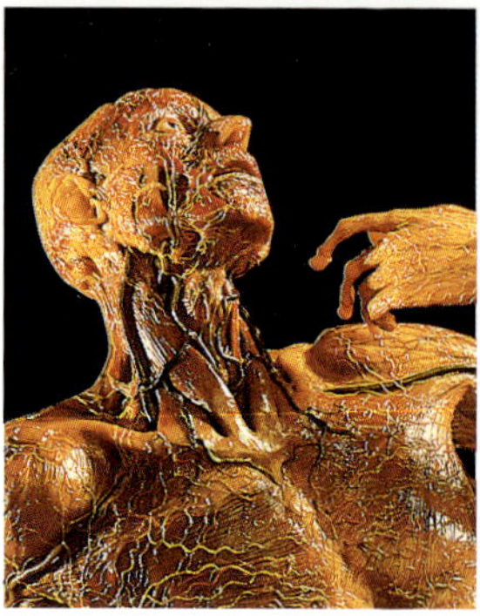

Aus der Schule Clemente Susinis: Oberes Lymphsystem *(rechts);* Verlauf und Verbindungen einiger Verzweigungen des Trigeminusnervs *(unten). Anatomische Wachsmodelle.*

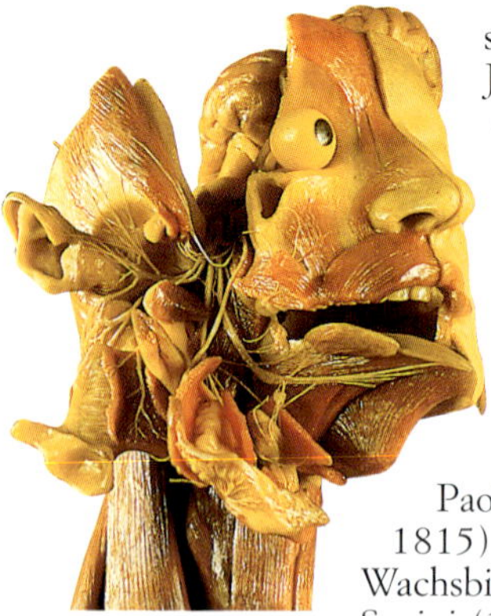

sich Mitte des 18. Jahrhunderts zu einer eigenen Schule der Wachsplastik in Florenz entwickelte und bis 1895 bestand. In der Werkstatt arbeiteten große Wissenschaftler der Anatomie wie Paolo Mascagni (1755-1815) und geschickte Wachsbildner wie Clemente Susini (1754-1814). Ausgestellt sind u. a. die *Allegorischen Szenen* des Wachsbildners Gaetano Zumbo (Ende des 17. Jahrhunderts). Die kleinen Wachs-Skulpturen mit Themen wie der Tod und die Pestilenz beeindrucken durch ihre realistische Genauigkeit und ihre sorgfältige Ausführung.

Im ersten Stock ist das *Podium des Galileo Galilei* mit Vorhalle und halbkreisförmigem Saal, der reich mit Marmor, Fresken und Mosaiken von Nicola Cianfanelli, Gasparo Martellini, Luigi Sabatelli und Giuseppe Bezzuoli dekoriert ist. Leopold II. ließ es 1841 anläßlich des italienischen Wissenschaftlerkongresses errichten.

Piazzetta di San Felice. In der Mitte des Platzes wurde 1992 die Marmorsäule wieder aufgestellt, die Cosimo I. 1572 errichten ließ.

Nach dem Specola-Museum gehen wir die Via Romana in Richtung Pitti weiter. Auf der linken Seite, an der Kreuzung mit Via Mazzetta und Via Maggio, ist der kleine Platz San Felice. In der Mitte eine Marmorsäule, die Cosimo I. im Jahr 1572 aufstellen ließ. In dem kleinen Palast (Hausnummer 8) lebte und starb die englische Dichterin Elisabeth Browning.

Vom Platz aus blicken wir auf die Renaissance-Fassade der Kirche San Felice.

Die Kirche San Felice in Piazza

Sie wurde 1066 zum ersten Mal urkundlich erwähnt, der heutige Bau geht jedoch auf das 14. Jahrhundert zurück. Die Fassade von der Mitte des 15. Jahrhunderts wird Michelozzo zugeschrieben.

Das Kircheninnere enthält bedeutende Kunstwerke vom frühen 14. bis zum 18. Jahrhundert. Auf der rechten Seite, am ersten Altar, ein Fresko *Pietà* von Niccolò Gerini; am fünften Altar *Pietà* (1500-1515) aus Terrakotta, die Giovanni della Robbia zugeschrieben wird; am sechsten Altar *Madonna mit Heiligen* (1520) vom Schüler Raffaels Ridolfo del Ghirlandaio; am siebten Altar *Madonna des Gürtels mit Heiligen* (1430) das Bicci di Lorenzo und Stefano d'Antonio zugeschrieben wird. In der Hauptkapelle ein großes *Holz-Kruzifix* aus dem Umkreis Giottos, wahrscheinlich aus dem frühen 14. Jahrhundert, und zwei Tafeln mit dem *Evangelisten Johannes* und die *Heilige Maria Magdalena* aus der Schule Botticellis.

Die Fassade der Kirche San Felice in Piazza.

Kreuzigung, *Schule Giottos.*

Auf dem Altar der Stirn-Kapelle des linken Kirchenschiffes, Polyptychon (mehrteiliger Altaraufsatz), in der Mitte eine *Madonna mit Kind* (1409-1413), wahrscheinlich von Gherardo Starnina.

Auf der linken Seite, am siebten Altar, der *Heilige Felix steht dem hl. Maximus bei*, das Fresko wurde von Giovanni da San Giovanni begonnen und um 1636 von Volterrano beendet; am sechsten Altar, ein Triptychon von Neri di Bicci mit den *Heiligen Augustinus, Johannes der Täufer, Julian und Sigismund* (von 1467); am ersten Altar Triptychon aus der Schule Botticellis (Ende des 15. Jahrhunderts) mit den *Heiligen Antonio Abate, Rocco und Caterina d'Alessandria.*

Nach dem Besuch der Kirche gehen wir in Richtung Ponte a Santa Trinita und biegen in die Via Maggio. «Maggio» ist die Abkürzung von «Maggiore» (Hauptstraße). Im 16. Jahrhundert war sie offizielle Hofstraße vom Palazzo Pitti in Richtung Zentrum zum Dom und zur Kirche San Lorenzo. An Hausnummer 48 ist das Haus des Bildhauers und Architekten Giovan Battista Foggini *(1652-1725); Hausnummer 42 der* Palazzo della Commenda*, ehemaliger Corsini-Palast, der im 17. Jahrhundert von Gherardo Silvani neu gestaltet wurde; Hausnummer 28 der* Palazzo Peruzzi de' Medici, *ebenfalls von Gherardo Silvani erneuert; gegenüber mit der Hausnummer 13 steht der* Palazzo Zanchini, *nach Plänen von Santi di Tito entstanden. An den Hausnummern 11 und 26 stehen sich der* Michelozzi-Palast, *Mitte des 16. Jahrhunderts erneuert, und der* Palazzo di Bianca Cappello *gegenüber. Bianca Cappello war die berühmte Geliebte des Großherzogs Francesco: Der Palast wurde zwischen 1570 und 1574 von Bernardo Buontalenti erneuert, die Fassade zeigt Grotesken in Graffiti-Technik (1579-1580) von Bernardino Poccetti.*

Via Maggio mündet in die enge Piazza Frescobaldi, die zum Ponte a Santa Trinita führt. Auf der linken Seite (Hausnummer 2) der Palazzo Frescobaldi *aus dem 14. Jahrhundert, der 1921 restauriert wurde.*

Anmutiger Balkon mit Medici-Wappen, der sich über dem Brunnen mit Kartuschenmaskaron und -becken befindet, einem Meisterwerk von Bernardo Buontalenti. Unten: der Palast von Bianca Cappello. Links unten: Via Sguazza.

Die mittelalterlichen Vorstädte

In der Ortsnamenkunde von Florenz finden sich einige Straßen am Rande des historischen Zentrums, die noch heute «Borghi» genannt werden. Diese Straßen wurden um das Jahr 1000 erbaut, als der demografische Zuwachs, entsprechend den Hauptkommunikationswegen, die Siedlungsbildung außerhalb der Stadtmauern antrieb. Die Borghi wurden später in die immer größer werdenden Mauerringe eingegliedert, welche die Stadt seit 1173 umgaben (☛ S. 66). Einige davon, wie z. B. Borgo Santi Apostoli und Borgo San Jacopo haben bis heute die besondere mittelalterliche Struktur der Häuser beibehalten.

Borgo Santi Apostoli und die Kirche Santi Apostoli. Parallel zum rechten Arnoufer befindet sich der Borgo Santi Apostoli, der die Via Por Santa Maria mit der Piazza Santa Trìnita verbindet. Die Straße besteht aus vielen, hauptsächlich mittelalterlichen, Gebäuden. Der prächtige *Palazzo Acciaioli* (Hausnummer 8) hat an der Fassade drei Fensterreihen mit Flachbogen. Seitlich befindet sich ein sehr hoher *Turm*. *Casa Acciaioli* (Hausnummer 10) hat die Form eines kleinen Palastes aus dem 16. Jahrhundert. Die *Casa Altoviti* (Hausnummer 12) zeigt die typische Aufteilung von Bögen mit Bossenwerken aus dem 14. Jahrhundert. Der prächtige *Palazzo Borgherini* (Hausnummer 19), der Baccio d'Agnolo zugeschrieben wird, hat große Putzgrundierungen und bossierte Winkeleisen.

Auf der linken Seite ist die kleine Piazza del Limbo, die von der Fassade der *Chiesa dei Santi Apostoli* überragt wird. Auf einer auf der linken Tür angebrachten Gedenkplatte wird irrtümlich behauptet, daß die Kirche am 6. April 805 von Karl dem Großen gegründet und dem Bischof Turpino geweiht worden sei. In Wirklichkeit ist der kleine Tempel aus der Florentiner Romanik des 11. Jahrhunderts. Von dem glattflächigen Stein der Fassade mit dem leicht erhöhten Mittelschiff, hebt sich das mittlere Portal aus dem 16. Jahrhundert ab, das Benedetto da Rovezzano zugeschrieben wird. Das Kircheninnere ist in drei Schiffe aufgeteilt. Der Dachstuhl ist mit mehrfarbig dekorierten Dachträgern versehen, und die Apsis ist halbkreisförmig. Am Ende des linken Seitenschiffes ein *Tabernakel* aus glasierter Terrakotta, von Giovanni della Robbia und daneben befindet sich das *Grabmal des Oddo Altoviti* von Benedetto da Rovezzano (1474-1554 ca.). Auch der Palast der *Buondelmonti* (Hausnummer 22) und der der *Salutati* (Hausnummer 29) sind bemerkenswert.

Borgo San Jacopo und die Kirche San Jacopo Soprarno. Der Borgo befindet sich auf der anderen Seite des Arnos und führt vom Ponte Vecchio bis zur Piazza Frescobaldi, von wo aus wir zum Ponte Santa Trìnita kommen. Im Jahre 1182 wurde diese Straße zum ersten Mal erwähnt und entspricht dem Anfangsstück von Via Pisana, der sehr alten Verbindungsstraße

zwischen Florenz und Pisa. Gegen Ende des 12. Jahrhunderts begann die Gemeinde, diesen Teil der Stadt mit Befestigungen zu umschließen und wahrscheinlich eine Palisade zu errichten, die Ende des 13. Jahrhunderts in einen richtigen Mauerring umgebaut wurde. Die hohen Türme, die auf den Borgo gehen, zeugen noch heute von ihrer damaligen Verteidigungsfunktion. Der erste Teil in der Nähe des Ponte Vecchio wurde 1944 durch deutsche Minen schwer beschädigt. Auf der anderen Seite des Ponte Vecchio, bei dem Rossi Cerchi Turm aus dem 13. Jahrhundert, befindet sich die *fontana del Bacchino* mit einer Statue, die Giambologna zugeschrieben wird. Etwas weiter vorne, an der Kreuzung mit via de' Ramaglianti

(Hausnummer 9) sehen wir die zwei nebeneinanderstehenden *Türme der Ramaglianti* und *der Belfredelli*. Bei Hausnummer 54r erhebt sich die *torre dei Barbadori*.Hinter der Kreuzung mit der malerischen Via Toscanella, auf der sich noch heute alte Handwerksläden und Künstlerwerkstätten befinden, sehen wir die *Torre Marsili* (Hausnummer 17), auf deren Fassade sich eine Kopie der *Verkündigung* in glasierter Terrakotta befindet (Das Original wird im Innern aufbewahrt). Weiter vorne dann die Kirche *San Jacopo Soprarno,* die ursprünglich auf das 11. Jahrhundert zurückgeht, jedoch öfters umgebaut wurde. Der wunderschöne Säulengang in weißem und grünem Marmor (12.-13. Jahrhundert) stammt von der Kirche San Donato in Scopeto außerhalb der Porta Romana, die während der Belagerung 1529 zerstört wurde. Die heute entweihte Kirche ist dreischiffig. Als sie nach der Überschwemmung von 1966 restauriert wurde, kamen unter den Dekorationen des 18. Jahrhunderts romanische Säulen hervor. In der Kirche befinden sich außerdem eine Reihe von *Malereien* der Florentiner Schule aus dem 17.-18. Jahrhundert und ein hölzernes *Kruzifix* aus dem 15. Jahrhundert. Nach der Kirche (Hausnummern 1, 2, 3r) befindet sich der Palazzo Frescobaldi, in dem 1301 Karl von Valois weilte. An der Ecke mit Via dello Sprone, unter einer kleinen Loggia mit dem Mediciwappen, die *fontana del Buontalenti,* ein kleines Meisterwerk städtischer Dekoration aus der zweiten Hälfte des 17. Jahrhunderts.

Auf der linken Seite: eine Ansicht des Borgo Santissimi Apostoli (oben); Blick auf die Piazza del Limbo (Limbus), die ihren Namen einem nahen Friedhof verdankte, auf dem Kinder begraben wurden, die vor der Taufe gestorben waren (links); Maso di San Friano, die Anbetung der Hirten. *Kirche Santissimi Apostoli (unten). Auf dieser Seite: die Fassade der Kirche San Jacopo in Soprarno (oben); auf einem antiken Marmorbecken ist der Brunnen des jungen Bacchus, der Giambologna zugeschrieben wird (Mitte); der Brunnen von Bernardo Buontalenti, 16. Jahrhundert (links).*

Detail des Palazzo Frescobaldi: das Wappen der gleichnamigen Familie ist zwischen dem ersten und dem zweiten Stock an der Fassade angebracht. Überhang mit großen Steinkonsolen an einem Gebäude der Via Toscanella (unten).

Giovan Battista Caccini, Sommer, *eine der vier Statuen, die an den äußersten Punkten der Brücke Santa Trinita stehen. Aussicht mit der Brücke Santa Trinita.*

Ponte a Santa Trinita

In der ersten Hälfte des 13. Jahrhunderts wurde die Brücke Santa Trinita erstmals aus Holz erbaut, später aus Stein, fiel jedoch der Flut im Jahr 1333 zum Opfer. Nach ihrem Wiederaufbau wurde sie 1557 abermals zerstört. Cosimo I. beauftragte Bartolomeo Ammannati noch im gleichen Jahr mit ihrem Wiederaufbau. 1608 wurden an ihren Seitenaufgängen die Statuen der vier Jahreszeiten aufgestellt: links der *Herbst* von Giovan Battista Caccini und der *Winter* von Taddeo Landini; rechts der *Frühling* von Pietro Francavilla und der *Sommer* von Giovan Battista Caccini. 1944 wurde die Brücke von deutschen Einheiten gesprengt, 1952 wurde sie wieder aufgebaut.

Auf der anderen Seite der Brücke steht auf dem gleichnamigen Platz die Barockfassade der Basilika Santa Trinita. In der Mitte des Platzes die Colonna della Giustizia *(Säule der Gerechtigkeit), ein römischer Monolith aus den Caracalla-Thermen. Auf der Säule die Statue der* Gerechtigkeit *von Francesco del Tadda (1497-1585).*

Der mit welfischen Zinnen bekränzte Palazzo Spini-Feroni *auf der rechten Seite wurde im 13. Jahrhundert zur Bewachung der Brücke errichtet. In der Zeit, als Florenz Hauptstadt Italiens war (1865-1870), diente das Gebäude als Rathaus. Geht man die Fassade entlang, kommt man zum Borgo Santi Apostoli* *(☛ S. 182)**.*

Ebenfalls rechts auf der Piazza Santa Trinita (Hausnummer 1) ist der Palazzo Bartolini Salimbeni, *der 1520-1523 nach den Plänen Baccio d'Angnolos errichtet wurde. Der* Palazzo Buondelmonti *(Hausnummer 2) ist aus dem 13. Jahrhundert und wurde im 16. Jahrhundert umgestaltet, wahrscheinlich ebenfalls von Baccio d'Agnolo.*

Die Kirche von Santa Trinita

Sie wurde in der zweiten Hälfte des 11. Jahrhunderts von vallombrosanischen Mönchen gegründet. Im Laufe des 14. Jahrhunderts wurde die Kirche im gotischen Stil erweitert und umgebaut. Die Arbeiten wurden wegen der verheerenden Pest im Jahr 1348 eingestellt und erst im frühen 15. Jahrhun-

Links: Steinerne Schriftrolle, die bekundet, daß Cosimo I. Bartolomeo Ammannati 1569 mit dem Wiederaufbau der Brücke Santa Trinita beauftragte. Unten: Taddeo Landini, Winter, *die Entsprechung der Statue Sommer (s. linke Seite).*

Unten: Piazza Santa Trinita mit der Säule der Gerechtigkeit, *die 1554 im Auftrag Cosimos I. erbaut wurde. Auf der Säule ist die* Statue der Gerechtigkeit *von Francesco del Tadda.*

Unten: die Barockfassade aus Pietra forte der Kirche Santa Trinita, die von Bernardo Buontalenti ausgeführt wurde.

dert beendet.

Die heutige Barock-Fassade aus Pietra forte (Sandiges Kalkgestein) wurde von Bernardo Buontalenti 1593-1594 entworfen.

Der Innenraum. Er hat einen gotischen Aufbau mit drei Kirchenschiffen, die durch Pilaster und hochangesetzte Spitzarkaden geteilt sind. Die Innenfassade zeigt die Überreste der romanischen Vorgängerkirche. Unter anderem sind hier Werke der bedeutendsten Vertreter der Florentiner Frührenaissance: Luca della Robbia, Desiderio da Settignano und Domenico Ghirlandaio.

Im rechten Seitenschiff ist in der dritten Kapelle *die thronende Madonna mit Kind und Heiligen*, eine Tafel auf Goldgrund von Neri di Bicci (1419-1491). Das linke Wandfresko von Spinello Aretino mit der *thronenden Madonna mit Kind und Heiligen* (1390-1395).

Die vierte Kapelle aus dem 15. Jahrhundert hat ein *Schmiedeeisernes Gitter*. Die *Verkündigung*, eine Altartafel, und die Fresken *Szenen aus dem Marienleben*, sind von Lorenzo Monaco (1420-1425), der auch die Fresken mit *Geschichten über die Madonna* malte (1420-1425).

Im Querschiff ist die Sassetti-Kapelle mit dem berühmten Fresken-Zyklus *Szenen aus dem Leben von Franz von Assisi* (1483-1486) von Domenico Ghirlandaio. Die Szenen spielen im Florenz des 15. Jahrhunderts: Man erkennt verschiedene Monumente, unter anderem die noch gotische Fassade der Santa Trinita-Kirche und Florentiner Persönlichkeiten aus der Zeit: darunter Lorenz den Prächtigen, dessen Freund und Mitarbeiter Sassetti war. Auf dem Altar *Die Anbetung der Hirten* (1485) von Domenico Ghirlandaio, wobei der Künstler einen offensichtlichen Bezug zu den Hirten im *Portinari-Tripty-*

Sassetti-Kapelle, Domenico Ghirlandaio, Szenen aus dem Leben von Franz von Assisi: des Kindes wunderbare *Wiedererweckung zum Leben; die Szene spielt sich auf der Piazza Santa Trinita ab, und man sieht die noch gotische Fassade der Kirche, links den Palazzo Spini und die Brücke vor ihrer Zerstörung von 1557.*

Mitte: das Wappen der Viviani (gezeichnet von Giovan Battista Foggini) am gleichnamigen Palast.

chon von Van der Goes herstellt. Dieses Bild ist in den Uffizien (☛ S. 111). In der zweiten Kapelle des linken Querschiffes das *Grabmal des Benozzo Federighi Bischof von Fiesole* (1454) von Luca della Robbia. Das Marmormonument ist mit Kacheln aus bemaltem und glasiertem Terrakotta verziert.

In der fünften Kapelle des linken Kirchenschiffes eine Holzstatue der *Maria Magdalena* von Desiderio da Settignano; nach Vasari wurde sie von Benedetto da Maiano um 1455 vollendet.

In der vierten Kapelle das Fresko von Lorenzo Bicci *Der heilige Giovanni verzeiht dem Mörder seines Bruders* (ca.1440-1450). Hinter dem Altar die Lünette *Der heilige Giovanni thront inmitten der Vallombrosaner Heiligen und Seligen* (1455) von Neri di Bicci. An der rechten Wand eine Tafel desselben Malers, der die *Verkündigung* mit der *Vertreibung Adams und Evas aus dem Paradies* (1491) darstellt. In der Kapelle liegt der Chronikschreiber Dino Compagni begraben (1260-1323).

Via Tornabuoni

Die Via Tornabuoni mit ihren prächtigen, weitgehend aus dem 16./17. Jahrhundert stammenden Palästen und ihren berühmten Geschäften ist wohl eine der elegantesten Straßen des Stadtzentrums. An der Ecke mit Via del Parione steht der aus dem 16. Jahrhundert stammende *Palazzo Minerbetti* (Hausnummer 3).

Der *Palazzo Strozzi del Poeta* (Hausnummer 5) war im frühen 17. Jahrhundert in Besitz des Dichters Giovan Battista Strozzi. Die Fassade (1626) des Palastes ist ein typisches Florentiner Barock-

Unten: Sassetti-Kapelle, Domenico Ghirlandaio, Szenen aus dem Leben von Franz von Assisi: Approbation der Regel des Franziskanerordens; *man erkennt im Hintergrund Palazzo Vecchio und die Loggia della Signoria, rechts im Vordergrund ist dagegen Lorenz der Prächtige dargestellt.*

Rechts: Sassetti-Kapelle, Domenico Ghirlandaio, Anbetung der Hirten.

Symbol des Theatiner-Ordens über dem Portal der Kirche von San Gaetano: ein Kreuz auf einem Dreiberg, an dessen Seiten sich die allegorischen Figuren der Hoffnung *und der* Armut *befinden, die 1686-89 von Balthasar Permoser geschaffen wurden.*

gebäude von Gherardo Silvani. Der aus dem 17. Jahrhundert stammende *Palazzo Medici Tornaquinci* (Hausnummer 6) ist aus zwei zusammengefügten Häusern aus dem 14. Jahrhundert entstanden. Der *Palazzo del Circolo dell'Unione* (Hausnummer 7) wurde wahrscheinlich von Vasari nach Plänen von Giambologna errichtet.

Hinter der Kreuzung mit der Via Strozzi befindet sich der *Palazzo Corsi* (Hausnummer 16), heutiger Sitz der Banca Commerciale, Mitte des 15. Jahrhunderts von Michelozzo erbaut und 1736 von Ferdinando Ruggeri erneuert. Der *Palazzo Viviani* (Hausnummer 15) wurde 1695 von Giovan Battista Foggini erneuert. Der 1580 errichtete *Palazzo Larderel* (Hausnummer 19) wurde im Spätrenaissance-Stil von Giovanni Antonio Dosio gebaut.

Am Ende der Via Tornabuoni verbreitert sich die Straße zur Piazza Antinori, wo sich der Palazzo Antinori *(Hausnummer 3) befindet. Der Palast stellt ein typisches Beispiel der großen Florentiner Adelswohnsitze des 15. Jahrhunderts dar und entstand nach den Plänen von Giuliano da Maiano (1461-1469).*

Gegenüber erhebt sich die Kirche San Gaetano, die schon Mitte des 11. Jahrhunderts in Urkunden erwähnt wurde und vollständig im Barockstil von Matteo Nigetti (1604-1630) erneuert wurde. Die Fassade aus Pietra forte ist von Gherardo Silvani und wurde von seinem Sohn Pier Francesco 1683 vollendet.

Von der Piazza Antinori kehren wir zurück zum Dom, indem wir der Via degli Agli (wo sich Filippo Brunelleschis Geburtshaus befand) und der Via dei Pecori folgen.

Palazzo Antinori, typisches Florentiner Wohnhaus des 15. Jahrhunderts, das zwischen 1461 und 1469 von Giuliano da Maianos erbaut wurde.

Loggia, die 1608 von Cigoli erneuert und im Verlauf der Arbeiten des 19. Jahrhunderts auf die Seite der Kirche San Gaetano versetzt wurde.

Die Kirche von San Gaetano: eines der wenigen intakten barocken Kircheninneren.

Sakralarchitektur -2-

Die Renaissance. Als Filippo Brunelleschi die Kuppel des Doms Santa Maria del Fiore entwirft, macht er die Formen und die Dimensionen nicht von der ihm zur Verfügung stehenden Technologie abhängig. Er geht dagegen von den gegebenen Tatsachen aus – der schwierigen und problematischen Überdachung des immensen Kraters mitten im Dom – und entwickelt Techniken, die zur Realisierung seines Projekts geeignet sind. Dazu studiert er aufmerksam die römischen Bauten, die ihm Ideen für neue Techniken und Modelle geben. Die Renaissance stellt eine Reaktion auf das Gotische dar und bedeutet eine Rückkehr zur Antike, jedoch mit einem neuen Geist. Das Gebäude spiegelt nicht mehr nur die Anwendung bestimmter Bautechnologien wider, die sich die Baumeister angeeignet haben. Es ist dagegen die praktische Ausführung eines architektonischen Entwurfs, der auf den abstrakten Prinzipien von Proportion und Symmetrie aufgebaut ist.

Die Alte Sakristei von San Lorenzo
Von Brunelleschi gegen Ende des Jahres 1429 fertiggestellt, zeigt dieser Komplex deutlich das Renaissance-Konzept vom Raum. Die Harmonie entsteht aus den strengen Proportionen zwischen den einzelnen Volumen des Gebäudes.

Die Kirche San Felice in Piazza
Bereits im 11. Jahrhundert erwähnt, wurde diese Kirche im 14. und 16. Jahrhundert umgebaut. Die Renaissance-Fassade (1452-1460) wird Michelozzo zugeschrieben und gehört zu den wenigen noch erhaltenen Fassaden aus dieser Zeit in Florenz.

Die Fassade von Santa Maria Novella. Sie gehört zu den Meisterwerken der florentinischen Renaissance-Architektur und geht auf die zweite Hälfte des 15. Jahrhunderts zurück. Entworfen wurde sie von Leon Battista Alberti. Die Wandverkleidung aus weißem, schwarzem und grünem Marmor unterstreicht die perfekte Harmonie der verschiedenen Teile und nimmt die Motive und Farben der romanischen Architektur in der Toskana wieder auf. Im unteren Teil der Fassade befinden sich sechs spitzbögige Grabdenkmäler und zwei Portale, die noch von der ursprünglich gotischen Fassade stammen, die jedoch nie fertiggestellt wurde.

Der Innenraum von San Lorenzo
Auf einen Enwurf von Brunelleschi hin wurde die alte Florentiner Kathedrale in der ersten Hälfte des 15. Jahrhunderts von Grund auf umgebaut. Sie besteht aus drei Kirchenschiffen, Säulen mit korinthischen Kapitellen stützen die Rundbögen.

Manierismus und Barock. Die Ausgeglichenheit und die Form gemäß der Renaissance-Tradition bestimmten im 15. und 16. Jahrhundert nicht nur das Bild der Stadt und die städtische Kultur, sondern beeinflußten auch die Entwicklung des Geschmacks und verschiedener Stilformen. So fehlt in Florenz völlig die Vermessenheit des römischen Barocks. Die Architektur der Florentiner Kirchen aus dem 17. und 18. Jahrhundert ist deshalb – bis auf wenige Ausnahmen – dem «Postmanierismus» zuzuordnen.

Die Neue Sakristei von San Lorenzo
Papst Leo x. beauftragte 1520 Michelangelo mit dem Entwurf. Sie wurde von Giorgio Vasari und Bartolomeo Ammannati gegen Mitte des 16. Jahrhunderts zu Ende geführt und wird als mustergültiges Beispiel der manieristischen Architektur angesehen. Michelangelo gibt der Struktur einen starken steigenden Rhythmus und setzt in den Lünetten verkleinerte Fenster ein. Die großen Marmordenkmäler an den Wänden führen eine starke Spannung ein, die ganz neu im Vergleich zur perfekten Harmonie der Alten Sakristei von Brunelleschi ist.

Die Fassade von Santa Trinita
Die Fassade (1593-1594) besteht aus Pietra Forte und ist ein spätmanieristisches Werk von Bernardo Buontalenti.

Die Fassade der Kirche Ognissanti
Die Fassade wurde zwischen 1637 und 1638 gebaut und ist ein Werk von Matteo Nigetti, Schüler des Buontalenti.

Die Kirche von San Gaetano
Diese Kirche ist vielleicht das wichtigste Barock-Monument der Stadt. Die Fassade besteht aus Pietra Forte und wurde 1604 von Matteo Nigetti begonnen und von Pier Francesco Silvani 1639 vollendet.

Die Kapelle von Sant'Andrea Corsini in der Carmine-Kirche
Sie wurde am Anfang der achtziger Jahre des 17. Jahrhunderts von Pier Francesco Silvani vollendet und ist eines der wichtigsten Beispiele des römischen Barocks in Florenz.

7. Die Renaissance am Ufer des Arno

Den Rundgang, der einige der elegantesten Straßen des florentinischen Stadtzentrums miteinschließt, am Dom beginnt und zum Oltrarno (die andere Arnoseite) führt, kann man sicher den Masaccio-Rundgang nennen. Die Fresken der Brancacci-Kapelle in der Carmine-Kirche sind ein Meilenstein, der die florentinische Malerei des 15. Jahrhunderts stark inspiriert und beeinflußt hat und können als Ursprung der Renaissance-Malerei bezeichnet werden.
Masaccio hatte gründlich Brunelleschi und Donatello studiert, einen Architekten und einen Bildhauer, aber was die Malerei anging, hatte er keine Vorläufer. «Weil man in Wirklichkeit» – schrieb Vasari – «die vor ihm ausgeführten Werke gemalt nennen kann, seine dagegen lebendig».
So würde die Brancacci-Kapelle ausreichen (ein obligatorischer Programmpunkt, für denjenigen, der die Stadt besucht), um einen Spaziergang auf der anderen Seite des Arnos zu rechtfertigen.
Doch halten diese Stadtviertel noch viele andere Überraschungen für den Besucher bereit, angefangen von den sich in vielen Gestalten zeigenden «Botteghe», den Läden

und Werkstätten der Handwerksbetriebe und der Kunst- und Antiquitätenhändler. Das Handwerk und die Verarbeitungsbetriebe haben in diesem Stadtteil eine weit zurückreichende und eindrucksvolle Tradition, die mit der Ankunft der benedektinischen Humiliatenbrüder in Florenz begann.
Die in der Wollverarbeitung spezialisierten Humiliaten wurden im Jahr 1206 von dem Bischof Ardingo aus der Lombardei nach Florenz gerufen. Mitte des Jahrhunderts errichteten sie auf der Fläche, auf der sich heute die Kirche Ognissanti befindet, ein Kloster, eine Kirche und ihre Werkstätten. Das Arno-Wasser betrieb die Walkmühlen, deren hölzerne Klöppel die Rohwolle geschmeidig und dicht walkten. Auf die Humiliaten geht die Gründung der Florentiner Wollspinnerei zurück, die das Glück der Stadt im 14./15. Jahrhundert machte. Dank der nahen Carraia-Brücke, die zum ersten Mal 1218 errichtet wurde, dehnten die Mönche ihre Aktivität auf die Südseite des Flusses aus. Es war die Zeit der großen Bettelorden, die sich auf den Hügeln vor der Stadt, in den «Borghi», unmittelbar vor den Stadtmauern, entwickelten. Im Jahr 1250 ließen sich hier die Augustinereremiten nieder, die von den Arcetri- Hügeln kamen, wo sie ihr Kloster hatten, um hier in der halbbesiedelten Örtlichkeit Casellina das Kloster und die Kirche Santo Spirito entstehen zu lassen. Wenige Jahre später gründeten die Karmeliter die Kirche des Carmine, die damals noch außerhalb der Stadtmauern stand. In diesem von unterschiedlichen Ordensgemeinschaften geprägten Stadtteil entstand eines der volkstümlichsten Viertel der Stadt.

Marino Marini, Venus.

Unten: die Kirche des Cestello und der Lungarno Soderini von der Carraia-Brücke *aus von Emilio Burci. Gabinetto Disegni e Stampe, Uffizien.*

Linke Seite: Detail eines Marmorwappens mit der Lilie, dem Symbol von Florenz.

Einige Ansichten der Piazza della Repubblica. Rechts: die belebten Arkaden, wo donnerstags vormittags ein Blumenmarkt stattfindet. Unten: Detail des Cafés Gilli.

Von der Piazza del Duomo aus gehen wir die elegante Via Roma entlang bis zur Piazza della Repubblica.

Piazza della Repubblica

Dieser Platz ist der modernste des historischen Stadtzentrums: Er wurde in den Jahren 1885-1895 dort errichtet, wo im Mittelalter auf den Ruinen des römischen Forums das alte Viertel um den Mercato Vecchio (alter Markt) gebaut worden war.

Hier befand sich auch die Loggia del Pesce (die Fischhalle — 1567) von Giorgio Vasari, die abgetragen und erst 1951 auf der Piazza dei Ciompi wieder aufgebaut wurde. Ebenfalls in den fünfziger Jahren wurde die in der Mitte des Platzes stehende Säule *Colonna dell'Abbondanza* (Säule des Überflusses) erneuert.

Der Platz ist berühmt für seine Cafès, vor allem das «Giubbe Rosse», in dem sich in den 20er Jahren Gelehrte und Schriftsteller trafen.

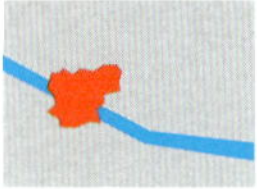

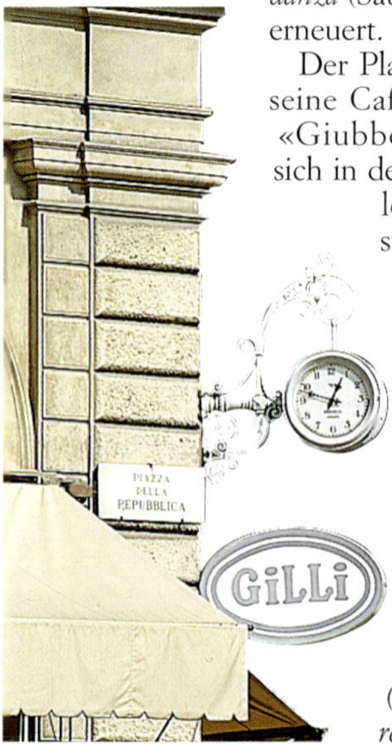

Durch den Triumphbogen (1895) des Architekten Vincenzo Micheli gehen wir in die Via Strozzi mit ihren berühmten Geschäften, an Piazza und Palazzo Strozzi vorbei (☛ S.121), und erreichen die Via Torn-

Der Triumphbogen, der 1895 von Vincenzo Micheli erbaut wurde.

Unten: Der Palazzo Larderel, früher Giacomini, der 1580 erbaut wurde, trennt Via della Vigna Nuova und Via della Spada.

abuoni dort, wo sie mit Via della Vigna Nuova und Via della Spada zusammentrifft.

Der Verlauf der heutigen Via della Spada entspricht dem des «decumanus maximus» *zur Zeit der Gründung der Stadt* Florentia. *Diese Achse diente der «centuriazione», (d. h. der Einteilung in Parzellen) des Ackerlandes westlich der römischen Stadt, das unter den Veteranen Cäsars verteilt wurde. Dadurch konnte die Stadt leicht nach den vier Himmelsrichtungen ausgerichtet werden, wie es der römi-*

Die Renaissance am Ufer des Arno

Besonders sehenswert

Kirche und Kreuzgang von Ognissanti

Kirche Santa Maria del Carmine und Brancacci-Kapelle

Platz und Kirche von Santo Spirito

Via della Vigna Nuova

Eine Ansicht der Via Strozzi und ihrer eleganten Geschäfte.

Ein Antiquitätenladen in der Via de' Fossi.

schen Religion entsprach. So folgt die Via Strozzi dem Verlauf der ostwestlichen Stadtachse, während die Via della Spada von Südost nach Nordwest verläuft.

Auf der linken Seite der Via della Spada ist die Piazza von San Pancrazio mit der gleichnamigen Kirche, die heute Museum ist (☛ unten). Kurz vor der Kreuzung, die Rucellai-Kapelle, die einst zur Kirche gehörte.

Die Rucellai-Kapelle

Der Bau mit rechteckigem Grundriß symbolisiert den Einfluß der Familie Rucellai, deren Palast in der Nähe ist (☛ Tafel S. 209). In der Mitte des Raums der *kleine Marmortempel des Heiligen Grabes*. Bei diesem Monument (1474 vollendet) reproduzierte Leon Battista Alberti die Original-Proportionen der Heiligen Grabstätte in Jerusalem.

Der Eingang des Museums Marino Marini in der ehemaligen Kirche San Pancrazio.

Mitte: Venus.

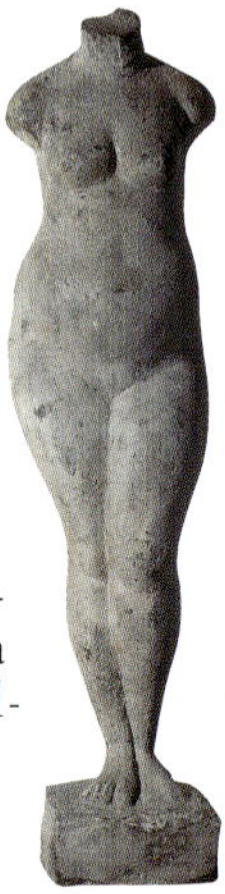

Die ehemalige San Pancrazio-Kirche

Die schon im 9. Jahrhundert urkundlich erwähnte San Pancrazio-Kirche wurde zwischen 1370 und 1454 von den Vallombrosanern wieder aufgebaut. Mitte des 17. Jahrhunderts wurde die Fassade wiederhergestellt und mit einigen Bauelementen von Alberti versehen, die ursprünglich für die Rucellai-Kapelle bestimmt waren.

1808 wurde die Kirche entweiht, 1988 restauriert, und heute beherbergt sie das Marino Marini-Museum.

Das Marino Marini-Museum. Es ist dem zeitgenössischen Pistoieser Künstler Marino Marini (1901-1980) gewidmet und stellt Gemälde, Skulpturen und Zeichnungen aus den späten zwanziger Jahren bis Anfang der sechziger Jahre aus, unter anderem im Erdgeschoß die farbige Gipsskulptur *Edelmann zu Pferd* (1937). Unter der runden Öffnung in der Tonne, die die Apsis der Kirche ersetzt, das Bronzemonument *Reiter-Komposition* (1957-1958); im Zwischengeschoß der männliche Akt aus Holz *Der*

Marino Marini,
Edelmann zu Pferd.

Schwimmer (1932); im oberen Stockwerk, *Die Tänzerinnen im Reigen*.

Wir setzen unseren Weg in der Via della Spada fort. Am Ende der Straße, an der Ecke mit Piazza Ottaviani, steht rechts der Palazzo Niccolini aus dem 16. Jahrhundert.

Wir biegen rechts in die Via dei Fossi (Fossi = Gräben), die diesen Namen erhielt, als der Flußlauf des Mugnone nach der Errichtung des Mauerrings der Stadt Florenz (1173-1175) hier umgeleitet wurde. Der Mugnone verlief einstmals auf der Höhe der Via Tornabuoni.

Am Ende der Via dei Fossi ist die Piazza Goldoni, gleich rechts kommt man in den Borgo Ognissanti.

Piazza Goldoni und Borgo Ognissanti

Die heutige Form des Platzes geht auf Mitte des 19. Jahrhunderts zurück, als das Flußbett des Arno verengt und die Neue Uferpromenade (der heutige Lungarno Vespucci) gebaut wurde.

An der Ecke mit dem Lungarno Corsini steht der *Palazzo Ricasoli*. Er entstand nach Plänen von Michelozzo und wurde erst nach dessen Tod (1480-1500) erbaut. Das Denkmal für den venezianischen Lustspieldichter *Carlo Goldoni*, gegenüber der Carraia-Brücke (☛ S. 208), ist ein Werk von Ulisse Cambi (1873). Vom Goldoni-Platz biegt man rechts in den Borgo Ognissanti, eine elegante Straße mit schönen Geschäften und Antiquitätenläden, in der sich zwei Jugendstil-Bauten befinden.

Das umgedrehte Haus, *Casa alla rovescia*, so genannt nach der Form der tragenden Konsolen, der Terrasse und der Geländesäulen, die umgedreht angeordnet sind, (Hausnummer 12) und die *Casa-Galleria* (Hausnummer 26), die 1911 von Giovanni Michelazzi gebaut wurde.

Ebenfalls auf der rechten Straßenseite (Hausnummer 20) das *Spedale di San Giovanni di Dio*, eines der ältesten Florentiner Krankenhäuser, das noch bis vor kurzem in Betrieb war. Es wurde 1380 von der Familie Vespucci gestiftet und im frühen 18. Jahrhundert vergrößert, indem man die Räumlichkeiten des Geburtshauses von Amerigo Vespucci mit einbezog.

Ca. 100 Meter nach dem Krankenhaus kommt man zur Piazza Ognissanti, de-

Oben: Ansicht des Palazzo Ricasoli, der von Michelozzo entworfen und erst nach dessen Tod erbaut wurde (1480-1500). 1580 wurde eine Unterführung unter die Straße gebaut und der Palast wurde um einen großen Park und eine Terrasse über dem Fluß bereichert.

Mitte: Denkmal für Carlo Goldoni, *das 1873 von Ulisse Cambi geschaffen wurde.*

Rechts: Palazzo Lenzi aus dem 15. Jahrhundert, der mehrmals umgebaut und um die Fassade mit Vorkragung, die auf Borgo Ognissanti geht, erweitert wurde; die Seite zum Platz hin wurde im 19. Jahrhundert von Andrea Feltrini mit Graffiti verziert.

Oben: die Casa-galleria, eines der wenigen Jugendstilhäuser, von Giovanni Michelazzi (1911). Unten: die Kirche von Ognissanti.

ren heutige Gestaltung auf die Mitte des 19. Jahrhunderts zurückgeht. Auf der Westseite ist der Palazzo Lenzi *(Hausnummer 2) aus dem 15. Jahrhundert, der mehrmals umgestaltet wurde. Heute ist hier das französische Konsulat und das Französische Institut der Universität von Grenoble. In der Mitte des Platzes die Bronzegruppe* Herkules im Kampf mit dem Löwen *von dem römischen Bildhauer Romano Romanelli, die 1937 hierher gebracht wurde.*

Auf der nördlichen Seite sind das Kloster und die Kirche Ognissanti aus der Mitte des 13. Jahrhunderts.

Kirche und Kloster Ognissanti

Der Bau der Kirche wurde 1254 begonnen, im 17. Jahrhundert wurde sie umgebaut. Aus derselben Zeit stammt die Fassade (1637) von Matteo Vigetti. Der Glockenturm ist aus dem 13./14. Jahrhundert.

Der Innenraum. Der Kirchenaufbau besteht aus einem Längsschiff und einem Querschiff.

Auf der linken Seite, am zweiten Altar drei von der Wand gelöste Fresken von Domenico Ghirlandaio (1449-1494) mit der *Pietà*, *der Kreuzabnahme* und der *Madonna della Misericordia (Madonna der Barmherzigkeit)*.

Am dritten Altar *Madonna mit Heiligen* (1565) eine Tafel von Santi di Tito. Außerdem das Fresko von Sandro Botticelli des *Heiligen Augustinus*. An der marmornen Kanzel befinden sich Flachreliefs mit *Szenen aus dem Leben des Franziskus* von Benedetto da Rovezzano (ca. 1474-1552).

Der aus Pietre dure zusammengefügte *Hauptaltar* (1593-1595) ist von Jacopo Ligozzi. Die Kuppel-*Fresken* sind von Giovanni da San Giovanni (1592-1636).

In der Kapelle des linken Querschiffes die *Kutte*, die der heilige Franziskus nach der Legende trug, als er die Wundmale Christi empfIng.

In der Sakristei Fragmente von *Fresken* aus dem 14. Jahrhundert von Taddeo Gaddi und über der Tür zum Kloster das große *ge-*

Domenico Ghirlandaio, Das Letzte Abendmahl.
Unten: Ausschnitte aus Szenen aus dem Leben des Franz von Assisi, von Jacopo Ligozzi begonnene Freskenmalerei die später von verschiedenen Künstlern vollendet wurde.

malte Kruzifix von einem Schüler Giottos.

Auf der linken Seite, am fünften Altar ein farbiges *Holzkruzifix* (14. Jahrhundert). Zwischen dem vierten und dritten Altar ein Fresko mit dem *Heiligen Hieronymus im Studierzimmer* von Domenico Ghirlandaio.

Der Kreuzgang und das Refektorium. Im Kreuzgang (in den man rechts aus der Kirche kommend gelangt, Hausnummer 42), ein großer Säulengang mit den Fresken *Szenen aus dem Leben des Franz von Assisi*, 1599 von Jacopo Ligozzi begonnen und zwischen 1616 und 1619 von Giovanni da San Giovanni vollendet. Von der rechten Seite des Kreuzganges gelangt man zum ehemaligen Refektorium, das mit dem wunderbaren Fresko (1480) *Letztes Abendmahl* von Domenico Ghirlandaio geschmückt ist.

Wir gehen nun in Richtung Arnoufer und über die Amerigo-Vespucci-Brücke von 1957. Die Brücke überquert den Arno in unmittelbarer Nähe der Pescaia (Stauwerk) di Santa Rosa, ein Überbleibsel der im Mittelalter gebauten Anlagen zur Gewinnung und Nutzung der Wasserenergie.

Hinter der Brücke wenden wir uns nach links am Lungarno Soderini entlang in Richtung Piazza di Cestello. Bei der Piazza del Tiratoio biegen wir rechts in die Via Bartolini und kommen zum

Ansicht des Kreuzgangs von Ognissanti.

Sitz der alten Florentiner Seidenweberei, *wo noch heute auf den Rahmen aus dem 17. Jahrhundert Seide und Brokat gewebt werden.*

Auf der Westseite der Piazza di Cestello steht der große Kornspeicher Cosimos III., *auch* dell'Abbondanza *(des Überflusses) genannt (1695), ein Bauwerk von Giovan Battista Foggini. Hier waren die «strategischen» Getreide-*

Vorige Seite, links unten: Der hl. Hieronymus im Studierzimmer von Domenico Ghirlandaio und rechts: Der heilige Augustinus von Sandro Botticelli.

Alte Florentiner Seidenfabrik.

Oben: Detail einer Tür aus dem 16. Jahrhundert, die in einen größeren mittelalterlichen Steinbogen eingefügt ist, an einem Haus der Via delle Caldaie.
Ganz oben: die Kirche San Frediano in Cestello *und der* Lungarno Soderini *von der* Carraia-Brücke *aus von Emilio Burci. Gabinetto Disegni e Stampe, Uffizien.*

reserven gelagert, die dazu dienten, die Getreidepreise in Hungerzeiten zu kontrollieren und den Armen zu helfen.

Auf der Seite gegenüber die Kirche San Frediano in Cestello, deren Eingang rechts in der Via di Cestello liegt.

Die Kirche San Frediano in Cestello

Sie wurde zwischen 1680 und 1689 von dem Architekten Cerrutti, dem sogenannten «Colonnello» gebaut und mit der Kuppel von Antonio Ferri 1698 vollendet.

Die Fassade ist in rohem Mauerwerk wie bei anderen Florentiner Kirchen. Der Innenraum, in Form eines lateinischen Kreuzes, besteht aus Querschiff und Längsschiff, die mit reichem Stuckwerk dekoriert sind. Hier befinden sich überwiegend Werke aus dem 17./18. Jahrhundert. Die Gewölbefresken der Kuppel sind von Domenico Gabbiani mit der *Verherrlichung der Magdalena* (1702). Der monumentale Hauptaltar aus Marmor und Pietre dure geht auf das 17. Jahrhundert zurück.
Im linken Querschiff die *Kreuzigung und Heilige* (1442-1443), eine Tafel von Jacopo del Sellaio. An der linken Wand der dritten Kapelle *Fresken* (1689) von Piero Dandini und die aus dem 14. Jahrhundert stammende farbige Holzstatue *Madonna des Lächelns.*
Von der Via di Cestello erreichen wir den Borgo San Frediano, eine der malerischsten Straßen des Oltrarno. Auf der Rechten erscheint im Hintergrund der Bogen der Porta San Frediano*, des Stadttors, das zum äußersten Mauerring gehörte. Es wurde zwischen 1332 und 1334 zum Schutz der alten Via Pisana errichtet und wird Andrea Pisano zugeschrieben.*

Geht man ein kurzes Stück den Borgo San Frediano zurück und dann nach rechts, kommt man auf die breite Piazza del Carmine mit dem gewaltigen Bau der Kirche Santa Maria del Carmine.

Die Kirche Santa Maria del Carmine

Mitte des 13. Jahrhunderts wurde die Kirche für den Karmeliterorden begonnen und 1476 beendet. Nach mehrmaliger Umgestaltung im 16. und 17. Jahrhundert

Ansicht der Kirche San Frediano in Cestello.

Rechts: die Kuppel der Kirche San Frediano in Cestello *mit Fresken von Domenico Gabbiani.*

Das typische Handwerk

«In Florenz sind alle künstlerisch tätig, alle arbeiten und schaffen etwas mit ihren eigenen Händen», berichtet der Venezianer Marco Foscari im Jahre 1527 «und die ersten Bürger, die den Staat regieren, gehen in ihren Läden und arbeiten, so daß ein jeder sie sieht.» Damals war die ganze Stadt Florenz wie eine einzige Fabrik: überall, auch neben Palästen und Kirchen, gab es Läden und Werkstätten, die sich je nach Bereich in bestimmten Gebieten konzentrierten. Daran erinnern noch heute Straßen, Ecken und Plätze: Archibusieri (Arkebusenhersteller), Ariento (Silberschmiede), Calzaioli (Schuhmacher), Cartolai (Papierhersteller), Cimatori (Tuchscherer), Conciatori (Gerber), Fibbiai (Schnallenhersteller), Gomitolo d'oro (Goldschmiede), Saponai (Seifenmacher), Tessitori (Weber), Tintori (Färber), und Vagellai (die «Vagelli» waren die Öfen der Färber). Es gab 21 Zünfte, 7 höhere und 14 niedere, und nur wer in diesen Zünften als Mitglied eingetragen war, dem waren öffentliche Ämter zugänglich. Mit der Machtübernahme der Medici verloren die Zünfte ihre politische Bedeutung und wurden Korporationen: Im ersten Stock der Uffizien ließ Ferdinando I. Läden und Werkstätten von Juwelieren, Schnitzern, Kosmographen, Goldschmieden, Drechslern, Feinbäckern, Destillateuren und Porzellanherstellern einrichten.

Als die Zünfte dann im Jahre 1770 offiziell von Pietro Leopoldo abgeschafft wurden, bedeuteten sie für die neu entstandene Industrie nur noch eine Erinnerung an die Vergangenheit. Aber gerade diese sozusagen «geschichtliche» Verspätung gab im 19. Jahrhundert den Antrieb für eine neue Entwicklung des Handwerks. Die «technischen Künste» stellten eine Antwort auf die serienmäßige Industrieherstellung dar. Florenz holte altes handwerkliches Wissen wieder hervor, um vor allem den ausländischen Touristen mit dem Stil und den Formen aus dem Mittelalter und der Renaissance bekanntzumachen. Dazu gehören die Metall-, Holz-, Leder-, Papierverarbeitung, Handwerksartikel aus Halbedelsteinen und die Keramikherstellung, ganz zu schweigen von der weitverbreiteten Tätigkeit der Restaurateure. Beispielhaft dafür ist die Kunst der Seidenherstellung, die ihren Höhepunkt in der republikanischen Zeit erreichte und international für die Herstellung von Brokat, Damast, Samt und anderen Stoffen bekannt wurde, deren Muster und Farben man wirklichkeitsgetreu den Kleidern der Florentiner Bilder aus dem 15. Jahrhundert nachgearbeitet hatte. Erbe einer solch reichen Tradition ist das «Antico setificio fiorentino» (Alte florentinische Seidenweberei ☛ S. 197), wo man noch heute die verschiedenen Phasen des Arbeitsablaufs verfolgen kann, vom einzelnen Faden bis hin zum gewobenen Stoff. Auf handbetriebenen Webrahmen werden Brokatstoffe hergestellt, die nicht breiter als die Florentiner «Elle» sind (= ca. 60 cm), denn die Spindel konnte eben nur so weit geführt werden wie der menschliche Arm reichte. Doppelte Breiten konnte man nur auf den Webstühlen des 17. Jahrhunderts weben, da man hier die sogenannte Jacquard- (1801) oder die Vincenzi-Maschine (um 1950) eingebaut hatte. Noch vollkommen betriebsfähig ist ein Scherbaum aus dem 15. Jahrhundert, den die Überlieferung auf einem Entwurf von Leonardo zurückführt. Für die Herstellung von Besatzwaren und Borten in diversen Nuancen ist er sogar unentbehrlich.

Rechts: Jacopo del Sellaio, Kreuzigung und Heilige. *Kirche San Frediano in Cestello.*

Unten: Blick auf die Porta San Frediano vom gleichnamigen Borgo aus; Detail des alten Tors, das dicht mit großen Nägeln besetzt ist.

wurde sie durch einen Brand im Jahr 1771 fast völlig zerstört. Der Wiederaufbau geht auf Giuseppe Ruggieri (1775) zurück.

Die Fassade ist, außer dem Portal, im Rohzustand geblieben.

Der Innenraum. Er besteht aus einem einzigen, 82 m langen und 15 m breiten Längsschiff und einem großen Querschiff. Auf der rechten Seite, in der dritten Kapelle die *Kreuzigung* (1560) von Giorgio Vasari, in der vierten Kapelle *Heimsuchung Mariä,* Spätwerk des Manieristen Aurelio Lomi (1556-1622).

Im rechten Kreuzarm die Brancacci-Kapelle, deren Eingang rechts von der Fassade ist.

In der Hauptkapelle, hinter dem Altar, das *Grabdenkmal des Pier Soderini*, von Benedetto da Rovezzano. Soderini, der nach der Hinrichtung Savonarolas das Amt des Gonfaloniere der republikanischen Regierung in Florenz innehatte, starb 1522.

Im linken Kreuzarm ist die Corsini-Kapelle (1675-1683), die 1771 von einem Brand verschont blieb. Pier Francesco Silvani schuf sie im Auftrag der Markgrafen Bartolomeo und Neri Corsini zur Erinnerung an den Karmeliter Andrea Corsini. In der Kapelle sind zahlreiche Werke von Giovan Battista Foggini, unter anderem rechts das *Grabmal des Kardinals Neri Corsini* und darüber der *Heilige Andrea Corsini führt die Florentiner in die Schlacht bei Anghiari* (1685-1687). 1682 wurde die Kuppel von Luca Giordano mit Fresken ausgemalt, die die *Vergöttlichung des heiligen Andrea Corsini* darstellen.

Zur Rechten der Kirchenfassade ist der Eingang zum großen Kreuzgang (errichtet zwischen Ende des 16. und Anfang des 17. Jahrhunderts). Von diesem aus erreicht man durch das Vestibül die Brancacci-Kapelle.

Die Sakristei ist ein gotischer Raum vom Ende des 14. Jahrhunderts mit Fresken (15. Jahrhundert) und Kunstwerken, die vorwiegend aus dem 17. Jahrhundert stammen, darunter das Polyptychon Ma-

Mitte: Detail eines Marmorwappens mit der Lilie, dem Symbol von Florenz.

Außenansicht der Kirche Santa Maria del Carmine (links) und ihres Inneren (unten).

donna mit dem Kind und Heiligen, *das Andrea di Buonaiuto (14. Jahrhundert) zugeschrieben wird.*

Die Brancacci-Kapelle

Um 1423 beauftragte Felice Brancacci Masolino und Masaccio mit der Fresken-Dekoration der Kapelle, die seit dem 14. Jahrhundert in Besitz seiner Familie war. Die beiden Künstler arbeiteten zwischen 1423-1424 und zwischen 1427-1428 gemeinsam an den Fresken, bis Masaccio nach Rom abreiste (wo er nach wenigen Monaten, mit nur 27 Jahren starb). Die Arbeiten waren 1436 noch unvollendet, als Felice Brancacci, ein Feind der Medici, in Ungnade fiel und verbannt wurde. In der Kapelle wurde die *Madonna*, Altarbild vermutlich von Coppo di Marcovaldo (aus dem 13. Jahrhundert), aufgestellt, die sich noch heute auf dem Altar befindet.

Die unvollendeten Fresken von Masolino und Masaccio wurden erst 1480 von Filippino Lippi vollendet. Sie wurden stark beschädigt vom Feuer im Jahr 1771 und sind erst in jüngster Vergangenheit (1983-1990) restauriert worden. Nachfolgend eine zusammenfassende Beschreibung:

1. Links oben: das Meisterwerk Masaccios, die *Vertreibung aus dem Paradies.* Die Adam- und Eva-Figuren in ihrer tragischen, menschlichen Nacktheit bedeuten den Beginn der Renaissance-Malerei.

2. Rechts daneben *Die Tributzahlung*, das wohl berühmteste Fresko Masaccios. Das große Bild ist in drei Teile gegliedert. In der Mitte: Der Steuereinnehmer verlangt die Tempelsteuer, Jesus teilt Petrus mit, daß er im See einen Fisch mit einer Münze im Maul finden wird; links sieht man Petrus, der sich zu der Münze beugt; rechts: Die Übergabe der Münze an den Steuereinnehmer.

3. Neben dem Altar: *Predigt von Petrus*, von Masolino.

4. Hinter dem Altar: Die *Taufe der Neubekehrten* von Masaccio.

5. Auf der rechten Bildfläche rechts: Die *Heilung der Lahmen* und *Petrus erweckt die*

Blick auf die Fresken der linken Seite der Brancacci-Kapelle.

Die Fresken der rechten Seite der Brancacci-Kapelle. Masaccio, Vertreibung aus dem Paradies.

Masaccio, Vertreibung aus dem Paradies.

Masolino, Die Predigt von Petrus.

Tabitha zum Leben, von Masolino.

6. Es folgt: Die *Verführung Adams und Evas*, von Masolino.

7. Links, unten (unter der *Vertreibung aus dem Paradies*): *Paulus besucht Petrus im Gefängnis* von Filippino Lippi.

8. Es folgt: *Petrus erweckt den Sohn des Teophilus zum Leben* und *Kathedra Petri*, das letzte von Masaccio gemalte Bild: es wurde von ihm begonnen und von Filippino Lippi beendet.

9. Es folgt links: *Petrus, begleitet von Johannes, heilt mit seinem Schatten die Kranken*, von Masaccio.

10. Auf der anderen Seite des Altars: *Verteilung der Güter* und *Tod des Ananias.*

11. *Der Disput des Magier Simon* und die *Kreuzigung Petri* von Filippino Lippi.

12. *Der Engel befreit Petrus aus dem Gefängnis* von Filippino Lippi.

Nach der Piazza del Carmine kommt man rechts in die Via Santa Monaca, die sich mit Via dei Serragli am Canto (=Ecke) alla Coculia kreuzt, und dann zur Via Sant'Agostino wird, wo auf der linken Seite der Palazzo Mazzei *aus dem 16./17. Jahrhundert steht. An der Fassade ein schönes Tabernakel mit der* Madonna, Kind und den Heiligen Paolo und Hieronymus *von Bicci di Lorenzo* (1373-1452).

Zur Linken der Via Sant'Agostino ist die Piazza Santo Spirito.

Piazza Santo Spirito

Der Platz wird von der beeindruckenden Fassade der gleichnamigen Basilika aus dem 18. Jahrhundert beherrscht. Er ist in Form eines Parkes mit einem Brunnen in der Mitte angelegt. Im vorderen Bereich steht das Denkmal des Agronomen *Cosimo Ridolfi* von Raf-

Masaccio, Petrus, begleitet von Johannes, heilt mit seinem Schatten die Kranken *(links).*

Masolino, Die Heilung der Lahmen und Petrus erweckt die Tabitha zum Leben.

faello Romanelli (1856-1928).

Im nord-westlichen Bereich des Platzes sind Kirche und *Kloster Santo Spirito.*

Im vorderen Bereich des Platzes, auf der östlichen Seite, steht der *Palazzo Guadagni* aus dem 16. Jahrhundert. Der Bau mit einer großen offenen Loggia wird Cronaca zugeschrieben. Bis zum frühen 20. Jahrhundert war die Fassade mit wunderschönen Graffiti dekoriert.

Die Basilika Santo Spirito

Hinter der Fassade aus dem 17. Jahrhundert verbirgt sich die Chiesa di Santo Spirito, eines der bedeutendsten Bauwerke Filippo Brunelleschis und eines der größten Monumente der Florentiner Renaissance-Architektur.

Brunelleschi hatte bis 1428 an den Plänen des Bauprojektes gearbeitet, erst 1444 begannen aber die Bauarbeiten dort, wo sich seit Mitte des 13. Jahrhunderts die Vorgänger-Kirche der Augustiner befand.

Nach Brunelleschis Tod 1446 wurden die Arbeiten unter der Leitung von Antonio Manetti, später von Giovanni da Gaiole und Salvi d'Andrea, weitergeführt, die zwischen 1479 und 1481 auch die Kuppel nach den Plänen von Brunelleschi errichteten.

Im letzten Jahrzehnt des 15. Jahrhunderts baute Giuliano da Sangallo das Kloster

Filippino Lippi, Der Engel befreit Petrus aus dem Gefängnis *(oben);* Paulus besucht Petrus im Gefängnis *(links).*

Tür und Fenster in Stein und Stuckverputz aus dem 18. Jahrhundert an einem Haus, das sich an der Ecke Via delle Caldaie/Via del Campuccio befindet.

Die Anfänge der Renaissance -2-

Masaccio (1401-1428). Als Schüler des Masolino da Panicale – mit dem er sich 1428 nach Rom begab – jedoch stark von Brunelleschi und Donatello beeinflußt, wird Masaccio in einem Jahrzehnt bahnbrechender Schaffenszeit, die Geschichte der Malerei durchgreifend umstürzen, was vor ihm nur Giotto gelungen war. Er ist ein großer Freund des Brunelleschi und wendet in der Malerei die Prinzipien der mathematischen Perspektive an, um der menschlichen Realität neue plastische Konkretheit zu verleihen. Die Figuren des Masaccio sind «ein Raum, der durch menschliche Züge Konkretheit bekommt und dargestellt wird» (G. C. Argan). Die anmutigen und fließenden Formen der damals beliebten, internationalen Gotik werden aufgegeben und erscheinen in ihrer dramatischen Plastizität als schwere, massive, realistische und ergreifende Formen. «Dem ersten Aufblühen des weichen Stils Lorenzo Monacos und dem glänzenden, mit kleinen naturalistischen Ansätzen versehenen Stil von Gentile da Fabriano, setzte der junge Masaccio plötzlich eine neue Malerei entgegen, die der gotischen Kunst im Ganzen sehr feindlich gegenüberstand» (A. Chastel).

Heilige Dreifaltigkeit mit der Jungfrau, dem heiligen Johannes und den Spendern (um 1425). «Wir können uns vorstellen, wie erstaunt die Florentiner waren, als dieses Gemälde freigegeben wurde: Es schien ein Loch in die Wand gebohrt zu haben, um eine neue Grabkapelle zum Vorschein zu bringen, die nach dem modernen Stil des Brunelleschi gebaut war. Vielleicht waren sie aber noch erstaunter, die Einfachheit und die Größe der darin umrahmten Figuren zu sehen». (E. Gombrich)

Madonna mit dem Kind und der heiligen Anna (um 1424). «Seit Giottos Schaffenszeit hatte es in der Florentiner Malerei keine so großartige, architektonische Figur wie die der heiligen Anna gegeben. Nun hat Masaccio in diesem ausgedehnten, dimensionellen Raum eine Madonna modelliert, die das Ausmaß und sogar das spitzbögige Profil der Kuppel von Brunelleschi hat. Sie fügt sich in das Bild der heiligen Anna genauso ein, wie die Kuppel von Brunelleschi sich in den dimensionellen Raum der drei Kirchenschiffe aus dem 14. Jahrhundert einfügt». (G. C. Argan)

Die Zahlung des Tributs (um 1424-1427). Dieses Fresko ist das berühmteste der Kapelle und die erste Monumentalszene der Renaissancemalerei.Sie hat drei Abschnitte. Jesus wird von einem Zöllner angehalten, der von ihm Zoll verlangt. Jesus befindet sich in der Mitte des Freskos, um die Zentralität des Menschen darzustellen. Er wird von den Aposteln umringt, die wie die Säulen bei Brunelleschi angeordnet sind. Die Szene zeigt links Petrus am Seeufer, der im Maul eines Fisches eine Silbermünze findet. Rechts steht der Apostel, der sich den irdischen Gesetzen beugt und die Münze dem Zöllner übergibt.

Ansicht der Piazza Santo Spirito und der Fassade der gleichnamigen Kirche.

Zönakel von Santo Spirito, dem Sitz der Gründung Fondazione Romano.

Während des Marktes, der jeden Morgen auf der Piazza Santo Spirito stattfindet.

und Simone del Pollaiolo, Cronaca genannt, das Vestibül. Im frühen 16. Jahrhundert begann Baccio d'Agnolo mit dem Bau des Glockenturms. Der Klosterkomplex wurde Mitte des 16. Jahrhunderts/Anfang des 17. Jahrhunderts von Bartolomeo Ammannati und Alfonso Parigi, die die beiden Kreuzgänge errichteten, zu Ende geführt.

Der Innenraum. Er hat die Form eines lateinischen Kreuzes mit drei Längsschiffen, die von 35 monolithischen Säulen mit korinthischen Kapitellen gestützt werden. Wie in der Kirche von San Lorenzo ist die Decke des Mittelschiffes flach gedeckt, während die Seitenschiffe gewölbt sind. Das Gesims und die Konsole aus Pietra forte (Sandiges Kalkgestein) verlaufen über den Rundbögen, die die Kirchenschiffe trennen.

In den seitlichen Längsschiffen sind 40 halbkreisförmige kleine Apsiden mit ebenso vielen Kapellen. Im 15. Jahrhundert waren alle Kapellen mit einem Altarreptabel und bemaltem Antependium ausgestattet. In den nachfolgenden Jahrhunderten wurden viele dieser Altargemälde ersetzt oder gingen verloren, im linken Querschiff und in der Apsis blieb die Originalausstattung erhalten.

Im rechten Längsschiff sind Werke des 16. und 17. Jahrhunderts. In der 2. Kapelle die *Pietà* (1545) von Nanni di Baccio Bigio: Die Marmorgruppe ist eine Kopie von Michelangelos Gruppe im Petersdom.
In der 4. Kapelle *Jesus ver-*

Die herrliche, von Filippo Brunelleschi 1444 begonnene Fassade.

Der Palazzo Guadagni, den die Familie Dei zu Beginn des 16. Jahrhunderts erbauen ließ.

Das Innere der Kirche Santo Spirito.

Oben: die teilweise beschädigte Kreuzigung *von Andrea Orcagna und Nardo di Cione (Ende des 14. Jahrhunderts), Zönakel von Santo Spirito.*

Der barocke Hauptaltar.

treibt die Händler aus dem Tempel (1572) von Giovanni Stradano.

Der barocke Hauptaltar (1599-1607) aus Pietre dure wurde von Giovanni Caccini zusammen mit Gherardo Silvani und Agostino Ubaldini geschaffen.

Im rechten Kreuzarm, in der 8. Kapelle *Kruzifix mit der Jungfrau Maria und dem heiligen Johannes* (17. Jahrhundert) von Piero Dandini und ein Antependium aus Holz aus dem späten 15. Jahrhundert mit dem *Heiligen Franziskus.*

In der 10. Kapelle, *Madonna des Beistands*, zugeschrieben dem Meister der Christi-Geburt-Abbildungen Johnson (Ende des 15. Jahrhunderts).

In der 11. Kapelle, ein kleines Holz-*Kruzifix* aus dem 14. Jahrhundert und in der 12. Kapelle *Madonna und Kind mit Johannesknaben, dem heiligen Martin und der heiligen Märtyrerin Katharina* (1494), eine Tafel von Filippino Lippi.

In der 14. Kapelle der Marmor-*Sarkophag des Neri di Gino Capponi*, eines florentinischen Politikers (1388-1457), der Bernardo Rossellino (1458) zugeschrieben wird.

In der 2. Kapelle der Apsis (die 17.) *Madonna mit Kind*, Polyptychon von Maso di Banco (ca. Mitte des 14. Jahrhunderts). In der 19. Kapelle *Die Heiligen Märtyrer* von Alessandro Allori (1535-1607). In der 20. Kapelle *Die Ehebrecherin* (1577) ebenfalls von Allori.

Im linken Querschiff in der 24. Kapelle *die Madonna mit Kind, zwei Engeln und dem heiligen Bartholomäus und dem Evangelisten Johannes* (Ende des 15. Jahrhunderts).

In der 25. Kapelle die *Heilige Monika überreicht den Augustinerinnen die Ordensregel*, Francesco Botticini zugeschrieben (2. Hälfte des 15. Jahrhunderts).

In der 26. Kapelle *Thronende Madonna mit dem Kind und den Heiligen Thomas und Petrus* (1482) von Cosimo Rosselli.

In der 27., der Corbinelli-Kapelle (1492) von Andrea Sansovino, ein Antependium mit der Darstellung *Christi in Pietà zwischen Maria und Johannes.*

In der 30. *Thronende Madonna mit Kind und Heiligen* von Raffaellino del Garbo (Anfang des 16. Jahrhunderts).

Im linken Seitenschiff Werke von Künstlern des 16. bis 18. Jahrhunderts.

In der 34. Kapelle die *Madonna, die heilige Anna und*

Filippino Lippi, Madonna mit Kind und Johannesknaben, dem heiligen Martin und der heiligen Märtyrerin Katharina.

andere Heiligen von Michele und Ridolfo del Ghirlandaio (erste Hälfte des 16. Jahrhunderts).

In der 35. Der *Heilige Thomas von Villanova verteilt Almosen* (1625) von Rutilio Manetti und in der 38. Kapelle eine *Auferstehung* (1537) von Pier Francesco Foschi.

Das Vestibül und die Sakristei. Durch die Tür unter der Orgel erreicht man das Vestibül mit reich dekoriertem, kassetiertem Tonnengewölbe, das von 12 korinthischen Säulen getragen wird. Es wurde zwischen 1492 und 1494 nach Plänen von Giuliano da Sangallo von Cronaca errichtet. Vom Vestibül gelangt man in die Sakristei von Giuliano da Sangallo (1489-1492), einem der bedeutendsten Florentiner Bauwerke des 15. Jahrhunderts, das stark von Brunelleschis beeinflußt ist. Der Altar gegenüber des Eingangs zeigt den *Heiligen Fiacre der die Kranken heilt* (1596) von Alessandro Allori.

Der Speisesaal. Links von der Kirche (Hausnummer 29) ist der Eingang des Refektoriums des alten Klosters aus dem 14. Jahrhundert, dem Speisesaal Santo Spiritos. An der Wand befindet sich ein *Fresko* aus der zweiten Hälfte des 14. Jahrhunderts, Andrea Orcagna zugeschrieben. Im oberen Bereich eine imposante Darstellung der *Kreuzigung mit Maria und gläubigen Frauen,* sehr fragmentarisch erhalten.

Im Saal befindet sich eine Sammlung von *Skulpturen, architektonischen Elementen und bearbeiteten Steinen*, die der Kunsthändler Salvatore Romano 1946 der Kommune schenkte. Die Werke stammen aus der vorromanischen Epoche bis zum späten 15. Jahrhundert.

Wir verlassen die Piazza Santo Spirito, biegen rechts von der Fassade der Kirche aus in die Via del Presto di San Martino und folgen hinter der Apsis der Via Coverelli, bis wir das Arnoufer (Lungarno Guicciardini) erreichen, von wo aus wir links in Richtung Ponte alla Carraia gehen.

Vom Lungarno aus hat man eine herrliche Aussicht auf die Paläste der gegenüberliegenden Uferseite. Der Palazzo Guicciardini *(Hausnummer 7) wurde im 17. Jahrhundert erneuert, dann von Giuseppe Poggi im 19. Jahrhundert restauriert. Aus dem 16. Jahrhundert stammt der* Palazzo Lanfredini *(Hausnummer 9); die Graffiti der Fassade stammen von Andrea Feltrini (1477-1548).*

Die Sakristei, die 1489-92 nach einer Zeichnung Giuliano di Sangallos erbaut wurde.

Der Glockenturm von Santo Spirito, der 1503 von Baccio d'Agnolo errichtet wurde.

Ansicht der Carraia-Brücke vom Lungarno Acciaiuoli aus.

Die Carraia-Brücke

Die Carraia-Brücke, die die Piazza Nazario Sauro mit der Piazza Goldoni verbindet, wurde erstmals im Jahr 1218 erbaut, sie war nach dem Ponte Vecchio der zweite Flußübergang in der Stadt. 1304 stürzte sie unter dem Gewicht der Zuschauer zusammen, die einem Schauspiel beiwohnten. Bis zum 13. Jahrhundert fanden zwischen der Santa Trìnita-Brücke und der Carraia-Brücke Wasserspiele auf dem Arno statt. Andere Male wurde die Brücke vom Hochwasser weggerissen (1274, 1333 und 1557). Nach der letzten Katastrophe wurde sie, beginnend im Jahr 1559, von Bartolomeo Ammannati neu errichtet, der die Brücke so stabil baute, daß sie 385 Jahre den Wasserfluten standhielt.

Im Sommer 1944 sprengten die deutschen Truppen bei ihrem Rückzug alle Arno-Brücken mit Ausnahme des Ponte Vecchio. Die Carraia-Brücke wurde 1948 nach Plänen des Architekten Ettore Fagioli wiederaufgebaut.

Die Carraia-Brücke vom Lungarno Soderini aus.

Auf der anderen Seite des Flusses erreichen wir den Lungarno Corsini. An der Hausnummer 10 befindet sich der komplexe Bau des Palazzo Corsini.

Palazzo Corsini

Der Bau des Palastes wurde ab 1648 von Pier Francesco Silvani begonnen und nach dessen Tod von Alfonso Parigi, Pietro Tacca und Anton Maria Ferri beendet.

Er besteht aus drei Baukörpern: Der mittlere Baukörper besteht aus einer zweigeschossigen Loggia, die im Gegensatz zu den seitlichen Baukörpern zurückgesetzt ist. Den Abschluß des Gebäudes bildet eine weite Terrasse, die von zahlreichen eindrucksvollen Statuen gesäumt ist. Der Palazzo beherbergt die gleichnamige Galerie, eine der größten Privatsammlungen der Stadt, die auf Anfrage besichtigt werden kann.

Die Corsini-Galerie. Sie wurde im Jahr 1765 von Don Lorenzo Corsini gegründet und umfaßt neben einigen Meisterwerken des 14./15. Jahrhunderts (Antonello da Messina, Filippino Lippi, Werkstatt von Luca

Thomas Patch, Ansicht des Arno und der Brücke Santa Trinita, *Museum «Firenze Com'era».*

Signorelli) zahlreiche Gemälde von italienischen und ausländischen Künstlern des 17. und 18. Jahrhunderts. Neben der Gemäldesammlung besonders sehenswert sind die Möbel und Einrichtungsgegenstände aus dem 17. Jahrhundert.

Neben dem Palazzo Corsini gehen wir die enge Gasse Vicolo del Parioncino, die den Lungarno mit der Via del Parione verbindet; letztere überqueren wir und kommen in die Via del Purgatorio. Auf der linken Seite kommen wir zu der dreieckigen Fläche von Piazza de' Rucellai.

Dieser Platz, ein Bauprojekt von Leon Battista Alberti, stellt ein Juwel der Renaissance-Architektur dar, die praktische Ausführung dessen, was der große Humanist in seinem lateinischen Traktat De re Ædificatoria, *(«Buch der Baukunst») theoretisch dargestellt hatte. Der gleichnamige Palast (zur Via della Vigna) und die harmonisch gestaltete Loggia (rechts) sind dem Platz zugewandt.*

Palazzo und Loggia Rucellai

Der Palast enstand in mehreren Bauphasen, von 1455 bis Ende des 15. Jahrhunderts durch die Vereinigung mehrerer vorher existierender Gebäude und ist voll und ganz Ausdruck der neuen Rolle des herrschaftlichen Florentiner Palastes: Alberti nahm den Gebäuden den verteidigenden, festungsähnlichen Charakter, verlieh ihnen eine ausschließlich zivile Gestalt, die sich harmonisch

John Thomas Serres, Blick von der Carraia-Brücke, *Horne-Museum.*

Galerie des Antiquitätengeschäfts Bellini, die zu Beginn des Jahrhunderts von Adolfo Coppedè erbaut wurde.

Palazzo Corsini, mit dessen Bau Pier Francesco Silvani 1648 begann und der von Alfonso Parigi, Pietro Tacca und Anton Maria Ferri vollendet wurde.

Ganz oben: die Fassade des Palazzo Rucellai in einem reich dekorierten Abschnitt. Oben: ein Ausschnitt der Fassade, die von Bernardo Rossellino nach einer Zeichnung von Leon Battista Alberti ausgeführt wurde. Bei den Verzierungen der Fassade taucht immer wieder das Emblem Giovanni Rucellais auf: geblähte Segel, und das Emblem der Rucellai und der Medici: Ringe mit Diamanten und Federn.

ins Stadtbild einfügt. So sollten sie nicht nur die Macht der Familie verdeutlichen, sondern Würde und Anstand ausstrahlen. Daher rührt die elegante Fassade, die von horizontalem geradem Gebälk in drei Geschosse unterteilt und in allen drei Stockwerken durch Flachpilaster gegliedert ist. Die Fassade wurde von dem Schüler Albertis, Bernardo Rossellino, zwischen 1455 und 1458 ausgeführt.

In dem Palast befinden sich die Archive der Alinari, die alteingesessene Gesellschaft für Photographie von Florenz; im Erdgeschoß befindet sich das historische *Museum für Geschichte der Photographie*, in dem neben historischen photographischen Geräten auch zeitweilige Photoaustellungen gezeigt werden.

Die harmonische Loggia (1463-1466), von Alberti entworfen und von Rossellino vollendet, hatte eine soziale Funktion: Dort wurden bedeutende Ereignisse der Familie gefeiert und fanden Feste und Gastmähler statt.

Folgen wir zur Rechten der Via della Vigna Nuova, so kommen wir zurück an die Kreuzung der Via della Spada mit Via Tornabuoni, von wo aus wir den Dom erreichen, indem wir dem Rundgang Via Strozzi-Piazza della Repubblica-Via Roma folgen oder Via Rondinelli entlang gehen und rechts in Via Cerretani biegen.

Ein Kuriosum: in dem Palast bei Hausnummer 7 in Via Rondinelli wohnte Carlo Lorenzini, der berühmte Collodi, der die unsterbliche Figur von Pinocchio schuf.

Mitte: Eckhaus zwischen Via della Vigna Nuova und Via del Parione.

Rechts: die Loggia Rucellai; ihre drei Bogen waren seit 1677 zugemauert und wurden 1963 wieder geöffnet und durch Glas geschützt.

Der Arno

Der Arno fließt nicht nur unter dem Ponte Vecchio hindurch, sondern auch durch die Abruzzen, die Lombardei und Südtirol: In Italien gibt es nämlich mehrere Wasserläufe, die diesen im Mittelmeerbecken weit verbreiteten Namen tragen, dessen ursprüngliche Bedeutung «(eingegrabenes) Flußbett» ist.
Der Toskana-Arno ist natürlich der bekannteste, weil an seinen Ufern die Stadt Florenz liegt, die ihm Entstehung und Entwicklung verdankt. Bei Ausgrabungen unter dem Bogengang an der Piazza della Repubblica kam im Jahre 1893 eine kleine Ädikula aus dem 2. Jahrhundert n. Chr. zum Vorschein, in der der Arno als Gottheit dargestellt war. Mehr als einmal hat dieser Arno vernichtende Überschwemmungen verursacht. Das letzte Hochwasser am 4. November 1966 überspülte Brücken und Ufermauern und zerstörte alles, was sich ihm in den Weg stellte. Eine schlammige Masse bedeckte bald die ganze Altstadt und erreichte an einigen Stellen eine Höhe von fünf Metern. Rund um den Dom und das Baptisterium rissen die Wassermassen Autos und Bäume mit sich, und nachdem das Wasser wieder abgelaufen war, blieben Straßen und Plätze über einen Monat unter dem Schlamm begraben. 12000 Familien waren davon betroffen und mehr als 5000 wurden obdachlos. Schäden von unermeßlichem Ausmaß hatte die Flut an Palästen, Kirchen,

Museen und Bibliotheken angerichtet. Die dramatischen Bilder dieser Not gingen um die Welt und lösten eine

Welle von Hilfsaktionen und Solidaritätsbezeugungen aus. Dabei war es nicht das erste Mal, daß sich der Arno den 4. November ausgewählt hatte, um die Stadt zu überschwemmen. Es war schon im Jahr 1333 geschehen, als der Fluß, so berichtete im Mittelalter der Chronist Giovanni Villani, «die ganze Stadt, die Straßen und Läden, von denen es viele in Florenz gab, voll mit Wasser und stinkendem Schlamm füllte, so daß man mehr als sechs Monate brauchte, um sie wieder trockenzulegen.» Insgesamt hat die Stadt seit 1177 etwa sechzig mehr oder weniger schwere Hochwasser erlebt, die meistens in den Herbstmonaten auftraten. Aber auch im besonders regenreichen August des Jahres 1547 trat der Fluß über die Ufer und schwemmte Oliven- und Feigenbäume am Ponte Vecchio an.

Über Jahrhunderte hinweg ist der Fluß aber auch die wichtigste Energiequelle für die Stadt gewesen und hatte Mühlen und Walkmaschinen angetrieben. Er wurde zum schnellen Transportweg für Waren, und aus sei-

nem Flußbett schöpfte man Sand. Das ehemals saubere Wasser war reich an Fischen. Früher gingen die Florentiner Familien an die Ufer des Arno, um auf den Wiesen ihr mitgebrachtes Essen zu verzehren; man ging baden oder machte Ausflüge mit dem Boot. 1915 gab

es noch etwa zehn «Strandbäder». Heutzutage jedoch hat der Fluß, inzwischen Opfer der Verschmutzung, seine einstige Bedeutung verloren, und nur noch wenige Einrichtungen erinnern an ehemalige Traditionen (unter der Tribüne der Uffizien befindet sich noch immer der Sitz des Florentiner Ruderclubs). Es fehlt nicht an Ideen und Plänen, damit hier wieder eine Kehrtwendung eintritt: Zur Verbesserung der Wasserqualität sollen Kläranlagen gebaut und das ganze Flußbett in einen wahren «Flußpark» umgewandelt werden, in dem man sich sonnen, spazierengehen, joggen oder rudern kann und vor allem die Gelegenheit haben, die Stadt Florenz einmal von einem ganz anderen Blickwinkel aus zu bewundern. Es würde sich uns eine Aussicht bieten, die schon fast in Vergessenheit geraten ist und die uns so viele Überraschungen bereithalten könnte.

8. Ein Abstecher in ein altes Stadtviertel

Als «Civitas nova» sahen die Florentiner des 13. Jahrhunderts die Gegend an, in die uns unser nächster Rundgang bringen wird. Dabei bewegen wir uns innerhalb der Mauern von 1172-1175 (Via de' Pucci, Via Bufalini, Via Sant'Egidio) und denen des 14. Jahrhunderts, wo sich heute die Alleen des Stadtrings, die «viali», befinden. Das ganze Gebiet war von großer wirtschaftlicher Bedeutung, und es war eine Zeit, in der die Stadt einen großen wirtschaftlichen Aufschwung erlebte. Mit Widerwillen sieht Dante auf die «Neuankömmlinge» und verurteilt das hohe Einkommen, das in der Stadtbevölkerung nur «Hochmut und Maßlosigkeit hervorgerufen hat, die nun gemischt ist / aus Leuten aus Campi, Certaldo und Fegghine [Figline Valdarno]» (*Inf.* XVI, 73-74; *Par.* XVI, 50-51). Ein Teil dieser «Bauern» wird in diesem sozialen und städtebaulichen Netz vorwärtskommen und sich mit Läden und Palästen fest ansiedeln: Was sich dann vor allem in Borgo Pinti und Borgo degli Albizzi auch bestätigen sollte.

Das Gebiet um die Kirche Sant'Ambrogio, das auch heute noch größtenteils «vom einfachen Volk» bewohnt wird, weist auf weniger eindrucksvolle Schicksale der Herrscherhäuser hin. Kurz vor dem Zweiten Weltkrieg wurde Sant'Ambrogio Opfer einer

Oben: Polychromes Rundbild der Loggia del Pesce und darunter eine der Büsten bedeutender Gelehrter, die die Fassade des Palazzo Valori zieren.

Rechte Seite, oben: Niccolò di Pietro Gerini, Auferstehung Christi, *Bruchstück.*

falschgeplanten «Stadtsanierung». Belebt wird das Viertel vom «kleinen Flohmarkt» auf der Piazza dei Ciompi und vom Lebensmittelmarkt auf der Piazza Ghiberti, dem sogenannten «kleinen Bruder» vom Markt in San Lorenzo. Richtig aristokratisch ist dagegen die Atmosphäre in dem angrenzenden Viertel um die Piazza D'Azeglio, das aus der zweiten Hälfte des 19. Jahrhunderts hervorgeht. Fünf Jahrhunderte lang blieb dieser Platz leer, nachdem die vorhergesehene Ausweitung innerhalb des Mauerrings aus dem 14. Jahrhundert nicht stattfand. Es handelte sich nämlich um ein logistisch gesehen außergewöhnliches Gebiet, Verbindungsglied zwischen den Stadtmauern und dem Wohngebiet, also sowohl Randgebiet als auch von den Mauern geschütztes Viertel, wie wir heute noch an zahlreichen klösterlichen Strukturen erkennen können. Dort, wo wir heutzutage keinen Parkplatz finden, «ritt man früher die Pferde zu, die Seildreher stellten ihre Seile her» oder man bestaunte die «Kohl-, Salat- und Selleriebeete», die wie «Teppiche aussahen». Benzin- oder Dieselsmog waren in Richtung Pinti vom unerträglichen Gestank der Talglichthersteller ersetzt, die «dort in großen Kesseln Rinderfett kochten, um es dann in Blechformen tröpfeln zu lassen». In der Nähe von Borgo la Croce «rührten die Tüncher, Farbenmischer und Tischler die Farben an, da diese Tätigkeit in der Stadt verboten war».

Das große Wappen Leos X. von Baccio d'Agnolo, das den Palazzo Pucci an der Ecke mit Via de' Servi ziert.

An der Nordseite des Doms, fast gegenüber der «porta della Mandorla» (☛ S. 24) kommt man in die Via Ricasoli. Nach wenigen Metern ist rechts die neoklassizistische Fassade des Niccolini-Theaters. *An der Ecke mit Via de' Biffi ist der große* Palazzo Ricasoli, *in dem der Baron Bettino lebte, der Ministerpräsident des Italienischen Königreiches in der damaligen Hauptstadt Florenz war.*

Zwischen Via de' Biffi und Via de' Pucci ist das Tabernakel der fünf Lampen *mit dem Fresko aus der Werkstatt Cosimo Rossellis (1439-1507).*

Biegt man nach rechts in die Via de' Pucci, blickt man auf die über hundert Fenster des Gebäudekomplexes der Markgrafen Pucci, die diesen heute noch bewohnen und der auf der linken Seite von Via Ricasoli bis Via dei Servi reicht. Der wichtigste Teil des Komplexes ist der aus dem 16. Jahrhundert stammende mittlere Palast, *mit der eindrucksvollen vertikalen Portalfolge, der Serliana und dem Balkon, die Ammannati zugeschrieben werden.*

Ein monumentales Wappen von Leo X. von Baccio d'Agnolo schmückt die Ecke mit Via de' Servi.

Die linke Seite besteht aus einer Reihe von Palästen, deren Restaurierung von der Florentiner städtischen Sparkasse «Cassa di Risparmio» unterstützt wurde, die ihren Sitz heute in diesen Palästen

Palazzo Pucci (hier oben) ist das Ergebnis einer gekonnten Verschmelzung dreier Gebäude aus unterschiedlichen Epochen, unter der Leitung von Paolo Falconieri, in der zweiten Hälfte des 17. Jahrhunderts. Der zentrale Teil aus dem vorigen Jahrhundert ist vermutlich von Ammannati.

Der Tabernakel der Fünf Lampen ist in der Via Ricasoli, fast an der Ecke mit Via de' Pucci.Er beherbergt eine Madonna mit Kind, zwei Engeln und Heiligen. *Architektur und Gemälde sind aus der Werkstatt Cosimo Rossellis (15. Jh.)*
Hier oben: Gedenktafel für Lorenzo Ghiberti, der seine Werkstatt in der Via Bufalini hatte.

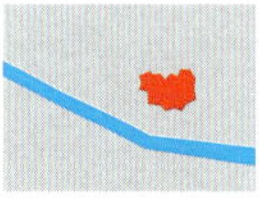

hat. Rechts, an Hausnummer 1, erinnert eine Gedenktafel an «Lorenzo Ghiberti, der hier seine Werkstatt hatte», als er die Portale des Baptisteriums schuf.

Die Via Bufalini führt zur Piazza Santa Maria Nuova, an deren linken Seite sich der Säulengang des gleichnamigen Krankenhauses befindet.

Das Krankenhaus Santa Maria Nuova, linker Flügel.Rechts: Niccolò di Pietro Gerini (überlieferte Daten von 1368 bis 1415) Auferstehung Christi, *Bruchstück.*

Das Krankenhaus Santa Maria Nuova

Boccaccio zufolge war Beatrices Vater, Folco Portinari, «einer der angesehensten Bürger und mit großem Vermögen». Im Jahre 1288 veranlaßte er den Bau eines kleinen Krankenhauses, das sich mit der Zeit immer mehr vergrößerte, um schließlich das wichtigste Krankenhaus der Stadt zu werden. Die Fassade stammt aus dem späten

in Abstecher in ein altes Stadtviertel

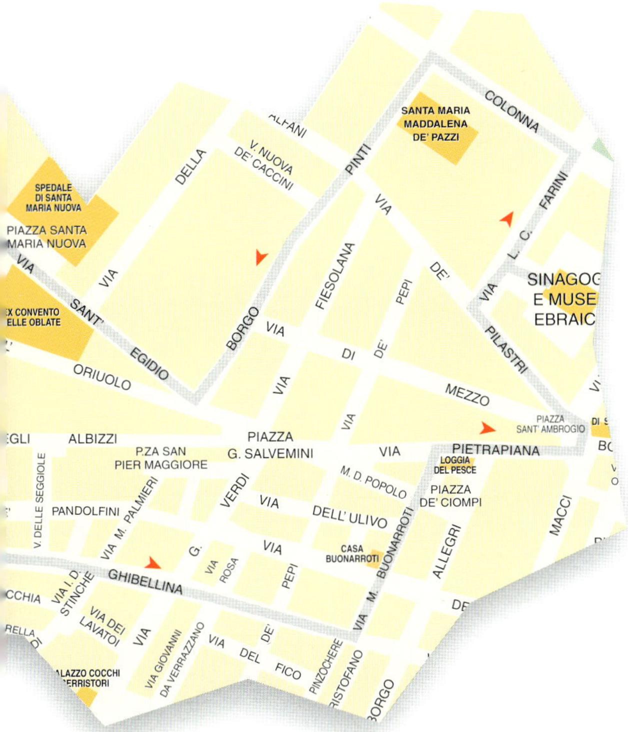

BESONDERS SEHENSWERT

Museum Firenze Com'era

Kirche Santa Maria Maddalena dei Pazzi

Synagoge

Flohmarkt

Casa Buonarroti

Ein für das Museum «Firenze Com'era» angefertigtes Modell (1996-97), das das Florenz der römischen Kaiserzeit zeigt.
Unten: Keramikvase aus der jungsteinzeitlichen Nekropolis von Ponte San Pietro in Viterbo und Detail der jungsteinzeitlichen Höhlenmalerei aus der Grotta di Badisco in Otranto.

Viele der im Museum «Firenze Com'era» aufbewahrten Werke sind nur von geringem künstlerischen Wert, an ihnen läßt sich jedoch die urbanistische Entwicklung von Florenz und seiner Umgebung gut verfolgen. Rechte Seite, oben: Giovanni Signorini (erste Hälfte des 19. Jh.), Ansicht von Florenz.
Unten: Giusto Utens (17. Jh.), La Peggio, Lünette mit Ansicht der Medici-Villa. Der flämische Künstler malte im Auftrag der Medici alle großherzoglichen Residenzen.

16. Jahrhundert, davor ein großer Bogengang, der von Buontalenti entworfen und später von Giulio Parigi ausgeführt wurde, der linke Seitenflügel wurde erst 1960 von Nello Bemporad erbaut.

Im Krankenhausinnern sind noch Reste der Originalstruktur erhalten, wie z. B. die Kreuzgänge aus dem frühen 15. Jahrhundert und die Kirche Sant'Egidio mit *Malereien* aus dem 17. Jahrhundert und mit dem marmornen *Tabernakel* (1450) von Bernardo Rossellino, dessen Türchen von Lorenzo Ghiberti gefertigt wurde.

Auf der Seite gegenüber dem Platz ist das ehemalige Kloster der Oblaten. *Es wurde Ende des 14. Jahrhunderts auf Ruinen alter Brennereien erbaut. 1625 wurde es durch einen unterirdischen Gang mit dem Krankenhaus Santa Maria Nuova verbunden. Heute sind in dem ehemaligen Kloster verschiedene kulturelle Einrichtungen untergebracht, wie z. B. die städtische Bibliothek und das historische Archiv, das Museum für Vorgeschichte und das historisch-topographische Museum «Firenze com'era» («Florenz wie es einst war»).*

Von der Via Sant'Egidio, der Verlängerung der Via Bufalini, kommt man in das Museum für Vorgeschichte.

Museum für Vorgeschichte

Es enthält Sammlungen von Stein- und Knocheninstrumenten, alte Keramiken sowie Kupfer- und Bronzewaffen.

Die Sammlungen stammen aus den ersten paläthnologischen Funden und aus Fundorten – wie Le Moustier und La Madeleine in Südfrankreich – nach denen wichtige kulturelle Typologien benannt werden.

Vom Museum aus geht man links in die Via Folco Portinari, die zur Via dell'Oriuolo führt. An der Hausnummer 24 ist der Eingang zum historisch-topographischen Museum «Firenze com'era».

Florenz wie es einst war

Dieses Museum ist eine durch Kartographien, Bilder, Drucke, Zeichnungen und Gemälde umfassende historische Rekonstruktion der urbanistischen Entwicklung in Florenz von der Renaissance bis zum Ende des letzten Jahrhunderts.

Hier ist die berühmte «Veduta della Catena», die die Stadt um 1470 zeigt; der Katalog der mediceischen Villen in den *Lünetten* von

Thomas Patch, Ansicht des Arno und der Brücke Santa Trinita. *Museum «Firenze Com'era».*

Giusto Utens (1599); die *Stadtansichten* des 18. Jahrhunderts von Zocchi; die *Radierungen* von Telemaco Signorini und Gemälde, die eindrucksvolle Ausschnitte des Gettos zeigen, das während der sogenannten «Sanierung» von 1885 zerstört wurde.

Nach dem Museum geht man links die Via dell'Oriuolo weiter, bis man zur Kreuzung mit Borgo Pinti kommt, einer alten Straße mit vielen Palästen und Kirchen.

An der Hausnummer 13 ist der Palazzo Roffia *aus dem 17. Jahrhundert. Durch das Portal bei Hausnummer 24 wurden bedeutende Florentiner Skulpturen getragen, vom Reiterstandbild Cosimos I., das auf der Piazza della Signoria steht, über die Statue von Ferdinand I., die inzwischen in Madrid ist. Hinter dem Portal befand sich die Schmiede, in der Giambologna (der im anliegenden* Palazzo Quarratesi *wohnte), Pietro Tacca, dann Matteo Rosselli, Lorenzo Lippi, und Giovan Battista Foggini tätig waren. Hausnummer 33 ist der* Palazzo Caccini, *in dessen Garten der Botaniker Matteo Caccini mit dem Anbau exotischer Blumen und Pflanzen experimentierte. An der Hausnummer 56, neben der* Kirche Santa Maria a Candeli *(die Fassade geht auf Via dei Pilastri) steht der neoklassizistische Bau – mit einem großen halbkreisförmigen Fenster und zwei Säulen – des* Liceo Imperiale, *das von Napoleon gegründet wurde. Kurz vor der Kreuzung mit Via della Colonna ist rechts die Kirche Santa Maria Maddalena de' Pazzi.*

Santa Maria Maddalena de' Pazzi

«Da der Bau des Gebäudes und des Hauses schon begonnen hatte, und da Frauen darin lebten, welche sich die Reumütigen oder die Bekehrten nannten…»: In dieser Schrift vom 10. November 1257 wird zum erstenmal das Kloster genannt, dessen Wiederaufbau 1479 Giuliano da Sangallo übernahm.

Der Architekt, der wenige Monate später von Lorenzo de' Medici mit dem Entwurf der Villa Poggio a Caiano beauftragt wurde, erarbeitete das Modell der Kirche: ein einziges Kirchenschiff mit einer Reihe von Seitenkapellen, die aus den Nischen entstanden, die anderswo (z. B. bei der Kirche von San Marco) Altäre beherbergen, dazu der Kreuzgang mit ionischen Portikus-Pfeilern. Die Restaurierungsarbeiten Ende

Borgo Pinti: das Portal des Palazzo Roffia (17. Jh.), darüber der erste schmiedeeiserne Balkon von Florenz.

Der Kreuzgang von Santa Maria Maddalena de' Pazzi (oben), der zur gleichnamigen Kirche führt. Der nach einem Entwurf von Giuliano da Sangallo an der Stelle eines Klosters aus dem 13. Jahrhundert entstandene Gebäudekomplex ist die erste Kunstprobe des großen Renaissance-Architekten (1479). Rechts: das Innere der Kirche, das in der zweiten Hälfte des 17. Jahrhunderts unter Bewahrung der ursprünglichen Linien umgestaltet wurde. Rechts oben: die Kreuzigung *(1493-96), großräumiges Fresko von Pietro Perugino, das den ehemaligen Kapitelsaal des Klosters schmückte. Unten: Piazza d'Azeglio ist ein typisches Beispiel für die Städteplanung des 19. Jahrhunderts, die ihren Höhepunkt im Abriß der Stadtmauer und der Schaffung gutbürgerlicher Wohnhäuser in nächster Nähe des neuen Alleenrings fand.*

des 17. Jahrhunderts ließen das Innere der Kirche unverändert, unter anderem die Hauptkapelle mit einem prunkvollen Parament aus Marmor, vergoldeten Bronzedekorationen und Säulen aus sizilianischem Jaspis. Geschaffen wurde sie von Ciro Ferri, der von 1677 bis 1685 in Florenz tätig war.

Von der Sakristei kommt man in den ehemaligen Ka-

pitularsaal mit der großen *Kreuzigung* (1493-1496), einem Fresko des Perugino.

Vom Kloster aus geht man nach rechts und kommt auf die Via della Colonna, die zur Piazza D'Azeglio führt. Dieser Teil der Straße wurde zwischen 1865 und 1869 zusammen mit dem Platz errichtet, der das Kloster Santa Maria Maddalena «durchtrennt», wie auch die lange Bogenreihe an den Außenmauern des Gymnasiums «Michelangelo» zeigt.

Die rechteckige Piazza D'Azeglio *wurde 1870 angelegt, indem man die alten*

«Orti della Mattonaia» in einen romantischen Park nach englischem Vorbild umgestaltete. Unter den großbürgerlichen Häusern um den Platz stieß der Palazzo Uzielli *(Hausnummer 3) auf heftige Kritik. Der Architekt Paolo Emilio Andrée hatte Stilelemente des 16. Jahrhunderts in den Jugenstilbau integriert (1904).*

Vom Platz aus gehen wir weiter in die Via Farini, in der sich die Synagoge *befindet. Sie wurde zwischen 1872 und 1874 nach maurisch-byzantinischem Vorbild erbaut, hat aber auch Dekorationen florentinischer Herkunft übernommen. Das* Jüdische Museum *von Florenz ist der Synagoge angeschlossen.*

Nun biegen wir nach links und gehen die Via dei Pilastri bis zur Kirche Sant'Ambrogio entlang.

Die Kirche Sant'Ambrogio

Sie stammte wahrscheinlich aus der langobardischen

Le Cascine

«Im Frühling in der offenen Kutsche durch den Park Le Cascine fahren», ein Gedanke, bei dem in Gian Gastone, dem letzten Nachkommen der Medici, eine große Sehnsucht erwachte, wenn er sich für eine Weile in Böhmen aufhalten mußte. Durch den Park fahren zu können, war damals noch etwas sehr Elitäres, denn er war nur den Angehörigen des Hofes zugänglich, wurde dann aber dank den Lothringern «demokratisiert».

Über drei Kilometer Länge zog sich die insgesamt 118 Hektar große Grünfläche hin. Im Mittelalter war hier eine Flußinsel, die zwischen dem Arno, dem Mugnone und einem Kanal lag, der die Mühle Ognissanti mit Wasser versorgte. Der erste Herzog von Florenz, Alessandro de' Medici, hatte dieses Stück Land erworben, und es für die Zucht von Milchkühen bestimmt, daher der Name Cascine (Bauernhof). Cosimo I. ließ Eichen, Steineichen, Ahornbäume und Ulmen anpflanzen und legte praktisch den Grundstein für die spätere Wissenschaft, Botanik, der man auch danach in Florenz Rechnung trug. Neue Baumarten wurden heimisch gemacht, darunter Platanen, Linden und Kastanien, die die Cascine nach und nach von einem landwirtschaftlichen Gut in ein Anwesen verwandelten, in dem man ausgiebige Spaziergänge und Fahrten mit der Kutsche machen konnte. 1737 kamen die Lothringer an die Regierung und Pietro Leopoldo erklärte die Grünfläche offiziell zur öffentlichen Anlage. 1787 ließ er von Giuseppe Manetti ein großes Gebäude mit Portikus errichten, das als Sommerresidenz dienen sollte (heute ist es die Fakultät für Land- und Forstwissenschaften). Kleinere und größere Parkwege wurden angelegt und so manches wurde im neoklassischen Stil verändert. Gartenhäuschen für die Gartengeräte entstanden, Kühlhäuser in Form von Pyramiden, Brunnen mit Masken — darunter der des Narciso, an dem der romantische Poet Percy Bysse Shelley seine *Ode an den Westwind* dichtete. Im 19. Jahrhundert wurde der Park vor allem für große Feste genutzt, die auch meistens Feuerwerk (zahlreiche, im Museum «Firenze Com'era», aufbewahrte Bilder legen davon Zeugnis ab: ☛ S. 218) und Militärparaden einschlossen. Der Ort wurde zur öffentlichen Promenade; für die Florentiner Aristokratie gehörte die nachmittägliche Kutschfahrt über die Wege in den Cascinen zum gesellschaftlichen Muß. Die Funktion der ursprünglichen «Flußinsel» erhielt das Gebiet noch einmal im Jahre 1870, als die Gemeindeverwaltung die Einäscherung des Maharadscha Raiaram Cuttraputti ganz nach indischem Brauch an der Mündung des Mugnone in den Arno gestattete. Auf dem Rückweg in seine Heimat war der Maharadscha, von England kommend, in Florenz verstorben. Ein von dem englischen Bildhauer Fuller 1874 angefertigtes Grabdenkmal, eine Pagode mit der Büste des Herrschers, erinnert noch heute an dieses einzigartige Ereignis.

Die Synagoge in der Via Farini (1872-74) in byzantinisch-maurischem Stil. Hier unten, links: Venezianische Manufaktur (1717), Rimonìm, Atarà und Simàn*: darin bewahrte man das Alte Testament auf, das sich im anliegenden Museum befindet.*

Palazzo Uzielli auf der Piazza d'Azeglio, eine kuriose Mischung aus Bauelementen des 16. Jahrhunderts und typischen Dekorationsformen des Jugendstil. Unten: die Fassade der Kirche Sant'Ambrogio, eine neugotische Umgestaltung aus dem späten 19. Jahrhundert. Die Kirche hat eine sehr alte Geschichte: sie wurde im 7.-8. Jahrhundert erbaut, in der zweiten Hälfte des 13. Jahrhunderts umgestaltet und erfuhr in den folgenden Epochen weitere Restaurierungen. Außer bedeutenden Gemälden enthält sie einen herrlichen Marmortabernakel von Mino da Fiesole. Rechte Seite, oben: der Markt von Sant'Ambrogio, der «kleinere Bruder» des Zentralmarktes aus gleicher Zeit.

Epoche und gehörte dem Bischof von Mailand. Die Kirche wurde nach 1266 vollständig restauriert und vom 15. Jahrhundert an mehrere Male umgebaut.

Die gotische Struktur der Fassade geht auf das Jahr 1888 zurück. Die rechte Seite der Kirche an der Via Pietrapiana mit den Einzelbogenfenstern und den Spitzbögen ist im Originalzustand erhalten.

Das Innere der Kirche ist einschiffig. Die Altäre aus dem 15. Jahrhundert folgen ohne Verbindung aufeinander wie bei Michelozzo. Giovan Battista Foggini verband im 18. Jahrhundert den Eingangsbogen des Chorraums direkt mit den Seitenkapellen.

Die Bilder über den Altären können zwischen dem 14. und 16. Jahrhundert angesetzt werden. Von besonderer Bedeutung über dem linken Altar: eine Bildtafel mit *Engeln und Heiligen* von Alessio Baldovinetti (1425-1499). Ein Meisterwerk des Mino da Fiesole ist der *Tabernakel* aus Marmor (1481-1483) in der «Kapelle der Wunder» (Cappella del Miracolo — auf der linken Seite der Hauptkapelle).

Nach der Kirche biegen wir links in die Via de' Macci; die erste Querstraße auf der linken Seite ist Via del Verrocchio, die in die Piazza Ghiberti mündet, wo das Gebäude des Markts von Sant' Ambrogio *steht (19. Jahrhundert), sozusagen der kleine Bruder des Zentralmarkts (☛ S.52). Dieser Markt bewahrt seine traditionellen Merkmale, mit den Gemüseständen um das Gebäude, wo auf der rechten Seite auch Bauern ihr Gemüse verkaufen).*

Wir kehren zurück und gelangen in die Via Pietrapiana (an der heutigen Hausnummer 7 ist der Palast Francioni-Pampaloni*, in dem Mino da Fiesole lebte und starb); dann gehen wir weiter bis zur Piazza dei Ciompi, wo sich der Flohmarkt befindet (an der Hausnummer 11 erinnert eine Gedenktafel über der Tür: «Das war das Haus von Lorenzo Ghiberti»).*

Flohmarkt und Loggia del Pesce (Fischmarkt)

«Malerischer Dreck», den man «Seiner Majestät dem Pickel» zum Abreißen anvertrauen sollte. So bezeich-

Der Flohmarkt (hier oben, und unten, ein malerisches Detail) wird auf der Nordseite von der Loggia del Pesce begrenzt. Bis zur «Veredelung» des alten Stadtkerns im 19. Jahrhundert befand sich das Monument auf der Piazza del Mercato Vecchio (heute Piazza della Repubblica). Links: ein polychromes Rundbild der Loggia.

nete Mussolini das mittelalterliche Häusernetz dieser Straßenzüge: Bei einer «Stadtsanierung» im Jahre 1936 wurde ein Teil dieser Häuser abgerissen, um dann in den sechziger Jahren einem ebenso malerischen «Flohmarkt» Platz zu machen, der dem Kleinantiquariat gewidmet ist.

Auf der Nordseite wurde 1955 auch die Loggia del Pesce wieder aufgebaut, die vor der «Sanierung» der Altstadt im 19. Jahrhundert auf der Piazza del Mercato Vecchio (heutige Piazza della Repubblica) gestanden hatte und jahrzehntelang in Einzelteile zerlegt im Innern des Klosters San Marco aufbewahrt worden war. Sie ist ein Werk Vasaris (1567) und wurde mit polychromen Rundbildern dekoriert, auf denen die Großherzöge und Fischmotive dargestellt sind.

Nach dem Markt führt unser Weg weiter in die Via Buonarroti, von der aus wir rechts in die Via Ghibellina abbiegen, wo sich der Eingang zum Haus Buonarroti befindet.

Casa Buonarroti

«Ein ehrenwürdiges Haus in der Stadt zeugt von großem Ansehen, damit wir auch als Bürger vornehmer Herkunft zu erkennen sind». Diesen Wunsch äußerte Michelangelo schon 1546 gegenüber seinem Neffen Leonardo, aber erst viele Jahre später, 1612 wurde er erfüllt, als Michelangelo der Jüngere mehrere Anwesen der Familie umstrukturieren ließ. In einem dieser Häuser hatte sein berühmter Großonkel in den Jahren 1516-1525 gelebt.

Nach dem Tod von Cosimo Buonarroti (1859) wurden seine Kunstschätze, die sich über Jahrhunderte hinweg in diesem Gebäude an-

Die Küche -2-

Die «Penne strascicate».

Dank vieler guter Trattorien und Restaurants kann man heute die traditionelle Küche auf angenehme Weise kennenlernen (☛ S. 53). Viele Gastronomen haben die alten Rezepte übernommen, sie bereichert oder unseren heutigen Maßstäben von leichter Kost angepaßt. Hier ein ideales und typisches Menü. Als Antipasti (Vorspeise), *crostini di fegato* (geröstete Weißbrotscheiben mit Leber- oder Milzpaté) und die vielen Wurstwaren: *salame toscano* (Salami aus der Toskana), *prosciutto del Casentino* (Casentino-Schinken, der etwas salziger ist als die anderen berühmten italienischen Schinken, wie z. B. Parma- oder San Daniele-Schinken) und die bekannte *finocchiona* (Fenchelsalami). Im Sommer gibt es dann zusätzlich noch *panzanella*, eine Art kalten Brotsalat. Dabei wird altbackenes Bauernbrot in Wasser eingeweicht, danach sorgfältig ausgedrückt und mit den Händen zerpflückt. Zum Schluß mengt man je nach Jahreszeit kleingehacktes Gemüse unter (z. B. bitteren Radicchio, Salattomaten, Gurken, frisch
Zwiebeln usw.), mac
die *panzanella* mit Essi
Olivenöl, Salz und Pfe
fer an und fügt noch ein
ge Blätter Basilikum hinz
Von November an gibt
die *fettunta*, eine große, a
beiden Seiten geröstete Scheib
Brot, die mit Knoblauch eing
rieben und dann mit frisch g
preßtem Olivenöl großzügig beträufe
wird. Das Olivenöl neuer Ernte verlei
dem Brot den typischen Geschmack. E
typischer *primo*, den wir der würzige
Osteria-Küche verdanken, ist *penne str*
scicate. Die Nudeln we
den in einer Pfanne m
Fleischsoße, einem Schu
Milch und frischem Parm
san auf starker Flamm
vermischt. An Bauernko
erinnern auch zwei weite
klassische Suppen, die *r*
bollita (eine Gemüsesupp
mit altbackenem Brot. Ma
sollte die Ribollita abkühle
lassen und wieder aufwä
men) und die *pappa al p*
modoro (Tomatenmus): hie
wird das altbackene Br
langsam in der Pfanne mit Wasser, a
gebratenem Knoblauch, sehr reifen To
maten und Pfeffer aufgelöst. Währen
der Jagdsaison gibt es ein anderes Ge

*Das Olivenöl (Mitte), das
hochwertige Produkt der
Toskana, mit dem Gerich
wie die Gemüsesuppe
«Minestrone» und die
berühmte «Ribollita»
zubereitet werden. Recht
Seite, unten: der Stand
eines Kuttelnverkäufers:
die Kundschaft läßt nicht
lange auf sich warten. Hi
rechts: die typischen
Plätzchen der Fastenzeit.*

r Schinken aus der Gegend des Casentino ist für diejenigen, die einen kräftigeren Geschmack als den der «Rivalen» Parma und San Daniele bevorzugen. Die Liebhaber besonders starker Geschmackseindrücke verden es sich nicht nehmen lassen, vom Wildschweinschinken zu kosten (in der Mitte der Zeichnung).

:ht: die *pappardelle* (Bandnudeln) mit asen- oder Wildschweinragout. Königin nter den Fleischgerichten ist natürlich e *bistecca alla fiorentina*. Zum wirklich uten Gelingen sollte man dazu nur das eisch der Rinder des Chiana-Tals in der ähe von Arezzo verwenen. Sehr zu empfehlen ist uch die *àrista di maiale* chweinebraten, ein Lenenstück mit Knochen, im fen gebraten). Feines aus er bäuerlichen Küche ist uch: *spezzatino con patate ufate* (Gulasch mit gehmorten Kartoffeln) oder *sso rifatto* (in kleine Stücke eschnittenes, gekochtes indfleisch, das in der Pfane mit Öl, Tomaten, Knobuch und reichlich Zwieeln angebraten wird). Außerordentlich hmackhaft (heute aber wegen des Fehns von den dazu nötigen guten, hauseigenen Hühnern fast nicht mehr zu finden) ist der uralte *cibrèo*, eine Art von Gulasch, das aus den weniger «edlen» Teilen des Huhns oder der Henne (Hals, Kamm, Muskelmagen und Leber) *in bianco*, d. h., ohne Tomaten gekocht und zum Schluß mit einer Soße aus ganzen Eiern und Zitronensaft

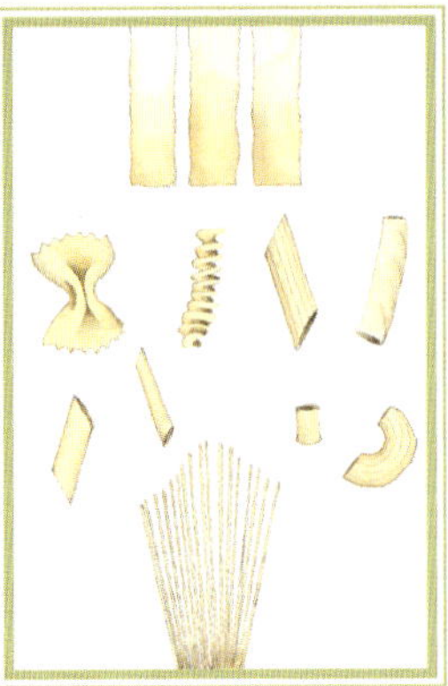

gebunden wird. Unter den *contorni* (Beilagen) sind in der florentinischen Küche Bohnen nicht wegzudenken: die Florentiner nehmen nur weiße Bohnen, die sogenannten *cannellini*. Sie werden sowohl *lessi* (gekocht) als auch *all'uccelletto* serviert, d. h. nach dem Kochen werden sie in einer Pfanne mit einer in Öl gedünsteten Knoblauchzehe, zwei oder drei Blatt Salbei und ein wenig Tomatensoße nochmals gewürzt und kurz durchgerührt. Im Frühjahr haben die Artischocken Hochkonjunktur. Einige toskanische Sorten sind so weich und schmackhaft, daß man sie auch mit etwas Öl, Salz und Pfeffer roh essen kann — frittiert sind sie jedoch kaum zu übertreffen. An Nachspeisen gibt es zwei Kuchen für besondere Festlichkeiten: die *schiacciata alla fiorentina* und die kleinen Schokoladenkekse in Buchstabenform der Fastenzeit (Quaresima), die *quaresimali* heißen.

Casa Buonarroti, deren Bau 1612 von Michelangelo dem Jüngeren zu Ende geführt wurde, ist das Ergebnis einer Zusammenfügung mehrerer Gebäude aus Familienbesitz: in einem der Häuser lebte der Schöpfer des David *fast zehn Jahre lang. Oben: der Saal der Engel und die Büste des großen Künstlers, die Giambologna zugeschrieben wird. Unten: die Madonna der Treppe, ein Basrelief des jungen Michelangelo.*

gesammelt hatte, dem Publikum zugänglich gemacht. 1965 gründete man den Verein «Casa Buonarroti», der sowohl für Studien als auch für zeitweilige Ausstellungen der Werke des Meisters, der Geschichte der Familie und deren Sammlungen zuständig ist. Auch die Veröffentlichung der Zeichnungen Buonarrotis und seiner gesamten Werke verdanken wir dem Verein.

Im Erdgeschoß ist im Saal 1 eine *Büste Michelangelos*, die wahrscheinlich von Giambologna ausgeführt wurde. Die Räume 2-5 dienen Ausstellungszwecken; im Saal 6 sind verschiedene *Porträts von Michelangelo*, in den drei folgenden Räumen sind Kunst-und Archäologiesammlungen der Familie ausgestellt.

Den ersten Stock widmete der Großneffe ganz dem berühmten Verwandten Michelangelo. Aus der Schaffenszeit vor 1492 ist die *Schlacht der Zentauren*, eine Marmorskulptur, sowie die Statue *Madonna der Treppe*. Außerdem ist hier das *Modell der Fassade von San Lorenzo,* das jedoch nie ausgeführt wurde. Michelangelo dürfte auch der Autor des *Modell für einen Flußgott* sein, das wahrscheinlich für eine Statue in der Neuen Sakristei von San Lorenzo vorgesehen war.

Eine Reihe bedeutender Künstler der Zeit arbeiteten an dem Werk *I Fasti di Michelangelo* (Michelangelos Ruhm) mit, das zwischen 1615 und 1637 entstand. Vier Säle wurden ausgeschmückt, wobei die sogenannte «Galerie» sicher die größte Aufmerksamkeit verdient: Der Fußboden ist in mehrfarbiger Majolika mit wertvollen Intarsienarbeiten ausgelegt.

Ein kleiner Arbeitsraum von Michelangelo dem Jüngeren schließt sich an. In der Bibliothek sind mehrere *Entwürfe* von Michelangelo ausgestellt. Der Raum wurde von Matteo Rosselli, Cecco Bravo und Domenico Pugliani mit *Fresken* ausgemalt, die toskanische Würdenträger darstellen.

Nach dem Museum gehen wir rechts weiter die Via Ghibellina entlang, in der sich einige bedeutende Bauwerke befinden: Hausnummer 73 der majestätische Palazzo Guicciardini, *der 1696 restauriert wurde; dann* Palazzo Sebregondi *(Hausnummer 81). Im Gebäude*

mit der Hausnummer 83 lebte und starb der Architekt Emilio De Fabris, dem wir die Fassade des Doms verdanken, und nicht weit entfernt ist der Palazzo Jacometti-Ciofi *(Hausnummer 87) von Anfang des 18. Jahrhunderts.*

Über die Via Verdi hinweg führt unser Weg weiter durch die Via Ghibellina, bis wir rechts an der Ecke mit Via Matteo Palmieri auf den Palazzo Quaratesi *aus dem 14. Jahrhundert stoßen. Auf der Via Matteo Palmieri kommen wir zur Piazza San Pier Maggiore, an deren Nordseite Borgo degli Albizzi beginnt.*

Piazza San Pier Maggiore

Die Tradition wollte es früher, daß die Florentiner Bischöfe nach ihrer Ernennung durch das nahegelegene Stadttor San Piero in die Stadt einzogen und eine Nacht in dem dort befindlichen Konvent verbrachten. Erst dann durften sie in ihre eigene Bischofsresidenz einziehen. Auf Anordnung des Großherzogs Pietro Leopoldo wurde dieses Kloster 1784 jedoch abgerissen, und nur die von Matteo Nigetti (1638) entworfene Fassade erinnert heute noch an den früheren Konvent. In den beiden Seitenteilen sind heute mehrere Geschäfte, und wo sich einst das Mittelschiff einer der ältesten Florentiner Kirchen befand, ist heute eine Straße.

Gegenüber der *Palazzo Corbizzi* mit wunderschönen Mauerabsätzen. Daneben steht der mächtige Turm *torre dei Donati*, links von der

Die Westseite der Piazza San Pier Maggiore. Im Vordergrund die Mauerabsätze des Palazzo Corbizzi, an dessen Seite sich an der Einmündung in die Via Palmieri das Turmhaus der Donati aus dem 14. Jahrhundert befindet. Unten: der San Piero-Bogen, der zur Kreuzung der Via dell'Oriuolo mit Borgo Pinti und Via Sant'Egidio führt. Hier befinden sich Geschäfte und eine typische Osteria. Einige Läden sind auch zwischen den heute zugemauerten seitlichen Bogen der ehemaligen Kirche San Pier Maggiore (unten). Die Kirche, eine der ältesten von Florenz, war 1784 auf Veranlassung des Großherzogs Peter Leopold von Habsburg-Lothringen abgerissen worden. Im dazugehörigen Kloster machten die neuen Bischöfe von Florenz Halt, sobald sie die Stadt durch den San Piero-Bogen betreten hatten, um sich auf den feierlichen Einzug in den Palast auf der Piazza San Giovanni vorzubereiten.

Ein Blick auf Borgo degli Albizzi, der Verlängerung der Dekumatenachse in römischer Zeit und Zugangsstraße zum alten Stadttor San Piero. In der alten Straße befinden sich mehrere Adelspaläste. Unten links: das Portal des Palazzo Ramirez de Montalvo aus dem 16. Jahrhundert, der von Bartolomeo Ammannati für einen spanischen Edelmann aus dem Gefolge Eleonoras von Toledo, der Gemahlin Cosimos I. de' Medici, entworfen wurde. Man beachte die schönen Graffiti der Fassade, die vor kurzem restauriert wurde. Unten: eine der Büsten bedeutender Gelehrter, die die Fassade des Palazzo Valori zieren. Mit wenig Respekt vor den berühmten dargestellten Persönlichkeiten wurde der Palast im Volksmund umgetauft in «Palazzo dei Visacci» (der Grimassen).

Im Borgo degli Albizzi fand am 24. Juni, dem Tag des Schutzpatrons der Stadt, San Giovanni das Wettrennen der Berberpferde statt. Rechts: die großherzogliche Tribüne während des Wettrennens in einem Gemälde von Antonio Cioci (1792).

Kirche der *San Piero-Bogen*, in dessen Umkreis sich verschiedene Läden befinden.

Borgo degli Albizzi

Anläßlich des Pferderennens «Il Palio di San Giovanni» stürmten die Berber in gestrecktem Galopp und ohne Reiter durch diese Straße. Das Rennen begann am Stadttor Porta al Prato und endete auf der Piazza San Pier Maggiore. Bei der Wahl des Weges hatte man sich nach einer römischen Straßenanlage gerichtet, in der Borgo degli Albizzi die Verlängerung der Hauptachse war.

Die die Straße säumenden Palazzi erinnern an deren einstmalige Bedeutung. Viele Gebäude befanden sich damals im Besitz der Familie Albizzi (Hausnummern 9, 11 und 14), einer ehrwürdigen Dynastie, die über lange Zeit hinweg mit den Medici rivalisierte. Der *Palazzo Valori* (Hausnummer 18) wird auch *Palazzo dei Visacci* (Palast der Grimassen) genannt wegen der Statuen berühmter Literaten und Denker, die die Fassade schmücken. Unter anderem finden wir dort Bildnisse von Dante, Petrarca, Boccaccio, Monsignor Della Casa – Verfasser des berühmten *Galateo* – Leon Battista Alberti und Francesco Guicciardini. Besondere Aufmerksamkeit verdienen der *Palazzo Valori* (Hausnummer 23), *Palazzo Tenagli* (Hausnummer 27) und, wegen der Qualität seiner Graffitidekorationen, vor allem der *Palazzo Matteucci Ramirez de Montalvo* (Hausnummer 26), der von Bartolomeo Ammannati entworfen wurde.

An der Kreuzung von Borgo degli Albizzi mit Via del Proconsolo biegen wir nach rechts in die Via del Proconsolo und erreichen nach wenigen Metern wieder die Piazza Duomo.

Die Reisenden der Vergangenheit

«Von dem Ponte Santa Trìnita herunterkommend und am Palazzo Strozzi vorbeigehend, kommt sich der Reisende vor, als wäre er im 16. Jahrhundert», so schrieb Stendhal 1827; aber bereits im 18. Jahrhundert hatte man Florenz einbezogen in die kulturelle Pilgerfahrt, die jeder gebildete und wohlhabende Europäer zumindest einmal in seinem Leben unternahm Die Florentiner hatten als Kaufleute, Bankiers und Entdecker die ganze Welt bereist und ihre gesammelten Schätze nach Hause gebracht, um sie in jenen Monumenten und Institutionen zu verwenden, die Florenz zum Weltkulturgut gemacht haben. In dieser Zeit entstand eine bisher unbekannte Einnahmequelle, die auf die Produktion nicht mehr von Waren, sondern von Geschichte aufbaute. «Wenn Du nur diese Stadt sehen könntest! Hier müßte man leben und sterben», so schrieb Mozart an seine Mutter. Anatole France schrieb: «Der Gott, der die Hügel um Florenz erschaffen hat, ist ein Künstler. Er war Goldschmied, Medaillengraveur, Bildhauer und Maler zugleich. Er war Florentiner». Kritik gibt es nur selten, wie z. B. die von John Ruskin, der in Florenz wahrscheinlich einen Zufluchtort und Unterschlupf vor der Modernität zu finden gehofft hatte: «Von all den Städten, die ich besucht habe, ist Florenz die störendste und unangenehmste Stadt für denjenigen, der sich entspannen und auf die Meditation konzentrieren möchte». Nach der Meinung von Henry James kann man sich dagegen «in Florenz von der modernen Welt absondern [...]. In den Eindrücken vom alten Florenz überwiegt die Glückseligkeit, das Gefühl von etwas Festem und Menschlichem, welches uns ein plausibles Mittel bietet, um zu leben». Der Genuß der florentinischen Realität war jedoch nur wenigen Privilegierten vorbehalten. Byron reiste mit sieben Bediensteten und fünf Wagen. Die Gräfin von Blessington empfahl den Gebrauch eines großen Lasters, auf den man wirklich alles laden konnte: ein Messingbett, Sessel, Sofas und Küchengeräte und «schließlich auch noch Hutschachteln für die feine Kopfbedeckung». Eine Ausnahme bildete sicher Johann G. Seume, der durch Italien reiste und auch Florenz zu Fuß erreichte. Wie auch immer sie nach Florenz kamen, so haben im 19. Jahrhundert die Reisenden sowohl in den wenigen großen Hotels als auch in ruhigen Pensionen gewohnt – die oft von Ausländern geführt wurden – wie z. B. die «Hombert» im Palazzo Spini Ferroni oder die «Benois» am Lungarno Serristori. In dieser goldenen Zeit des Tourismus mußte man für Museumsbesuche noch nicht Schlange stehen. In den Uffizien konnte man bis 1831 problemlos Staffelei, Palette und Pinsel mitbringen, um einige der vielen Meisterstücke abzumalen. Man durfte sie sogar selbst von der Wand nehmen. Die Herkunft der Reisenden war sehr unterschiedlich, doch die Engländer bildeten eine wahre Kolonie. Sir Horace Mann, englischer Botschafter am toskanischen Hof, beschwerte sich: «Es kommen zu viele Engländer nach Florenz! Wenn ich sie alle zum Essen einladen muß, bin ich ruiniert». In niedrigeren Schichten war «englisch» zum Synonym für «Ausländer» geworden. Eine bekannte Anekdote über die Florentiner besagt: «Gestern sind viele Engländer angekommen, wir haben aber nicht verstanden, ob es Russen oder Deutsche sind». Die heutige Situation hat sich völlig verändert. Der heutige Massentourismus, der in den dreißiger Jahren seine Ursprung hat, kennt einen ständigen Zuwachs: Derzeit kommen jährlich mehr als 6 Millionen Besucher nach Florenz.

9. Von San Niccolò hinauf zu San Miniato

Steintabernakel in der Costa Scarpuccia.

Forte Belvedere als Gipfel und der Arno als Basis: In dieses weite und bezaubernde Dreieck führt ein Weg, dessen Beginn und Ende «hier» sind, aber der sich trotzdem hauptsächlich «dort» – auf der anderen Seite des Flusses – ausbreitet. Sein Kennzeichen ist die «Natur-Morphologie», eine Struktur mit einem bescheidenen, aber überraschenden Gefälle, die im Lauf der Zeit zwei Funktionen ausgeübt hat: heute ein Balkon, früher ein Bollwerk über dem Herzen der Stadt. Diese ältere Funktion wird von der Stadtmauer bezeugt, die im 16. Jahrhundert die Basilica San Miniato einverleibte, sowie von der Festung, die um den kleinen Palast Belvedere herumgebaut wurde. Die moderne Funktion führt dagegen mit dem längs dem Viale dei Colli ausgebauten Panoramaweg, welcher in der zweiten Hälfte des 19. Jahrhunderts diese Gegend zum Inbegriff eines schönen Panoramas überhaupt macht, zur völligen Umgestaltung.
Doch noch vor und unterhalb des Panoramas erinnert die Bebauung des Oltrarno an die Gewinnung dieser Gegend, die vor allem im 13. Jahrhundert erfolgte. Damals waren diese Stadtteile, wie Stefani sagt, «recht stark, weil die Häuser an ihrer Außenseite eins an das andere anschlossen,

sowohl mit Gräben, als auch mit Lattenzäunen versehen waren», und keine Mauern nötig hatten. Das Flußufer war damals Ort beachtlicher kommerzieller und produktiver Tätigkeit — und blieb es für lange Zeit. Kurz hinter der Brücke alle Grazie kamen in die sogenannten «Porticciola» («kleine Häfen») – man erreicht sie noch heute über eine Steintreppe – Baumstämme aus dem Casentino mit der Strömung an und Boote mit den Tuchrollen, die in den Walkmühlen stromaufwärts bearbeitet wurden. Nachdem diese Tätigkeiten eingestellt worden waren, versah man die Flußufer mit Uferpromenaden und Gärten, zur Vervollständigung des nur noch «visuellen» Charakters der Gegend. Ihr Kernpunkt stellt jener Platz dar, der eher Monument des Tourismus ist als Denkmal für Michelangelo. Und von wo aus Romain Rolland gestand, als er auf die Türme und Kuppeln der Stadt der Iris schaute: «Welch' ein Gefallen, doch ach gemischt mit Bedauern, verschafft mir der Genuß dieser Dinge. Warum bin ich nicht hier geboren? Warum kann ich kein Florentiner sein?»

9. Von San Niccolò hinauf zu San Miniato

Besonders sehenswert

Bardini-Museum

Piazzale Michelangelo

Basilika von San Miniato al Monte

Via San Leonardo

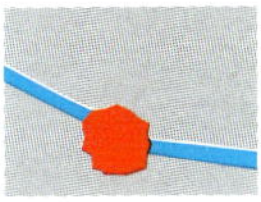

Die kleine Loggia des Uffizienpalastes vom Lungarno Torrigiani aus. Links der Bogengang des Lungarno degli Archibusieri, über dem der Korridor von Vasari verläuft.

Palazzo Torrigiani (hier unten), der von Baccio d'Agnolo entworfen und von dessen Sohn Domenico Ende des 16. Jahrhunderts erbaut wurde. Sein Garten wurde 1901 zur öffentlichen Anlage, an der die evangelische Kirche steht. Unten: die Brücke Ponte alle Grazie vom rechten Arnoufer aus.

Von der Piazza del Duomo aus erreicht man Ponte Vecchio über die Achse Via Roma-Piazza della Repubblica-Calimala-Mercato Nuovo (Neumarkt)-Via Por Santa Maria (☛ S. 158). Wenn man die Brücke überquert hat, biegt man links in die Via dei Bardi und geht dann den Lungarno Torrigiani entlang.

Kurz vor Ponte alle Grazie ist eine Grünanlage, die seitlich von der neugotischen Evangelischen Kirche *und der Rückwand des* Palazzo Torrigiani *abgeschlossen wird.*

Brücke alle Grazie

Man erreichte sie von der anderen Uferseite aus über die Brücke «di Rubaconte» (nach dem Namen des Stadtvogtes, der sie 1237 erbauen ließ), danach wurde sie «alle Grazie» genannt, denn einer der Kapellen-Tabernakel (die im 14. Jahrhundert auf der Brücke gebaut wurden) enthielt eine von den Florentinern sehr verehrte «Madonna alle Grazie» von Giotto.

1944 wurde die Brücke zerstört und 1957 in ihrer heutigen Form aufgebaut: mit fünf Lampen und einem Bürgersteig aus getriebenem Stein

Über den Ponte di Rubaconte schritten Botschafter, Fürsten und Kardinäle auf Durchreise in Florenz, zu Gast in den Palästen der Mozzi, einer reichen Bankiersfamilie, die mit dem Hof des Papstes in Verbindung stand. Rechts kommt man auf den gleichnamigen Platz, wo der Palazzo de' Mozzi *(Hausnummer 2) steht: er bewahrt als einer der wenigen in Florenz die für das 13. und 14. Jahrhundert typischen Merkmale. Außerdem sind hier der* Palazzo Lensi-Nencioni *(Hausnummer 3) aus dem 15. Jahrhundert, der mit Graffiti geschmückte* Palazzo Torrigiani-Nasi *(Hausnummer 4),* Palazzo Torrigiani *(Hausnummer 5) von Domenico di Baccio d'Angelo (erste Hälfte des 16. Jahrhunderts) und das* Bardini-Museum *(Hausnummer 1).*

Das Bardini-Museum

Die Fenster des neoklassischen Palastes stammen von Altären einer zerstörten Kirche in Pistoia.

Das Gebäude wurde von seinem Besitzer Stefano Bardini (1836-1922), einem Genie des Antiquitätenmarkts, entworfen. Bardini trug eine umfangreiche Privatsammlung zusammen, die er der Stadt Florenz hinterließ.

Erdgeschoß. Es ist unterteilt in neun Säle (zur Zeit sind die Säle 3, 4 und 5, Sitz der Galerie Corsi, geschlossen), die nach Typus und historischer Epoche unterschiedliche Fragmente und Funde ausstellen. Die Säle 1 und 2 sind der etruskischen und romanischen Kunst gewidmet. Mittelalterliche Brunnen sind im Saal Nr. 6. In Nr. 7 ist *La Carità* («die Barmherzigkeit») von Tino da Camaino. In Nr. 8 sind Säulen, Kapitelle und andere architektonische Fragmente ausgestellt. Im Saal Nr. 9 eine römische Wanne aus Porphyr und Kamine aus dem Mittelalter.

Zwischengeschoß. Hier ist Saal 10 mit Grabdenkmälern aus Stein, Grabsteinen, glasierter Terracotta aus der Werkstatt Della Robbias.

Erster Stock. Man erreicht ihn über ein Treppenhaus, dessen Wände große indische Teppiche zieren. Auch diese zehn Säle zeugen vom Geschmack des Sammlers Bardini: Elemente architektonischer Inneneinrichtung (Tore, in Holz eingelassene und vergoldete Zimmerdecken), bedeutende Möbel (wie der Sakristeischrank des Saals Nr. 16), Sammlungen (Waffen im Saal Nr. 13, Plaketten, Medaillen und Münzen in Nr. 15, Musikinstrumente in Nr. 19). Aber vor allem eine reiche Sammlung von Kunstwerken der Bildhauerei und Malerei, überwiegend der religiösen Kunst: Cenni di Francesco, Donatello, Benedetto da Maiano, Matteo Civitali, Giovanni di San Giovanni, Domenico Beccafumi.

Piazza de' Mozzi mündet in die Via di San Niccolò.

Bis zur Via dell'Olmo sieht man eine Reihe imposanter Paläste, unter anderem:

Oben Mitte: Donatello, Madonna mit Kind.
Hier oben: der neoklassizistische Palast auf der Piazza de' Mozzi, in dem das Bardini-Museum seinen Sitz hat. Die Rahmen der großen Fenster des ersten Stocks stammen von Altären einer Kirche aus Pistoia, die im 19. Jahrhundert abgerissen wurde.

Im Erdgeschoß des Bardini-Museums werden interessante Skulpturen aufbewahrt.
Oben: säulentragender Löwe des 12. Jahrhunderts von der Kanzel einer romanischen Kirche.
Links: Andrea della Robbia, Altardecke mit der Darstellung der Madonna mit Kind zwischen ambetenden Cherubinen und Engeln.

Ein Blick auf die Via San Niccolò. Rechts im Hintergrund ist der kleine Platz mit der Kirche San Niccolò Oltrarno.

Die Porta San Niccolò hat einen malerischen Ausblick auf den Arno Sie wurde 1340 erbaut und hat als einziges Stadttor die Originalhöhe behalten. Die andern wurden im 19. Jahrhundert teilweise mit Erdaufschüttungen aus Baumaterial bedeckt, das vom Abriß der Stadtmauer aus dem 14. Jahrhundert stammte. Unten: die Fassade von San Niccolò Oltrarno von der Via San Miniato aus. Durch das gleichnamige Stadttor durch führt diese Straße zur Via del Monte alle Croci, die ihrerseits in den Viale dei Colli mündet, nur wenige Meter vom Piazzale Michelangelo entfernt.

Hausnummer 107 Palazzo Nasi *(mit Graffiti aus dem 14. Jahrhundert.); Hausnummer 99* Palazzo Strozzi-Ridolfi*, dessen Fassade (16. Jahrhundert) Baccio d'Agnolo zugeschrieben wird; Hausnummer 87 das* Turmhaus der Quaratesi*; Hausnummer 56* Palazzo Demidoff*, im 17. Jahrhundert von Giulio Parigi renoviert; Hausnummer 54 der* Palazzo Vitelli *aus dem 16. Jahrhundert, daneben die Kirche von San Niccolò.*

Die Kirche von San Niccolò

Erwähnung fand sie bereits im 12. Jahrhundert, in der zweiten Hälfte des 14. Jahrhunderts renovierte man sie im gotischen Stil.
Auf der Fassade links vom Kirchentor (aus dem 15. Jahrhundert) zeigt eine Marmorhand über einer Tafel aus Stein die Höhe an, die das Wasser des Arnos zur Zeit der Überschwemmung von 1557 erreichte.

Innenraum. Er besteht aus einem einzigen Kirchenschiff mit Hängedachstuhl.

Entlang der Wände Altäre aus dem 16. Jahrhundert und *Gemälde* von Alessandro Allori, Poppi, Empoli und Jacopo Coppi; Reste von *Fresken* aus dem 15. Jahrhundert an den Altären I und II rechts, und über dem dritten, ein *Holzkreuz*, das Michelozzo zugeschrieben wird. Von Michelozzo ist auch der *Heiligenschrein* in der Sakristei; das *Fresko* in der Lünette ist vermutlich von Piero del Pollaiolo.

1530 drangen kaiserliche Soldaten in Florenz ein, vor denen sich Michelangelo in einer Zelle unter dem Glockenturm von S. Niccolò versteckt haben soll.

Wir gehen weiter bis zum gleichnamigen Stadttor. Hier ist das Stadtbild eher volkstümlich — schmale Gebäude, abgesehen von einigen schönen Bauten aus dem 15. Jahrhundert (Hausnummern 23, 34 und 36).

Wir gehen von der Kirche rechts ab durch das Tor nach San Miniato, dort steigen wir die steilen Treppen des Monte alle Croci hinauf, den die Franziskanermönche der Kirche von San Salvatore (☛ unten) zur «Via Crucis» machten.
Am Ende der Via Crucis kommen wir auf den Viale dei Colli; biegen nach links

und sind auf dem Piazzale Michelangelo.

Die Porta San Miniato von außen. Der Laufgang auf den Mauern wird von Hängebogen gestützt.

Piazzale Michelangelo

Diese berühmte Terrasse über der Stadt (1875) führte in Florenz zum erstenmal das touristische Konzept des Panoramas ein, so gewollt von Giuseppe Poggi als Teil der gesamten Anlage des Viale dei Colli.

Das Standbild in der Mitte des Platzes vereinigt einige Werke von Michelangelo: Kopien des Davids und allegorischer Figuren aus den Medici-Gräbern in San Lorenzo. Ursprünglich sollte der ganze Platz eine Art Michelangelo-Museum werden. In der großen Loggia sollten unter anderem Kopien seiner Statuen stehen. Sie wurde dagegen – wie Poggi bemerkte – «ein bloßes Café-Restaurant», was sie noch heute ist.

Wir kehren zum Ende der Via Crucis zurück und steigen die Treppe hinauf, die zur Kirche San Salvatore al Monte führt.

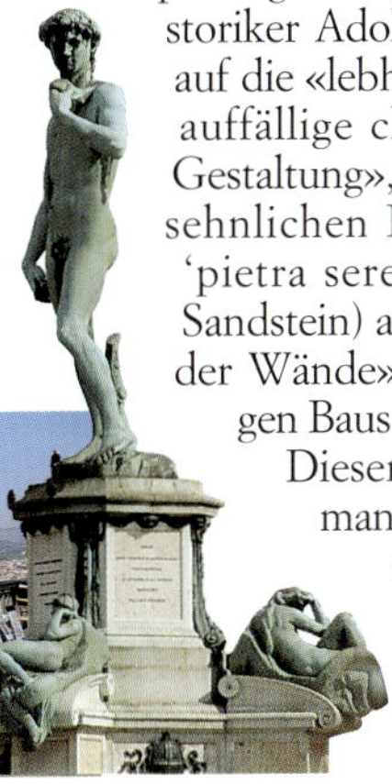

Die Kirche San Salvatore al Monte

«Mein schönes Bauernmädchen», soll Michelangelo sie genannt haben: eine Anspielung – so der Kunsthistoriker Adolfo Venturi – auf die «lebhafte und fast auffällige chromatische Gestaltung», die die «ansehnlichen Rahmen aus 'pietra serena' (lokaler Sandstein) auf dem Weiß der Wände» des mächtigen Baus hervorriefen. Dieser Effekt, den man auch im Kircheninneren wiederfindet, ist nach einer wenig be-

Hier oben: die «Via Crucis», die zur Kirche San Salvatore al Monte führt.
Links oben: Das Panorama vom Piazzale Michelangelo.
Mitte: Das Monument für Michelangelo *(1871) besteht aus der Bronzekopie des* David *und aus Kopien der Statuen der Grabmäler in der Medici-Kapelle.*
Links: ein Maler bei der Arbeit.
Unten: die Loggia von Giuseppe Poggi (1873).

Geschichte -3-

Florenz wird Hauptstadt von Italien (1865-1871)

«Das, was man in anderen Städten nur mit viel Mühe in jahrzehntelanger Arbeit vollbracht hätte, erfolgte hier wie durch einen Zauber in wenigen Jahren», so schrieb der Korrespondent der *Kölnischen Zeitung* im Oktober 1876, als er die Veränderungen beschrieb, die zwischen 1865 und 1870, als Florenz Hauptstadt von Italien war, stattgefunden hatten. Innerhalb von wenigen Monaten hatte Florenz ungefähr 30000 Regierungsbeauftragte und neue Einwohner aufnehmen müssen, und die Zahl der Einwohner stieg von 114568 im Jahre 1861 auf 146441 Ende 1865 und auf 194001 im Jahre 1870. Neben neuen Gebäuden und umgebauten Häusern wurden 51380 Wohnungen bereitgestellt. Aus Platznot verlagerte man die Regierungsämter in alte Paläste und Klöster, die durch die Enteignung von Kirchengütern zur Verfügung standen. Das Amt für das öffentliche Unterrichtswesen wurde im Kloster San Firenze untergebracht, die Schatzkammer in der Badia und das Marineministerium im Kloster der Missionsväter am Arno. Die alte Stadtmauer wurde niedergerissen. Banken beteiligten sich an diesen großen Veränderungen, und in dieser Zeit floß auch ausländisches Kapital in die Stadt. Filialen namhafter Versicherungen wie die Gresham Life Assurance Society oder Industrieunternehmen, wie die Moncenis Railway Company siedelten sich in Florenz an. Aus Turin trafen die ersten Vertreter ausländischer Mächte ein.

Dies alles wickelte sich in einem urbanistischen Rahmen ab, der bis vor kurzem noch die Merkmale des 16. Jahrhunderts trug und vorindustrielle Bedingungen bot, für die beginnende Neuzeit jedoch in keiner Weise gerüstet war. Ein neues Dienstleistungssystem, Grünflächen, ein Gesundheitswesen und ein gut ausgebautes Verkehrsnetz mußten geschaffen werden. Im Jahre 1861 gab es nur drei Unternehmen, die mehr als 100 Arbeiter beschäftigten. Zum größten Teil bestanden noch die alten Handwerksbetriebe mit nicht mehr als zehn Beschäftigten. Es ist also nicht verwunderlich, daß so viele plötzliche Neuerungen die gesellschaftlichen Strukturen aus den Angeln hoben und daß sich eine allgemeine Unzufriedenheit breit machte. Giuseppe Guerzoni zufolge konnte man sie folgendermaßen definieren: «Alles hat sich verändert, umgedreht und ist durcheinander, Florenz wurde zur Stadt, die allen, außer den Florentinern gehörte. Fremde aus allen Ländern und Händler jeglicher Art haben sich bei uns angesiedelt, haben unsere besten Plätze eingenommen, uns vor die Tür gesetzt, und jetzt saugen sie uns aus und werfen uns die letzten Reste hin». Jenseits der subjektiven Reaktionen steht fest, daß die Verlegung der Hauptstadt nach Rom im Jahre 1871 beachtlich dazu beitrug, die Entwicklung erneut zu bremsen. Innerhalb eines Jahres ging die Einwohnerzahl auf 167.999 zurück und die negativen wirtschaftlichen Folgen, die sich über Jahre hinwegzogen, waren schwerwiegend. Im März 1878 mußte die Stadt angesichts eines damals sehr hohen Defizits von 23.635.390 Lire den Bankrott erklären. Einige Tage später trat eine neue Verordnung in Kraft, die allen Florentinern für die folgenden 55 Jahre, fast zwei Millionen Lire jährlich an Steuern auferlegte.

Die Südseite und (unten) die Fassade der Kirche San Salvatore al Monte (1499-1504), ein Werk von Simone del Pollaiolo, genannt Cronaca.

hutsamen Renovierung verlorenge-gangen, die das Weiß durch Ocker ersetzt hat.

Die Kirche wurde von Cronaca (1499-1504) als Ersatz für ein durch Erdbewegungen zerstörtes Gebäude errichtet.

Die Fassade ist von extremer Nüchternheit. Ihr Kennzeichen ist das Motiv des Tympanon, das sich am Kirchentor und an den drei Fenstern befindet. Im Innenraum – er besteht aus einem einzigen großen Schiff mit angrenzenden Seitenkapellen – ist im linken Querschiff über einer Tür eine *Grablegung* aus glasierter Terracotta von Giovanni della Robbia (1469-1529) angebracht.

Von der Kirche aus steigt man zur Linken ein wenig weiter hinauf und kommt zur Kirche von San Miniato al Monte.

Die Basilika San Miniato al Monte

Sie verkörpert den Höhepunkt der Romanik in Florenz und befindet sich auf dem Gipfel des *Mons florentinus* («Florentiner Berg»), in den die ersten Christengemeinschaften ihre Katakomben gruben.

Sie wurde zwischen 1018 und 1027 als Basilika der Benediktiner-Kluniazenser errichtet und ersetzte damit eine Kapelle aus dem 4. Jahrhundert, die in der Karolinger-Zeit noch erhalten und dem ersten christlichen Märtyrer Miniato gewidmet war.

Der Turm, der 1499 einstürzte, wurde nach dem Entwurf des Baccio d'Agnolo 1524 wieder aufgebaut: Michelangelo baute die Anhöhe in eine Festung um, indem er sie mit Schutzwällen umgab und die Klostergebäude neben der Kirche von San Salvatore schuf. Von 1868 an baute Giuseppe Poggi den Treppenaufgang, der die Basilika mit dem Viale dei Colli verbindet.

Fassade. Hier dominiert der Farbgegensatz zwischen weißem und grünem Marmor, der in geometrische Felder unterteilt ist. Auf fünf gemauerten Rundbögen und sechs korinthischen Halbsäulen liegt der erste Stock. Der zweite Stock entspricht dem einzigen Kirchenschiff, ist in drei Felder mit Lisenen geteilt und hat in der Mitte ein Giebelfenster mit einem Mosaik auf Goldgrund (aus dem 13. Jahrhundert) *Christus auf dem Thron zwischen Maria und dem hl. Miniato*. Die Fassade ist von neun kleinen

Die Basilika von San Miniato al Monte (das Bild unten zeigt die Fassade) wurde zwischen 1020 und 1030 an der Stelle einer frühchristlichen Kapel le, die ebenfalls dem Märtyrer geweiht war, errichtet. Wie an Baptisterium und Dom besteht die Dekoration aus weißem und grünem Marmor.
Hier oben: Detail der Nordseite, im Hintergrund der breite und niedrige Glockenturm, der von Baccio d'Agnolo entworfen wurde. Während der Belagerung von Florenz (1530) ließ Michelangelo hier die Artillerie aufstellen und zum Schutz vor den feindlichen Kanonen einen «Gürtel» aus Matratzen rings um die Mauern legen.

Das große Mosaik der Kuppel der Apsis, das Christus auf dem Thron segnet zwischen Maria und dem heiligen Miniato *darstellt (13. Jh.)*

Das Hauptkirchenschiff der Basilika von der Apsis aus. Im Vordergrund sieht man das Dach der eleganten Ädikula, die Michelozzo 1448 erbaute; die kleine Kapelle enthält einige Tafeln Agnolo Gaddis (ausgehendes 14. Jahrhundert). Hier unten: die schöne viereckige Kanzel, deren Pult von einer Karyatide und dem Adler Johannes des Evangelisten gestützt wird. Rechts: die Holzdecke mit Hängewerk mit reicher, vielfarbiger Dekoration.

Bögen mit symbolischen Intarsien-Figuren geschmückt; auf dem Giebel ist das *Wappen* in vergoldetem Kupfer der Zunft der Calimala (Schutzpatronin der Kirche): ein Adler, der in den Klauen einen «Torsello», einen Stoffballen, hält.

Innenraum. Er besteht aus drei Ebenen (der Krypta, dem Hauptstockwerk und einem erhöhten Presbyterium) und drei Kirchenschiffen, aufgeteilt durch Säulen und Träger aus mehreren Pfeilern, die untereinander mit querliegenden Bögen verbunden sind. Der Dachstuhl ist vielfarbig, der Boden des Kirchenschiffs ist mit Marmorintarsien verziert. «Weißer und grüner Marmor», so notierte der Kritiker Toesca, «betonen die verschiedenen architektonischen Bestandteile. Marmorintarsien schmücken die Oberfläche, ohne die Gestaltung ihres Gesamtraums zu stören, denn sie ordnen sich den architektonischen Linien unter».

Man muß allerdings unterscheiden zwischen den Original-Dekorationen, die den Triumphbogen und die halbrunde Apsis einschließen, und denen aus dem 19. Jahrhundert an den Wänden.

Im Hauptkirchenschiff ist die Kreuz-Kapelle; eine *Ädikula* von Michelozzo (1428) mit Tonnengewölbe und Kassetten nach della Robbia aus glasiertem Terracotta; im Innern die Tafel von Agnolo Gaddi, *Die Heiligen Giovanni Gualberto und Miniato, Die Verkündigung* und *die Passionsgeschichte* (1394-1396).

Im rechten Kirchenschiff sind *Fresken* aus dem 13. und 14. Jahrhundert.

Vom Presbyterium geht man in den großen rechteckigen Saal mit Kreuzgewölbe (1387) der Sakristei: Im Gewölbe und in den großen Lünetten sind Fresken von Spinello Aretino (1350-1410) und dessen Gehilfen mit der *Geschichte des heiligen Benedikts.*

Im Presbyterium ist rechts ein Altar mit dem spitz zu-

Die Ädikula aus dem 15. Jahrhundert von Michelozzo mit dem Deckengewölbe aus Kassetten und Dekorationen aus glasierter Terrakotta aus der Werkstatt Della Robbia.

laufenden Bild *Episoden aus dem Leben des heiligen Miniato* (1320) von Jacopo del Casentino. Außerdem befinden sich hier eine hohe Brüstung aus Marmor, der Chorraum und seine mit Intarsien versehenen, gedrechselten Wände und der romanische Altar mit dem *Kreuz* aus Terrakotta, das Luca della Robbia zugeschrieben wird (1400 ca.-1482).

In der Apsiskuppel ein großes, mehrmals restauriertes Mosaik aus dem 13. Jahrhundert: *Christus auf dem Thron segnet zwischen Maria und dem heiligen Miniato* und *Symbole der Evangelisten.*

In der Krypta (aus dem 12. Jahrhundert) sind die Gewölbe auf 36 Marmorsäulen gestützt, die die Unterteilung des Raums in sieben kleine Kirchenschiffe betonen. Das Gewölbe des Presbyteriums ist mit *Bildern* (1341) auf Goldgrund von Taddeo Gaddi ausgemalt.

Kapelle des Kardinals von Portugal. Man erreicht diese Kapelle (1473) vom linken Kirchenschiff aus.

Der architektonische Aufbau ist von Antonio di Manetto, einem Schüler Brunelleschis. Vier *Medaillons* aus glasierter Terrakotta von Luca della Robbia schmücken das Gewölbe; ein großartiges Werk von Bernardo Rossellino ist das *Grabmal des Kardinals*, rechts. In der Bogennische der linken Wand ein Gemälde von Alessio Baldovinetti (1466-1467), *Die Verkündigung.*

Auf der rechten Seite der Kirche ist der Palast der Bischöfe aus dem 14. Jahrhundert, der leider nicht zu besichtigen ist. Links ist der Eingang zum Monumental-Friedhof aus dem 19. Jahrhundert, dem sogenannten «Friedhof der Heiligen Türen».

Wenn wir die Treppe vor der Kirche hinuntergehen, sind wir wieder auf dem Viale dei Colli; wir biegen links ein, in die dem Piazzale Michelangelo entgegengesetzte Richtung. Wer auf die rechte Seite geht, kann von dort aus das wunderbare Panorama genießen.

Viale dei Colli (Hügelringallee)

Die harmonische Sanftheit des Straßenteils des Viale dei Colli hebt sich hier mit großer Offensichtlichkeit von der Herbheit der alten Wege ab (Via di San Salvatore al Monte, Via di San Miniato, Via dell'Erta Canina, Costa a San Giorgio), die Florenz mit San Miniato und den angrenzenden Hügeln verbinden.

Der Altar der Krypta, vermutlich 13. Jahrhundert, enthält die Gebeine, die der Bischof Ildebrando als die sterblichen Reste des Märtyrers Miniato identifizierte.
Links: Jacopo del Casentino, Tafel des heiligen Miniato*; die Figur des Heiligen, der in der Linken den Palmzweig des Martyriums trägt, ist von acht Episoden aus seinem Leben umgeben.*

Ein Blick auf den Viale dei Colli. Im Abschnitt zwischen Piazzale Michelangelo und Via San Leonardo bieten sich herrliche Panoramablicke über die Stadt.

Via San Leonardo ist eine der charakteristischsten Straßen außerhalb der Stadt. Hinter alten Mauern und Villen, die die Straße säumen, erstrecken sich Gärten und Olivenhaine. Und es ist der Olivenbaum, der zusammen mit dem dunkleren Grün der Zypressen den dominierenden Farbton auf diesem Teil der Florentiner Hügel liefert. Unten: die Steintafel zum Gedenken an Pjotr Iljitsch Tschaikowskij, der 1878 die Villa an der Ecke zwischen Via San Leonardo und Viale dei Colli bewohnte. Nicht weit entfernt, auf der gegenüberliegenden Seite der Straße, ist die Atelierwohnung Ottone Rosais, des berühmten bildlichen Malers aus der ersten Hälfte des 19. Jahrhunderts.

Diese Verwandlung machte aus einem Weg, der in der Vergangenheit die körperliche Anstrengung einer Pilgerfahrt auferlegte, einen angenehmen Spaziergang. Bei der Verwirklichung dieses neuen Straßenbauwerks gelang es Poggi und seinen Mitarbeitern, glückliche und innovative Lösungen auch auf urbanistischem Gebiet zu verbreiten (darunter Sitzbänke, Balustraden, vernetzte Mauern, Hecken und Rabatten). «Das Werk Poggis scheint hier von seinem beruflichen Pragmatismus befreit», schreibt der Architekturhistoriker Franco Borsi, «und öffnet sich somit einem Dialog zwischen Architektur und Natur, zwischen Alt und Neu, der als sein bester Punkt angesehen werden muß».

Von San Miniato steigt man bis zum Viale hinunter und folgt diesem schönen Panoramaweg mit Ausblicken unterschiedlichster Art, bis man rechts in die Via San Leonardo einbiegt, in deren letztem Teil sich die gleichnamige Kirche befindet.

Via San Leonardo

Ein öffentlicher Korridor, flach und kurvenreich, zwischen imposanten Privathäusern, die man zwischen den Olivenbäumen jenseits der niedrigen fortlaufenden Mäuerchen teils sieht, teils ahnt — oft, der Tradition gemäß, mit Graffiti-Verputz mit «Gabelspitzenmuster» geschmückt. Dies ist ein Ort von seltener Intensität, beschrieben und erinnert von florentinischen Schriftstellern des 20. Jahrhunderts, wie zum Beispiel Giovanni Papini oder Vasco Pratolini — und repräsentiert durch den Maler Ottone Rosai, der an der Hausnummer 49 Wohnsitz und Atelier hatte.

Kirche San Leonardo. Aus dem 11. oder 12. Jahrhundert, aber mehrmals und einschneidend restauriert, unterbricht sie das *Kontinuum* der Villen. In ihrem Innern ist eine herrliche *pergamo* (Kanzel) aus dem 13. Jahrhundert, die, als sie sich in der Kirche des Heiligen Piero Scheraggio (später in den Uffizien mit eingegliedert) befand, Dante, Bocaccio und dem Heiligen Antonius als Tribüne diente. Im Jahr 1782 wurde sie hierhergebracht und 1921 wiederaufgebaut, anläßlich des 600. Todestags von Dante.

Am Ende der Via San Leonardo, direkt vor der Porta San Giorgio aus dem 14. Jahrhundert (in deren Gewölbebogen sich Fresken von Bicci di Lorenzo befinden — sie zeigen eine Madonna auf dem Thron mit

Links: San Leonardo in Arcetri, die Fassade. Unten: die Kanzel (13. Jh.); die Basreliefs stellen Szenen aus dem Leben Jesu *dar (unten links, ein Ausschnitt mit der* Kreuzabnahme*).*

dem Jesuskind und den Heiligen Leonardo und Giorgio), *erscheint dann auf der linken Seite das mächtige Bauwerk des Forte Belvedere (☛ S. 247).*

Wir kommen aus dem Forte heraus und gehen unter der Porta a San Giorgio hindurch; hier biegen wir in die gleichnamige Straße ein, die steil und verschlungen hinunterführt, zuerst an Villen mit Gärten vorbei und dann an dichtgedrängten Häusern im mittelalterlichen Baustil. An der Hausnummer 17 liegt das Haus von Galileo Galilei, *verziert mit einem Bild des Wissenschaftlers und mit den Wappen seiner Familie. Wir gehen dann rechts in die ebenso steile Costa Scarpuccia (auf der linken Seite beginnt die malerische Via del Canneto mit zahlreichen Bögen in Cotto) bis wir die Via de' Bardi erreichen.*

Via de' Bardi

«Verlauster Stadtteil», weil «er von niederträchtigem

Volk bewohnt war», kommentierte der Chronist Giovanni Villani im 14. Jahrhundert, als er berichtete, wie im Oltrarno in der Mitte des 11. Jahrhunderts drei Stadtteile an der Grenze zum Ponte Vecchio (die bei-

den anderen waren die von Santa Felicita und von San Jacopo; ☛ S. 182) entstanden.

Von der Costa Scarpuccia geht man nach links und trifft auf die *Kirche Santa Lucia de' Magnoli,* die aus dem 11.

Jahrhundert stammt, aber mehrmals restauriert und umstrukturiert wurde: im Inneren beherbergt das einzige Kirchenschiff auf dem ersten Altar links ein Gemälde von Pietro Lorenzetti (1280-1348 ca.), *Santa Lucia.*

Kurz nach der Kirche,auf der anderen Seite der Straße, erinnert eine Steintafel an das Bauverbot, erlassen von Cosimo I. im Jahr 1565: der «verlauste Stadtteil» hatte auch morphologisch gesehen keine günstige Lage, da der immer stärkere Druck von der Anhöhe de' Magnoli her und die häufi-

Die Porta San Giorgio (hier oben) ist Teil des zweiten Stadtmauernrings. An der äußeren Stirnseite sieht man ein Basrelief mit dem Heiligen Georg, der den Drachen tötet, *Abdruck eines Originals aus dem 15. Jahrhundert, das sich heute im Palazzo Vecchio befindet.*
Oben links: das Haus Galileos in der Costa San Giorgio (unten, eine Ansicht).

Pietro Lorenzetti, Heilige Lucia (14. Jh.)
Unten: die Fassade der Kirche Santa Lucia de' Màgnoli, in der das Werk sich befindet.

gen Überflutungen des Arno schreckliche Erdrutsche hervorriefen. 1284 stürzten mehr als 50 Häuser ein und weitere achtzehn, zusammen mit den Palästen Bardi und del Nero, am 12. November 1547: Nach der überlieferten Legende – nicht historisch bewiesen – soll Buontalenti, der damals noch ein Kind war, wie ein Wunder unverletzt unter dem Schutt seines Hauses gerettet worden sein.

Beachtenswert sind weiter vorn die Fassaden des *Palazzo Canigiani* (an den

Das Stibbert Museum

Frederick Stibbert wird auch Federico genannt, weil er in Florenz geboren wurde (1838) und starb (1906). Nach seinen Internatsjahren in Harrow bewegt er sich oft in hohen Adelskreisen Europas, bleibt jedoch immer seinem Florenz treu. Vom Ruhm Garibaldis begeistert, schließt er sich 1866 dessen Truppen an und bekommt eine Silbermedaille verliehen. Er ist Mäzen aber auch Maler und wird 1868 Mitglied der Florentiner Kunstakademie. Den bereits ererbten Reichtum vermehrt er durch gute Geschäfte und erwirbt Aktien der neu entstehenden toskanischen Finanzgesellschaften. Kultur und Geld verhelfen ihm am Ende zu einer Sammlung aus über 50000 Werken. Diese Sammlung hinterließ er der englischen Regierung als Erbe, das diese dann der Stadt Florenz überließ. Das Stibbert-Museum unterscheidet sich wenig vom Horne- (☛ S. 149) oder Bardini-Museum (☛ S.234). Alle Museen sind «Häuser» von Sammlern aus dem 19. Jahrhundert widmen sich der Wiedergabe eines Ambiente, das um jeden Preis vollständig und wahrheitsgetreu gestaltet wird — selbst wenn man sich mit Nachahmungen und Verfälschungen aushelfen mußte. In diesem Licht sollten die Hauptthemen des Stibbert-Museums gesehen werden: Waffen und Kostüme werden in 60 Sälen ausgestellt, in einer Villa, die einst den Davanzati gehörte und deren Struktur notwendigerweise und absichtlich völlig umgestaltet wurde. Das Museumsgebäude, zu klein, um die ganze Sammlung auszustellen, wurde zwischen 1880-1890 von einer Künstlergruppe umstrukturiert, die in den bedeutendsten Florentiner und italienischen Häusern tätig waren. Die wohl beste Verdeutlichung des «Stibbert-Stils» ist zweifellos der berühmte «Ritt», eine beeindruckende Darstellung, die sich in einem großen, von Gae-

Steintabernakel in der Costa Scarpuccia. Rechts: der Palazzo Capponi (oben), der von Lorenzo di Bicci für Niccolò da Uzzano errichtet wurde; der Palazzo Canigiani aus dem 14. Jahrhundert (unten), der an der Stelle des alten Krankenhauses Santa Lucia entstand.

Hausnummern 30-32) und des Palazzo Capponi (an den Hausnummern 36-38). Der erste entstand aus der Vereinigung, im 15. Jahrhundert, von drei älteren Gebäuden: Aus dem 14. Jahrhundert stammen in der Tat die großen Fächer-Bögen im Erdgeschoß. Beim zweiten haben wir eine Fassade längs des Lungarno Torrigiani, wo der spätgotische Stil deutlich wiederzuerkennen ist, der hier noch sehr «verborgen» ist und später erst von Michelozzo voll entwickelt werden sollte.

Etwas weiter vorn beginnt der Weg, den wir bereits vorher in die andere Richtung zurückgelegt haben, vom neueren Teil der Via de' Bardi aus.

tano Bianchi ausgeschmückten Raum befindet. Es stellt einen Zug von zehn Rittern dar, die mit Waffen aus dem 16. Jahrhundert gerüstet sind, zwölf Soldaten zu Fuß und vier islamische Reiter. Außerdem sieht man Dutzende von «vollständigen Waffenausrüstungen», die auf Puppen aufgesetzt sind. Von großer Bedeutung sind die europäischen und die islamischen; einzigartig auch im internationalen Bereich sind die aus Fernost, besonders die japanischen. Sehr interessant und mannigfaltig ist auch die Ausstellung der Kostüme mit vielen Kleidern aus dem 18. Jahrhundert und die Gewänder Napoleons, die er 1805 anläßlich seiner Krönung zum König Italiens trug. Auch die zahlreichen wertvollen Bilder (eine *Verkündigung*, die der Art von Coppo di Marcovaldo sehr nahe kommt, und Werke von Sano di Pietro, Neri di Bicci, Benedetto Ghirlandaio, Alessandro Allori, Luca Giordano und Justus Sustermans) betonen die Vorliebe Stibberts für Waffen und Kleider und können als eine bildliche Dokumentation zu der Sammlung verstanden werden. Große Aufmerksamkeit verdienen auch die Möbel, bei denen uns ein runder Tisch aus Malachit ins Auge fällt, der für Gerolamo Bonaparte angefertigt wurde. Die ganze Einrichtung ist im allgemeinen ein buntes Gemisch von Gegenständen außerordentlicher Qualität, von den Bronzefiguren über die Schirme, den Kerzenständern zu den Fächern, von den Kämmen zu den Uhren, über die Stöcke zu den Landkarten. Die Villa ist von einem romantischen, wahrscheinlich dem best erhaltenten Park italienischen Stils, umgeben, mit einem kleinen See und vielen exotischen Düften.

[Eingang: Via F. Stibbert 26; ☛ T3/F1. Geöffnet: 9-13].

Die mediceischen Festungen

Politische Gewaltherrschaft und technische Modernität führten zum Bau zweier Festungen in Florenz: die Festung von San Giovanni und die Festung von Belvedere. Nach der Belagerung von 1530 waren die Medici nun die einzigen Herrscher über die Stadt und fürchteten eher die inneren Unruhen, als den Angriff fremder Truppen. Die mittelalterlichen hohen Mauern, unterbrochen von viereckigen Türmen, garantierten nicht gerade die beste Verteidigung. Der Einsatz von den gerade aufkommenden Schußwaffen erforderte breite, niedrige und von Erdwällen geschützte Mauern, mit geometrisch komplizierten Grundrissen, um von allen Ecken aus schießen zu können.

Die Fortezza da Basso. In diesem Rahmen begann Antonio da Sangallo der Jüngere 1534 im Auftrag des Herzogs Alessandro mit dem Bau der Festung von San Giovanni, die später auch – im Vergleich zur Lage der anderen Festung – «da Basso» (die untenliegende) genannt wurde. Mit einem fünfeckigen Grundriß haben die Wälle auf der Seite des Bahnhofs die Originalhöhe von 12 Metern beibehalten. Auf den anderen Seiten ist der ehemalige Festungsgraben in der zweiten Hälfte des 19. Jahrhunderts mit dem alten Gestein der Mauern aus dem 14. Jahrhundert aufgeschüttet worden. Während

Die Fortezza da Basso in einer Luftansicht. Wie Forte Belvedere wurde sie mehr aus Gründen der inneren Sicherheit als zur Abwehr etwaiger, unwahrscheinlich gewordener Angriffe von außen erbaut. Das bestätigt die Dicke der Mauern, die nach Süden, in Richtung Florenz, stärker ist (hier oben, eine Teilansicht).

des Baus der Fe-stung wurde außerdem das aus dem 13. Jahrhundert stammende Faenza-Tor des städtischen Mauerrings in den zentralen Bau miteinbezogen. Seine wunderschöne Ausschmückung ist abwechselnd spitz bossiert oder mit Halbkugeln dekoriert. Im Innern der Festung ist nur noch die achteckige Wachstube mit einer Kuppel aus Stein in Form von Fischgräten übriggeblieben. In den heutigen, niedrigeren Räumen, die von dem zeitgenössischen Architekten Pierluigi Spadolini entworfen wurden, finden wichtige Messen und die jährliche Mostra dell'Artigianato (Handwerksausstellung) statt.

Die Festung von Belvedere. Später und höher gelegen entstand dann das Forte di Belvedere. Von der Festung aus wurde die Stadt damals von der Artillerie beherrscht, so wie heute die vielen Touristen in dominierender Stellung die Stadt überblicken. Diese ästhetische Entwicklung der militärischen Einrichtungen wurde übrigens schon an der kleinen Villa in der Mitte des sternförmigen Grundrisses deutlich. In dem kleinen Gebäude finden wir zum ersten Mal einen mit Tragbalken versehenen Bogengang im Erdgeschoß, der sich durch das ganze Gebäude bis auf die andere Seite hinzieht, sodaß man einen unbeschreiblich schönen Ausblick auf die ganze Stadt und die umliegenden Hügel genießt. Die Palazzina (1560-1570) wird dem Ammannati zugeschrieben, aber wahrscheinlich hat auch Buontalenti mitgewirkt, der den später erfolgten Bau der Festung (ab 1590) zusammen mit Don Giovanni de' Medici auf Anweisung von Ferdinando I. ausführte. Die Festungsanlage liegt 75 m hoch über der Stadt und ist in fünf Teile (drei davon befestigt) gegliedert. Durch ein Tor auf der Ostseite gelangen wir in die Anlage und erreichen den ersten aufgeschütteten Wall über eine Rampe. Von hier aus empfiehlt es sich, den Rundgang zu machen, um so eine Vielfalt schöner Ausblicke zu genießen. In der Palazzina und allen anderen geöffneten Räumen finden oft Kunstausstellungen statt.

Links: das Haus des Forte Belvedere: sein Bau (von Bartolomeo Ammannati) ging dem Bau der Festung zirka 20 Jahre voraus (1590). Der bequeme Zugang vom Boboli-Garten aus garantierte den Medici einen sicheren Unterschlupf im Fall eines Aufstands.
Oben: die mit der Festung verbundene Stadtmauer.

10. Fiesole, die antike Mutter

Römischer Kopf aus der Kaiserzeit. *Fiesole, Städtisches Museum.*

«... Jenes undankbare, bösartige Dorf / das von Fiesole seit der Antike herabkam / und noch immer im Gemüt etwas von Berg und Felsen hat», um es mit Dante zu sagen (*Inf.*, XV, 61-63). Der Hügel Fiesoles war seit der Eisenzeit bewohnt, und hier entwickelte sich eine der bedeutendsten Städte Etruriens. Die Schmährede Dantes enthält eine Anspielung auf die Farbe: denn in der Tat von «Berg und Steinfelsen» – also von der *Pietra Serena*, die hier seit Menschengedenken herausgeschlagen und bearbeitet wird – ist die Farbe Fiesoles. Viele Bildhauer kamen von diesen Hügeln nach Florenz: Giuliano da Maiano, Mino da Fiesole, Desiderio da Settignano...

Fiesole wuchs zwischen dem 6. und 5. Jahrhundert v. Chr. an, und vereinnahmte schließlich die ganze Gegend zwischen dem Hügel des heiligen Franziskus und dem des heiligen Apollinaris, wo sich heute die Piazza Mino befindet. Es war von mächtigen Mauern von 2500 Meter Länge umgeben. Seit dem 3. Jahrhundert v. Chr. war es mit Rom verbündet und nahm im 1. Jahrhundert mit vielen anderen Städten und italienischen Volksstämmen an den römischen Bür-

gerkriegen teil, die als «soziale Kriege» bekannt wurden und in deren Verlauf die Stadt im Jahr 90 v. Chr. von Lucio Catone erobert und verbrannt wurde.
Die Romanisierung Fiesoles erfolgte im Laufe eines langen Prozesses, während dem die Stadt wieder aufgebaut wurde. Der Tempel wurde wieder errichtet. Zur Zeit des Augustus breitete sich Fiesole in Richtung Theater und Thermen aus, die gegen Ende des 19. Jahrhunderts in einem Acker ausgegraben wurden, auf dem sich seit Jahrhunderten Ruinen und unterirdische Gewölbe befanden (für die Einheimischen waren es «Höhlen der Feen»: so beschreibt es ein Reiseführer aus dem Jahre 1841). Im Mittelalter wurde Fiesole dann von Florenz verdrängt und im Jahre 1125 vollkommen erobert. Schon in frühchristlicher Zeit waren die Wohnviertel auf den oberen Teil des Hügels beschränkt, denn so waren sie besser zu verteidigen. Dennoch verlor Fiesole nie seine Diözese, die noch heute von der historischen Bedeutung der Stadt zeugt. Bereits zu Zeiten Boccaccios, der ihm das *Decamerone* und *Ninfale Fiesolano* widmete, war Fiesole für seine Schönheit berühmt. Später wurde es zum beliebtesten Aufenthaltsort der Medici, die dort eine von Michelozzo entworfene Villa besaßen und auch die Badia restaurieren ließen. Seit dem 18. Jahrhundert wählten zahlreiche in- und ausländische Künstler und Schriftsteller den Ort als Wohnsitz, kauften hier Villen und Gärten auf und restaurierten sie: William Spence, Arnold Böcklin, Gabriele D'Annunzio. Heute beherbergt es bedeutende kulturelle Einrichtungen wie das Europäische Hochschulinstitut, die Musikschule, die Stiftungen Primo Conti und Giovanni Michelucci, die Harvard- und Stanford-Universitäten.

Kleine Votivstatue aus Bronze aus der Frühzeit. Fiesole, Städtisches Museum.

Der Säulengang der Kirche von San Domenico, ein Werk von Matteo Nigetti (17. Jh.).

Fra' Giovanni Angelico, Madonna mit Kind, betenden Engeln und den Heiligen Barnabas, Domenico, Thomas von Aquin und Petrus dem Märtyrer *(Ausschnitt).*

Nach Fiesole gelangt man von Florenz aus mit dem Bus Nr. 7 von Piazza San Marco. Bevor man an der Endstation Piazza Mino aussteigt, sollte man eine Pause in dem unterhalb Fiesoles gelegenen Dorf San Domenico einlegen. Hier stehen auf dem kleinen Platz die gleichnamige Kirche und das dazugehörige Dominikanerkloster.

Kirche und Kloster von San Domenico

Das Dominikanerkloster wurde 1406 von dem Mönch Giovanni di Domenico Baccini gegründet und später, bis ins 17. Jahrhundert, verschiedentlich erweitert und verändert.

Vor der Kirche ist ein eleganter Bogengang aus dem 17. Jahrhundert von Matteo Nigetti. Der Innenraum besteht aus einem Kirchenschiff mit drei Seitenkapellen aus dem 15. bis 16. Jahrhundert und ist reich an Gemälden, vor allem aus der Zeit vom 17. bis 19. Jahrhundert.

Im angegliederten Kloster lebte der Mönch Giovanni Angelico, der für die Kirche um 1430 ein Triptychon malte, das die *Madonna mit dem Kind*, einen *Betenden Engel und die Heiligen Barnabas, Domenico, Thomas von Aquin und Petrus den Märtyrer* darstellt. Das Werk wurde 1501

10. Fiesole, die antike Mutter

Besonders sehenswert

Badia Fiesolana

Kirche und Kloster San Domenico

Dom

Bandini-Museum

Archäologisches Gebiet

Hügel von San Francesco

von Lorenzo di Credi umgearbeitet. Er fügte Landschaft und Architektur im Hintergrund hinzu und verwandelte es so in ein rechteckiges Gemälde. Es befindet sich am ersten Altar links.

Im Hauptsaal des Klosters ist ein weiteres Werk von Beato Angelico, die *Kreuzigung*, ein Fresko von 1430, und eine *Madonna mit dem Kind*, ein abgelöstes Fresko mit dazugehöriger Sinopia, aus der Werkstatt des Angelico.

Im Gästesaal hängt ein Gemälde des Mönchs Paolino da Pistoia, Anhänger von Savonarola: *Savonarola und zwei Gefolgsmänner zeigen Christus und der Jungfrau Florenz* (Anfang des 16. Jahrhunderts).

Vom Kloster aus geht man ein Stück die Straße hinauf, die vor der Kirche von San Domenico liegt und gelangt so zur Badia Fiesolana.

Die Badia Fiesolana

Sie ist sicherlich das bedeutendste religiöse Gebäude in der Umgebung von Florenz. Als ehemaliger Wohnsitz der Bischöfe von Fiesole wurde sie an dem Ort erbaut, wo (der Legende nach) der heilige Romulus als Märtyrer starb. Um das Jahr 1000 verließ der Bischof Jacopo il Bavaro (der Bayer), die Badia, um in den Schutz der mächtigen Mauern der *Civitas* von Fiesole umzuziehen. Um 1028 verwandelte derselbe Prälat die Badia in ein Kloster, in das die Mönche von Camaldoli einzogen.

Im hohen Mittelalter durchlebte die Badia wie auch der Rest der Stadt Fiesole eine Zeit des Niedergangs.

Es war dann Cosimo der Ältere, der der Kirche und dem Klosterkomplex zu neuem Glanz verhalf. Er liebte die Badia so sehr, daß er in ihrem Innern eine Wohnung herrichten ließ, in der er die letzten acht Jahre (1456-1464) seines Lebens verbrachte. Er förderte auch die Einrichtung einer Bibliothek, die eines der Zentren des Florentiner Humanismus wurde. Damals begann der Umbau der Badia; die äußere Gestaltung der Gebäude ist bis heute nicht vollendet, wogegen die Innenräume mehrmals restauriert und umgestaltet wurden.

1753 gründete der Abt Montelatici hier die Akademie der Georgofili, die älteste Akademie Europas für Agrarwissenschaften. Später löste Pietro Leopoldo das Kloster auf und schloß die Bibliothek der Laurenziana an. Nach weiteren Eingriffen im 19. Jahrhundert wurden sogar Privatwohnungen darin eingerichtet. Dann gründeten die Scolopi-Mönche ein Internat, das 1972 geschlossen wurde. Seit 1976 beherbergt die Badia das Europäische Hochschulinstitut. Von ihrer langen Geschichte zeugt die wunderschöne romanische Fassade aus weißem und grünem Prato-Marmor (2. Hälfte des 12. Jahrhunderts), die in

Detail der romanischen Fassade (12. Jh.) der Badia Fiesolana. Der weiße und grüne Marmor nimmt die Dekorationsmotive des Florentiner Baptisteriums und der Fassade von San Miniato wieder auf. Der romanische Baukörper wurde im Auftrag Cosimos des Älteren in den Renaissance-Bau eingefügt (unten) und nach dessen Tod (1464) im Rohzustand belassen.

Piazza Mino, vom Palazzo Pretorio aus gesehen. Rechts, San Romolo; gegenüber, das mächtige Gebäude des Priesterseminars.

Die Fassade des Palazzo Pretorio, über dem sich die charakteristische kleine Loggia befindet. Unten: Teil des Eingangsportals, an dem die im Lauf der Jahrhunderte aufeinanderfolgenden Podestà ihre Familienwappen anbringen ließen. Unten: der schöne Bischofspalast (2. Hälfte des 17. Jh.)

die umfassendere Steinfassade aus dem 15. Jahrhundert eingelassen ist.

Der Innenraum besteht aus einem Kirchenschiff. An den Altären sind Gemälde aus dem 17. und 18. Jahrhundert.

Rechts von der Kirchenfassade ist der Eingang zum Kloster mit seinem prächtigen Renaissance-Kreuzgang. In den Räumen des Klosters befindet sich das Europäische Hochschulinstitut. Im Refektorium, heute der Konferenzsaal, hängt ein großes Fresko von Giovanni da San Giovanni, das *den von Engeln genährten Christus* darstellt (1629).

Nach dem Besuch der Badia fahren wir mit dem Bus weiter bis zur Piazza Mino, die an der Stelle des einstigen römischen Forums angelegt wurde.

An der Westseite der Piazza ist das große Priesterseminar aus dem 17. Jahrhundert; im Osten liegt der Palazzo Pretorio, *heute Rathaus und Sitz der Stadtverwaltung. Die Fassade ist mit den Wappen der Podestà dekoriert. An der Seite ist die kleine Kirche* Santa Maria Primerana, *die zum ersten Mal bereits im Jahr 966 erwähnt wurde und im Innern am Ende des 16. Jahrhunderts in manieristischem Stil erneuert worden ist. Die Nordseite nehmen der* Bischofspalast, *im 11. Jahrhundert gegründet und 1675 wiederaufgebaut, und der Dom ein, der dem heiligen Romulus geweiht ist.*

Die Kathedrale von San Romolo

Der Dom wurde im 11. Jahrhundert gegründet, als der Bischofssitz von der Badia Fiesolana hierher verlegt wurde. Im 13. Jahrhundert wurde er erweitert und in der zweiten Hälfte des 14. Jahrhunderts restauriert, zwischen 1878 und 1883 baute ihn der Architekt Michelangelo Maiorfi von Grund auf um. Aus dieser Epoche stammt die Fassade mit geglätteten Bossen. Der hohe, schmale Turm aus dem 13. Jahrhundert erhielt 1738 eine Galerie mit Zinnenkranz.

Der Innenraum besteht aus drei von Steinsäulen gestützten Kirchenschiffen. Bedeutende Kunstwerke sind hier aufgestellt, besonders Stein-Skulpturen.

Auf der Innenseite der Fassade, über dem Mittelportal, die Statue von *San Romolo* aus vielfarbiger Terrakotta von Giovanni della Robbia (Anfang des 16. Jahrhunderts).

Auf der rechten Seite, an der zweiten Säule, eine *Kan-*

Santa Maria Primerana, die im 10. Jahrhundert erbaut und im 16. Jahrhundert umgestaltet wurde. Unten: die Kathedrale von San Romolo (11.-19. Jh.)

zel aus dem 15. Jahrhundert; am Kopf des Hauptkirchenschiffes das *Paliotto* aus weißem und grünem Marmor. Es stammt aus der Badia Fiesolana und ist von einem Meister Costantino gezeichnet und auf das Jahr 1273 datiert. An einer der Säulen ein *Holzkreuz* aus dem 14. Jahrhundert. In der Kapelle Salutati im Chor zwei Werke des Mino da Fiesole: das *Grabmal des Bischofs Leonardo Salutati* (1466 verstorben) und eine *Altartafel*.

Am Hauptaltar ist eine Tafel *Madonna mit Kind und Heiligen* von Bicci di Lorenzo (Mitte des 15. Jahrhunderts).

In der Kanoniker-Kapelle ein *Altardossale* aus Marmor von Andrea Ferrucci (Ende des 15. Jahrhunderts) mit den Statuen des *heiligen Romulus und des heiligen Matthäus*.

In der Krypta aus dem 13. Jahrhundert ein Granittaufbecken (16. Jahrhundert) von Francesco del Tadda, dessen *Selbstbildnis* (1576) im linken Kirchenschiff ist.

Am Anfang der Via Giovanni Duprè ist das Bandini-Museum, ein kleines Juwel, das Bilder aus dem Mittelalter ausstellt. Die Eintrittskarte des Städtischen Museums (Museo Civico) ist hier gültig, ebenso für das archäologische Gebiet und das Antiquarium Costantini.

Das Bandini-Museum

Es bietet einen reichen Überblick über die Bilder der sogenannten «Primitiven», der Künstler aus der Zeit vor der Renaissance. Es wurde 1913 gegründet und stellt eine Sammlung aus, die dem Schriftgelehrten Angelo Maria Bandini gehörte, der sie dann dem Bischof und dem Domkapitel von Fiesole vererbte. Sie besteht hauptsächlich aus Bildern der toskanischen Schule des 13. und 14. Jahrhunderts, enthält aber auch byzantinische und gotische Elfenbeinreliefs und Gegenstände des Kunsthandwerks sowie Skulpturen, darunter eine marmorne *Madonna mit Kind* aus der Schule Nino Pi-

Der nüchterne Innenraum von San Romolo. Er wird durch einfache Säulen in drei Kirchenschiffe unterteilt und ist von einem Holzdach mit Hängewerk überdeckt. Unten: das Bandini-Museum. Es enthält bedeutende Gemälde des 13. bis 15. Jahrhunderts.

Blick auf zwei Säle der Stiftung Primo Conti.

Oben, die Außenseite der Villa «Le Coste», in der die Stiftung ihren Sitz hat.

Oben: Taddeo Gaddi (13. Jh.), Verkündigung, *Bandini-Museum. Rechts: ein Blick über den Hügel von Fiesole.*

sanos (zweite Hälfte des 14. Jahrhunderts).

Den Kern der Sammlung bilden 34 Bilder aus dem 14. Jahrhundert (von Malern wie Taddeo Gaddi und Bernardo Daddi, Nardo und Jacopo di Cione und dem Meister des Ashmolean Museums) und aus 25 Bildern des späten 14. und des 15. Jahrhunderts, darunter Werke von Giovanni del Biondo, Giovanni del Ponte, Lorenzo Monaco und Jacopo del Sellaio.

Nach dem Museum Bandini gehen wir die Via Giovanni Duprè weiter hinunter. Von hier aus sieht man einen Teil der etruskischen Mauern und gelangt zur Villa Le Coste, wo die Stiftung Primo Conti *ihren Sitz hat und wo das interessante persönliche Archiv des Künstlers (1900-1988) aufbewahrt ist. Im* Museum der historischen Avantgarde Primo Conti *befinden sich Dokumente, die die Jugendwerke des Künstlers und die italienische Avantgarde des 20. Jahrhunderts betreffen.*

Am Anfang der Via Duprè, gegenüber dem Museum Bandini, ist der Eingang zum Ausgrabungsgelände. Von hier aus hat man einen wunderbaren Blick über das tiefe Tal des Mugnone und auf die Berge des Mugello. Hier findet man die wichtigsten Zeugnisse der etruskischen und römischen Stadt, die durch Ausgrabungen Ende des 19. Jahrhunderts und nach dem zweiten Weltkrieg ans Tageslicht gebracht wurden.

Das Archäologische Gebiet

Im Zentrum des archäologischen Gebiets ist das römi-

sche Theater aus der Zeit des Augustus, das etwa 3000 Zuschauer faßt. Noch heute wird hier jedes Jahr das Sommerfestival «Estate Fiesolana» (mit Theater, Filmen, Konzerten und Ballett) veranstaltet.

Rechts davon führt ein Weg zu den Ruinen der Thermen, die wahrscheinlich im 3. und 4. Jahrhundert umgebaut wurden. Innerhalb der Thermen befinden sich die etruskischen Mauern: sie sind fast fünf Meter hoch und bestehen aus gewaltigen Steinblöcken. Auf der Seite gegenüber sind die Reste des römischen Tempels, der im 1. Jahrhundert auf den Trümmern des vorherigen, von einem Brand zerstörten etruskischen Tempels (Anfang des 4. Jahrhunderts v. Chr.) errichtet worden war. Der Zugang besteht aus einer Treppe mit 7 Stufen, die 23 Meter breit sind.

Städtisches Museum. Es wurde 1873 gegründet und ist direkt hinter dem Eingang des archäologischen Gebiets, auf der rechten Seite. Das heutige Gebäude wurde 1914 errichtet. Im Museum sind vorwiegend archäologische Funde aus der Frühgeschichte und aus etruskischer und römischer Zeit; es fehlt aber nicht an früh- und spätmittelalterlichen Funden (darunter Zeugnisse der langobardischen Herrschaft).

Die ausgestellten Funde stammen aus Fiesole. Außerdem sind einige Aschen-Urnen aus Chiusi und Volterra zu sehen, sowie archaische und hellenistische Keramiken aus dem

Hier oben: der Eingang zum Archäologischen Gebiet. Großes Foto: die Überreste der Bühne des Römischen Theaters (hier links, die Gesamtaufnahme); Links: das wenige, das von den Thermen geblieben ist. Unten: der Eingang zum Städtischen Museum innerhalb des Archäologischen Gebiets. Links unten: etruskische Stele (Fiesole, V. Jh. v.Chr.) Ganz unten: etruskische Grabkammer.

Rechts: Urne aus Terrakotta (etruskisch-römische Kunst, II. Jh. v.Chr.) Fiesole, Städtisches Museum.
Hier unten: Kopf eines Unbekannten, römische Kaiserzeit. Fiesole, Städtisches Museum.
Ganz unten: Kleine Votivstatue aus Bronze, die Herkules *darstellt (etruskische Kunst, V. Jh. v.Chr.)*

mittleren und südlichen Etruskerland.

Wir verlassen das Ausgrabungsgelände und gehen die Via Portigiani weiter bis zur Hausnummer 8, dort ist das Antiquarium Costantini, *das zum städtischen Museum gehört. Hier werden attische, etruskische und großgriechische Keramiken (150 Stücke) ausgestellt, die Alfiero Costantini 1985 der Stadt schenkte.*

Fast gegenüber dem Antiquarium steht die Palazzina Mangani, *die bedeutende Kunstausstellungen zeigt.*

Von der Via Portigiani und der anschließenden Via Sermei kommen wir in die Via del Bargellino: dort ist links die Gasse, die zu zwei etruskischen Gräbern *führt, dem einzigen Zeugnis einer weit größeren Totenstadt aus hellenistischer Zeit (4. Jahrhundert v. Chr.).*

Zurück auf der Piazza Mino, folgen wir der engen Straße Via San Francesco zwischen dem Seminar und dem Bischofspalast, die zur antiken Akropolis von Fiesole führt.

Der Hügel von San Francesco

Auf diesem Hügel – von dem aus man eine herrliche Sicht auf Florenz und das gesamte Florentiner Tal hat – stehen die Basilika von Sant'Alessandro und die Kirche mit dem Kloster von San Francesco.

Basilika von Sant'Alessandro. Der Überlieferung nach ist sie im 6. Jahrhundert auf einem heidnischen Tempel gebaut worden. Nach dem Jahre 1000 wurde sie wieder aufgebaut und im 16., 17. und Anfang des 19. Jahrhunderts mehrmals verändert: Die letzte Restaurierung wurde erst 1978 abgeschlossen. Der Innenraum besteht aus drei Kirchenschiffen, die von 16 Säulen (archäologische Funde) gestützt werden. Im anliegenden Oratorium der Compagnia dell'Assunta eine *Tafel* von Gerino da Pistoia und abgelöste Fresken aus dem 16. Jahrhundert mit *Geschichten von Maria.*

Auf dem Gipfel des Hügels befinden sich die Akropolis der etruskisch-römischen

Links und unten rechts: zwei Ansichten der steilen Via di San Francesco, die den gleichnamigen Hügel hinaufführt.

Stadt und die mittelalterliche Burg. Auf dem offenen Platz stehen das Kloster und die Kirche von San Francesco.

Der Gebäudekomplex von San Francesco. Sein Ursprung liegt im 14. Jahrhundert. 1399 wurde er von den Franziskanern umgestaltet, als sie dort auf dem Hügel einziehen wollten. 1907 ist die Kirche weiteren Eingriffen von dem Architekten Giuseppe Castellucci unterzogen worden.

Im Innern befindet sich unter den Kunstwerken am zweiten Altar links eine *Verkündigung* von Raffaellino del Garbo (1466-1524/25) und im Chor Stühle mit Intarsienarbeiten aus dem 16. Jahrhundert. In der Kapelle des heiligen Antonius, in die man durch die Sakristei gelangt, ist eine Krippe aus Terrakotta aus der Werkstatt der della Robbia; über der Eingangstür ein Fresko aus der Florentiner Schule des 17. Jahrhunderts, ein *Treffen der Heiligen Franziskus und Domenikus.* Ebenfalls von der Sakristei aus erreicht man den Kreuzgang aus dem 15. Jahrhundert, der zu dem kleinen, sehr interessanten *ethnographischen Missionars-Museum* führt, das antike chinesische Objekte (Bronzen, Gewänder, Keramik) sowie eine ägyptische Mumie ausstellt. Vom Museum aus sieht man Mauerreste der mächtigen etruskischen Burg.

Man kann mit dem Bus von der Piazza Mino aus sofort nach Florenz zurückkehren. Man kann aber auch einen interessanten Spaziergang bis San Domenico machen, indem man den ersten Teil der malerischen Via Vecchia Fiesolana entlanggeht, die kurz nach der Südseite des Seminars beginnt. An ihren Seiten stehen zahlreiche Villen: im letzten Teil ist rechts die mittelalterliche «Bischofsherberge».

Oben: ein malerischer Abschnitt der Via Vecchia Fiesolana. Die beiden Aufnahmen unten: links, der Hügel von San Francesco mit der Basilika von Sant'Alessandro und der Kirche Santa Cecilia; rechts, der Säulengang des Klosterkomplexes von San Francesco, der u. a. Sitz eines kleinen, aber interessanten Ethnographischen Museums st.

Die Villen der Medici

Careggi. Das herrschaftliche Haus aus dem 14. Jahrhundert wurde 1417 von Giovanni di Bicci de' Medici, dem Stammvater der Familie, erworben. Cosimo der Ältere, der hier 1464 starb, hatte den Umbau Michelozzo anvertraut und dieser verwandelte das ehemalige burgartige Gutshaus in eine prächtige Villa, ohne dabei jedoch wesentliche Veränderungen einzuführen: Der ursprüngliche Stil ist heute noch in dem zinnengekrönten Rundgang erkennbar, der den mittleren Teil des Gebäudes abschließt. Lorenz der Prächtige hatte eine besondere Vorliebe für diese Villa mit dem anschließenden Garten, denn hier versammelte sich die berühmte Platonische Akademie, die der Philosoph Marsilio Ficino gegründet hatte. Nachdem man die Medici aus der Stadt gejagt hatte, wurde die Villa 1529 ausgeplündert; 1532 wurde sie auf Geheiß des Herzogs Alessandro renoviert. Die Arbeiten wurden von Cosimo I. zu Ende geführt, der einige Räume von Pontormo und Bronzino mit Fresken ausmalen ließ, die jedoch nicht mehr erhalten sind. [Eingang: Viale Pieraccini 17. Geöffnet 9-13 / 15-18 Uhr; samstags und sonntags geschlossen. Voranmeldung 4277981].

Castello. Die Villa in Careggi fällt in die Zeit der Vorherrschaft der Medici in der Republik; die Villa in Castello ist dagegen mit der Blütezeit der großherzoglichen Medici-Dynastie gleichzusetzen. Die Großvettern von Lorenz dem Prächtigen, Lorenzo und Giovanni, erwarben sie und ließen sie 1477 umbauen. Auch diese Villa wurde nach der Vertreibung der Medici aus Florenz im Jahre 1527 geplündert, und als Cosimo I. 1537 die Regierung der Stadt übernahm, ließ er sie nach einem Entwurf von Vasari wieder aufbauen. Der Garten – in dessen Mitte sich der *Brunnen von Herkules und Antheus* befindet – war nach der Meinung von Michel de Montaigne der schönste in Europa. Tribolo hatte ihn entworfen und auch die Bauarbeiten bis zu seinem Tod 1538 geleitet; danach wurden sie von Buontalenti und Ammannati weitergeführt. Der ursprüngliche, jedoch nie zu Ende gebrachte Plan sah vor, aus dem Garten eine riesige Allegorie des Triumphs des Prinzen zu machen. Verschiedene Landschaften der Toskana, Flüsse und Berge sollten im Modell dargestellt werden. Seit 1974 ist die Villa Sitz der Accademia della Crusca. Diese Sprachakademie wurde im Jahre 1583 gegründet, mit der Aufgabe, das Wörterbuch der italienischen Sprache herauszugeben.
[Eingang: Via della Petraia 40. Geöffnet 9-17.30 Uhr; am 1. Mai geschlossen].

La Petraia. Herrschaftliches Haus aus dem 14. Jahrhundert, von den Medici um 1530 erworben. In den Jahren 1576 bis 1589 ließ es Ferdinando I. von Buontalenti vollkommen umbauen. Dieser schuf ein großes Gebäude mit viereckigem Grundriß und einem Innenhof, in dessen Mitte er den großen Turm des ehemaligen mittelalterlichen Gebäudes stehenließ. Der Innenhof wurde vom Volterrano mit einem Freskenzyklus über den *Prunk des Hauses Medici* (1636-1648) ausgeschmückt. Der Garten ist auf drei Ebenen angelegt, die zum Hügel hin leicht ansteigen (die mittlere Ebene wird fast ganz von einem großen Fischbecken eingenommen). Obwohl der Garten viele Eingriffe über sich ergehen lassen mußte, zu der Zeit, in der Florenz Hauptstadt und die Villa Residenz des Königs Vittorio Emanuele II. war, hat er nichts von seiner Schönheit eingebüßt. Auf der obersten Ebene befindet sich der *Brunnen der Venus-Fiorenza*, der Mitte des 16. Jahrhunderts von Tribolo ausgeführt wurde und ursprünglich in der Villa von Castello stand.
[Eingang: Via di Castello. Geöffnet 9-17.30 Uhr, nur der Garten ist zu besichtigen; am 1. Mai geschlossen].

Die Certosa des Galluzzo

Außerhalb der Porta Romana in der Nähe der Via Senese und gleich nach dem Stadtteil Galluzzo befindet sich dieses Kloster. Groß und majestätisch erhebt es sich wie eine Festung auf einem Hügel. Als es 1810 geschlossen wurde, nahmen die Franzosen, die damals das Großherzogtum Toskana besetzten, rund fünfhundert Kunstwerke mit, von denen viele nie zurückgeholt werden konnten. Die Certosa von Florenz wurde 1342 von dem adligen Florentiner Niccolò Acciaioli, Truchseß des Königs Roberto

von Neapel, gegründet. Trotz der Regel der Kartäusermönche – die Armut und Trennung von allen weltlichen Gütern vorsah – wollte Acciaioli, neben dem Kloster einen großen Palast bauen lassen. Beim Tod des Auftraggebers (1365) war das von den Mönchen Jacopo Passavanti und Jacopo Talenti entworfene Gebäude nur bis zum ersten Stock fertiggestellt und wurde Mitte des 16. Jahrhunderts vollendet. Seit 1960 befindet sich im ersten Stock eine Gemäldegalerie. Unter vielen bedeutenden Werken sind dort fünf Lünetten: losgelöste Fresken von Jacopo Pontormo, der sich zwischen 1523 und 1525 vor der Pest ins Kloster geflüchtet hatte. Sie zeigen das *Gebet im Garten, Christus vor Pilatus*, die *Auferstehung*, den *Gang zum Golgota* und die *Grablegung*. Der große Klosterkomplex nimmt die ganze Hügelspitze ein. Im Innern erscheint der ganze Komplex wie eine Terrasse, von der aus man einen wunderbaren Ausblick über die umliegende florentinische Landschaft genießt. Die Auffahrt, vor der sich ein großer Platz auftut, führt zur Kirche San Lorenzo, die im 14. Jahrhundert gegründet und im 16. erneuert wurde. An der Fassade sehen wir *Reliefs und Statuen* von Giovanni Fancelli. Im Inneren befinden sich Werke von anderen florentinischen und toskanischen Meistern aus dem 16. und 17. Jahrhundert, wie Rutilio Manetti und Bartolomeo Atticciati. In der Klosterkirche befinden sich Werke von Bernardino Poccetti und an drei Wänden Chorstühle aus Nußholz, Einlegearbeiten aus dem späten 16. Jahrhundert. Neben der Kirche ist der kleine Kreuzgang der Mönche, der etwa Mitte desselben Jahrhunderts umgebaut wurde. Von dort aus gelangt man in den großen, einige Jahrzehnte älteren Kreuzgang, der an drei Seiten von Mönchszellen umgeben ist, die auf einen schönen Laubengang schauen. An den Zwickeln der Bögen befinden sich 66 bunte Terrakottabüsten aus der Werkstatt des Giovanni della Robbia, mit *Figuren aus dem Alten Testament, Aposteln, Heiligen* und *Evangelisten.*

[Eingang: Buca di Certosa 2. Geöffnet 9-12 / 16-19 Uhr; montags geschlossen].

Kleines Wörterbuch für touristische Erste Hilfe

Apotheken (durchgehend geöffnet). *Comunale 13*, Bahnhof von Santa Maria Novella (im Innern); *Molteni*, Via Calzaiuoli 7r (an der Ecke mit Via Porta Rossa); *All'Insegna del Moro*, Piazza San Giovanni 20r.

Apt. Steht für «Azienda di promozione turistica di Firenze», Florentiner Agentur für die Förderung des Tourismus. Bei der Agentur (via Alessandro Manzoni 16, Tel. 233.20) und bei zahlreichen Reisebüros und Touristenagenturen kann man kostenlos die jährlich herausgegebene Broschüre «Firenze - Guida all'ospitalità» («Florenz - Unterkunft in der Stadt») bekommen, die ein ausführliches Verzeichnis der Hotels und Pensionen in Florenz und Umgebung enthält, mit Beschreibungen und Angaben der üblichen Preise. Für Hotels, Pensionen, Jugendherberge und Campingplätze ☛ Übersicht S. 268. ☛ auch: Informationen für Touristen; Reisebüros.

Autos und Parkplätze. Die Stadt ist nicht sehr groß: Zu Fuß zu gehen oder mit dem Bus zu fahren ist sicher zu empfehlen, auch weil es gar nicht leicht ist, mit dem Auto in der Stadt zu fahren; in der Altstadt gibt es eine Fußgängerzone (ZTL), in der von Montag bis Samstag (also außer den Sonn- und Feiertagen) von 8.30-18.30 nur Anwohner fahren dürfen. Es ist verboten, während der ZTL-Zeiten in dieser Zone zu parken: Wer dem zuwiderhandelt, muß mit Geldstrafen und, fast ausnahmslos, mit Autoabschleppung rechnen. In den angrenzenden Gebieten gibt es zahlreiche Parkplätze: Am *Parterre* (bei Piazza della Libertà) und an der *Piazza Stazione* befinden sich zwei Tiefgaragen. Weitere Parkplätze kann man auf den Lungarni und auf Plätzen finden: *Viale Mazzini*, *Piazza Donatello*, *Piazza Savonarola*, *Piazza della Libertà*, *Lungarno Torrigiani*, *Lungarno della Zecca Vecchia*, *Piazza Poggi*. Die Parkplätze in *Via Masaccio* und *Via Ferdinando Paolieri* haben Parkuhren. Nachts sollte man das Auto nicht in den Straßen parken, in denen rechteckige Parkverbotsschilder zu sehen sind, auf denen ein Wochentag und die Zeitangabe «0-6» angegeben sind: An diesem Tag und zu dieser Zeit erfolgt die nächtliche Straßenreinigung. Auch in diesem Fall ist mit Geldstrafen und Autoabschleppung zu rechnen.

Autoverleih. Der Autoverleih hat verschiedene Zweigstellen in der Stadt. Aus praktischen Gründen geben wir hier nur Adresse und Telefonnummer der Zentralstellen an. Jede Firma hat außerdem eine Vertretung im Florentiner Flughafen «Amerigo Vespucci»: *Avis*, Borgo Ognissanti 128r, Tel. 239.882.6; *Eurodollar*, Via il Prato 80r, Tel. 238.248.0/1; *Hertz*, Via Palazzuolo 94, Tel. 282.260; *Maggiore*, Via Maso Finiguerra 31r, Tel. 294.578.

Bäckereien. In den Bäckereien kann man verschiedene Sorten von Brot (das ungesalzene toskanische Brot und andere Brotsorten) und Pizza kaufen. Außerdem gibt es auch typisch florentinische Backwaren, wie die «schiacciata all'olio» (Fladenbrot mit Olivenöl) und das «pandiramerino» (Fladenbrot mit Rosmarin und Rosinen). Zu den verschiedenen Jahreszeiten sind auch andere traditionelle Spezialitäten zu finden: Im Herbst die «schiacciata con l'uva» (Flacher Hefeteigkuchen mit Weintrauben) und der «castagnaccio» (Kuchen aus Kastanienmehl und mit Pinienkernen); zur Weihnachtszeit gibt es «cavallucci» und «ricciarelli» (Süßigkeiten aus Siena, die auch in Florenz weit verbreitet sind); Karnevalskuchen sind die «schiacciata alla fiorentina» (mit Puderzucker bestreuter Florentiner Kuchen) und die «cenci» (was «Lappen» bedeutet; es handelt sich um mit Puderzucker bestreutes Gebäck); am 19. März (Josephstag) werden die «frittelle» (gebackene Reisküchlein) angeboten; zur Osterzeit sind dagegen die «quaresimali» (Schokoladenplätzchen) zu finden. Zu den vielen guten Bäckereien gehören: *Il Forno*, Via San Gallo 147r; *Pane e focacce*, Via de' Macci 65r; *Panetteria*, Via de' Neri 5r; *Panificio*, Via della Spada 39r; *Panificio Chiappi*, Borgo la Croce 43-45r; *Sartoni*, Via de' Cerchi 34r.

Bootsverleih am Arno. *Lidò*, Lungarno Pecori Giraldi 1; *Società Canottieri Firenze*, Lungarno F. Ferrucci 2.

Cafés und Konditoreien. ☛ Übersicht S. 264.

Diebstähle. Wie in jeder anderen Großstadt besteht auch in Florenz Diebstahlgefahr. Bei den Dieben handelt es sich meistens nicht um Florentiner: Das sei nicht wegen eines engstirnigen Lokalpatriotismus gesagt, sondern um die schnelle Erkennung möglicher Übeltäter zu erleichtern. Der Diebstahl wird in der Regel auf drei Arten verübt:

– Taschendiebstahl im Bus, vorwiegend während der Hauptverkehrszeit;
– Der «scippo»: Das gewaltsame Wegreißen der Handtasche, meistens vom Motorrad aus;
– Diebstähle vor Kirchen und Museen, vor allem bei Warteschlangen am Eingang: Oft geben sich die Diebe als Bettler aus. Aufpassen sollte man, wenn sich die Diebe (nicht selten handelt es sich um Minderjährige) in Gruppen nähern. Unter einem Vorwand versuchen sie, den Touristen abzulenken und Wertsachen – wie Taschen und Fotoapparate – zu stehlen.

Zur eigenen Sicherheit sollte man:
– im Bus immer auf die Tasche achten;
– in der Tasche keine große Geldsumme, Papiere, Kreditkarten oder Travellerschecks lassen;
– Bei längerem Schlangestehen Fotoapparate in der Hand halten.

Es ist natürlich zu empfehlen, jeweils nur kleine Geldsummen, und am besten bei einer Bank, zu wechseln.

Diskotheken und Nachtleben. *Meccanò*, Viale degli Olmi 1, Parco delle Cascine; *Tenax*, Via Pratese 47; *Villa Kasar*, Lungarno Colombo 23r; *Full Up*, Via della Vigna Vecchia 21r

(Musik für jeden Geschmack); *Dolce Zucchero*, Via Pandolfini 36-38r (Pianobar, geöffnet bis in die späte Nacht; mit Doppelsaal und kleiner Diskothek); *Caffedecò*, Piazza della Libertà 45-46r (von morgens bis in die späte Nacht geöffnet); *Jackie O'*, Via dell'Erta Canina 24a (typische Pianobar); *Lidò*, Lungarno Pecori Giraldi 1 (eines der beliebtesten Nachtlokale; hier kann man auch Boote mieten); *Cassiopea*, Via Aretina 7r (in diesem Lokal werden oft Konzerte veranstaltet); *Teatro sull'Acqua*, Lungarno Pecori Giraldi 3 (nur im Sommer geöffnet).

Einkaufen. ☛ Übersicht S. 271.

Eis. Die vielleicht bekannteste typisch italienische Spezialität. Gute Eisdielen gibt es in Florenz in großer Zahl. Unter den besten sind folgende zu erwähnen: *Aquilone*, Via don Puliti 21; *Badiani*, Viale dei Mille 20r; *Baroncini*, Via Celso 3r; *Carabè*, Via Ricasoli 60r; *Cavini*, Piazza delle Cure 19-23r; *Ciolli*, Via Ramazzini 35-37r; *Frilli*, Via San Miniato 5r; *Orso Bianco*, Via di Caciolle 6; *Perché no?*, Via dei Tavolini 19r; *Pinguino*, Via Quintino Sella 6d; *Villani*, Via San Domenico 8; *Vivoli*, Via Isola delle Stinche 7r.

Eisenbahn. Man muß zugeben, daß die staatliche Eisenbahn («Ferrovie dello Stato», FS) trotz erheblicher Veränderungen und der Verwandlung in Aktiengesellschaft noch manches aus ihrer früheren Zeit bewahrt — das heißt, eine stark bürokratisierte Funktionsweise und eine nicht allzu vorbildliche Leistungsfähigkeit. Dagegen sind ihre Beamten in der Regel sehr freundlich und geduldig und hilfsbereit gegenüber den Reisenden.

Fahrkarten sind in Italien erheblich billiger. Man kann sie nicht nur an den Schaltern im Bahnhof kaufen, sondern auch in Bars und Tabakläden in der Nähe von Bahnhöfen (nur Kilometerfahrkarten) oder bei Reisebüros (manchmal mit einem kleinen Zuschlag, ☛ Reisebüros): Im Preis der Fahrkarte ist die Platzreservierung nicht einbegriffen. Für einige Langstreckenzüge («espressi», «interregionali» und «intercity») ist die Platzreservierung obligatorisch. Auch für Strecken auf Intercity-Zügen ist ein *Eilzug-Zuschlag* erforderlich, der mit der Fahrkarte oder gesondert entrichtet werden kann. *Wer ohne Eilzug-Zuschlag fährt, muß eine Geldstrafe zahlen.* Außerdem muß man vor der Abfahrt *die Fahrkarte in den dafür bestimmten gelben Automaten stempeln, die sich auf den Bahnsteigen befinden. Handelt es sich um eine Hin- und Rückfahrkarte, muß sie auch vor der Rückfahrt gestempelt werden, sonst muß man eine Geldstrafe zahlen.*

Die meisten Züge fahren vom Bahnhof Santa Maria Novella (Tel. 235.1) ab. Am Rifredi-Bahnhof (Tel. 411.138) halten Nahverkehrszüge und einige Hochgeschwindigkeitszüge; am Bahnhof von Campo di Marte (Tel. 234.434) halten vor allem Nahverkehrs- und Interregionalzüge.

Feuerwehr. *Vigili del fuoco*, Tel. 115.

Flughafen. Der *Flughafen «Amerigo Vespucci»* bei Firenze-Perétola (Informationen Tel. 373.498) ist nicht sehr groß, verfügt aber über ziemlich gute Verbindungen. Nähere Auskünfte kann man direkt von den verschiedenen Fluggesellschaften erhalten, die in Peretola eine Vertretung haben: *Aerolinas Argentinas*, Via dei Neri 19, Tel. 289.166; *Air France*, Borgo Santi Apostoli 9, Tel. 284.304; *Alia*, Borgo San Jacopo 2, Tel. 283.219; *Alitalia*, Lungarno Vespucci 10-12r, Tel. 278.81; *Cimair* (*Sabena*, *Garuda*, *Icelandair*, *Cyprus Airways*, *Korean Airlines*), Via Tornabuoni 1, Tel. 283.282 e 293.031; *Kuwait Airways*, Via Calimaruzza 3, Tel. 294.854; *Meridiana*, Lungarno Soderini 1, Tel. 230.233.4; *Olympic Airways*, Via Por Santa Maria 4, Tel. 292.733; SAS, Lungarno Acciaioli 8, Tel. 238.270.1; *Thai*, Via de' Vecchietti 4, Tel. 294.372; *TWA*, Via de' Vecchietti 4, Tel. 239.685.6.

Geld. Die Banken haben folgende Öffnungszeiten: Montag-Freitag 9.00-13.15; 14.30 (oder 14.45)-15.30 (oder 15.45). In der Altstadt sind auch Wechselautomaten und zahlreiche Wechselstuben zu finden. Da Wechselangebote auch sehr unterschiedlich sein können, empfiehlt es sich, sich vor dem Geldwechseln genau nach Kursen und Umtauschgebühren zu erkundigen. Viele Geschäfte und Restaurants nehmen Kreditkarten an.

Hausnummern. Nach einer in Europa sehr verbreiteten Gewohnheit wird für die Numerierung der Häuser ein wichtiges geographisches Element als Orientierungspunkt genommen, in unserem Fall der Fluß Arno. Verläuft die Straße oder der Platz *parallel* zum Arno, dann beginnt die Numerierung von der Quelle und steigt zur Mündung hin; ist der Platz oder die Straße dagegen *senkrecht* zum Arno, dann beginnt die Numerierung beim Ufer und vom Ufer weg steigt sie. *Auf der rechten Seite befinden sich die geraden Nummern, auf der linken Seite die ungeraden.*

Typisch für Florenz ist die Gewohnheit, Wohnhäuser und Geschäfte oder öffentliche Gebäude durch die Numerierung zu unterscheiden: für die Wohnhäuser werden schwarze Nummern, für die Geschäfte rote Nummern verwendet, die auch durch ein kleines «r» nach der Nummer gekennzeichnet sind. Man muß also darauf achten, da in einer selben Straße zwei identische Nummern zwei verschiedene Gebäude kennzeichnen können.

Informationen für Touristen. APT *(Azienda Provinciale per il Turismo)*: Via A. Manzoni 16, Via Cavour 1r und im Flughafen «Amerigo Vespucci»; *Touristenbüros der Stadt Florenz*: Chiasso de' Baroncelli 17-19r und am Bahnhof Santa Maria Novella (unter der Stahlkolonnade am Ausgang des Bahnhofes).

Kinder. Wer mit Kindern unterwegs ist, sollte die *Ludoteca centrale* (zentrale Spielothek) besichtigen, Piazza Santissima Annunziata 13, Tel. 247.838.6: vormittags (ausgenommen mittwochs) von 9.00 bis 13.00 und nachmittags von 15.00 bis 19.00 geöffnet (dienstags und freitags für Kinder über sechs Jahren, montags und donnerstags für die kleineren).

Kirchen, Öffnungszeiten. ☛ Übersicht S. 272.

Klima. Daß Italien ein mildes Klima besitzt, sollte einen nicht täuschen: Trotz dem Mythos von dem immer heiteren Himmel und der ewigen Frühlingswärme sollte man immer auch Pullover, Regenschirm und Regenmantel mitnehmen. Sonst kann sich einem aus eigener Erfahrung bestätigen, daß die Stadt sich am Fuß des Apennin-Gebirges befindet und kaum von der relativ naheliegenden See (weniger als 100 Km) beeinflußt wird. Das Klima ist kontinental und zeigt beträchtliche Temperaturänderungen zwischen Sommer und Winter; im Frühling und Herbst ist Regen keine Seltenheit. Im August kann die Tagestemperatur sehr oft 36-37° C erreichen, manchmal – und nicht selten – bis zu 40° C und mehr. Dazu kommt eine relativ hohe Luftfeuchtigkeit (auch während der Nacht). Zwischen Januar und Februar sinkt die Temperatur öfter unter 0° C.

Konsulate. *Belgien,* Via dei Servi 28, Tel. 282.094; *Bundesrepublik Deutschland,* Lungarno A.Vespucci 30, Tel. 294.722; *Chile,* Via Alamanni 25, Tel. 214.131; *China (Volksrepublik),* Via Fontana 34, Tel. 351.680; *Costa Rica,* Via Giambologna 10, Tel. 573.603; *Dänemark,* Via dei Servi 13, Tel. 211.007; *Dominikanische Republik,* Via Milano 23 (Prato) Tel. (0574)607.518; *Elfenbeinküste,* Via Santo Spirito 9r, Tel. 294.837; *Großbritannien,* Lungarno Corsini 2, Tel. 284.133-289.556; *Finnland,* Via Strozzi 6, Tel. 293.228; *Frankreich,* P.zza Ognissanti 2, Tel. 230.255.6; *Haiti,* Via Cerretani 2, Tel. 282.683; *Honduras,* Via de' Bardi 30, Tel. 234.251.9; *Luxemburg,* Via Bartolomei 4, Tel. 473.219; *Malta,* Via dell'Oriuolo 45, Tel. 217.875; Via dei Servi 13, Tel. 230.293.7; *Mexico,* Via dell'Arte della Lana 4, Tel. 217.831; *Monaco,* Via Cherubini 18, Tel. 587.897; *Niederlande,* Via Cavour 81, Tel. 475.249; *Norwegen,* Via G.Capponi 26, Tel. 247.932.1; *Österreich,* Via de' Servi 9, Tel. 238.200.8 ; *Panama,* Via Respighi 8, Tel. 351.493; Via Mayer 19, Tel. 473.904; *Paraguay,* Via dell'Erta Canina 66, Tel. 234.502.0; *Perù,* Via della Mattonaia 17, Tel. 234.334.5; *Republik von San Marino,* Via Roma 3, Tel. 210.864; *Rumänien,* Borgo Pinti 20, Tel. 240.601; *Südafrikanische Republik,* P.zza dei Saltarelli 1, Tel. 281.863; *Schweden,* Via della Scala 4, Tel. 239.686.5; *Spanien,* Via G. la Pira 21, Tel. 217.110; *Türkei,* Via Nazionale 7, Tel. 294.893; *Ungarn,* Via Belgio 2, Tel. 653.181.7; *Venezuela,* Via Giambologna 10, Tel. 588.082; *Vereinigte Staaten von Amerika, Vermittlungsamt*: Tel. 239.827.6-217.605-280.261; *USIS*: Lungarno A.Vespucci 46, Tel. 294.921-283.780-284.088; *kultureller Austauschdienst*: Tel. 216.531; *Handelsbüro*: Lungarno A. Vespucci 38, Tel. 211.676.

Märkte. Lebensmittel: im Innern des Marktes *Centrale* (oder *di San Lorenzo*), Via dell'Ariento (von 7.00 bis 14.00 täglich geöffnet, ausgenommen an Sonn- und Feiertagen); *Sant'Ambrogio,* Piazza Ghiberti (dieselbe Öffnungszeit wie der *Mercato Centrale*); *Mercatino di Santo Spirito,* Piazza Santo Spirito (vormittags – ausgenommen an Sonn- und Feiertagen – und am zweiten Sonntag des Monats ganztäglich geöffnet); *Mercato delle Cure*, Piazza delle Cure (vormittags, ausgenommen an Sonn- und Feiertagen). Kleidung, Leder- und Strohwaren: *Mercato della Paglia*, Piazza del Mercato Nuovo (täglich von 9.00 bis 19.30 ausgenommen an Sonn- und Feiertagen). Alte Möbel, Ziergegenstände und Bücher: *Mercato delle Pulci*, Piazza dei Ciompi (täglich von 9.00 bis 19.30 geöffnet; am letzten Sonntag des Monats großer Markt). Kleidung, Schuhe, Lederwaren: *Mercato di San Lorenzo*, Via del canto de' Nelli, Via dell'Ariento und Via Sant'Antonino (die Stände sind täglich von 9.00 bis 19.30 geöffnet). Kleidung, Schuhe, Haushaltsartikel: *Mercato delle Cascine* Viale degli Olmi (dienstags vormittags). Blumen und Pflanzen: *Mercato dei fiori*, unter den Arkaden der Piazza della Repubblica (donnerstags vormittags geöffnet).

Museen, Öffnungszeiten. ☛ Übersicht S. 272.

Notdienste. *Polizei*, Tel. 113; *Erste Hilfe*, Tel. 118; *Krankenwagen, Telefonzentrale*, Tel. 212.222; *Krankenhaus von Santa Maria Nuova*, Piazza Santa Maria Nuova 1, Tel. 275.81; *Kinderkrankenhaus «Meyer»*, Via Luca Giordano 13, Tel. 566.21. ☛ auch Polizei.

Pizza. ☛ Übersicht S. 267.

Polizei. In Italien gibt es zwei verschiedene Polizeikorps: «Polizia di Stato» (die «Staatliche Polizei») und die paramilitärischen «Carabinieri» (die sowohl zivile als auch militärische Polizeifunktionen ausüben). Die Staatliche Polizei erkennt man an der dunkelblauen Jacke und den hellblauen Hosen mit rosa Streifen; die Carabinieri erkennt man dagegen an den roten Streifen auf den schwarzblauen Hosen und an dem weißen Wehrgehänge. Im Notfall (☛ bei Diebstahl) oder in anderen Fällen kann man sich sowohl an Polizisten als auch an Carabinieri wenden.

Für dringende Notfälle: Polizei, Tel. 113.

Polizeipräsidium, Via Zara 2, Tel. 497.71.

Polizeikommissariat, Piazza Duomo 5, Tel. 497.71.

Carabinieri, Telefonzentrale, Tel. 112.

Es gibt außerdem die *Verkehrspolizei* (Tel. 577.777): An sie (oder die Stadtpolizei, ☛ unten) sollte man sich im Fall von Verkehrsunfällen wenden.

Neben den staatlichen Polizeikorps gibt es noch die sogenannten «vigili urbani», das heißt die «Stadtpolizei» (Tel. 328.31). Sie ist unter anderem Verkehrspolizei. Im Fall des Verdachtes auf Betrug oder überhöhte Preise, auch bei Dienstleistungen, sollte man sich am besten an sie wenden.

Post. Alle Postämter sind von Montag bis Samstag von 8.15-13.30 geöffnet; einige davon sind durchgehend von 8.15-18 geöffnet: unter ihnen das Hauptpostamt (Via Pellicceria 3, bei Piazza della Repubblica) und das in der Via Pietrapiana 53.

Briefmarken sind in den Postämtern und in den Tabakläden erhältlich.

Informationen über Postdienste kann man unter der Telefonnummer 160 bekommen.

Reisebüros. *Cit*, Via Cavour 56r; *Cit*, Piazza della Stazione 51r; *Lazzi Express*, Piazza Adua 4r; *Amico Travel Box*, Via dell'Oriuolo 52-54;

Salviati e Santori, Via Lambertesca 21r; *Tst Viaggi 2000*, Borgo de' Greci 5.

Restaurants und Gasthäuser. ☛ Übersicht S. 265.

Schokolade und Kaffee. *Lanzo Caffè*, Via de' Neri 69r: Hier bekommt man typische Erzeugnisse aus ganz Italien und einen sehr guten Kaffee. *Traversi «La Sorgente delle delizie»*, Via Cavour 30a, mit einer großen Auswahl an Schokolade und Kuchen. *Caffè e Delizie di Lisa*, Viale don Minzoni 52r: sehr gute Schokoladetrüffel.

Stadtbesichtigungen. AGT *(Associazione Guide Turistiche)*, Via Calimala 2, Tel. 230.228.3; *Associazione Centro Guide Turismo*, Via Ghibellina 110, Tel. 288.448; *Associazione Guide Turistiche Fiorentine*, Via Ugo Corsi 25, Tel. 422.090.1

Tankstellen (zum Selbsttanken). *Agip*, Via Antonio del Pollaiolo; *Tamoil*, Via Senese; *Esso*, Viale Europa; *Ip*, Via Baccio da Montelupo; *Mobiloil*, Via Pratese.

Taxi. Taxiwagen sind weiß; auf den vorderen Türen steht die Wagennumer, auf dem Dach befindet sich ein Schild mit dem Wort «taxi»: Ist es beleuchtet, dann ist das Taxi frei. Fast alle Taxis sind mit Funk verbunden und können telefonisch gerufen werden, und zwar über folgende Telefonnummern: 439.0; 424.2; 479.8. Die wichtigsten Taxistandplätze befinden sich auf der *Piazza Duomo* (hinter der Kuppel), auf der *Piazza della Repubblica* und auf der *Piazza Stazione* (auf dem Bahnhofsvorplatz). Es gibt dann noch zahlreiche weitere Taxistandplätze, die man auch per Telefon erreichen kann: *Piazza Alberti*, Tel. 679.874; *Piazza Beccaria*, Tel. 234.361.4; *Piazza delle Cure*, Tel. 579.035; *Piazza F. Ferrucci*, Tel. 681.164.4; *Piazza Giorgini*, Tel. 471.530; *Piazza Mino (Fiesole)*, Tel. 592.04; *Piazza Puccini*, Tel. 361.100; *Piazza San Marco*, Tel. 284.124; *Piazzale di Porta Romana*, Tel. 220.528; *Via Bronzino* (an der Ecke mit Via A. del Pollaiolo), Tel. 705.100; *Via di Nòvoli*, Tel. 437.999.3; *Viale Calatafimi*, Tel. 605.794; *Viale Mazzini*, Tel. 242.601; *Viale Morgagni*, Tel. 416.800.

Telefon. Fast überall befinden sich öffentliche Telefonzellen. Sie können aber manchmal außer Betrieb sein. Es empfiehlt sich, Kartentelefone zu benutzen, die im Vergleich zu Münztelefonen praktischer und zuverlässiger sind. Telefonkarten gibt es mit verschiedenen Telefoneinheiten, sie können in den Tabakläden und bei einigen Bars und Zeitungskiosken gekauft werden. Man kann auch von der öffentlichen Telefonzentrale aus telefonieren (Via Cavour 21r), wo man von einer Kabine aus anruft und nach dem Gespräch bezahlt.
Man kann Direktgespräche führen oder sich durch die Telefonvermittlung verbinden lassen (Tel. 10 für Anrufe in Italien, Tel. 170 für Anrufe ins Ausland).

Theater. Die Florentiner Theater bieten eine große Vielfalt an Vorstellungen: Prosa, Lyrik, Kammermusik und Konzerte, Ballette, Jazz. Nähere Auskünfte kann man aus den Lokalteilen der Zeitungen *La Repubblica*, *La Nazione* und *L'Unità entnehmen*; am besten fragt man direkt bei der Informationsstelle *Box Office*, Via Faenza 139r, Tel. 210.804: Dort kann man auch Eintrittskarten kaufen.

Trippa (Kuttelflecke). Eine typisch florentinische Spezialität, die aber nicht allen schmeckt. Sie wird mit Wein oder alkoholfreien Getränken an charakteristischen Imbißständen verkauft, die an folgenden Stellen zu finden sind: *Piazza de' Cimatori* (an der Ecke mit Via Dante Alighieri); *Piazza del Mercato Nuovo* (vor der Hausnummer 4); *Piazzale di Porta Romana* (zwischen Viale Machiavelli und Via Romana); *Piazza delle Cure*; *Piazza Tanucci*; *Via Gioberti* (zwischen Via Cimabue und Piazza Beccaria); *Viale Giannotti* (an der Ecke mit Via G. Caponsacchi).

Typische Käsesorten. ☛ Übersicht S. 270.

Typische Wurstwaren und Lebensmittel. ☛ Übersicht S. 270.

Verkehrsmittel (außerhalb der Stadt). Einige Busgesellschaften bieten zahlreiche Verbindungen mit den größeren und kleineren Städten der Provinz Florenz und der Toskana. Die Haupt-Busgesellschaften sind: *Cap* und *Copit*, Largo Fratelli Alinari 9, Tel. 214.637; *Lazzi*, Piazza Stazione 4 (an der Ecke mit Piazza Adua), Tel. 215.154; *Sita*, Via Santa Caterina da Siena 15, Tel. 214.721.

Verkehrsmittel (in der Stadt). Stadtautobuslinien werden von der ATAF verwaltet, Viale dei Mille 115, Tel. 565.01. Die Autobusse sind orangefarbig. Einen Linienplan erhält man beim ATAF-Informationsbüro, Piazza Stazione (unter der Stahlkolonnade an der rechten Seite des Bahnhofs). Die Fahrscheine für den Bus sind vor Fahrtantritt zu lösen: Im Bus werden die Fahrscheine nur gestempelt. Fahrscheine sind in Tabakläden und in vielen Bars und Zeitungskiosken erhältlich. Es gibt verschiedene Fahrkartentypen:
- Fahrkarte gültig 60 Minuten;
- Fahrkarte gültig 180 Minuten;
- Mehrfahrtenkarte: vier Fahrkarten gültig je 60 Minuten;
- Touristenfahrkarte gültig 24 Stunden.

Bei Aufenthalten in der Stadt von einem Monat und länger empfiehlt es sich, eine Monatskarte zu kaufen. Dazu benötigt man ein Foto. Monatskarten bekommt man bei dem ATAF-Büro in Piazza Stazione (am Ende der obengenannten Stahlkolonnade).
Die Buslinie Nummer 62 verbindet den Bahnhof Santa Maria Novella mit dem Flughafen «Amerigo Vespucci» bei Perétola. Dieser Bus verkehrt von 6.00 bis 22.00; ungefähr alle 10 Minuten während der Hauptverkehrszeit und alle 30 Minuten während der übrigen Zeit.

Wein. ☛ Übersicht S. 267.

Cafés Und Konditoreien

Caffelatte
Via degli Alfani 39r. *Seit 1920 werden hier Kaffee und Milch angeboten. Die Theke ist aus Marmor. Man kann sich hinsetzen und einen leckeren Caffelatte (Kaffee mit Milch) trinken, begleitet von köstlichen hausgemachten Kuchen.*

Calamai
Via dell'Agnolo 113r. *Ein schönes und einfaches Lokal.*

Caponeri
Via F. Valori 4r. *Sehr gute Kuchen. Hier kann man keinen Kaffee trinken.*

Castaldini,
Viale dei Mille 47r. *Sehr gut der «Millefoglie» und weitere Leckerbissen.*

Cosi
Borgo degli Àlbizzi 11r. *Pralinen zur Teezeit sind ein Leckerbissen, den man nicht versäumen sollte.*

Crociani
Piazza Dalmazia 37r. *Viele Miniaturkuchen und auch sizilianische* cannoli.

Dolci & Dolcezze
Piazza Beccaria 9r und Via del Corso 41r. *Es ist der Konditor, der viele Erneuerungen in die Florentiner Konditoreikunst gebracht hat.*

Donnini
Piazza della Repubblica 15r. *Eine der besten Konditoreien.*

Gaetano
Via Torre degli Agli 2. *Es ist immer voll, aber es lohnt sich, hier seinen Weg zu bahnen.*

Giacosa
Via Tornabuoni 83 r. *Hier kann man einen der besten Kaffees der Stadt genießen.*

Giorgio
Via Duccio da Boninsegna 36. *Eine sehr elegante Konditorei mit sehr gutem Gebäck.*

Gualtieri
Via Senese 18r. *Es scheint eine Konditorei aus anderen Zeiten zu sein, mit vielen traditionellen Spezialitäten.*

Italiano
Via Condotta 56r. *Hier kann man eine kleine Pause machen, etwas trinken und im Obergeschoß, auch während der Mittagszeit, eine Kleinigkeit essen.*

Minni
Via A. Giacomini 16. *Die Spezialität des Hauses: kleine Krapfen (in Florenz «Bomboloni» genannt) um 17 Uhr. Während des Tages große Auswahl an Gebäck und Brötchen.*

Piansa
Borgo Pinti 18r und Viale Europa 128. *Diese beiden Lokale haben eine Rösterei und bieten eine große Auswahl an sehr guten Kaffees und die Möglichkeit eine Kleinigkeit zu essen.*

Rivoire
Piazza della Signoria 5r. *Sehr gut die heiße Schokolade.*

Robiglio
Via dei Servi 112r, Via Tosinghi 11r und Viale S. Lavagnini 18r. *Sehr gut sind das Gebäck und die Brötchen: zu empfehlen die Teigwaren mit Schinken.*

Scudieri
Piazza San Giovanni 19r. *Hier kann man die besten Croissants essen.*

Stefania
Via Marconi 26r. *Kleine Konditorei mit sehr gutem Gebäck.*

Alcedo
Via A. Gramsci 26. Fiesole. *Hier ist alles, wie es sein soll.*

Restaurants und Trattorien

Die Italiener pflegen den Tag nicht mit einer reichen Mahlzeit zu beginnen: Normalerweise nimmt man nur eine Tasse Cappuccino und ein Croissant zu sich. Das Mittagessen war in vergangenen Zeiten sehr reich, ist heutzutage, wegen der modernen Lebensweise, aber leichter geworden, da viele außer Haus essen. In den Bars in der Altstadt kann man seit einigen Jahren Hauptgerichte und andere leichte Gerichte, doch auch eine reiche Auswahl an belegten Brötchen finden. Einige bevorzugen, im Stehen gekochte Eier oder Crostini in einer Weinstube (☛ Übersicht S. 267) zu essen oder das traditionelle Kuttelbrötchen bei den Verkaufsständen. Einige dagegen machen lieber eine Pause in einer Trattoria: Sie unterscheidet sich vom Restaurant durch generell niedrigere Preise; unter anderem bezahlt man in den Trattorien nur selten den «Coperto», das Gedeck— es handelt sich um eine merkwürdige italienische Tradition, die allmählich verschwindet. Um das Essen am besten zu genießen, empfiehlt es sich, die Hauptmahlzeit am Abend zu sich zu nehmen. Man beachte, daß die kleineren Trattorien keine Reservierungen annehmen: Man sollte sich dort zeitig (zwischen 19.30 und 20) begeben.

Preise:
- ¶ bis 30.000 Lire
- ¶ ¶ 30.000-60.000 Lire
- ¶ ¶ ¶ 60.000-100.000 Lire
- ¶ ¶ ¶ ¶ über 100.000 Lire

¶ Da Gastone «alle mossacce»

Via del Proconsolo 55r
Tel. 294.361
samstags und an Feiertagen geschlossen
☛ T. 4/F5

"Mossacce" sind im Florentiner Dialekt barsche Gesten, die von vulgären Ausdrücken begleitet werden. Das ist die Art der Bedienung, mit der der langsame Kunde rechnen muß, denn das Wirtshaus ist sehr klein und voll. Die Stammkunden trinken, während sie auf die Rechnung warten, ihren Kaffee an der Theke. Hier kann kein Tisch reserviert werden und man ißt und sitzt sehr eng beieinander. Abgesehen von diesen kleinen Unannehmlichkeiten und der einfachen Bewirtung ist die Interpretation der typischen Florentiner Gerichte ausgesprochen schmackhaft .

¶ Carlino «diladdarno»

Via de' Serragli 108r
Tel. 225.001
montags und dienstags geschlossen
☛ T. 2/D6

«Diladdarno» bedeutet im florentinischen Dialekt «auf der anderen Seite des Arnos». Die hausgemachte Küche, typisch toskanisch, ist einfach aber akkurat. Auch das Gebäck ist lecker.

¶ Mario

Via Rosina 2r
Tel. 218.550
abends und am Sonntag geschlossen
☛ T. 3/F4

Wie bei Gastone, kann man auch hier keine Tische reservieren. Man muß Schlange stehen und der Raum ist eng, aber es lohnt sich, denn die Gerichte und der Wein sind typisch toskanisch. Freitags gibt es Fisch, der direkt vom Markt San Lorenzo kommt.

¶ Da Benvenuto

Via Mosca 16r (Ecke Via de' Neri)
Tel. 214.833
mittwochs und sonntags geschlossen
☛ T. 4/F6

Eine alte Wirtschaft, wo man in familiärer Atmosphäre ißt; der Raum ist nicht klein und gut eingerichtet. Der Küchenchef Loriano Pallini bietet Produkte aus seinem Gemüsegarten, auf die er sehr stolz ist. Auch hier sind die Gerichte aus der traditionellen Küche (sehr gut die verschiedenen Arten von gekochtem Fleisch – und freitags der Stockfisch). Es werden auch edle Gerichte serviert: (besondere Nudeln mit Trüffeln). Die Zubereitung ist sehr schmackhaft und leicht, und es wird nicht soviel Olivenöl verwendet, wie sonst in Florenz üblich. Die Auswahl der Weine ist gut, aber nicht alle sind aus der Toskana (Brunello und Rotwein aus Montalcino, Nobile aus Montepulciano).

¶ Acquacotta

Via dei Pilastri 51r
Tel. 242.907
Dienstag abends und mittwochs geschlossen
☛ T. 4/G5

Der Name der Wirtschaft bezieht sich auf ein typisches Gericht der toskanischen Maremma: Gemüsesuppe auf gerösteten Brotscheiben mit gekochtem Ei. Wein und Menü gehören zur regionalen Küche.

¶ Pentola dell'Oro

Via di Mezzo 24-26r
Tel. 241.821
sonntags und an Feiertagen geschlossen
☛ T. 4/G5

Alessi, der Leiter dieses Feinschmeckerlokals, ist bekannt für seine Kreativität und für seine Erneuerungen, die er in der traditionellen toskanischen Küche mit Maß anwendet. Die Küche ist mittags und abends geöffnet. Um in dieser Trattoria Einlaß zu finden, muß man Mitglied der Endas werden, eines Freizeitvereins. Die Mitgliederkarte kostet 10.000 Lire: nach dem Essen kann man mit dieser Karte Begünstigungen für Vorstellungen und Ausstellungen bekommen.

¶ Il Guscio

Via dell'Orto 49
Tel. 224.421
abends geöffnet; sonntags geschlossen
☛ T. 2/D5

Italienische hausgemachte Küche, durch einige maßvolle Erneuerungen bereichert. Über fünfzig verschiedene Weinsorten, darunter auch französische.

Sergio Gozzi
Piazza San Lorenzo 8r
Tel. 281.941
abends und am Sonntag geschlossen
☛ T. 3/F4
Es ist ein Familienbetrieb, in der Küche bereitet Sergio die Gerichte zu. Die Speisekarte sorgt für viele Überraschungen: vom Fisch (erster Klasse) bis zur Dinkelsuppe.

Sabatino
Borgo San Frediano 39r
Tel. 284.625
samstags und sonntags geschlossen
☛ T. 2/D5
Dieser urgemütliche Familienbetrieb besteht seit 1950. Hier werden hausgemachte Gerichte serviert. Sehr gut sind die Kichererbsen und die (Bohnen mit Olivenöl). Es ist ratsam, für das Abendessen Tische zu reservieren.

Buca dell'Orafo
Volta de' Girolami 28r
Tel. 213.619
sonntags und montags geschlossen
☛ T. 4/F6
In Florenz heißen «buche» (Höhlen) die Kellerlokale, die auf Straßen blicken mit alten Adelspalästen blicken. Es ist seit 1945 geöffnet und aufgrund seiner Küche (gebratenes Hirn, gegartes Fleisch, Kuttelflecke und frische hausgemachte Nudeln) und der familiären Atmosphäre einer der bevorzugten Orte der Florentiner und auch der Touristen. Piero, einer der Besitzer, erkennt sofort das richtige Stück Fleisch um eine sehr gute «fiorentina» zuzubereiten... und wenn das Stück nicht geeignet ist, schickt er es zurück zum Metzger.

Angiolino
Via Santo Spirito 36r
Tel. 239.8976
montags und sonntags abends geschlossen
☛ T. 4/E6
Es ist eine typische Florentiner Trattoria – Gewölbedecke, alte Tische, typische Schanktheke am Eingang – ein schöner Gußeisenofen, der eine behagliche Atmosphäre verbreitet. Leichte und sorgfältig zubereitete Kost, gute Auswahl an Weinsorten.

Palle d'Oro
Via Sant'Antonino 73r
Tel. 288.383
sonntags geschlossen
☛ T. 3/F4
Mittags bietet diese Trattoria zwei Alternativen: eine Mahlzeit am Tisch oder einen Schnellimbiß an der Theke zu einem festgelegten Preis. Abends hingegen wird nur am Tisch bedient. Auch die angebotenen Gerichte wechseln: anstelle der typisch regionalen Gerichte des Mittagessens finden wir abends internationale Menüs. Die Freitagsspezialität: Fisch, insbesondere die Fischsuppe.

Sostanza detto «il troia»
Via del Porcellana 25r
Tel. 212.691
samstags und sonntags geschlossen
☛ T. 4/E5
Diese Trattoria wurde 1869 gegründet, hier herrscht noch die Atmosphäre vergangener Zeiten: wunderschön die marmorne Theke und die Stühle. Der Name «troia» (Sau) bezieht sich auf die Art des Benehmens des ersten Wirts, der die Kunden mit fettigen Fingern anfaßte. Die Gerichte sind typisch florentinisch sehr lecker das (Florentiner Steak); (Artischockeneierkuchen); freitags Stockfisch. Der Raum ist nicht besonders groß, deshalb ist es ratsam, einen Tisch zu reservieren.

Alfredo
Viale don Minzoni 3r
Tel. 578.291
montags geschlossen
☛ T. 3/G2
Der Raum ist nicht sehr groß, deshalb ist es ratsam, einen Tisch zu reservieren. Es herrscht eine gemütliche Atmosphäre. Die Gerichte gehören der örtlichen Tradition an, mit einigen esotischen Erneuerungen.

Pane e Vino
Via San Niccolò 70a/r
Tel. 247.695.6
sonntags geschlossen
☛ T. 4/G6
Das Lokal wurde vor ca. zwanzig Jahren in der Vorstadt als Weinstube mit kalten Gerichten gegründet. Seit ca. zehn Jahren hat es sich in ein qualifiziertes Restaurant verwandelt. Heute befindet es sich in einem typisch mittelalterlichen Ambiente: Die Küche steht unter der Leitung von Barbara Zattoni und ist kreativ aber maßvoll; sie stellt die besten Ergebnisse der neuen Florentiner Gastronomie dar.

Taverna del Bronzino
Via delle Ruote 27r
Tel. 495.220
sonntags geschlossen
☛ T. 3/F3
Die Weinkarte und das Menü haben ein großes Angebot und sind von bester Qualität. Die Küche gehört der italienischen Traditon an: neben typischen Gerichten gibt es auch einige maßvolle Erneuerungen. Die Atmosphäre ist elegant und gemütlich.

Enoteca Pinchiorri
Via Ghibellina 87
Tel. 242.777
Mittwoch mittags und sonntags und montags geschlossen
☛ T. 4/G5
Mit seinen erlesenen Weinsorten gehört das Restaurant zu den bestausgestatteten Weinkellern Europas. Die Küche hat einen französischen Einfluß, auch in den örtlichen Gerichten: daher ist dieser Weinkeller auch im Ausland renommiert. Das Ambiente ist sehr elegant und es herrscht eine förmliche Atmosphäre. Im Sommer kann man auch im Garten speisen.

Pizzerias

Die Pizza hat ihren Ursprung in Neapel, ist aber in ganz Italien dank ihrer Leichtigkeit und Bekömmlichkeit verbreitet. Eine gute Pizza, die auch in Florenz zu finden ist, kann das Abendessen – oder noch besser: das Mittagessen – ersetzen, wenn ein längerer Aufenthalt in einem Restaurant oder in einem Gasthaus zu viel Zeit beansprucht.

Pizzaiuolo

Via dei Macci 113r
Tel. 241.171
Sonntags geschlossen
☛ T. 4/G5
Die Pizza ist hier sehr gut. Der Inhaber ist ein echter Neapolitaner. Es ist ratsam, einen Tisch zu reservieren, denn das Lokal ist immer sehr voll.

Santa Lucia

Via del Ponte alle Mosse 102r
Tel. 353.255
Mittwochs geschlossen
☛ T. 1/C3
Hier kann man bis spät abends eine gute Pizza essen.

Spera

Via della Cernaia 9r
Tel. 495.286
Montags geschlossen; samstags und sonntags nur abends geöffnet
☛ T. 3/F2
Herr Spera war Amateurboxer, er hat sogar, als Leichtgewicht, an einem Endspiel der Weltmeisterschaft teilgenommen. Er hat seine Boxerhandschuhe an den Nagel gehängt und nun bereitet er Pizza der "Weltklasse" zu. Das Mittagessen hat einen festgelegten Preis. Die Fisch- und Vegetariervorspeisen sind zu empfehlen. Es werden keine Reservierungen angenommen, deshalb ist es, besonders abends, angebracht frühzeitig dort zu sein.

Firenze Nova

Via Benedetto Dei 122
Tel. 411.937
Montags geschlossen
☛ T. 1/C1 nach Via ponte di Mezzo
Neben der Pizza kann man auch die Fischspezialitäten des Hauses genießen.

La Greppia

Lungarno F. Ferrucci 4-8
Tel. 681.234.1
Montags geschlossen
☛ T. 5/I6
Diese Pizzeria ist bis zwei Uhr morgens geöffnet. Hier hat man eine wunderschöne Sicht auf den Fluß Arno.

Weinlokale, Weinausschank

Cantinetta dei Verrazzano

Via de' Tavolini 20r
Tel. 268.590
Sonntags und an den Feiertagen geschlossen
☛ T. 4/F5
Das Weinlokal bietet Wein, alkoholische Getränke und Olivenöl vom Castello da Verrazzano (Schloß bei Greve in Chianti). Hier kann man neben Wein, Grappa und einem sehr guten Kaffee auch etwas essen. Zu empfehlen sind die warmen schiacciatine *und die mit Kreativität vorbereiteten Kanapees.*

Antica Mescita

Via San Niccolò 60r
Tel. 234.283.6
Sonntags geschlossen
☛ T. 4/G6
Typische Gerichte der Florentiner Küche, die man in einer warmen und gemütlichen Atmosphäre zu sich nehmen kann. Es wird empfohlen, abends zu reservieren. Spätabends funktioniert das Lokal als Weinausschank.

Enoteca bar Fuori Porta

Via del Monte alle Croci 10r
Tel. 234.248.3
Samstags und sonntags geschlossen
☛ T. 4/G7
Große Auswahl an italienischen und ausländischen Weinen und alkoholischen Getränken. Zur Mittagszeit kann man hausgemachte Gerichte verzehren (ca. 20.000 Lire); zum Abendessen hingegen gibt es nur kleine Gerichte mit Wurstwaren, Aufschnitt und eingemachtem Gemüse. Nebenan ist ein gut ausgestatteter Laden mit vielen Weinsorten und alkoholischen Getränken.

Zanobini

Via Sant'Antonino 47r
Tel. 239.685.0
Sonntags und mittwochs geschlossen
☛ T. 3/F4
Die Weinstube befindet sich in dem Straßenabschnitt, wo einst die Via della Cella di Ciardo war; sie wurde nach dem Namen des Weinhändlers benannt, der hier seine große «cella» hatte (Latein «Keller»). Die heutigen Inhaber verkaufen Wein und Olivenöl von ihrem Bauernhof «Le Lame». Neben diesen Produkten von bester Qualität bieten sie auch italienische und ausländische Weine, Whisky, Grappa und alkoholische Getränke an. Hier atmet man echte Florentiner Atmosphäre, die von der Tradition des guten Weins und der guten und heiteren Unterhaltung herrührt.

Fiaschetteria Vecchio Casentino

Via de' Neri 17r

Tel. 217.411
Montags geschlossen
☛ T. 4/F6
Hier werden zum Mittag- und Abendessen typisch toskanische Gerichte serviert: ribollita, *Würstchen und Bohnen, sehr gute Wurstwaren. Man kann auch im Stehen eine Kleinigkeit essen oder Wein an der Theke trinken.*

Casa del Vino
Via dell'Ariento 16r
Sonntags geschlossen
☛ T. 3/F4
Diese Weinstube wurde im 19. Jahrhundert gegründet und hat noch die Original-Holzmöbel. Hier treffen sich Leute aus den verschiedensten Gesellschaftsschichten , die eine Vorliebe für guten Wein und gute Unterhaltung haben. Hier wird eine große Auswahl an Weinen und alkoholischen Getränken geboten, auch das Olivenöl ist gut, und man kann eine Kleinigkeit an der Theke essen.

Vini del Chianti «I fratellini»
Via de' Cimatori 38r
Sonntags geschlossen
☛ T. 4/F5
Dieses Lokal wurde 1875 gegründet. Seit seiner Gründung waren die Inhaber immer zwei Brüder: daher der Name «I Fratellini» (die Brüderchen). Hier kann man im Stehen an der Theke am Eingang toskanische Weine kosten, begleitet von crostini *(geröstete Brotscheiben), Aufschnitt und örtlichen Produkten; hier werden keine Hot-dogs oder Hamburger angeboten.*

Antico Noè
Volta di San Piero 6r
Sonntags geschlossen - ☛ T. 4/G5
Hier kann man eine Kleinigkeit essen und guten toskanischen Rotwein oder andere italienische Weißweine kosten. Köstliche Brötchen mit typisch toskanischen Produkten belegt: Wurstwaren (z. B. die «sbriciolona»), Kuttelflecke, Lebercrostini, Schwein- und Kalbsbraten, eingemachtes Gemüse.

Hotels und Pensionen

Hinweis. Die angegebenen Preise beziehen sich auf Doppelzimmer mit Bad.
Durch die Anzahl der Asterisken werden die Maximalpreise in Lire angegeben: *=100.000; **=150.000; ***=200.000; ****=250.000; *****=300.000; ******=400.000; *******=600.000.
AC Zahlung mit Kreditkarten möglich
☕ mit Frühstück

Villa Il Castagno*
Via Andrea del Castagno 31
Tel. 571.701
☛ T. 5/H3
Sehr einfaches, aber hübsches Hotel. Achtzehn Zimmer, alle mit Bad.

Teti & Prestige*
Via Porta Rossa 5
Tel. 239.843.5 fax 239.824.8
☛ T. 4/E5
Im Zentrum von Florenz gelegenes kleines Hotel, das von der Familie selbst geführt wird.

Firenze* ☕
piazza dei Donati 4
Tel. 214.203 fax 212.370
☛ T. 4/F5
Ein hübsches Hotel in reizvoller Lage.

Il Granduca * ☕
Via Pier Capponi 13
Tel. 572803 fax 579252
☛ T. 5/H3
Zwanzig Zimmer außerhalb der Altstadt, aber in dennoch günstiger Lage.

Ferrucci *
Via di Ricorboli 2
Tel. 6580982 fax 689664
☛ T. 6/I7
Wenige Zimmer in häuslicher Atmosphäre.

Residenza Johanna ** ☕
Via B. Lupi 14
Tel. 481896 fax 482721
☛ T. 3/F3
Elf Zimmer, fast alle mit Bad. Sehr gepflegte Atmosphäre in warmen Grüntönen.

Pensione Bencistà ** ☕
Via B. da Maiano 4 Fiesole
Telefono e fax 59163
Aufgrund seiner Lage, mitten im Grünen, auf den Hügeln über Florenz, ideal für Reisende mit Kindern. Die vierundvierzig Zimmer haben nicht alle eigene Dusche/WC. Die Preise sind für Vollpension pro Person angegeben.

Ariston ** ☕ AC
Via Fiesolana 40
Tel. 2476693 fax 2476980
☛ T. 4/G5
Kleines Hotel mit neunundzwanzig Zimmern mit Bad.

Rita Major **
Via della Mattonaia 43
Tel. 2477990 fax 2478358
☛ T. 5/H4
Das Hotel hat einen eigenen Garten und einen Leseraum.

Bodoni ** ☕
Via Martiri del Popolo 27

Tel. 240741 fax 244432
☛ T. 4/G5
Einige Zimmer gehen direkt auf die Loggia del Pesce der Piazza dei Ciompi.

Chiazza ** ▾
Borgo Pinti 5
Tel. 2480363 fax 2346888
☛ T. 3/G4
Wenige Zimmer in einer der charakteristischsten Straßen der Stadt.

Classic *** ▾ AC
Viale Machiavelli 25
Tel. 229351/2 fax 229353
☛ T. 2/D8
Das Hotel ist eine Villa aus dem 19. Jahrhundert, mitten im Grünen, mit gepflegter und behaglicher Atmosphäre.

Silla *** ▾ AC
Via de' Renai 5
Tel. 2342888 fax 2341437
☛ T. 4/G6
Das Gebäude ist architektonisch sehr interessant, es stammt aus dem 16. Jahrhundert und hat eine ruhige Lage mit schöner Aussicht.

Porta Rossa *** ▾
Via Porta Rossa 19
Tel. 287551 fax 282179
☛ T. 4/E5
Das Hotel besteht seit 1389. Die fünfundachtzig Zimmer sind alle in unterschiedlichen Stilen eingerichtet. Schön ist auch das Deckengewölbe des Eingangs.

David **** ▾ AC
Viale Michelangelo 1
Tel. 6811695 fax 680602
☛ T. 6/H7
Das Hotel bietet einen ruhigen Aufenthalt und ist nicht weit vom Zentrum entfernt. Die sechsundzwanzig Zimmer gehen auf einen schönen Garten.

Palazzo Benci **** ▾ AC
Via Faenza 6 r
Tel. 217049/2382821/ 213848 fax 288308
☛ T. 3/E4
Fünfunddreißig Zimmer mit Bad, TV, Minibar. Einige Zimmer haben einen wunderschönen Blick auf die Medici-Kapelle.

Villa Liberty **** ▾ AC
Viale Michelangelo 40
Tel. 6810581/683819 fax 6812595
☛ T. 6/H7
Fünfzehn Zimmer und zwei Suiten in einer Jugendstilvilla mit Jugendstileinrichtung; bei den Zimmern des ersten Stocks sind die Decken mit Fresken bemalt, die des zweiten Stocks haben Holzdecken. Gleiche Hotelleitung und gleiche Preise auch im Hotel Cicy, Via Sant'Antonino 18. Tel. 211543 - Fax 295451 ☛ T. 3/E4

Loggiato dei Serviti ***** ▾ AC
Piazza Santissima Annunziata 3
Tel. 289592/3/4/
fax 289595
☛ T. 3/G4
Neunundzwanzig Zimmer, darunter vier Suiten, in einem schönen Gebäude, das auf das 16. Jahrhundert zurückgeht. Jedes Zimmer hat seine Besonderheit und alle sind mit großer Sorgfalt eingerichtet.

Villa Aurora ***** ▾ AC
Piazza Mino 39 Fiesole
Tel. 59100/59292 fax 59587
☛ Fiesole
Das Gebäude von 1860 war ursprünglich ein Theater für Schauspiel und Oper. Ende des 19. Jahrhunderts wurde es zum Hotel umgebaut. Die achtundzwanzig Zimmer sind mit allem Komfort eingerichtet, einige Zimmer des ersten Stocks haben einen herrlichen Blick auf Florenz.

J and J ****** ▾ AC
Via di Mezzo 20
Tel. 2345005 fax 240282
☛ T. 4/G5
Ein altes Kloster, das zum Hotel umgewandelt wurde, und noch die Fresken und den Kreuzgang mit Brunnen bewahrt. Die neunzehn Zimmer, darunter zwei Suiten, sind bis ins kleinste Detail mit großer Sorgfalt eingerichtet. Einige Zimmer haben eine wirklich reizvolle Aussicht. Das gepflegte Frühstück am Büffet wird jedem Anspruch gerecht: vom Breakfast bis zu typisch toskanischen Spezialitäten.

Regency e Relais le Jardin ******* ▾ AC
Piazza M. d'Azeglio 3
Tel. 245247 fax 2342938
☛ T. 5/H4
In dieser Villa vom Ende des 19. Jahrhunderts haben vierunddreißig Zimmer und fünf Suiten Platz, die alle bis ins kleinste Detail mit großer Sorgfalt eingerichtet und mit jeglichem Komfort ausgestattet sind. Das Ambiente ist sehr elegant und behaglich: der Garten wird im Sommer den Gästen das Frühstück serviert. Das Restaurant ist mittags und abends, nicht nur für Hotelgäste, geöffnet. Sonntags Ruhetag. Die Speisekarte bietet toskanische Küche und einige traditionelle italienische Gerichte in verfeinerter Nouvelle Cuisine-Art.

Villa Cora ******* ▾ AC
Viale Machiavelli 18
Tel. 2298451 fax 229086
☛ T. 4/E8
Diese schlichte Villa im Grünen mit schönem Schwimmbad verfügt über achtundvierzig Zimmer, darunter sechzehn Suiten. Das Ambiente ist behaglich und elegant. Das Restaurant Taverna Machiavelli bietet toskanische Küche und zur Abwechslung einige wohlschmeckende Gerichte aus der internationalen Küche.

Agriturismo, Jugendherbergen, Campingplätze

Es gibt auch eine Alternative zur Hotelunterkunft; in der Stadt befinden sich nämlich mehrere Klöster, die Reisende beherbergen können.

Suore Oblate dello Spirito Santo *
Via Nazionale 8
Tel. 2398202 - ☛ T. 3/F3

Suore del Sacro Cuore *
Via della Piazzola 4
Tel. 574662
☛ T. 5/I2
Die Preise gelten für Vollpension oder Halbpension pro Person.

Villa Maria Santissima Assunta *
Via delle Forbici 38
Tel. 577690
☛ T. 5/I2
Auch hier gelten die Preise pro Person für Halbpension oder Vollpension.

Zu erwähnen sind auch die vorhandenen Jugendherbergen und Campingplätze, die sich alle in bequemer, oft panoramischer Lage befinden.

Campeggio comunale
Viale Michelangelo 80
Tel. 6811977/689348
☛ T. 6/H7

Campeggio panoramico Fiesole
Via Peramonda 1
Tel. 599069 fax 59186

Camping internazionale Firenze
Via San Cristofano 2. Örtlichkeit Bottai
Tel. 2022770/2374704 fax 2373412

Camping Ostello villa Camerata
Viale A. Righi 2-4
Tel. 601451 fax 610300
☛ T. 5/M2

Ostello Santa Monaca
Via Santa Monaca 6
Tel. 268338/2396704 fax 280185
☛ T. 2/D6

Ostello archi rossi
Via Faenza 94r
Tel. 290804 ☛ T. 3/E4
Weitere Möglichkeiten bietet der Agriturismo mit Ferien auf dem Land; wir geben einige der Adressen an und verweisen für eine Gesamtübersicht auf die in Buchhandlungen erhältlichen Führer.

Le Macine
Viuzzo del Pozzetto 1
Tel. 6531089
☛ T. 6/M8 vom Viale Europa aus
Drei unabhängige Ein-Zimmer-Unterbringungen im Haus des Landwirts. Komfortabel und mit Schwimmbad.

La Fattoressa
Via Volterrana 58
Tel. 2048418
Kleiner Betrieb für Obst-und Gemüseanbau in der Nähe der Certosa von Galluzzo.

Il Termine
Örtlichkeit Ferrone. Impruneta
Tel. 207037
Ein landwirtschaftlicher Betrieb mitten im Grünen.

Fattoria il Milione
Via di Giogoli 12/14
Via della Greve 7/9
Tel. 2048713
Ein Komplex von sorgfältig restaurierten Bauernhäusern mit Schwimmbad und Kinderspielplatz.

Fattoria Poggiopiano
Via dei Bassi 13 Girone. Fiesole
Tel. 6593020
7 km von Florenz entfernt befindet sich das herrliche Bauernhaus, wo man sich so richtig entspannen kann.

Fattoria di Maiano
Örtlichkeit Maiano di Fiesole
Tel. 599600
Renovierte Appartments im ehemaligen Kloster auf den Hügeln über Florenz.

La Massa e i Sodi
Via della Torricella 4. Örtlichkeit Valle. Fiesole
Tel. 6599010
Ein landwirtschaftlicher Betrieb mitten im Grünen, mit Schwimmbad.

Wurst - und Lebensmittelgeschäfte

I formaggi di Giulia
Via V. Emanuele II 2r Via V. Emanuele II 2r
(Ecke Via XX Settembre).

Giorgio Bartolozzi ist ein Mann aus anderen Zeiten: er ist ehrlich, freundlich zu den Kunden und verbringt einen Teil seiner Ferien auf der Suche nach Käseprodukten in ganz Italien. Das Ergebnis ist: er verkauft sehr guten toskanischen Pecorino, Pasubio, Caporetto, «Burrata», Bra, Gorgonzola «imperiale» und sehr leckere Wurstwaren.

Ciatti
Via Panicale 19r.
Der Stockfisch wird in schönen Marmorbecken oder an der Decke hängend offeriert. Hier kann man Anschovis, Heringe, Reis und Hülsenfrüchte kaufen. Ein Besuch in dieser Selcherei (vom Anfang des 20. Jahrhunderts) lohnt sich.

Giuliano
Via dei Neri 5r.
An dieser Theke werden viele Leckerbissen verkauft.

Pegna
Via dello Studio 26r.
Es wirkt wie ein Supermarkt aus anderen Zeiten: hier kann man alles finden, von einem reichen Angebot an Delikatessen aus aller Welt bis zu Produkten für die Körperpflege und Waschmitteln.

Procacci
Via Tornabuoni 64r.
Ein Luxusgeschäft mit sehr vielen Spezialitäten, z. B. Brötchen mit Trüffel, die man an der Theke mit einem guten Weißwein genießen kann.

Caseificio Salicella
Via Madonna della Quercie 23b
Hier wird Mozzarerella aus Büffelmilch der Güteklasse verkauft Außerdem wird eine reiche Auswahl an Käsesorten und anderen Produkten der Toskana und der Gegend von Neapel angeboten, alles nur in bester Qualität.

Orizi
Via del Parione 19r
Ein Lebensmittelgeschäft, das zur Mittagszeit köstliche warme Gerichte verkauft.

Tassini
Borgo Santissimi Apostoli 24r
Ein erstklassiges Geschäft, wo man außer Wurst- und Käsewaren auch warme Gerichte erhält, und das alles in allerbester Qualität.

Friggitoria Luisa
Via Sant'Antonino 50r
Eine der wenigen verbliebenen Frittierbuden.

Einkaufen

Antiquitäten. Wenn man in Via Maggio, Via dei Fossi und Borgo Ognissanti flaniert, erhält man einen Eindruck vom florentinischen Antiquariat (Möbel, Teppiche, Gemälde u.a.)
Buchhandlungen. *Centro Di*, Via de' Renai 20r; *Salimbeni*, Via M. Palmieri 14-16r; *Internationale Buchhandlung Seeber*, Via Tornabuoni 70r; *Lef*, Via Ricasoli 105-107r; *Marzocco*, Via Martelli 22r; *Del Porcellino*, Piazza del Mercato Nuovo 6; *Cima*, Borgo Albizzi 37r; *Viaggio*, Borgo Albizzi 41r; *Feltrinelli*, Via Cerretani 30r; *After Dark*, Via de' Ginori 47r; *Falciani*, Via Tosinghi 44r; *Condotta 29*, Via Condotta 29; *Edison*, Piazza della Repubblica 13r; *Art & Libri*, Via dei Fossi 32r. Gebrauchte Bücher: *Chiari*, Borgo Allegri 16r. Alte Bücher und Drucke: *Ippogrifo*, Via della Vigna Nuova 5r. Kinderbücher: *Cooperativa dei ragazzi*, Via San Gallo 27r; *Il Marzocchino*, Via Martelli 14r; *l'Albero Mago*, Viale Petrarca 84r.
Handwerk. Terrakotta und Keramik: *Sbigoli* , Via Sant'Egidio 4r; Papier: *Giannini*, Piazza Pitti 37r; Stoffe mit Kunstdruck: *Lisio*, Via de' Fossi 45r. In den kleineren Straßen in den Vierteln von San Niccolò, Santa Croce und San Frediano sind verschiedene Handwerksbetriebe: Lederverarbeitung, Rahmenmacher, Tischler, Restauratoren.
Hüte. *Borsalino*, Via Porta Rossa 40r und Via Calzaiuoli 22r; *Tina*, Via de' Pucci 23r; *Pananti*, Borgo la Croce 3c.
Juweliere. *Torrini*, Piazza Duomo 10r; *Favilli*, Piazza Duomo 16r; *Bottega Orafa Artigiana*, Via F. Zannetti 14-16r; *Buccellati*, Via Tornabuoni 71r; *Gherardi*, Ponte Vecchio 8r; *Befani e Tai*, Via Vacchereccia 13r; *Morelli*, Borgo la Croce 77r; *Meli*, Costa San Giorgio 11r.
Mode. Die elegantesten Geschäfte befinden sich in Via Tornabuoni, Via della Vigna Nuova, Via Tosinghi, Via Calzaiuoli und Via Roma.
Reformhäuser und Apotheken. *Bottega di Lungavita*, Via Ghibellina 126r; *De Herbore*, Via del Proconsolo 6 a/b; *Officina Profumo-Farmaceutica di Santa Maria Novella*, Via della Scala 16 (alte Apotheke: ☛ S. 55); *Farmacia Santissima Annunziata*, Via de' Servi 80r (hier werden Naturprodukte von hoher Qualität hergestellt).
Silber. *Brandimarte*, Via Bartolini 18 r; *Il Leone*, Via San Giovanni 13-15 r; *Ottanelli*, Viale dei Mille 90; *Roselli*, Via U. Rattazzi 2r; *Zaccaro*, Sdrucciolo de' Pitti 12-14 r.
Stickereien. *TAF*, Via Por Santa Maria 22r; *Cirri*, Via Por Santa Maria 40r; *Città di San Gallo*, Via Por Santa Maria 60r; *Loretta Caponi*, Piazza Antinori 22r; *Baroni*, Via Tornabuoni 29r.
Verschiedenes. Chemische und önologische Produkte: *Bizzarri*, Via Condotta 32r; Haushalt: *Bartolini*, Via de' Servi 30r; altes Geschäft für die englische Kolonie in Florenz: *Old England Stores*, Via de' Vecchietti 28r.

Öffnungszeiten Der Wightigsten Museen

Akademie 8.30-18.50 / Feiertags 8.30-13.50 (Montag geschlossen)
Bòboli-Garten Von 9.00 bis eine Stunde vor dem Sonnenuntergang / von Juni bis September 9.00-19.00 (am ersten und vierten Montag im Monat geschlossen)
Biblioteca Laurenziana 9.00-13.00 (Sonntags und feiertags geschlossen)
Brancacci-Kapelle 10.00-17.00 / Feiertags 13.00-17.00 (Dienstags geschlossen)
Buonarroti-Haus 9.30-13.30 / Feiertags 9.30-13.30 (Dienstags geschlossen)
Domkuppel 9.30-18.20: am ersten Samstag jedes Monats 9.30-15.20 (Sonntags und feiertags geschlossen)
Galerie Corsini ist nur mit Verabredung zu besichtigen
Galerie für moderne Kunst 9.00-14.00 auch Feiertags (am ersten, dritten und fünften Montag des Monats geschlossen)
Galerie Palatina 8.30-18.50 / Feiertags 8.30-13.50 (Montags geschlossen)
Glockenturm von Giotto Im Sommer 9.00-18.50 auch feiertags / im Winter 9.00-16.20 auch feiertags
Kapelle der Heiligen drei Königen 9.00-13.00 und 15.00-18.00/ Feiertags 9.00-13.00 (Mittwochs geschlossen)
Mediceische Kapellen 8.30-13.50 auch feiertags (am ersten, dritten und fünften Montag des Monats geschlossen)
Museum «Firenze com'era» 9.00-14.00 / Feiertags 8.00-13.00 (Donnerstags geschlossen)
Museum Bardini 9.00-14.00 / Feiertags 8.00-13.00 (Mittwochs geschlossen)
Museum des Bargellos 8.30-13.50 auch an Feiertagen (am ersten. dritten und fünften Sonntag und am zweiten und vierten Montag des Monats geschlossen)
Museum des Domwerks Im Sommer 9.00-18.50 / im Winter 9.00-18.20 (Sonntags und Feiertags geschlossen)
Museum des Santa Croce-Werks Im Sommer 10.00-12.30 und 14.30-18.30 auch feiertags / im Winter 10.00-12.30 und 15.00-17.00 auch feiertags (Mittwochs geschlossen)
Museum für Archäologie 9.00-14.00; Feiertags 9.00-13.00 (am ersten, dritten und fünften Sonntag des Monats und am zweiten und vierten Montag des Monats geschlossen)
Museum für Ethnographie (Palazzo Non Finito) Donnerstag-Samstag 9.00-13.00 / am dritten Sonntag im Monat geöffnet
Museum für Naturgeschichte 9.00-12.00 Montag, Mittwoch, Freitag und Samstag
Museum für Zoologie «la Specola» 9.00-12.00 / Feiertags 9.00-13.00 (Mittwochs geschlossen)
Museum Horne 9.00-13.00 (Sonntags und feiertags geschlossen)
Museum Marino Marini 10.00-17.00 / Feiertags 10.00-13.00 (Dienstags, und im Sommer auch feiertags, geschlossen)
Museum von San Marco 8.30-13.50 auch feiertags (am ersten, dritten und fünften Sonntag und am zweiten und vierten Montag des Monats geschlossen)
Museum von Santa Maria Novella 9.00-14.00 / Feiertags 8.00-13.00 (Freitags geschlossen)
Opificio delle Pietre Dure 9.00-17.30 (Sonntags und feiertags geschlossen)
Palazzo Vecchio 9.00-19.00 / Feiertags 8.00-13.00 (Donnerstags geschlossen)
Pazzi-Kapelle 10.00-12.30 / 14.30-18.30
Silbersammlung 9.00-14.00 (Montags geschlossen)
Spedale degli Innocenti 8.30-14.00 Montag, Dienstag, Donnerstag und Samstag/ Sonntag 8.00-13.00 (Feiertags geschlossen)
Uffizien Dienstag-Samstag 8.30-18.50 / Feiertags 8.30-13.50 (Montags geschlossen)

Öffnungszeiten Der Wightigsten kirchen

Badìa Fiesolana nur am Sonntagmorgen geöffnet
Badìa Fiorentina Dienstag-Donnerstag 17.00-19.00
Baptisterium Im Sommer 13.30-18.30 (Feiertage 8.30-13.30) / im Winter 13.30-17.30
Carmine Halbe Feiertage 8.00-17.30 / Feiertage 8.00-12.00 und 17.30-18.00
Duomo ☛ Santa Maria del Fiore
Ognissanti 8.00-12.00 / 16.00-18.30
Orsanmichele 9.00-12.00 / 6.00-18.00
San Felice in Piazza Feiertage 8.00-11.30 / Werktage 8.00-19.00
San Firenze Halbe Feiertage 8.00-19.00 / Feiertage 8.00-12.00 und 15.30-19.00
San Frediano in Cestello 9.00-12.00 und 16.30-17.30 (Sonntag 16.30-19.30)
San Lorenzo 7.00-12.00 / 15.30-18.30
San Marco 7.00-12.30 / 16.00-20.00
San Miniato al Monte Im Sommer 8.00-12.00 und 14.00-19.00 / im Winter 8.00-12.00 und 14.30-18.00
San Niccolò Nur Feiertage 9.30-11.30
San Salvatore al Monte Halbe Feiertage 17.30-18 / Feiertage 8.30-17.30
Sant'Ambrogio Nur Feiertage 8.00-11.30
Santa Croce Sommer 8.00-18.30 / Winter 8.00-12.30 und 15.00-18.30 (Feiertage 15.00-18.00)
Santa Felìcita 8.00-12.00 / 15.30-18.30
Santa Maria del Fiore 10.00-17.00 (am ersten Samstag des Monats 10.00-15.30) / Feiertage 13.00-17.00
Santa Maria Maddalena de' Pazzi 9.00-12.00 / 17.00-19.00
Santa Maria Maggiore Halbe Feiertage 8.00-19.00 / Feiertage 7.30-12.30 und 19-21
Santa Maria Novella 7.00-11.30 / 15.30-18.00
Santa Trìnita 7.30-12.00 / 16.00-19.00
Santissima Annunziata 7.30-12.30 / 16.00-18.30
Santo Spirito 8.30-12.00 / 16.00-17.3

Glossar kunsthistorischer Fachausdrücke

Ädikula. Kleiner Zentralbau, der eine religiöse Statue oder Figur enthält. Eine Ädikula kann auch als Nische in einer Außenwand eines Gebäudes vorkommen.
Akanthus. Ausschmückung der korinthischen und zusammengesetzten Kapitelle. Sie ahmt die gleichnamige Pflanze nach, die langgezogene Blätter und ährenförmige Blüten hat.
Altarbild. Meist sehr großes Gemälde mit einer religiösen Dastellung, das sich auf dem Altar einer Kirche befindet.
Altardecke. Verkleidung des vorderen Teils eines Altars. Sie ist oft aus Marmor oder aus noch wertvollerem Material, wie Elfenbein oder Silber.
Apsis. Halbkreisförmige oder polygonale äußere Struktur, die von einer Kuppel («Becken») bedeckt wird. In den Kirchen krönt sie das Mittelschiff (manchmal auch die Seitenschiffe oder das Querschiff) und enthält Hauptaltar und Chor. Wenn es zwei Apsiden gibt, die entgegengesetzt sind und die gleiche Form haben, spricht man von «Doppelapsis»; gibt es drei Apsiden – wie in einigen romanischen Kirchen – spricht man von «Dreieckenapsis». Kleinere Apsiden sind manchmal an der Außenseite der Hauptapsis zu finden; sie sind vor allem in der gotischen und kluniazensischen Architektur zu finden.
Baptisterium. Sakraler Zentralbau, in dem sich das ☛ Taufbecken befindet. Das Baptisterium gehört in der Regel zu einer wichtigen Kirche — Basilika oder Kathedrale
Barock. Kunststil, der sich in Europa und Italien im 17. Jahrhundert ausbreitete und als Merkmale den Reichtum an schmückenden Elementen und verwickelten Strukturen aufweist. «Barock» ist vielleicht von dem spanischen Wort «barrueca» abgeleitet, das eine sehr begehrte Perle mit unregelmäßiger Form bezeichnet und ins Französische als «baroque» eingetreten ist. Aus dem Französischen ist dann das Wort in die anderen europäischen Sprachen aufgenommen worden.
Basilika. Im antiken Rom bezeichnete das Wort ein öffentliches Gebäude, das mehreren Zwecken dienen konnte. Es wurde von einem breiten, meist viereckigen, überdachten Raum gebildet, der von Kolonnaden unterteilt war. Der hintere Teil bestand aus einer halbkreisförmigen oder rechteckigen Apsis. «Basilika» wurde dann zur Bezeichnung der christlichen Kirchen, die die Form des römischen Gebäudes nachgeahmt hatten.
Bergkristall. Besonders durchsichtige Quarzart, die vor der Verbreitung des Glases für die Herstellung von Gebrauchsgegenständen verwendet wurde.
Bernstein. Fossiles, rot-gelbliches Harz, das mehr oder weniger durchsichtig sein kann. Es wird seit der Vorzeit für die Herstellung von Halsschmuck verwendet.
Biphorie. Ein Fenster, das durch eine kleine Säule gleichmäßig zweigeteilt wird. Es wird vor allem in romanischen und gotischen Gebäuden und in denen der Renaissance verwendet.
Bischofsstab. Langer Stab mit eingerolltem oberem Ende, der die bischöfliche Würde symbolisiert.
Bogen. Architektonische Struktur, die von Säulen oder Pfeilern gestützt wird. Seine Bestandteile sind: die Laibung, d. h. die innere Fläche; der Schlußstein, pyramidenförmiger Teil, der die Struktur krönt; der Rücken, d. h. die äußere Fläche; die Widerlager, d. h. die seitlichen Teile, auf denen der Bogen fußt; die Spannweite, d. h. der Abstand zwischen den Säulen/Pfeilern. Man unterscheidet verschiedene Arten von Bögen: Rundbogen, mit halbkreisförmiger Laibung; Flachbogen, mit der Laibung in Form einer flachen Kurve; Spitzbogen, dessen Laibung eine spitze Form hat; Hufeisenbogen, mit einer Laibung, deren Kurve ungefähr drei Viertel eines Kreises entspricht; Strebebogen, dessen Bogenanfänge nicht auf derselben Ebene liegen.
Bossenwerk. Mauerverkleidung aus Bossen, d. h. rechteckigen Steinen, die aus der Mauerfläche ragen. Die Bossen können sowohl grob als auch geglättet sein.
Bronzen. Aus Bronze, d. h. aus der Legierung von Kupfer und Zinn – und manchmal aus anderen Metallen – die für die Herstellung von Gegenständen verwendet wird, die lange halten sollen.
Byzantinische Kunst. Bildende Kunst, die sich im 4. Jahrhundert im oströmischen Reich entwickelte. Sie wird benannt nach «Byzanz» (der andere Name der Hauptstadt Konstantinopel) und bleibt ungefähr 1000 Jahre bestehen. Sie überlebt auch die endgültige Eroberung des Reiches durch die Türken (1453). Die ersten Meisterwerke dieser Kunst stammen aus dem 6. Jahrhundert, als sie eine gut definierte Form entwickelten (die erste goldene Zeit). Nach einem langen Niedergang durch den Ikonoklasmus (Verbot gegen sakrale Bilder) kommt die byzantinische Kunst zu neuem Glanz während der Regierung der makedonischen Dynastie (867-1057: die zweite goldene Zeit) und der der Paläologen-Kaiser (1261-1453 - byzantinische Renaissance). Die byzantinische Kunst hinterließ Meisterwerke in der Architektur (die Heilige Sophia in Konstantinopel, 7. Jahrhundert; die Basiliken von Sant'Apollinare Nuovo und Sant'Apollinare in Classe in Ravenna, 8.-9. Jahrhundert), in der Mosaikkunst (Ravenna, Dom von Monreale in Palermo) und in der Handschriften- und Ikonenherstellung.
Cardo. Hauptstraße der römischen Städte, die – wie im römischen Feldlager – die Nord-Süd-Achse bildete und die Nebenstraße, den «decumanus», kreuzte.
Chor. Kirchenteil, der sich hinter dem

Hauptaltar befindet und die Sänger aufnehmen soll. Mit diesem Wort werden auch die Bänke für die Sänger bezeichnet.
Decumanus. ☛ Cardo.
Eierstab. Konvexe Verzierung in Form einer Kreisviertelsreihe, die längs eines horizontalen Streifens verläuft, zum Beispiel als Schmuckmotiv auf dem Rahmen in den dorischen und korinthischen Säulenordnungen.
Einfarbig. Eine bildliche Darstellung, die mit einer einzigen Farbe (oder verschiedenen Nuancen davon) ausgeführt worden ist.
Einlegearbeit. Technik für die Herstellung von Bildern oder Figuren durch das Zusammensetzen von mehrfarbigen Holz- oder Steinplättchen.
Emaille. Glashaltiger, mehrfarbiger Farbstoff aus einer Mischung von Feldspat, Quarz, Natriumkarbonat und -Klorur mit Zugabe von oxydierenden Stoffen. Er wird für die Bemalung von Metallflächen benutzt. Das Metall kann auch mit der «cloisonné»-Technik emailliert werden (das heißt mit dem Guß der Emaille in Felder, die von Metalldrähten gebildet werden) oder mit der «champlevé»-Technik (das heißt mit dem Guß der Emaille in Vertiefungen, die mit einer Punze auf der Metallfläche gemacht worden sind).
Ex voto. Weihegabe, die einem Heiligen als Gelübde oder als Dank dargebracht wird.
Füllhorn. Eine Vase, die einem Horn ähnlich und mit Früchten gefüllt und mit Blumen und Kräutern geschmückt ist. In der klassischen Mythologie ist es ein Symbol des Überflusses.
Fahnenwagen. Ein großer, von Ochsen gezogener Wagen, der bei den freien mittelalterlichen Kommunen die Unabhängigkeit der Stadt symbolisierte. Während eines Krieges wurde er mit den Fahnen der Kommune, mit einer Glocke und einem Altar versehen und auf das Schlachtfeld gebracht.
Flachbogen. ☛ Bogen.
Flachrelief. ☛ Hochrelief.
Fliese. Schmuckelement aus verschiedenen Stoffen (Marmor, Stein, Bronze, Holz), das gehauen, gemeißelt oder bemalt wird und Personen oder Landschaften darstellt. Es wird für die Ausschmückung von Toren, Gesimsen oder Wänden verwendet.
Frühchristlich. Die erste christliche Epoche betreffend. Das Wort wird vorwiegend im Bezug auf Gebäude oder Kunstwerke gebraucht.
Frauengalerie. Loggia oder innere Galerie der frühchristlichen oder romanischen Kirchen, in der die Frauen Platz fanden. Sie befindet sich vor allem über den Seitenschiffen.
Fresko. Maltechnik in der die verdünnten Farben auf den noch frischen und nassen Putz der Wände aufgetragen werden. Diese Maltechnik nützt die chemische Reaktion, die – unter der Wirkung der Luft – den Putzkalk in Kalziumkarbonat verwandelt. Es entsteht damit eine feste und dauerhafte Fläche, in welche die Farben einziehen.
Fries. Zentralteil der drei Elemente, die ein (☛) Gebälk bilden. Es handelt sich in der Regel um einen horizontalen Streifen, der sich zwischen dem darüberliegenden (☛) Rahmen und dem darunterliegenden Querbalken befindet. In der dorischen Säulenordnung wird der Fries von Metopen, Fliesen mit Figuren und Fliesen mit drei vertikalen Riefen gebildet. In den anderen Ordnungen ist der Fries mit schmückenden Motiven versehen — vor allem handelt es sich um Tierfiguren: darum wird er «zoophorer Fries» genannt.
Gebälk. Dreieckige Struktur, die das Dach von Gebäuden und Kirchen trägt. Das Gebälk besteht vor allem aus Holz, aber manchmal auch aus Eisen und in moderner Zeit aus Beton.
Gebälk. Horizontale Struktur, die von Säulen oder Pfeilern getragen wird und aus drei Elementen besteht: Architrav, (☛) Fries und (☛) Rahmen.
Gesims. Herausragender Teil des Daches, der oft von Konsolen getragen wird und die Fassade eines Gebäudes schmückt.
Gewölbe. Bogenförmige Struktur, die ein Gebäude oder einen Teil davon bedeckt. Der Gewölbetyp wird von der Form des (☛) Bogens bestimmt: Tonnengewölbe (aus einem ☛ Rundbogen); Kreuzgewölbe, das aus der Kreuzung von zwei Tonnengewölben entsteht und von den Rippen in vier Kappen aufgeteilt wird, bei deren Berührungspunkt sich der Schlußstein befindet.; Sterngewölbe, mit oft polygonalem Grundriß, aus sich kreuzenden zylindrischen Elementen gebildet; Hängekuppel mit quadratischem Grundriß und halbsphärischer Decke, deren Durchmesser der Diagonale des Grundrisses entspricht.
Gewölberippe. Mauerstruktur, die gleichmäßig das Gewicht eines (☛) Kreuzgewölbes trägt und verteilt.
Gipsbildersammlung. Sammlung aus Gipsfiguren, die Statuen, Flachreliefe, Münzen usw. nachbilden.
Glasierte Terrakotta. Mit glasierten Farben bedeckte Keramik oder Majolik , die aus der Verschmelzung von Kiesel und Bleioxyd entsteht. Diese Technik macht die Keramik wasserdicht und glänzend.
Glaswand. Metallische Struktur mit mehrfarbigen Glasstücken, die durch ihre verschiedenen Formen und Farben Figuren und Dekorationen bilden.
Glockenturm. Turmähnliches Gebäude, das oft in eine Kirche integriert aber manchmal auch als selbständiger Bau zu finden ist. An seiner Spitze befindet sich die Glockenzelle.
Gotik. Stil in der Architektur und später auch in der Malerei, in der Bildhauerei und im Kunsthandwerk, der sich in Frankreich Mitte des 12. Jahrhunderts entwickelte und dann in Europa und in Italien ausbreitete (13.-15. Jahrhundert). Er ist von der Vorherrschaft der vertikalen Linien und von der Leichtigkeit des Zeichens gekennzeichnet. In der Architektur sind der Spitzbogen, das Spitzgewölbe und der Strebebogen seine charakteristischen Merkmale.
Grabstichel. Kleiner Meißel mit einer runden Spitze, der für das Meiseln auf Metall oder Stein verwendet wird.

Grob. Sagt man von einem Material, das noch verarbeitet werden soll, oder von einem Kunstwerk, das nicht vollendet worden ist.
Groteske. Das Wort stammt von «grotta» (Gruft), der im 16. Jahrhundert gebräuchliche Bezeichnung für die Ruinen der Domus aurea («das goldene Haus», der Palast von Nero) in Rom. Unter Groteske versteht man eine Wanddekoration aus Stuck oder Fresken, die phantastische und wunderliche Figuren darstellt: pflanzliche Elemente mit Menschen- und Tierfiguren vermischt, vor allem nach antiken Vorbildern.
Herausragend. Sagt man von einem architektonischen Bauelement, das aus den Mauern eines Gebäudes ragt (z. B. Strebepfeiler, Balkonaden, Gesimse usw.).
Herme. Pyramidenförmiger Pfeiler, der im klassischen Griechenland vom Kopf einer Gottheit (vor allem Hermes) gekrönt war. In der folgenden Zeit ist das Wort zur Bezeichnung einer Statue geworden, die einen menschlichen Kopf und Büste darstellt.
Hochrelief. Bildhauertechnik in der Figuren und Gegenstände sich stark vom Hintergrund ablösen, auf dem sie gemeißelt sind. Ist die Ablösung gering, spricht man von «Flachrelief»; sind dagegen die Figuren auf allen Seiten frei, spricht man von «Ganzrelief».
Ikone. Sakrales Bild, das auf einer Tafel gemalt ist. Die Ikone ist für die byzantinische religiöse und künstlerische Kultur typisch (☛ byzantinische Kunst).
Jugendstil. Kunstform, die sich zwischen Ende des 19. und Anfang des 20. Jahrhunderts entwickelte. Sie ist durch leichte und gewellte Linien und die blumenreichen Ausschmückungen gekennzeichnet.
Kantorei. Meist erhöhte Tribüne, auf der der Kirchenchor Platz findet.
Kanzel. Predigerstand, der sich an der Außenfassade oder im Inneren einer Kirche befindet.
Kapelle. Der Name stammt von der Hofkirche von Karl dem Großen in Aachen, in der der Mantel (lateinisch «cappa») des hl. Gregors von Tours aufbewahrt wurde. In den Kirchen ist die Kapelle eine Nische in der Wand, wo ein Altar Platz hat, der einem Heiligen gewidmet ist.
Kapitell. Bestandteil einer Säule, der Schaft und Querbalken trennt.
Kapitelsaal. Großer Raum in sakralen Gebäuden, wo sich das Kapitel (die Gesamtheit der Kloster- oder Kirchengeistlichern) versammelte, um wichtige Entscheidungen zu treffen.
Karton. Mit Kohlenstift auf Karton gezeichnete Figur, die für die Ausführung von großen Gemälden (Fresken, Wandteppiche usw.) vorbereitet wird. Die Konturen werden mit einem Kneif geschnitten oder mit einem Stecheisen gelocht und auf die Malfläche gelegt. Der Karton wird dann mit Kohlenpulver bestreut, das durch die Löcher oder die Schnitte auf die Malfläche kommt und damit die Linien bildet, auf denen gemalt wird.
Kassettendecke. Decke mit einer Ausschmückung aus quadratischen oder polygonalen Elementen, die oft mit Schmuckmotiven versehen sind.
Kathedrale. Hauptkirche einer bischöflichen Diözese, in der der Bischof selbst den Gottesdienst abhält.
Kniende Fenster. Typische Fensterart der Renaissancegebäude. Die Ädikula (Säulen, Gebälk und Tympanon), welche es umrahmt, wird von Konsolen getragen.
Konsole. Architektonisches Element, das aus einer Wand herausragt und Gebälke oder Gesimse stützt.
Korinthisch. Architektonische Säulenordnung, die in Korinth im 5. Jahrhundert v. Chr. entwickelt wurde. Sie wird von einem Kapitell charakterisiert, das mit Akanthusblättern und kleinen Voluten geschmückt ist.
Kreuz. ☛ Kreuzgrundriß.
Kreuzgewölbe. ☛ Gewölbe.
Kreuzgrundriß. Grundriß eines sakralen Gebäudes, der die Form eines Kreuzes nachahmt. Er besteht aus zwei sich senkrecht kreuzenden Baukörpern: sind sie gleichmäßig und kreuzen sie sich in ihrem Mittelpunkt, ist das Kreuz griechisch; sind die Baukörper ungleichmäßig und kreuzen sich nicht im Mittelpunkt, ist das Kreuz lateinisch; bilden die zwei Baukörper ein «T», ist das Kreuz ägyptisch.
Krypta. Unterirdischer Raum unter dem Presbyterium einer Kirche, der als Bestattungsraum oder als Oratorium verwendet wird.
Kuppel. Kalotte mit rundem (oder halbrundem) Grundriß und spitzem (oder zwiebelförmigem) Querschnitt, die vor allem als Decke für Kirchen und sakrale Gebäude dient. Die Kuppel wird von einer Trommel getragen, einem mehrseitigen oder zylindrischen äußeren Bauelement, und ist von einer (☛) Laterne gekrönt, welche das Innere beleuchtet.
Laterne. Krönender polygonaler (oder runder) Teil einer (☛) Kuppel, durch den das Innere der Kuppel beleuchtet wird.
Laufgang. In einer ersten Phase bezeichnet dieses Wort Verbindungskorridore zwischen Bollwerken; dann auch Balkonaden an den inneren und äußeren Seiten eines Gebäudes.
Lesene. Teil eines (☛) Pfeilers, der kaum aus der Wand hervorsteht. Er hat eine rein dekorative Funktion.
Loggia. Teil eines Gebäudes (oder selbständiges Gebäude), das auf einer oder mehreren Seiten offen ist und dessen Decke von Säulen oder Pfeilern getragen wird. Die Loggia wird als Versammlungsort oder als Markt verwendet.
Lünette. Halbkreisförmige, mit Fresken oder Mosaiken dekorierte Fläche. Sie befindet sich vorwiegend über Toren und Fenstern und entsteht aus dem Zusammenfügen eines (☛) Gewölbes mit einer Wand. Lünette nennt man auch den oberen halbkreisförmigen Teil einer bemalten Tafel oder eines Flachreliefs.
Macchiaioli («Fleckenmaler»). Malergruppe (Giovanni Fattori, Telemaco Signorini, Silvestro Lega und andere), die sich in Florenz zwischen 1857 und 1867 versammelten. Ihre Mal-

technik gründete sich auf die Verwendung von kleinen Farbflecken, um Figuren zu bilden.
Manierismus. Italienische Kunstrichtung des 16. Jahrhunderts, die nach dem schönen Stil und der formalen Eleganz strebte. Im Manierismus wird methodisch zur Mannigfaltigkeit und Verwicklung der Formen gegriffen, um die Bravour des Künstlers hervorzuheben.
Meßgewand. Lithurgisches Gewand, das vom Priester während der Messe getragen wird.
Mehrfarbig. Bildliche Darstellung, die mehrere Farben zeigt.
Monolithische Säule. Eine Säule, die aus einem einzigen Steinblock gehauen wird.
Mosaik. Dekorierung für Fußboden, Wände oder Decken, die nach einem bestimmten Schema erfolgt und mit der Zusammensetzung kleiner farbiger Plättchen (aus Marmor, Keramik, Glas usw.) ausgeführt wird.
Nische. ☛ Ädikula.
Opus tassellatum. Pflasterung aus mehrfarbigen Stein- und Marmorwürfeln.
Oratorium. Kapelle oder anderes Gebäude, das sich neben einer Kirche oder einem Kloster befindet. Es wird von Brüderschaften oder Versammlungen von Gläubigen für religiöse Riten verwendet.
Ordnung. Architektonisches System, das durch den Säulen- und (☛) Gebälktyp gekennzeichnet ist. Die Säule besteht aus drei Hauptteilen: Basis, Schaft und Kapitell. Bestandteile des Gebälks sind Architrav, Fries und Rahmen. Aufgrund dieser Aufteilung unterscheidet man drei griechische (dorische, ionische und korinthische) und zwei römische (tuskanische und zusammengesetzte) Ordnungen.
Pendentif. ☛ Zwickel.
Perspektive. Maltechnik, in der auf einer ebenen Fläche ein dreidimensionaler Raum dargestellt wird, sodaß der Zuschauer die Täuschung von Tiefe und Raum empfindet. In der linearen Perspektive konvergieren die verschiedenen Linien auf einem zentralen Punkt, der sich unendlich weit befindet; in der Luftperspektive verwendet man auch Licht- und Farbnuancen, um Raum und Tiefe zu erzeugen.
Pfeiler. Bauelement mit rechteckiger, polygonaler oder kreuzähnlicher Form, das als Stütze zum Tragen von Gewölben, Bögen oder Gebälken dient. In romanischen Gebäuden hat der Pfeiler hauptsächlich kreuzähnliche Form und zeigt vier Säulen (je eine auf jeder Seite); der zusammengesetzte Pfeiler ist dagegen typisch gotisch und besteht aus mehreren Säulen.
Polyptychon. Gemälde oder Relief aus mehreren Tafeln oder Platten, die miteinander verbunden sind. Besteht die Struktur aus drei Tafeln, spricht man von einem «Triptychon», das auch ein (☛) Altarbild sein kann.
Presbyterium. Raum hinter dem Hauptaltar, zu dem nur die Priesterschaft Zugang hat und der von dem übrigen Teil des Hauptschiffes durch Balustraden (in den älteren Kirchen) oder kleinen Pfeilern (in den Kirchen der Renaissance) abgegrenzt ist.
Querschiff. Kirchenschiff, das in den Kirchen mit Grundriß in Form eines lateinischen (☛) Kreuzes das Querschiff beim (☛) Presbyterium kreuzt.
Rahmen. Schmuckelement, das am Berührungspunkt zwischen Wand und Decke liegt. Es ist ein Bestandteil des (☛) Gebälkes.
Relief. Technik in der Bildhauerei, die Figuren und Elemente aus dem Hintergrund herausragen läßt. Dieser Effekt kann sehr stark (☛ Hochrelief) oder nur angedeutet (☛ Flachrelief) sein.
Reliquiar. Behälter für Gebeine, Kleider oder andere Gegenstände eines Heiligen oder Märtyrers.
Romanisch. Stil in den bildenden Künsten – vor allem in der Bildhauerei – und in der Architektur, der in ganz Westeuropa vom 10. bis Mitte des 12. Jahrhunderts (bis Anfang des 13. Jahrhunderts in Italien) verbreitet war. Seine Merkmale sind: einfache oder kreuzähnliche Pfeiler; Tonnen- oder Kreuzgewölbe; Lesenen und Strebemauern an den Außenseiten; Spannweite, die von querliegenden Bögen abgegrenzt und von zusammengesetzten Pfeilern getragen werden.
Rotunde. Zentralbau. Das Wort kann auch einen runden Raum in der Mitte eines Gebäudes bezeichnen.
Rundbogen. ☛ Bogen.
Säulengang. Innerer Hof eines Klosters, der von einer Kolonnade umgeben ist. Die Säulen fußen auf einer niedrigen Mauer.
Sakristei. Raum bei einer Kirche, in dem Meßgewänder aufbewahrt werden und die Priester sich für den Gottesdienst vorbereiten.
Sarkophag. Bahre aus Stein, Marmor usw., mit Reliefs auf den Seiten (römische Sarkophage) oder mit einer Statue des Verstorbenen (etruskische Sarkophage), der oft bei einem Festmahl dargestellt wird.
Schiff. Ein Teil des inneren Raumes einer Kirche, der von Mauern (in einschiffigen Kirchen), Säulen oder Pfeilern (in drei- oder fünfschiffigen Kirchen) begrenzt wird. In mehrschiffigen Kirchen ist das Mittelschiff normalerweise höher und breiter als die anderen.
Schnitzerei. Bei dieser Verarbeitungstechnik werden durch Metallutensilien Holz, Stein usw. eingeritzt, um darauf Dekorationen anzubringen.
Serlianfenster. Dreigeteiltes Fenster, das nach dem Bologneser Sebastiano Serlio (1475-1555) benannt wird. Es hat eine zentrale Öffnung (mit Bogen) und zwei Öffnungen mit Gebälk an den Seiten. Serlio beschrieb dieses Fenster in seinem Architekturhandbuch, es war jedoch schon in römischer Zeit bekannt.
Sgraffito. Schmuckmuster, das durch das Einritzen einer Fläche (aus Stein, Metall, Verputz, Keramik oder Farbe) entsteht, indem man eine Grundfarbe herausbringt oder die eingeritzten Zeichen mit Stoff aus einer anderen Farbe füllt.
Sockel. Unterteil eines Gebäudes, der die

ganze Struktur stützt. Wenn von Säulen gesprochen wird, ist «Sockel» Synonym für «Basis».

Sondergotik. Phase der Gotik, die sich zwischen Ende des 14. und Anfang des 15. Jahrhunderts entwickelte. Sie hat in vielen europäischen Ländern dieselben Charakteristiken und ist vor allem in der Malerei und in den angewandten Künsten durch lineare Ausschmückungen und reine Farben gekennzeichnet. Sie entstand vermutlich aus dem Einfluß, den Simone Martini in einer späten Phase (als er in Avignon tätig war) auf die französischen Künstler ausübte.

Spannweite. Der Raum, der sich zwischen zwei Säulen, Pfeilern oder ähnlichen Stützstrukturen befindet. In der Kirche nennt man «Spannweite» auch den Raum zwischen zwei Säulen- oder Pfeilerpaaren, der gewöhnlich von einem Kreuzgewölbe bedeckt ist (☛ Gewölbe).

Spitze. Dreieckige Struktur, die eine Fassade oder eine Kuppel krönt. Sie wurde in der gotischen Architektur oft verwendet, auch als bloße Ausschmückung für Tore.

Tabernakel. Nische oder (☛) Ädikula in Form eines kleinen Tempels, die ein sakrales Bild enthält. Das Wort bezeichnet auch das Ziborium, ein kleiner Tempel auf dem Altar, in dem sich die Hostie befindet.

Taufbecken. Ein Becken aus Stein oder Marmor, das verschiedene Formen haben kann, und das im (☛) Baptisterium gebrauchte-Weihwasser enthält.

Theke. Behälter, in dem Reliquien aufbewahrt werden (☛ Reliquiar).

Thermen. Öffentliche Badeanstalt der Römer. Die Thermen bestanden aus verschiedenen Sälen mit Becken und Schwimmbädern mit kaltem (*frigidarium*), lauwarmem (*tepidarium*) und warmem (*calidarium*) Wasser, aus einem Saunaraum (laconicum) und einem Umkleideraum (apoditerium).

Tribüne. Raum zwischen (☛) Presbyterium und (☛) Apsis einer Kirche. In der römischen Basilika diente er als Raum für die Richter, während in der frühchristlichen Basilika das Wort die Sitzbänke für Bischof und Priester bezeichnete, die sich hinter dem Hauptaltar befanden.

Triptychon. ☛ Polyptychon.

Trommel. ☛ Kuppel.

Tympanon. Dreieckige Wand mit oder ohne Reliefausschmückung, die sich zwischen dem Dach und dem Gesims eines Tempels oder eines Gebäudes mit Giebelwand befindet.

Urne. Gefäß in dem die Asche eines Verstorbenen nach der Einäscherung aufbewahrt wird. Auch Behälter für Reliquien von Heiligen.

Verzierung. Schmuckelement, das zur Bereicherung einer architektonischen Struktur angebracht wird.

Via crucis. Ein Weg mit 14 Darstellungen der wichtigsten Episoden des Leben Christi, die in den Gebeten der Gläubigen während der Prozession beinhaltet sind.

Wandteppich. Ein großes Tuch, das mit Bildern oder Szenen mit farbigen Fasern aus Wolle, Seide, Gold oder Silber «bemalt» wird. Das italienische Wort «arazzo» ist von dem Namen der französischen Stadt Arras herzuleiten, die einst ein wichtiges Zentrum für die Herstellung von Geweben war.

Wohnturm. Vom 11. bis 13. Jahrhundert sehr verbreitete, befestigte Wohnstättenart. Im Wohnturm fanden das Familienoberhaupt und seine Angehörigen Schutz gegen die Angriffe feindlicher Familien.

Wunderkammer. Ein Zimmer (oder mehrere), das in der Renaissance von Herrschern oder von großen Persönlichkeiten als Ausstellungs- und Sammlungsraum für Kunstwerke und merkwürdige natürliche oder von Menschen hergestellte Gegenstände diente. Es wurde oft willkürlich gesammelt, man wollte vor allem den enzyklopädischen Charakter der eigenen Bildung verdeutlichen. Beispiele von Wunderkammern sind der «Studiolo» von Francesco de' Medici und ähnliche Zimmer von mitteleuropäischen Herrschern.

Zönakel. In der Antike war das cœnaculum das Eßzimmer. Auch das Zimmer, in dem das Letzte Abendmahl Christi stattfand, wird mit diesem Wort bezeichnet, und «Zönakel» nennt man auch die Gemälde, die dieses Ereignis darstellen.

Zinne. Zahnförmiger Aufbau, der sich in regelmäßigem Abstand auf einer Mauer von Palästen, Burgen usw. befindet. Die Zinne ist «guelfisch» (mit recheckiger Form) oder «ghibellinisch» (einem Schwalbenschweif ähnlich) und kann Dekorations - oder Verteidigungszwecken dienen.

Zusammengesetzte Ordnung. Römische architektonische Ordnung, die von einem Kapitell charakterisiert wird, das vor allem in Triumphbögen verwendet wird und aus Akanthusblättern und großen Voluten besteht. Sie stellt eine Vermischung der ionischen und korinthischen Kapitelle dar.

Zuschauerraum. Halbkreisförmiger Teil des römischen Theaters mit den Sitzreihen für die Zuschauer.

Zwickel. Dreieckiges Flächenstück, das in einer (☛) Kuppel als Verbindung zwischen Stützelementen und Gewölbe dient. Mit diesem Wort bezeichnet man auch das eben dreieckige Flächenstück, das sich zwischen den Schultern von zwei (☛) Bögen befindet.

Zwinge. Element auf dem Rücken eines (☛) Bogens, das eine tragende oder bloß ausschmückende Funktion haben kann.

Künstlerverzeichnis

A

Agostino di Duccio (Florenz, 1418-nach 1481)
Agostino Mitelli (vielleicht aus Bologna, 1609-1660)
Alberti Leon Battista (Genua, aus florentinischer Familie, 1404-1472)
Albertinelli Mariotto (Florenz 1474-1515)
Allori Alessandro (Florenz 1535-1607)
Allori Cristofano (Florenz 1577-1621)
Ammannati Bartolomeo (Settignano, Florenz 1511-1592)
Andrea del Castagno (Castagno, Florenz 1423- 1457)
Andrea del Sarto, eigentlich Andrea d'Agnolo di Francesco (Florenz 1486-1531)
Andrea di Bonaiuto oder Andrea da Firenze (Florenz, tätig in den Jahren 1343-1377)
Andrea Pisano (Pontedera, Pisa 1290/95-1349)
Antonello da Messina (Messina, 1430-1479)
Arnoldi Alberto (Florenz, nachgewiesen ab 1351-gest. 1377)
Arnolfo di Cambio (Colle Val d'Elsa, Siena, vor 1245-1302 ca.)

B

Baccani Gaetano (Florenz 1792-1867)
Baccio d' Agnolo, Bartolomeo Baglioni genannt (Florenz 1462-1543)
Baccio da Montelupo, eigentlich Bartolomeo Sinibaldi (Montelupo Fiorentino 1469-1535)
Baldi Pier Maria (Florenz ca. 1645-86)
Baldovinetti Alessio (Florenz 1425-1499)
Bandinelli Baccio, eigentlich Bartolomeo Bandinelli (Florenz 1488-1560)
Bandini Giovanni, eigentlich Giovanni dell'Opera (Florenz 1540-1598)
Banti Cristiano (Santa Croce sull'Arno, Pisa 1824-1904)
Baroccio, eigentlich Federico Fiori (Urbino, 1535-1612)
Bartolini Lorenzo (Savignano Prato 1777-1850)
Bartolomeo fra', eigentlich Baccio Della Porta (Florenz 1475-1515)
Bartolomeo della Gatta, eigentlich Pietro di Antonio Dei (Florenz 1448-1502)
Bassano,eigentlich Jacopo da Ponte (Bassano del Grappa 1515/17-1592)
Batoni Pompeo (Lucca 1708-1787)
Beato Angelico, eigentlich fra' Giovanni da Fiesole il (Vicchio, Florenz, 1387/1400- 1455)
Beccafumi Domenico (Montaperti di Castelnuovo Berardenga, Siena, 1486-1551)
Bellano Bartolomeo (Padua 1440-1496/97)
Bellini Giovanni (Venedig 1432/33-1516)
Bellucci Giuseppe (Florenz 1827-1882)
Benci di Cione (aus Como, tätig in Florenz in den Jahren 1349-1388)
Benedetto da Maiano (Florenz 1442-1497)
Benedetto da Rovezzano, eigentlich Benedetto di Bartolomeo de' Grazini (Pistoia 1474-1552)
Benvenuti Pietro (Arezzo 1769-1844)
Bertoldo di Giovanni (Florenz ? - 1491)
Betti Betto di Francesco (Florenz 1373-1452)
Bezzuoli Giuseppe (Florenz 1784-1855)
Bicci di Lorenzo (Florenz 1373-1452)
Boschi Fabrizio (Florenz 1572-1642)
Botticelli Sandro, eigentlich Alessandro di Mariano Filipepi (Florenz 1445-1510)
Botticini Francesco (Florenz 1446-1497)
Bramante Donato (Fermignano, Pesaro, 1444-1514)
Bramantino, eigentlich Bartolomeo Suardi (Lombardei 1465 ca.-1536)
Brill Paul (Antwerpen, Belgien, 1554-1626)
Bronzino, eigentlich Agnolo Allori (Florenz 1503-72)
Brunelleschi Filippo (Florenz 1377-1446)
Buggiano, eigentlichCavalcanti Andrea (Borgo a Buggiano, Pistoia, 1412-1462)
Buglioni Santi (Florenz 1494-1576)
Buonarroti Michelangelo (Caprese Michelangelo, Arezzo, 1475-1564)
Buonsignori Stefano fra' (Florenz ?-1589)
Buontalenti Bernardo (Florenz 1536 -1608)
Buti Ludovico (Florenz 1550/60-1611 ca.)

C

Cabianca Vincenzo (Verona 1827-1902)
Caccini Giovan Battista (Florenz? 1556-1612/13)
Cagli Corrado (Ancona 1910-1976)
Calcagni Tiberio (Florenz 1532-1565)
Cambi Ulisse eigentlich Canaletto, (Florenz 1807-1895) Antonio Canal (Venedig 1697-1768)
Cannicci Nicolò (Florenz 1846-1906)
Canova Antonio (Possagno, Treviso, 1757-1822)
Caparra, eigentlich Niccolò Grosso (16. Jahrhundert)
Caravaggio, eigentlich Michelangelo Merisi (Caravaggio, Bergamo, 1571/72-1610)
Carota Antonio, eigentlich Noferi d'Antonio der (Florenz 1485-1568)
Carpioni Giulio (Venedig 1611-1674)
Carrà Carlo (Quargnento, Alessandria, 1881-1966)
Carracci Agostino (Bologna 1557-1602)
Carracci Annibale (Bologna 1560-1609)
Carracci Ludovico (Bologna 1555-1619)
Cassioli Giuseppe (Florenz 1865-1942)
Castagnoli Giuseppe (Prato 1754-1832)
Cavalcanti Andrea (☛) Buggiano
Cecco Bravo, eigentlich Francesco Montelatici (Florenz 1660-1661)
Cellini Benvenuto (Florenz 1500-1571)
Cenni di Francesco di ser Cenni (Florenz; tätig in den Jahren 1369-1415 ca.)
Cennini Bernardo (Florenz 1415-1471)
Chaplin Elizabeth (Fontainebleau, Frankreich, 1890-1982)
Chardin Jean-Baptiste (Paris 1699-1779)

Chini Galileo (Florenz 1873-1956)
Cianfanelli Nicola (Moskau, Russland, 1793-1848)
Ciapino, Florentiner Bildhauer und Schnitzer (16. Jahrhundert)
Cigoli, eigentlich Ludovico Cardi (Cigoli di San Miniato, Pisa, 1559-1613)
Cimabue, eigentlich Cenni di Pepo (Florenz 1240-1302)
Cioli Valerio di Simone (Settignano, Florenz, 1529-1599)
Ciseri Antonio (Ronco sopra Ascon, Canton Ticino, 1821-91)
Ciuffagni Bernardo (Florenz 1381-1457)
Civitali Matteo (Lucca 1436-1501)
Clovio Giulio (Grizane di Fiume, Istrien, 1498-1578)
Colonna Angelo Michele (Rovena di Cernobbio, Como, 1600-1687)
Colonnello, ? eigentlich Cerutti (Rom, tätig in den Jahren 1660-1698)
Conti Primo (Florenz 1900-1988)
Coppi Jacopo, eigentlich Jacopo del Meglio (Peretola, Florenz, 1523-1591)
Coppo di Marcovaldo (Florenz 1225/1230-nach 1274)
Correggio, eigentlich Antonio Allegri (Correggio, Reggio Emilia, 1489-1534)
Costetti Giovanni (Reggio Emilia 1874-1949)
Cranach Lucas der Ältere (Kranach 1472-1553)
Cronaca, eigentlich Simone del Pollaiolo (Florenz 1457-1508)

D

D'Ancona Vito (Pesaro 1825-84)
Daddi Bernardo (Florenz ca. 1290-1348)
Dandini Piero (Florenz 1646-1712)
Danti Egnazio fra' (Perugia 1536-1586)
Danti Vincenzo (Perugia 1530-1576)
De Chirico Giorgio (Volo, Griechenland, 1888-1978)
De Fabris Emilio (Florenz 1808-1883)
De Pisis Filippo (Ferrara 1896-1956)
Del Cinque Battista, Florentiner Bildhauer und Schnitzer (16. Jahrhundert)
Del Rosso Zanobi (Florenz 1724-98)
Del Tadda Francesco, eigentlich Ferrucci Francesco di Simone (Fiesole, Florenz, 1497-1585)
Del Tasso Giovanni Battista (Florenz 1500-55)
Della Robbia Andrea (Florenz 1435-1525/28)
Della Robbia Giovanni (Florenz 1469- nach 1529)
Della Robbia Luca (Florenz 1399/1400-1482)
Desiderio da Settignano (Settignano, Florenz, 1428-1464)
Diletti Stefano (Florenz, 18. Jahrhundert)
Dolci Carlo (Florenz 1616-1686)
Domenico di Baccio d'Agnolo (Florenz 1511-nach 1552)
Domenico di Michelino (Florenz 1417-1491)
Domenico Veneziano (Venedig nach 1400-1461)
Donatello, eigentlich Donato de' Bardi (Florenz 1386?-1466)
Dosio Giovanni Antonio (Florenz oder San Gimignano 1533-nach 1609)
Dossi Dosso, eigentlich Giovanni Luteri (Ferrara 1479/89-1542)
Duccio di Boninsegna (Siena 1255-1318/19)
Duprè Giovanni (Siena 1817-1882)
Dürer Albrecht (Nürnberg 1471-1528)

E

Empoli, eigentlich Jacopo Chimenti (Florenz oder Empoli 1554-1640)

F

Falconieri Paolo (tätig in Florenz, nachgewiesen in den Jahren 1670-1702)
Fallani Bernardo (Florenz? tätig in den Jahren 1771-1778)
Fancelli Chiarissimo (Settignano, Florenz, ?-1632)
Fancelli Luca (Settignano, Florenz 1430-1495)
Fattori Giovanni (Livorno 1825-1908)
Fedi Antonio (Florenz 1771-1843)
Fedi Pio (Viterbo 1816-1892)
Feltrini Andrea (Florenz 1477-1548)
Ferri Antonio Maria (Florenz 1651-1716)
Ferri Ciro (Rom 1634-1689)
Ferroni Egisto (Signa, Florenz, 1835-1912)
Ferrucci Andrea (Fiesole, Florenz, 1465-1526)
Fetti Domenico (Rom 1589-1624)
Fetti Giovanni (Sesto Fiorentino, Florenz, tätig in den Jahren 1350-1386)
Fortini Giovacchino (Settignano, Florenz, 1670-1736)
Foschi Pier Francesco (Florenz? 1502-67)
Francavilla Pietro, eigentlich Pierre Franqueville (Cambrai, Frankreich, 1553-1615)
Francesco d'Antonio (Florenz, tätig in den Jahren 1394-1433)
Francesco della Luna (Florenz 1373-nach 1440)
Franciabigio, eigentlich Francesco di Cristofano (Florenz 1482- 1525)

G

Gabbiani Antonio Domenico (Florenz 1652-1726)
Gaddi Agnolo (Florenz ?-1396)
Gaddi Gaddo (Florenz, tätig in den Jahren 1312-1333)
Gaddi Taddeo (Florenz, tätig in den Jahren 1332- 1366)
Garofalo, eigentlich Benvenuto Tisi (Ferrara 1481-1559)
Gentile da Fabriano (Fabriano, Ancona, 1370-1427 ca.)
Gentileschi Artemisia, Artemisia Lomi de' (Rom 1597-1651)
Gentilini Franco (Faenza, Ravenna, 1909-1981)
Gerini Niccolò di Pietro (Florenz, nachgewiesen in den Jahren 1368-1415)
Gherardi Cristofano, eigentlich Doceno (Borgo San Sepolcro, Arezzo, 1508-1556)
Gherardini Alessandro (Florenz 1655-1726)
Ghiberti Lorenzo (Florenz 1378-1455)
Ghiberti Vittorio (Florenz 1416-1497)
Ghirlandaio (del) Ridolfo, eigentlich Ridolfo

Mino da Fiesole (Poppi, Arezzo, 1430-84)
Montorsoli Giovanni Angelo, fra' (Montorsoli, Florenz, 1507-63)
Moore Henry (Castelford, Yorkshire, England, 1898-1986)
Morandi Giorgio (Bologna 1890-1964)
Morelli Domenico (Neapel 1826-1901)
Murillo Bartolomé Esteban (Sevilla, Spanien, 1618-82)

N

Naldini Giovan Battista (Fiesole, Florenz, 1537-91)
Nanni di Baccio Bigio, eigentlich Giovanni Lippi (Florenz ?-1568 ca.)
Nanni di Banco, eigentlich Giovanni di Antonio di Banco (Florenz 1384-1421)
Nanni di Bartolo, eigentlich Rosso (Florenz; tätig in den Jahren 1405-1451)
Nardo di Cione ☛ Orcagna Nardo
Nelli Giovan Battista (Florenz 1661-1725)
Neri di Bicci (Florenz 1419-91)
Neri di Fioravante (Florenz; tätig in den Jahren 1340-1384)
Nigetti Matteo (Florenz 1560-1649)
Nino Pisano (Pisa; tätig in den Jahren 1349-1368)
Nomellini Plinio (Livorno 1866-1943)

O

Orcagna, eigentlich Andrea di Cione, Florenz,1320-1368)
Orcagna Nardo, eigentlich Nardo di Cione (Florenz; tätig in den Jahren 1345-1366)

P

Pacino di Bonaguida (Florenz; tätig in den Jahren 1303-1339)
Paoletti Gaspare Maria (Florenz 1727-1813)
Paolino da Pistoia, fra' (Pistoia 1490-1547)
Paolo Uccello, eigentlich Paolo di Dono (Florenz oder Pratovecchio, Arezzo, 1397-1475)
Parigi Alfonso d. Jüngere (Florenz 1606-56)
Parigi Alfonso (Florenz; gest. 1590)
Parigi Giulio (Florenz 1571-1635)
Parmigianino, eigentlich Francesco Mazzola (Parma 1503-1540)
Passaglia Augusto (Lucca 1837-1918)
Passignano, eigentlich Domenico Cresti (Passignano di Tavarnelle Val di Pesa, Florenz, 1559-1638)
Perugino, eigentlich Pietro di Cristoforo Vannucci (Città della Pieve, Perugia, 1445/50-1523)
Piero della Francesca (Sansepolcro, Arezzo, 1410/20-1492)
Pietro da Cortona, eigentlich Pietro Berrettini (Cortona, Arezzo, 1596-1669)
Pietro di Giovanni della Bella (Settignano, Florenz, tätig in den Jahren 1492-1502)
Pietro di Giovanni Tedesco (Deutschland oder Niederlande; tätig in den Jahren 1386-1402)
Poccetti Bernardino, eigentlich Bernardino Barbatelli (Florenz 1548-1612)
Poccianti Pasquale (Bibbiena , Arezzo, 1774-1858)
Poggi Giuseppe (Florenz 1811-1901)
Pollaiolo Antonio, eigentlich Antonio di Jacopo Benci (Florenz 1431/32-1498)
Pollaiolo Piero, eigentlich Piero Benci (Florenz 1443-1496)
Pontormo, eigentlich Jacopo Carucci (Pontorme di Empoli, Florenz, 1494-1556)
Poppi, eigentlich Francesco Morandini (Poppi, Arezzo, 1544-1579)
Portelli Carlo (Loro Ciuffenna, Arezzo, tätig in den Jahren 1545-1574)
Pot Hendrick (Haarlem, Niederlande, 1585-1657)
Preti Mattia (Taverna, Catanzaro, 1613-1699)
Previati Gaetano (Ferrara 1852-1920)
Puccinelli Antonio (Castelfiorentino, Florenz, 1822-1897)
Pugliani Domenico (Vaglia, Florenz, 1589-1658)

R

Raffaellino del Garbo, eigentlich Raffaele de' Carli (Florenz 1466/1470-1524/25)
Raffaello da Montelupo, eigentlich Raffaello di Bartolomeo Sinibaldi (Montelupo Fiorentino, Florenz, ca. 1505-1566/67)
Raffaello Sanzio (Urbino 1483-1520)
Rembrandt van Rijn (Leiden, Niederlande, 1606-1669)
Reni Guido (Calvenzano di Vergato, Bologna, 1575-1642)
Ribera Jusepe de,eigentlich Spagnoletto (Iàtiva, Spanien, 1588-1652)
Ristoro, fra' (Campi Bisenzio, Florenz, ?-1284)
Romanelli Raffaello (Florenz 1856-1928)
Romanelli Romano (Florenz 1882-1968)
Rosa Salvator (Arenella, Neapel, 1615-1673)
Rosai Ottone (Florenz 1895-1957)
Rosselli Cosimo (Florenz 1439-1507)
Rosselli Matteo (Florenz 1578-1650)
Rosselli Stefano di Jacopo (tätig um 1470)
Rossellino Antonio, eigentlich Antonio di Matteo Gamberelli (Settignano, Florenz, 1427-1479)
Rossellino Bernardo, eigentlich Bernardo Gamberelli (Settignano, Florenz, 1409-1464)
Rossi (de') Vincenzo (Fiesole, Florenz, 1525-1587)
Rosso Fiorentino, eigentlich Giovanni Battista di Jacopo (Florenz 1494-1540)
Rosso Medardo (Türin 1858-1928)
Rubens Pieter Paul (Siegen 1577-1640)
Ruggeri Ferdinando (Florenz 1691-1741)
Ruggieri Giuseppe (Florenz ?-1772)
Rustici Giovanni Francesco (Florenz 1474-1554)
Ruysch Rachel (Amsterdam, Niederlande, 1664-1750)

S

Sabatelli Luigi (Florenz 1772-1850)
Salvi d'Andrea (Florenz; tätig in den Jahren 1457-1483)
Salviati Francesco, eigentlich Francesco de' Rossi (Florenz 1510-1563)
Sangallo Antonio da, d. Ältere, eigentlich Antonio **Giamberti** (Florenz 1453/55-1534)

Sangallo Francesco da, eigentlich Francesco Giamberti (Florenz 1494-1576)
Sangallo Giuliano da, eigentlich Giuliano Giamberti (Florenz 1452-1516)
Sansovino Andrea, eigentlich Andrea Contucci (Monte San Savino, Arezzo, 1465/70-1527)
Sansovino Jacopo, eigentlich Jacopo Tatti (Florenz 1486-1570)
Santi di Buglione (Florenz 1494-1576)
Santi di Tito (Sansepolcro, Arezzo, 1536-1603)
Sassetta, eigentlich Stefano di Giovanni di Consolo da Cortona (Siena 1392-1451)
Scamozzi Vincenzo (Vicenza 1552-1616)
Scheggia ☛ Giovanni di Ser Giovanni
Sebastiano del Piombo, eigentlich Sebastiano Luciani (Venedig 1485-1547)
Segaloni Matteo (Florenz; tätig in den Jahren um 1627)
Signorelli Luca (Cortona, Arezzo, 1445-1523 ca.)
Signorini Telemaco (Florenz 1835-1901)
Silvani Gherardo (Florenz 1579-1675)
Silvani Pier Francesco (Florenz 1620-1685)
Sisto, fra' (Florenz ?-1290)
Sorbi Raffaello (Florenz 1844-1931)
Spadini Armando (Poggio a Caiano, Prato, 1883-1925)
Spinello Aretino, eigentlich Spinello Spinelli (Arezzo 1350-1410)
Starnina Gherardo (Florenz ca. 1354- gest. vor 1413)
Steen Jan (Leiden, Niederlände, 1629-1679)
Stefano d'Antonio (Florenz 1407-1483)
Stradano Giovanni, eigentlich Jan van der Straet (Bruges, Belgien, 1523-1605)
Susini Clemente (Florenz 1765-1814)
Sustermans Justus (Antwerpen, Belgien, 1597-1681)

T

Tacca Ferdinando (Florenz 1616/19-1686)
Tacca Pietro (Carrara 1577-1640)
Talenti Francesco (Florenz tätig in den Jahren 1325-1369)
Talenti Jacopo, fra' (Nipozzano di Pelago, Florenz, 1300-1362 ca.)
Talenti Simone (Florenz ca. 1340/45- gest. nach 1399)
Thomire Pierre-Philippe (Paris 1751-1843)
Ticciati Girolamo (Florenz 1676-1740)
Tiepolo Giambattista (Venedig 1696-1770)
Tino da Camaino (Siena 1280/85-1337 ca.)
Tintoretto, eigentlich Jacopo Robusti (Venedig 1518-1594)
Tiziano Vecellio (Pieve di Cadore, Belluno, 1488/90-1576)
Tribolo, eigentlich Niccolò Pericoli (Florenz 1500-1550)

U

Ubaldini Agostino, eigentlich Agostino Bugiardini (Florenz 1590ca. -1623 ca.)
Ussi Stefano (Florenz 1822-1901)
Utens Giusto (Niederlande; tätig in den Jahren 1588-1609)

V

Van der Goes Hugo (Gand, Belgien, 1435/40-1482)
Van Dyck Antonie (Antwerpen, Belgien, 1599-1641)
Van Ruysdael Jacob (Haarlem, Niederlande, 1628/29-1682)
Vannini Ottavio (Florenz 1585-1643)
Vasari Giorgio (Arezzo 1511-1574)
Velázquez Diego Rodriguez de Silva y (Sevilla, Spanien, 1599-1660)
Veneziani Guerrino (Florenz; tätig in in der zweiten Hälfte des 16. Jahrhunderts)
Veronese, eigentlich Paolo Caliari (Verona 1528-1588)
Verrocchio, eigentlich Andrea di Cione (Florenz 1435-1488)
Volterrano, eigentlich Baldassarre Franceschini (Volterra, Pisa, 1611-1689)

Z

Zandoméneghi Federico (Venedig 1841-1917)
Zanobi Del Rosso ☛ Del Rosso Zanobi
Zocchi Giuseppe (Florenz 1711-1767)
Zuccari Federico (Sant'Angelo in Vado, Pesaro e Urbino, 1540-1609 ca.)
Zucchi Jacopo (Florenz 1541-1589/90)
Zumbo Gaetano, eigentlich Gaetano Giulio (Siracusa 1656-1701)
Zurbarán Francisco de (Fuente de Cantos, Spanien, 1598-1664)

Sachregister

San Donato
Torrente Mugnone
PIAZZA G. PUCCINI
IPPODROMO DELLE CASCINE
PIAZZALE DELLE CASCINE
VELODROMO
PIAZZALE T. JEFFERSON
TENNIS
FIUME
LUNGARNO DEI PIOPPI
PIAZZA DEI TIGLI
l'Isolotto
PIAZZA B. BATONI
PIAZZA PAOLO UCCELLO
PIAZZA TATTEO GADDI
Monticelli
PIAZZA P. VETTORI
VIA DI NOVOLI
VIA FRANCESCO BARACCA
VIA SAN DONATO
VIA DELLA VILLA DEMIDOFF
VIALE FRANCESCO REDI
VIA G. TARTINI
VIA DELLE CASCINE
VIALE DEL VISARNO
VIALE DEGLI OLMI
VIALE DELLA CATENA
VIALE ABRAMO LINCOLN
VIA DELLA PIRAMIDE
VIA DEL SANSOVINO
VIA DEL BRONZINO
VIA PISANA
A
B
C

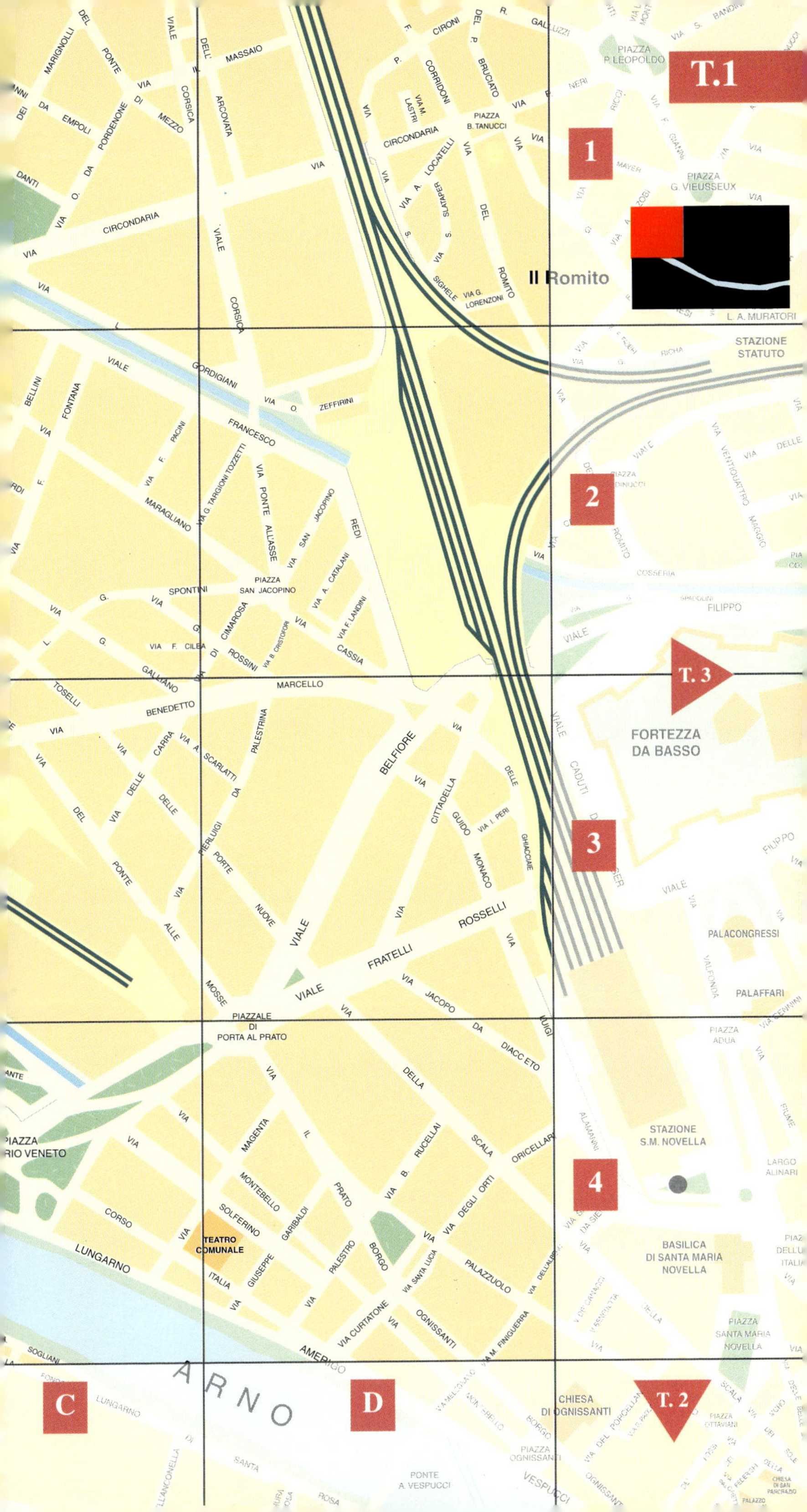
T.1
1
2
3
4
T. 3
T. 2
C
D
Il Romito
PIAZZA P. LEOPOLDO
PIAZZA G. VIEUSSEUX
PIAZZA B. TANUCCI
L. A. MURATORI
STAZIONE STATUTO
VIA CIRCONDARIA
VIA CORRIDONI
VIA DEL ROMITO
VIALE CORSICA
VIA DELL'ARCOVATA
VIA DEL MASSAIO
VIA DI PONTE DI MEZZO
VIA DA EMPOLI
VIA O. DA PORDENONE
VIA A. LOCATELLI
VIA S. SLATAPER
VIA S. SIGHELE
VIA G. LORENZONI
VIA DEL P. BRUCIATO
VIA M. LASTRI
VIA MAYER
VIALE F. GORDIGIANI
VIA O. ZEFFIRINI
VIALE FRANCESCO REDI
VIA BELLINI
VIA FONTANA
VIA F. PACINI
VIA G. TARGIONI TOZZETTI
VIA PONTE ALL'ASSE
VIA SAN JACOPINO
PIAZZA SAN JACOPINO
VIA A. CATALANI
VIA F. LANDINI
VIA MARAGLIANO
VIA G. SPONTINI
VIA CIMAROSA
VIA ROSSINI
VIA F. CILEA
VIA B. CRISTOFORI
VIA CASSIA
VIA L. G. GALLIANO
VIALE MARCELLO
VIA TOSELLI
VIA BENEDETTO
VIA A. SCARLATTI
VIA PALESTRINA
VIA PIERLUIGI DA
VIA DELLE CARRA
VIA DEL PONTE ALLE MOSSE
VIA PORTE NUOVE
VIALE BELFIORE
VIA CITTADELLA
VIA GUIDO MONACO
VIA I. PERI
VIA DELLE GHIACCIAIE
VIALE FRATELLI ROSSELLI
VIA JACOPO DA DIACCETO
VIA DELLA SCALA
VIALE FILIPPO STROZZI
VIALE DEI CADUTI
VIA VENTIQUATTRO MAGGIO
VIA COSSERIA
PIAZZA DINUCCI
FORTEZZA DA BASSO
PALACONGRESSI
PALAFFARI
VIA VALFONDA
VIA CENNINI
PIAZZA ADUA
VIA FIUME
STAZIONE S.M. NOVELLA
LARGO ALINARI
VIA ALAMANNI
PIAZZALE DI PORTA AL PRATO
VIA IL PRATO
VIA MAGENTA
VIA MONTEBELLO
VIA SOLFERINO
VIA GARIBALDI
VIA B. RUCELLAI
VIA DEGLI ORTI ORICELLARI
VIA PALAZZUOLO
VIA SANTA LUCIA
VIA CURTATONE
VIA M. FINIGUERRA
VIA OGNISSANTI
BORGO OGNISSANTI
VIA PALESTRO
VIA GIUSEPPE
CORSO ITALIA
TEATRO COMUNALE
PIAZZA VITTORIO VENETO
LUNGARNO AMERIGO VESPUCCI
ARNO
BASILICA DI SANTA MARIA NOVELLA
PIAZZA SANTA MARIA NOVELLA
PIAZZA OTTAVIANI
CHIESA DI OGNISSANTI
PIAZZA OGNISSANTI
PONTE A. VESPUCCI
VIA DEL PORCELLANA
CHIESA DI SAN PANCRAZIO

l'Isolotto
A
B
C
PIAZZA B. BATONI
Monticelli
Monte Uliveto
Olivuzzo
Bellosguardo
PIAZZA P. VETTORI
PIAZZA DI BELLOSGUARDO
VIA PISANA
VIA DEL BRONZINO
VIA DEL POLLAIOLO
VIA DI MONTICELLI
VIA DEL CHIESINO
VIA L. MAITANI
VIA G. DELLA CASA
VIA FRA DIAMANTE
VIA FRA PAOLO LIPPI
VIA B. AMMANNATI
VIA DELL'OLIVUZZO
VIA MASOLINO
VIA DI SOFFIANO
VIA PIERO DI COSIMO
VIA DI SAN VITO
VIA G. STARNINA
VIA DI MONTE ULIVETO
VIA DI BELLOSGUARDO
VIA DEL PONTE SOSPESO
VIALE R. SANZIO
VIA DI SAN CARLO
VIA PIANA
VIA DI SANTA MARIA A MARIGNOLLE
VIA SANTA MARIA A MARIGNOLLE
VIA F. TALENTI
VIA DEL SANSOVINO
VIA P. FRANCAVILLA
VIA DI SAN VIUZZO

C
T. 1
D
T.2
5
6
7
8
T. 4
ARNO
TEATRO COMUNALE
BASILICA DI SANTA MARIA NOVELLA
CHIESA DI OGNISSANTI
PIAZZA OGNISSANTI
PONTE A. VESPUCCI
PIAZZA VERZAIA
PORTA S. FREDIANO
PIAZZA DE' NERLI
PIAZZA DI CESTELLO
San Frediano
PIAZZA DEL CARMINE
PIAZZA PIATTELLINA
SANTA MARIA DEL CARMINE
PIAZZA T. TASSO
Giardino Torrigiani
Santo Spirito
BASILICA DI SANTO SPIRITO
PIAZZA C. GOLDONI
PONTE ALLA CARRAIA
PIAZZA DEI PITTI
MUSEO DELLA SPECOLA
PIAZZALE DELL'ISOLOTTO
PIAZZA DELLA CALZA
P.LE DI PORTA ROMANA
Boboli
Bobolino
P.LE GALILEO
LUNGARNO SODERINI
BORGO SAN FREDIANO
VIA PISANA
VIALE ALEARDO ALEARDI
VIA DI SANTA MONACA
VIA DELLA CHIESA
VIA DEL CASONE
VIALE FRANCESCO PETRARCA
VIA DE' SERRAGLI
VIA DEL RONCO
VIA V. MONTI
VIA PINDEMONTE
VIA UGO FOSCOLO
VIA P. METASTASIO
VIA G. PRATI
VIA DELLA CAMPORA
VIA DI SANT'ILARIO A COLOMBAIA
VIA SENESE
VIA CANTAGALLI
VIALE DEL POGGIO IMPERIALE
VIA DANTE DA CASTIGLIONE
VIALE NICCOLÒ MACHIAVELLI
V. FARINATA D. UBERTI
VIA M. DI LANDO
VIA B. DA FOIANO
VIA P. MASCAGNI

T.3
1
2
3
4
T. 1
T. 4
E
F
Il Romito
PIAZZA P. LEOPOLDO
PIAZZA G. VIEUSSEUX
PIAZZA L. A. MURATORI
STAZIONE STATUTO
PIAZZA BALDINUCCI
PIAZZA DELLA COSTITUZIONE
FORTEZZA DA BASSO
VIALE FILIPPO STROZZI
VIALE CADUTI DEI LAGER
PALACONGRESSI
PALAFFARI
PIAZZA ADUA
STAZIONE S.M. NOVELLA
LARGO ALINARI
BASILICA DI SANTA MARIA NOVELLA
PIAZZA SANTA MARIA NOVELLA
PIAZZA DELL'UNITÀ ITALIANA
PIAZZA DELLA INDIPENDENZA
MERCATO CENTRALE
BASILICA DI SAN LORENZO
CHIESA DI OGNISSANTI
PIAZZA OGNISSANTI
PONTE A. VESPUCCI
VIALE FRATELLI ROSSELLI
VIALE BELFIORE
VIA NAZIONALE
VIA FAENZA
VIA GUELFA
VIA CERRETANI

T.3
1
2
3
4
T. 5
T. 4
F
G
Il Pellegrino
Giardino dell'orticoltura
PIAZZA DELLA LIBERTÀ
LARGO A. ZOLI
PIAZZA DELLE CURE
Le C
PIAZZA FRA' GIROLAMO SAVONAROLA
PIAZZA A. CONTI
Giardino dei Semplici
SAN MARCO
CHIESA E MUSEO DI SAN MARCO
MUSEO DI STORIA NATURALE
PIAZZA SAN MARCO
Giardino della Gherardesca
PIAZZALE DONATELLO
BASILICA DELLA SANTISSIMA ANNUNZIATA
GALLERIA DELL'ACCADEMIA
PIAZZA DELLA S.S. ANNUNZIATA
CONSERVATORIO "LUIGI CHERUBINI"
OPIFICIO PIETRE DURE
P.ZZO BUDINI GATTAI
SPEDALE DEGLI INNOCENTI
MUSEO ARCHEOLOGICO
SANTA MARIA DEGLI ANGELI
PIAZZA BRUNELLESCHI
SANTA MARIA MADDALENA DE' PAZZI
PIAZZA D'AZEGLIO
SPEDALE DI SANTA MARIA NUOVA
PIAZZA SANTA MARIA NUOVA
SANTA MARIA DEL FIORE
MUSEO DELL'OPERA DEL DUOMO
EX CONVENTO DELLE OBLATE
SINAGOGA E MUSEO EBRAICO
CHIESA DI SANT'AMBROGIO
PALAZZO NONFINITO
VIA TRENTO
VIA BOLOGNESE
VIA PIERO JAHIER
VIALE G. MILTON
VIALE SPARTACO LAVAGNINI
VIA G. LA PIRA
VIA CAVOUR
VIA RICASOLI
VIA DEI SERVI
VIA DELLA COLONNA
BORGO PINTI
VIALE G. MATTEOTTI
VIA LAURA
VIA ALFANI
VIA GUELFA
VIA DE' PUCCI
VIA DELL'ORIUOLO
VIA V. ALFIERI
VIA G. LEOPARDI
VIALE ANTONIO GRAMSCI

T.4
T. 3
E
F
BASILICA SANTA MARIA NOVELLA
PIAZZA SANTA MARIA NOVELLA
PIAZZA DELL'UNITÀ ITALIANA
BASILICA DI SAN LORENZO
CHIESA DI OGNISSANTI
PIAZZA OGNISSANTI
PONTE A. VESPUCCI
5
PIAZZA C. GOLDONI
PALAZZO RUCELLAI
LOGGIA RUCELLAI
CHIESA DI SAN PANCRAZIO
PALAZZO STROZZI
PIAZZA DELLA REPUBBLICA
PIAZZA DI SAN GIOVANNI
BATTISTERO
LOGGIA DEL BIGALLO
CHIESA DI SANTA MARIA MAGGIORE
PIAZZA DELL'OLIO
ORSAMICHELE
PALAZZO CORSINI
CHIESA DI SANTA TRINITA
PIAZZA SANTA TRINITA
PALAZZO DAVANZATI
PALAGIO DI PARTE GUELFA
LOGGIA DEL MERCATO NUOVO
LOGGIA DELLA SIGNORIA
PONTE ALLA CARRAIA
PONTE SANTA TRINITA
PONTE VECCHIO
PIAZZA N. SAURO
San Frediano
PIAZZA DEL CARMINE
SANTA MARIA DEL CARMINE
PIAZZA DI CESTELLO
PIAZZA DE' NERLI
Santo Spirito
BASILICA DI SANTO SPIRITO
PIAZZA SANTO SPIRITO
PIAZZA FRESCOBALDI
CHIESA DI SANTO STEFANO IN PONTE
PIAZZA SANTA FELICITA
CHIESA DI SANTA FELICITA
PIAZZA SANTA MARIA SOPRARNO
6
T. 2
Giardino Torrigiani
PIAZZA DEI PITTI
PALAZZO PITTI
GROTTA DEL BUONTALENTI
CHIESA DI SAN FELICE
PIAZZA DI SAN FELICE
MUSEO DELLA SPECOLA
PALAZZINA DELLA MERIDIANA
ANFITEATRO
KAFFEHAUS
VASCA DEL FORCONE
FORTE DI BELVEDERE
7
Giardino di Boboli
PIAZZA DELLA CALZA
P.LE DI PORTA ROMANA
CHIESA DI SAN LEONARDO
Boboli no
8
P.LE GALILEO
VIA DEL FORTE DI SAN GIORGIO
VIA SAN LEONARDO
VIALE NICCOLÒ MACHIAVELLI
LUNGARNO CORSINI
LUNGARNO GUICCIARDINI
VIA MAGGIO
VIA DE' TORNABUONI
VIA CALIMALA
VIA ROMA
VIA DEGLI STROZZI
VIA DEL BOBOLINO
VIALE PETRARCA

F
G
T.4
5
6
7
8
T. 6
SANTA MARIA DEGLI ANGELI
PIAZZA BRUNELLESCHI
SANTA MARIA MADDALENA DE' PAZZI
PIAZZA D'AZEGLIO
SPEDALE DI SANTA MARIA NUOVA
PIAZZA SANTA MARIA NUOVA
MUSEO DELL'OPERA DEL DUOMO
DUOMO
EX CONVENTO DELLE OBLATE
SINAGOGA E MUSEO EBRAICO
PALAZZO NON FINITO
PALAZZO PAZZI
P.ZA SAN PIER MAGGIORE
PIAZZA G. SALVEMINI
LOGGIA DEL PESCE
PIAZZA DE' CIOMPI
PIAZZA L. GHIBERTI
PIAZZA BECCARIA
BADIA FIORENTINA
BARGELLO
CASA BUONARROTI
PIAZZA SAN FIRENZE
PALAZZO GONDI
PALAZZO DI SAN FIRENZE
PALAZZO COCCHI SERRISTORI
PIAZZA PERUZZI
PIAZZA SANTA CROCE
PALAZZO ANTELLESI
BASILICA DI SANTA CROCE
PIAZZA S.AN REMIGIO
BIBLIOTECA NAZIONALE CENTRALE
PIAZZA MENTANA
MUSEO HORNE
PIAZZA PIAVE
PONTE ALLE GRAZIE
FIUME
PIAZZA DE' MOZZI
MUSEO BARDINI
PIAZZA DEMIDOFF
CHIESA DI SAN NICCOLÒ
PIAZZA GIUSEPPE POGGI
PIAZZA FRANCESCO FERRUCCI
PIAZZALE MICHELANGELO
CHIESA DI SAN SALVATORE AL MONTE
BASILICA DI SAN MINIATO AL MONTE
Monte alle Croci
P.ZA DEGLI UNGANELLI
LUNGARNO DELLE GRAZIE
LUNGARNO DELLA ZECCA VECCHIA
VIA DI BELVEDERE
VIALE GALILEO
VIA GIRAMONTINO
VIA DEL GALLO
VIA DI GAMBERAIA
VIA DELL'ERTA CANINA
VIA DEL MONTE ALLE CROCI
VIALE GIUSEPPE POGGI
VIA DI SAN NICCOLÒ
VIA DEI SERRISTORI
VIA DE' RENAI
BORGO SANTA CROCE
VIA GHIBELLINA
VIA DELL'ORIUOLO
BORGO DEGLI ALBIZZI
VIA PIETRAPIANA
VIA DEI PEPI
VIA DEGLI ALFANI
VIA DEI MALCONTENTI
VIA PIETRO THOUAR
VIALE DELLA GIOVINE ITALIA
VIALE AMENDOLA

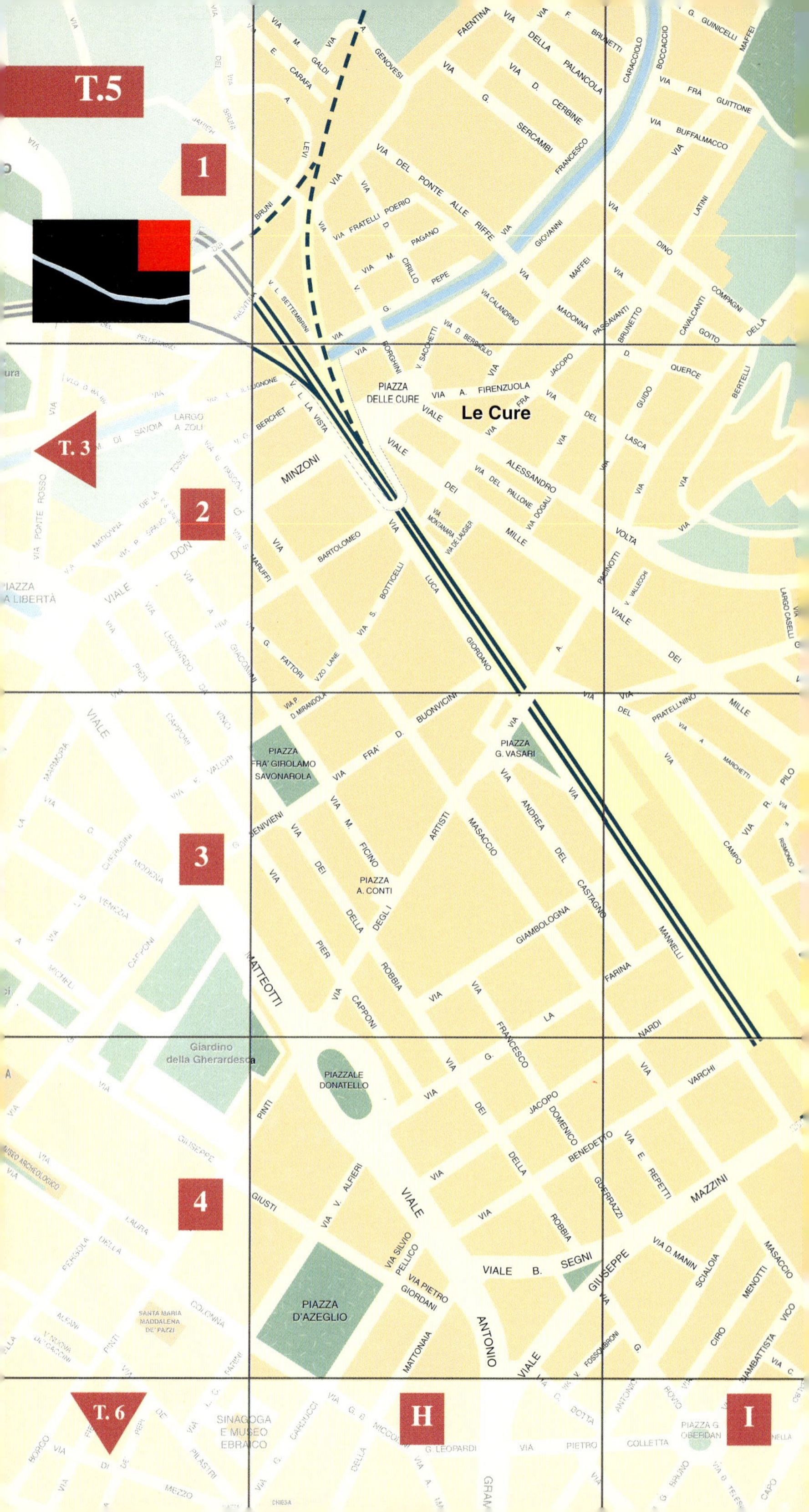
T.5
1
2
3
4
T. 3
T. 6
H
I
Le Cure
PIAZZA DELLE CURE
PIAZZA G. VASARI
PIAZZA FRA' GIROLAMO SAVONAROLA
PIAZZA A. CONTI
PIAZZALE DONATELLO
PIAZZA D'AZEGLIO
Giardino della Gherardesca
SINAGOGA E MUSEO EBRAICO
SANTA MARIA MADDALENA DE' PAZZI
PIAZZA G. OBERDAN
LARGO A. ZOLI
PIAZZA A LIBERTÀ
LARGO CASELLI
VIA FAENTINA
VIA F. BRUNETTI
VIA DELLA PALANCOLA
VIA D. CERBINE
VIA G. SERCAMBI
VIA M. GALDI
VIA A. GENOVESI
VIA E. CARAFA
VIA DEL PONTE ALLE RIFFE
VIA FRATELLI POERIO
VIA M. PAGANO
VIA CIRILLO
VIA CALANDRINO
V. L. SETTEMBRINI
VIA BORGHINI
V. SACCHETTI
VIA D. BERRIGLIO
VIA A. FIRENZUOLA
VIALE DEI MILLE
VIA DEL PALLONE
VIA DOGALI
VIA MONTANARA
VIA DE LAUGIER
VIA FRA JACOPO
VIA DEL LASCA
VIA GUIDO
VIA D. QUERCE
VIA BERTELLI
VIA CAVALCANTI
VIA GOITO
VIA COMPAGNI
VIA DINO
VIA LATINI
VIA BUFFALMACCO
VIA FRÀ GUITTONE
G. GUINICELLI
MAFFEI
BOCCACCIO
CARACCIOLO
VIA PASSAVANTI
BRUNETTO
VIA MADONNA
VIA VOLTA
VIA PAGNOTTI
V. VALLECCHI
VIALE A. VOLTA
VIA DEL PRATELLINO
VIA A. MARCHETTI
VIA CAMPO
VIA R. PILO
VIA F. RISMONDO
VIA MINZONI
VIA BARTOLOMEO
VIA MARUFFI
VIA S. BOTTICELLI
VIA LUCA GIORDANO
VIA G. FATTORI
V. ZO LANE
VIA P. D. MIRANDOLA
VIA BUONVICINI
VIA FRA' D.
VIA M. FICINO
VIA DEI BENIVIENI
VIA DELLA ROBBIA
VIA DEGLI ARTISTI
VIA MASACCIO
VIA ANDREA DEL CASTAGNO
VIA GIAMBOLOGNA
VIA MANNELLI
VIA FARINA
VIA NARDI
VIA PIER CAPPONI
VIA G. LA FRANCESCO
VIA JACOPO
VIA DOMENICO
VIA BENEDETTO
VIA E. REPETTI
VIA VARCHI
VIA MAZZINI
VIA GUERRAZZI
VIA D. MANIN
VIA SCIALOIA
VIA MENOTTI
VIA MASACCIO
VIA CIRO
VIA GIAMBATTISTA VICO
VIALE B. SEGNI
VIALE GIUSEPPE
VIALE ANTONIO
VIA V. ALFIERI
VIA SILVIO PELLICO
VIA PIETRO GIORDANI
VIA MATTONAIA
VIA GIUSTI
VIA PINTI
VIALE MATTEOTTI
VIA G. LEOPARDI
VIA PIETRO COLLETTA
VIA FOSSOMBRONI
V. C. BOTTA
VIA G. B. NICCOLINI
VIA CARDUCCI
VIA PILASTRI
VIA DELLA COLONNA
VIA LAURA
VIA GIUSEPPE
MUSEO ARCHEOLOGICO
VIALE DI SAVOIA
VIA PONTE ROSSO
VIALE DON MINZONI
VIA LEONARDO DA VINCI
VIA PIER CAPPONI
VIA G. MODENA
VIA VENEZIA
VIA MICHELI
VIA MARMORA
VIALE DEI MILLE
VIA G. PASCOLI
VIA DEL PELLEGRINO
VIA BERCHET
V. L. LA VISTA
VIA MAGNONE
VIA BORGO PINTI
VIA DE' PEPI
VIA DELLA MATTONAIA
VIA GIUSEPPE GIUSTI
CHIESA
GRAN

San Gervasio
Campo di Marte
Coverciano
San Salvi
Stadio Artemio Franchi
PALASPORT
OSTELLO DELLA GIOVENTÙ
PIAZZA T. A. EDISON
PIAZZA G. FERRARIS
PIAZZA SANTISSIMI GERVASIO E PROTASIO
PIAZZA L. NOBILI
PIAZZA G. ANTONELLI
PIAZZA V. F. DA TORRE ARSA
VIALE A. VOLTA
VIA DI BARBACANE
VIA FIBONACCI
VIA L. MELLONI
VIA DI SAN DOMENICO
VIA DEL FRULLINO
VIA L. GIANNI
VIA ANTONIO STOPPANI
VIA CAMERATA
VIA DEL PALMERINO
VIA E. GASPERI
VIA G. MEDICI
VIA V. MARCONI
VIA SAN GERVASIO
VIA CARNESECCHI
VIA A. SAFFI
VIA CAIROLI
VIA COCCHI
VIA BASSI
VIA S. TÜRR
VIA CALATAFIMI
VIALE DEI MILLE
VIALE FANTI
VIALE MANFREDO FANTI
VIALE MARATONA
VIALE PASQUALE PAOLI
VIALE DUSE
VIALE T. MAMIANI
VIALE E. CIALDINI
VIA DELLE CENTO STELLE
VIA GIUSEPPE
VIA SIRTORI
VIA BRONZETTI
VIA CASTELFIDARDO
VIA P. MARONCELLI
VIA G. BANDI
VIA BERTANI
VIA A. RIGHI
VIA DON G. VERITÀ
VIA MALTA
VIA MARSALA
VIA MILAZZO
VIA PIER FORTUNATO CALVI
VIA E. TOTI
VIA E. RUBIERI
VIA D. CHIESA
VIA BANDIERA
VIA TAZZOLI
LUNGO L'AFFRICO
VIA RAMAZZINI
VIA V. DA FILICAIA
VIA GABRIELE D'ANNUNZIO
VIA DELLA RONDINELLA
VIA DEI FRULLANI
VIA SETTIMELLO
VIA DEL SARTO
VIA A. FOGAZZARO
VIA G. BARELLAI
VIA SAN GIOVANNI GUALBERTO
VIA DE FALCUCCI
VIA M. AMARI
VIA A. ROSMINI
VIA S. DI SANTAROSA
VIA DEI MILLE
VIA BIXIO
VIA GIOVANNI DUPRÉ
VIA MANFREDO FRUSA
VIA G. MAMELI
VIA G. INGHIRAMI
VIA ALESSANDRO VOLTA
VIA ALDINI
VIA GARBASSO
VIA G. MEUCCI
VIA FORBICI
VIA DELLE FORNACI
VIA MANNELLI
VIA DEI FRATI BIGI
VIA DEL MONDO
VIALE DEI MILLE
VIA G. MONACO
I
L
M

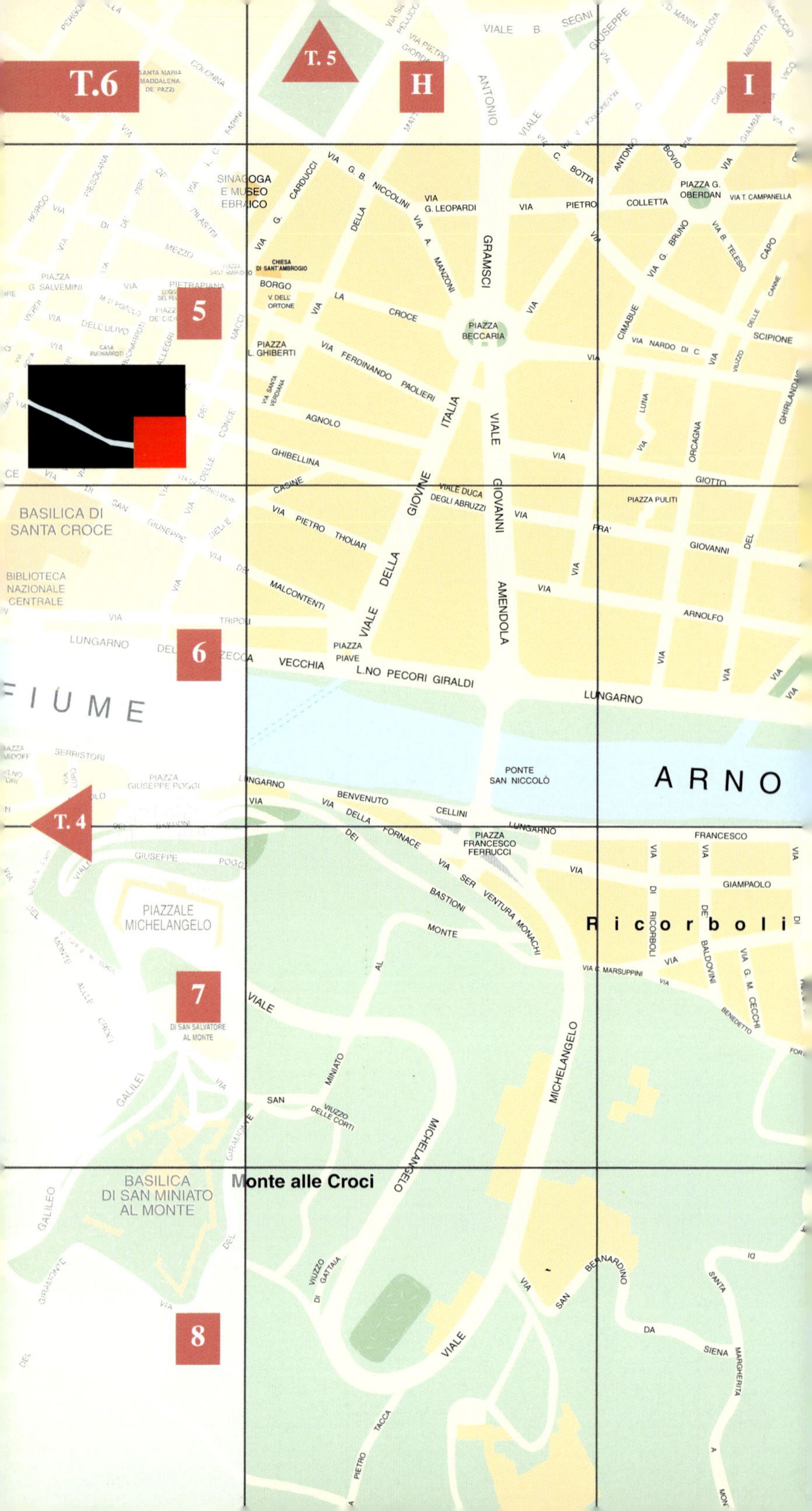
T.6
T. 5
H
I
SANTA MARIA MADDALENA DE' PAZZI
VIALE B. SEGNI
VIALE ANTONIO GRAMSCI
SINAGOGA E MUSEO EBRAICO
VIA G. CARDUCCI
VIA G. B. NICCOLINI
VIA G. LEOPARDI
VIA PIETRO COLLETTA
PIAZZA G. OBERDAN
VIA T. CAMPANELLA
VIA G. BRUNO
VIA B. TELESIO
VIA A. MANZONI
CHIESA DI SANT'AMBROGIO
PIAZZA G. SALVEMINI
BORGO LA CROCE
V. DELL' ORTONE
5
PIAZZA BECCARIA
PIAZZA L. GHIBERTI
VIA FERDINANDO PAOLIERI
VIA NARDO DI C.
SCIPIONE
AGNOLO
GHIBELLINA
VIALE DELLA GIOVINE ITALIA
VIALE GIOVANNI AMENDOLA
VIALE DUCA DEGLI ABRUZZI
VIA PIETRO THOUAR
MALCONTENTI
PIAZZA PULITI
VIA FRA' GIOVANNI
VIA GIOTTO
VIA ARNOLFO
BASILICA DI SANTA CROCE
BIBLIOTECA NAZIONALE CENTRALE
LUNGARNO DELLA ZECCA VECCHIA
6
PIAZZA PIAVE
L.NO PECORI GIRALDI
FIUME
ARNO
LUNGARNO
PONTE SAN NICCOLÒ
SERRISTORI
PIAZZA GIUSEPPE POGGI
LUNGARNO BENVENUTO CELLINI
VIA DELLA FORNACE
T. 4
PIAZZA FRANCESCO FERRUCCI
VIA DEI BASTIONI
VIA SER VENTURA MONACHI
FRANCESCO
GIAMPAOLO
Ricorboli
VIA DI RICORBOLI
VIA DE BALDOVINI
VIA G. M. CECCHI
VIA C. MARSUPPINI
BENEDETTO
PIAZZALE MICHELANGELO
7
VIALE DI SAN SALVATORE AL MONTE
VIA SAN MINIATO
VIUZZO DELLE CORTI
VIALE MICHELANGELO
VIALE GALILEI
BASILICA DI SAN MINIATO AL MONTE
Monte alle Croci
VIUZZO DI GATTAIA
VIA SAN BERNARDINO DA SIENA
SANTA MARGHERITA
8
PIETRO TACCA

I
L
M
San Salvi
Madonnone
Gavinana
Il Badino
PIAZZA L. B. ALBERTI
PIAZZA SAN SALVI
PIAZZA G. ROSADI
LARGO A. DE GASPERI
PONTE G. DA VERRAZZANO
ACQUEDOTTO DELL'ANCONELLA
PIAZZA RAVENNA
PIAZZA DRESDA
P.ZZA GAVINANA
PIAZZA GUALFREDOTTO DA MILANO
LARGO P.P. BOSCOLI
PIAZZA CARDINALE ELIA DELLA COSTA
PIAZZA BERNARDINO PIO
LARGO G. NOVELLO
VIA ARETINA
VIA V. CHIARUGI
VIA MAZZANTI
VIA L. MANARA
VIA T. SPERI
VIA DI SAN SALVI
VIA ANDREA
VIALETTO AMERIGO GOMEZ
LUNGARNO ALDO MORO
LUNGARNO CRISTOFORO COLOMBO
VIALE DELL'ALBERETA
VIA GIOVANNI LANZA
VIA QUINTINO SELLA
VIA DI VILLAMAGNA
VIA NICCOLÒ DA UZZANO
VIA DELLE NAZIONI UNITE
VIA SALUTATI
VIA G. D. BANDE NERE
VIA RUBACONTE DA M.
VIALE DONATO GIANNOTTI
VIA DI RIPOLI
VIA GRAN BRETAGNA
VIALE EUROPA
VIA ERBOSA
VIA TRAVERSARI
VIA DATINI
VIA FRATELLI GUALANDI
VIA DEL PARADISO
VIA DELLA TORRETTA
VIALE FRATELLI ROSSELLI
VIA ORSINI
VIA FERRUCCI

Straßenverzeichnis

Zur Benutzung des Straßenverzeichnisses

Calzaiuoli via dei T.4/5F